Ética y Fe Cristiana

ÉTICA Y FE
Cristiana

PRINCIPIOS Y FUNDAMENTOS

ATILANO GUILARTE LEYVA

MASTER EN TEOLOGÍA

Número de Control de la Biblioteca del Congreso de EE. UU.:   2020912814
ISBN: Tapa Dura   978-1-5065-3341-4
                 Tapa Blanda   978-1-5065-3342-1
                 Libro Electrónico   978-1-5065-3340-7

Información de la imprenta disponible en la última página.

Fecha de revisión: 18/07/2020

Para realizar pedidos de este libro, contacte con:
Palibrio
1663 Liberty Drive, Suite 200
Bloomington, IN 47403
Gratis desde EE. UU. al 877.407.5847
Gratis desde México al 01.800.288.2243
Gratis desde España al 900.866.949
Desde otro país al +1.812.671.9757
Fax: 01.812.355.1576
ventas@palibrio.com
812093

Indice

UNIDAD III

UNIDAD IV

VERSIÓN III

El contenido de esta versión ha sido expuesto además, en otras tres versiones, bajo diferentes títulos, cada una de ellas con un enfoque inicial relativo al mismo. No obstante, el fundamento esencial implícito, es el mismo de la presente. El objetivo es que el lector, atraído por cualquiera de las versiones tenga acceso al mismo contenido doctrinal. La denominación de estas versiones es como sigue: Versión I: Conocimientos fundamentales de la doctrina cristiana; Versión II: La Santa Biblia, enfoque, cronología y exégesis; Versión IV: Amor, sacrificio, dolor y sangre. El contenido en esta última, es de carácter parcial solamente.

IMPORTANTE RESEÑA GRAMATICAL

Con excepción de las citas del texto bíblico y las de otros autores, las aplicaciones gramaticales en este tratado cumplen con las reglas establecidas por la Real Academia Española, así como las principales novedades de la última edición de la ortografía de la lengua española (2010). Entre otras, son relevantes la suspensión de la tilde diacrítica en el adverbio *solo* y los pronombres demostrativos: *este, ese* y *aquel,* con sus respectivos femeninos y plurales. Para una información más detallada al respecto, visite el SitioWeb: https://www.rae.es/consultas/el-adverbio-solo-y-los-pronombres-demostrativos-sin-tilde

Revisión y corrección gramatical: Yanelis Turró Guió, Licenciada en Educación, Especializada en Español y Literatura: *ytguio@nauta.cu.*

Diseño y fotografía de la carátula: Amaury Zaldívar Ramírez, Licenciado en Educación, Diseñador, Artista Plástico, Profesor: *azr.collyrium@gmail.com*

Patrocinio: International Christian Biblical and Philanthropic Institute Inc. internationalchristianbi@gmai.con

Biografía del autor

En las proximidades de la primaria ciudad colonial conocida como Baracoa, región del oriente cubano; donde los primeros destellos del sol irradian iluminando el apacible rostro del gran caimán dormido de la poesía martiana; allí, en medio de un ambiente sano y acogedor, en humilde cuna, nació Atilano Guilarte Leyva, descendiente de los ancestrales colonizadores del Caribe. Reconocido por su profunda humildad y sencillez, como un ameritado escritor del género literario cristiano, virtudes que respaldan altamente su profesión. Atilano vivió su feliz infancia y su niñez, en su lugar de nacimiento, y pasó su adolescencia y parte de su juventud en Santiago de Cuba donde concluyó sus estudios secundarios. A la edad de 22 años recibió el llamamiento de Dios para integrar las filas del cristianismo como miembro de la Iglesia Bando Evangélico de Gedeón. A los 24 años de edad dedicó su vida como misionero cristiano de la misma Iglesia, cursó la Escuela Preparatoria para discípulos de Cristo en Playa de Baracoa, Habana. A los 25 años contrajo matrimonio con Ada Ysis Gámez, misionera de la misma Iglesia, obteniendo el bendecido regalo de tres maravillosos hijos que llenaron sus vidas de alegría y felicidad: BelKis, Melkis y Magdiel cuyos nombres decidió reflejar en su biografía, por haber recibido un mensaje de Dios en sueño, donde le fue indicado que debía mencionar el nombre de su esposa y de sus tres hijos en su libro. En 1980 Atilano inició sus estudios en la Escuela Nacional de Teología de la misma Iglesia, donde se graduó en el año 86 y ejerció como profesor de Introducción Bíblica hasta 1989, fecha en que salió para los Estados Unidos de América con su esposa y sus hijos, a petición de la Dirección Internacional de Iglesia en ese país. Finalmente, después de haberse retirado de sus funciones ministeriales, estudió en la Universidad Teológica Mundial Utmpr-puerto Rico. Donde se graduó de Máster en Teología. Manteniendo su status como integrante de su Iglesia de origen, Atilano ha querido dejar un valioso legado a la humanidad, a través de este importante tratado de Instrucción Bíblica, en el cual había laborado intermitentemente por algunos años.

Comentarios

Yanelis: Más allá de un simple comentario acerca de este valioso tratado, es de suma complacencia para mí revelar algunos detalles acerca del autor y de la esencia misma del contenido de su obra.

Conocí a Atilano a través de un contrato de trabajo, mediante la solicitud de mis servicios profesionales para la revisión y corrección de su libro y de un voluminoso contenido literario para su Sitio Web.

La extensa lectura y análisis de sus escritos, me han provisto de una alta apreciación del carácter religioso, ético y profesional de su autor. Ellos revelan que desde muy joven ha sido un apasionado de los estudios de teología.

Graduado en la Universidad Teológica Mundial Utmpr-puerto Rico, actualmente Atilano Guilarte Leyva es Máster en Teología, legalmente acreditado.

Concluida su carrera en dicha materia, Atilano ha emitido un valioso legado a favor de la humanidad, mediante esta excelente obra literaria.

Basado en las múltiples experiencias vividas, el autor de este libro asegura, que la asimilación de las enseñanzas contenidas en el mismo constituye una poderosa barrera contra la depravación moral y el mal comportamiento humano. Capacitando así al individuo para rechazar la incitación al pecado, al crimen, la violencia, el robo, el fraude, el odio, la mentira, la delincuencia y todo

15

género de conductas que contribuyan a la inmoralidad y a la violación de todo principio ético que pueda dañar a la sociedad a la cual nos debemos, convirtiéndolo así en un ente social de alta calidad humana.

Estos detalles revelan por sí mismos, no solo la gran importancia de la lectura de esta magnífica obra, sino además el gran valor de la asimilación de sus enseñanzas puestas en práctica en nuestra vida diaria.

Yanelis Turró Guió, Licenciada en Educación, Especializada en Español y Literatura.

Ariel: Siento la satisfacción de haber sido coalumno de Atilano Guilarte en nuestro primer curso del Seminario de Teología y posteriormente a nuestra graduación, compañero suyo en el desempeño de sus funciones como profesor de Introducción Bíblica en el mismo. Han transcurrido más de 20 años y lo que fuera entonces un simple folleto de 12 páginas, gracias a su arduo trabajo, su dedicación y su entrega total al intenso llamado de Dios, se ha convertido en un magnífico tratado de instrucción bíblica, que surcará los mares y cruzará fronteras emanando luz en medio de las tinieblas y llevando el mensaje de salvación y la enseñanza de la Doctrina Cristiana a las almas, en una forma sistemática que facilita la comprensión de todo un panorama de la Santa Doctrina.

Debo decir, con toda modestia, que si José Duménigo Fabregat, fundador de nuestra Escuela de Teología en Cuba, viviera aún, se sentiría plenamente honrado con esta valiosa obra, escrita por quien fuera uno de los alumnos de su primera graduación de estudiantes.

Uno de los grandes valores de este tratado, se refleja en el método usado por el autor, en la aplicación de las enseñanzas de las Sagradas Escrituras, a través del cual emite una clara convicción teológica, fundamentada en los conceptos, argumentos, evidencias históricas y gramaticales de su contenido, pero con imparcialidad, sin aferramientos ni imposiciones, de manera que las mismas puedan ser asimiladas por cualquier estudiante bíblico, sin importar cuál sea la tendencia teológica, o la Iglesia de su preferencia.

Recomiendo por ello, la lectura de este tratado a los estudiantes bíblicos, aun de niveles avanzados, que deseen conocer las grandes verdades que se encierran en su contenido. Creo sinceramente, que será de gran bendición para su vida espiritual y que tendrá un efecto positivo en su carrera cristiana y en su misión de transmitir el mensaje de salvación y adoctrinar a las almas.

Ariel Brocard, Licenciado en Teología.

Sergio: Atilano Guilarte fue mi compañero de mesa, cuando siendo un joven realizaba mis primeros estudios teológicos. Desde entonces, admiré su sencillez y entereza como estudiante. Pero ya maduro, en sus reflexiones presentes, ha logrado con su aporte influir en su tiempo y en las generaciones que le sucederán.

Durante años le he visto creando a solas, sin muchos medios quizá, pero en pujanza desbordante, luchando contra molinos del presente como un Quijote moderno, que libra cada día una estocada sobre cuartillas que se unen, convirtiendo lo incomprensible en materia de referencia, para todos los que aman la exégesis de la Palabra.

Analizando los estudios que aborda, gravita en el lector descubrir la instrucción preparada con una porción amena, donde el estudiante encontrará algo elemental que lo ayudará legítimamente en el desarrollo de su fundamento cristiano. Es loable y brillante la versatilidad de su accionar, retomando temas complejos con tintes de colorido deslumbrante y así anda por la vida, sembrando amores y sueños de eternidad. Atilano es sencillamente, un dotado de virtudes que emanan de lo etéreo. Un hombre feliz, que ubica atinadamente este texto en un tiempo donde se necesita; un estudio consuetudinario, un ladrón de espacios por lo interesante de su aporte, aunque pueda disentirse de sus opiniones.

Creo este material positivo para leerse y estudiarse, pues aunque es un tratado elemental de teología y doctrina cristiana, se revela completo en contenido, argumentos y evidencias, ofertando además, un alto grado de la convicción teológica y ética profesional del escritor.

Sergio González Th. Dr, Mn. Dr, D. D.

Introducción

Al hacer referencia a la ética, como parte inicial del título de este tratado, no lo hago de ninguna manera con la pretensión de abordar un tema que comprenda todos los pormenores que abarca esta maravillosa ciencia, sino más bien, con el propósito de indicar que la doctrina cristiana como objetivo esencial de esta obra, está enriquecida por un vasto contenido de ética referente a las normas de conducta formuladas para el creyente. A la vez que dicho factor tiene su procedencia en la naturaleza de la moralidad suprema de Dios, quien es la fuente misma de los más elevados principios morales y éticos que la humanidad pueda haber conocido. Por lo cual, varios de los temas principales del contenido de este tratado, están relacionados directamente con las pautas establecidas para el comportamiento humano, emitidas por nuestro Creador. Mientras otros de ellos se refieren específicamente a los principios de nuestra fe, dirigidos al conocimiento de la personalidad de Dios, de Jesucristo y del Espíritu Santo. Incluye el panorama del plan de salvación y vida eterna para el ser humano.

Por la gracia de Dios, la mayoría de los seres inteligentes que poblamos nuestro universo, creemos en el origen de la vida y de todos los valores que la embellecen, como una manifestación gloriosa del Divino Creador, a quien debemos además, la herencia moral que nos condescendió al hacernos objeto del acto magno de sus maravillosas creaciones. Asumimos que deberá ser de un alto grado de estima para todos aquellos que saben apreciar tales valores, tener a su alcance una amplia y detallada relación de evidencias que demuestren convincentemente el acierto de todo lo antes dicho. Debido a ello, plenamente conscientes de que la fuente principal que nos ha proporcionado a una gran parte de la humanidad, la fe en la existencia de Dios, en los últimos tres milenios, lo ha sido la

Santa Biblia, será indispensablemente necesario recurrir a sus escritos sagrados para podernos documentar de la información necesaria que nos permita establecer por medio de las evidencias que ellos nos proporcionan, la relación entre Dios y los orígenes de los principios y fundamentos de la ética que embellecen el sentido implícito de la fe cristiana. Pero debiendo hacer uso de ciertos principios igualmente éticos, en una enseñanza de esta naturaleza, será necesario, en primer lugar, ofrecer pruebas que acrediten la autenticidad de la fuente de información a la que recurrimos.

Por lo cual, para que el lector pueda disfrutar de un testimonio de mayor satisfacción, expondremos una relación de carácter auténticamente histórico, de los orígenes mismos de la Santa Biblia, que incluye: su naturaleza literaria, lugares y épocas de redacción, idiomas originales y otros detalles de vital importancia, los cuales serán esenciales para darle crédito a lo que ella nos dice en relación con los principios mencionados de la ética y de la fe cristiana.

Después que hayamos recibido esta importante documentación, procederemos entonces a conocer a Dios, como la fuente misma de la vida y de todos los valores que la engalanan, como lo son, en este caso, la moral y la buena conducta, mediante un detallado informe que nos ofrece el Sagrado Libro.

Evidentemente la razón que hizo necesario que Dios pusiera de manifiesto los principios éticos, a los que me he referido, se debe, según el relato sagrado, a que El creó al ser humano a su propia imagen y semejanza, para que viviera eternamente feliz sobre la tierra; pero todo estaba sujeto a la obediencia de lo establecido por el Autor de la vida, y lamentablemente el hombre claudicó desobedeciéndolo, convirtiéndose así en pecador rebelde y desleal a su Hacedor. A consecuencia del pecado, vino la depravación heredada, la cual generó todos los males que han azotado a la humanidad a través de su historia, como lo son: el crimen, la violencia, el fraude, el hurto y la inmoralidad; y para colmo, la idolatría, causada por el oscurantismo religioso y la concepción de falsos dioses. Pero el Creador no dejó al hombre abandonado a su suerte. Por lo cual, este relato contiene un mensaje de Dios para usted: el mensaje de las buenas nuevas de salvación y vida eterna. Por cuanto, siendo tan profundo y sublime el amor de Dios para con el ser que había creado a su propia imagen y semejanza, se compadeció de él de tal manera, que quiso proveerle un medio para que este pudiera liberarse de la desgraciada situación que había cosechado como consecuencia de su pecado y pudiera alcanzar la felicidad y la vida eterna. Para ello no solo fue necesario redimirlo de su culpabilidad mediante el sacrificio de su Hijo Jesucristo, sino establecer también una serie de normas de conducta, cuya asimilación, por los efectos de la fe cristiana, neutraliza en el individuo, el impulso que lo conlleva a la práctica de todos los males mencionados, permitiéndole así alcanzar un mejor status de calidad humana y el triunfo definitivo del bien sobre el mal.

Prólogo

Este es un valioso tratado de instrucción bíblica, en el cual se abordan temas que comprenden un predominante contenido de teología elemental y una interesante exposición de la doctrina de Jesucristo. Su objetivo es proporcionar al lector y a los estudiantes del mismo, los conocimientos básicos acerca de Dios y de sus relaciones con sus criaturas, incluyendo las enseñanzas y fundamentos de la Doctrina Cristiana, esenciales para la salvación del alma; instrucciones, que como dijera anteriormente, nos ayudarán a establecer la relación existente entre Dios y los principios fundamentales de la ética. Para ello les he provisto un panorama teológico en orden cronológico de los diferentes acontecimientos que han dado lugar a la fe cristiana. Este se presenta en cuatro unidades de estudio, las cuales están fraccionadas en capítulos y temas. La primera unidad, básica y complementaria a la vez, comienza con la bibliología del sagrado libro. Incluye sus orígenes, definición, etimología y concepto de la Santa Biblia, características principales de su contenido, categorías de sus enseñanzas, idiomas originales, lugares y épocas de redacción, así como sus divisiones internas. Además de ello, trata acerca de la inspiración divina en sus escritos sagrados, carácter de permanencia eterna, algunos de sus propósitos, y cómo comprender su legado divino. Igualmente se refiere al fundamento de la fe cristiana, a lo que la Biblia enseña acerca de Dios el Padre y sus atributos divinos; lo que la misma declara acerca de Jesucristo el Hijo, del Espíritu Santo y de los conceptos que han dado lugar a la doctrina de la Trinidad. Aborda así un interesante estudio de teología en el cual se resalta tanto el tema de la cristología como el de la pneumatología. Seguido de ello se toma en consideración el asunto de la angelología, relacionado con una referencia acerca de los ángeles, así como el tema de la demonología, en relación con los ángeles caídos, el origen del Diablo y sus actividades como enemigo de Dios. Y concluye con un interesante contenido cosmológico, donde se aborda el estudio de la creación del universo que finaliza con un bello y trascendental desenlace de carácter antropológico, mediante el estudio del origen y naturaleza del hombre.

La segunda unidad comienza con el tema de la hamartiología, que en este caso se basa en el estudio del pecado original. A continuación se incluye una segunda fase del estudio cristológico relacionado con el plan de la redención, incluyendo los sacrificios temporales como el prototipo de la inmolación del Hijo de Dios.

Como un tema de carácter esencial se introduce un enfoque inicial de legislación bíblica, mediante el análisis y consideración de la promulgación de los santos mandamientos, en la cual se evidencia un alto contenido de los principios de la ética concernientes a la moral y la conducta social; para seguir con la panorámica de la redención por Jesucristo, su ministerio, muerte, resurrección y ascensión al cielo. Y concluye con las profecías mesiánicas cumplidas en Cristo Jesús.

La tercera unidad consiste en un estudio de la escatología, acerca de los últimos acontecimientos en relación con la existencia de la humanidad e incluye el tema de la parusía relacionada con la segunda venida de Cristo. Se hace referencia además, al tema de la resurrección de los muertos y transformación de los vivos, el lugar y estado intermedios del alma, el milenio, el juicio final y el hogar de nuestra eterna morada.

La cuarta unidad se inicia con un segundo aspecto de legislación bíblica, acerca del Antiguo y Nuevo Pactos de Dios con el hombre, donde se toma en consideración el concepto de las leyes abolidas y las vigentes, según estos dos pactos. Para concluir con una predominante exposición de Doctrina Cristiana, en relación con los pasos a seguir para ser salvos. Esta incluye el tema de la gracia, la fe, el arrepentimiento, la renovación, la santificación, la justificación y la adopción. Entre estos, se aborda la vigencia de los santos mandamientos, concluyendo con el bautismo de agua, el bautismo del Espíritu Santo y sus actividades en la vida de los creyentes.

Finalmente se toman en consideración una serie de aspectos relacionados con la ética, concernientes a la moral y el comportamiento humano, los cuales forman parte esencial de la Santa Doctrina. Estos consisten en una serie de normas de conducta requeridas para el cristiano, que comprenden la santidad y otras exigencias divinas esenciales para su complementación.

Teniendo en cuenta que algunos temas integran varios aspectos, he iniciado con un bosquejo aquellos que presentan tales características, con el fin de que puedan ser mejor asimilados por los estudiantes.

Con este fin he empleado argumentos de carácter científico y filosófico, admitidos y muy usados en la apologética, los cuales en nada afectan los principios de la fe cristiana, sino por el contrario constituyen un firme apoyo a la misma.

Como un complemento de mayor comodidad para los estudiantes, he copiado textualmente los pasajes bíblicos comprendidos en cada tema, precedidos de sus correspondientes referencias. Debido a que algunos versículos bíblicos enfocan dos concepciones diferentes, en algunos casos aparecen versículos seguidos o precedidos de tres puntos suspensivos, lo que indica que solo se ha tomado una parte del mismo de acuerdo al asunto correspondiente. No obstante, debido al alto volumen del contenido bíblico varios pasajes he tenido que exponerlos con mis propias palabras para no violar los reglamentos editoriales, pro el sentido del texto se mantiene fiel, y la referencia bíblica está claramente señalada para que el estudiante la pueda verificar.

En la mayoría de los casos he subrayado en el texto bíblico las palabras en relación con el tema, para que se hagan más resaltantes.

He usado además diferentes modelos de letras, para distinguir mejor los pasajes bíblicos del texto del autor y de las citas de otros autores, incluyendo algunas inserciones del texto griego y del hebreo.

En algunos de los temas presentados, para una mejor orientación en relación con los mismos, se sugiere ver el contexto de un determinado pasaje bíblico, que por cuestión de estética de redacción no se refleja directamente en el texto. Para ello tenga a la mano una Biblia de la Versión Reina-Valera 1909.

Para ciertos datos históricos y otros, he creado un APÉNDICE al final de los temas que así lo requieren. Los estudiantes que no estén orientados acerca de cómo buscar en la Biblia cualquier referencia indicada, deben poner cuidadosa atención a una guía de orientación bajo la asignación titulada: ABREVIATURAS.

He incluido además en este tratado un importante apartado bajo el nombre: Ministerio Evangelístico Individual, que usted podrá encontrar en las páginas finales.

Salvo otra indicación, los pasajes extraídos de la Santa Biblia han sido tomados de la [51]Antigua Versión Reina-Valera 1909, online, clasificada como **dominio** público.

Incluyendo el texto bíblico y sus referencias, para señalar las diferentes fuentes literarias citadas, con su bibliografía correspondiente, he usado reseñas numéricas al inicio de cada cita. Usted puede localizar por medio de ellas sus titulares en la página del listado de las bibliografías al final del libro, y acceder a las Páginas Web relacionadas. En el caso del texto del Nuevo Testamento Griego y del hebreo del Antiguo Testamento, estos señalamientos se reflejan entre paréntesis para que no se confundan con los números que identifican los versículos.

El estudio de esta importante serie de temas, le ayudará a obtener como dijera inicialmente, un conocimiento legítimo acerca de Dios, de sus relaciones y propósitos con el ser humano, de su plan de redención y vida eterna mediante Jesucristo y de los principios y fundamentos de su santa doctrina.

Evidentemente, la mayor parte de los temas presentados en este tratado son de la aceptación común de la mayoría de las Iglesias cristianas. Sin embargo, algunos de ellos como el tema de la observancia del sábado, la ley de salubridad alimenticia, el atavío de la mujer cristiana, el carácter permanente del matrimonio, las restricciones del Segundo Mandamiento y otros, son de carácter inquisitivo y controversial, aceptados por la minoría de las Iglesias, denominadas comúnmente como los conservadores. Por lo cual, cumpliendo con los principios de la ética profesional en la aplicación de las enseñanzas de las Sagradas Escrituras, este tratado refleja un carácter imparcial. Debido a ello, aquellos temas que son de común aceptación se explican de forma sencilla, simplemente como es requerido; mientras que aquellos polémicos se toman en cuenta, en primer lugar, según el concepto de la mayoría de las Iglesias y seguido de ello se presenta el tema según el concepto de los conservadores. Estos últimos exponen un estudio más profundo y analítico que se identifica por el fundamento de sus teorías y la tenacidad de sus argumentos en defensa de los mismos. Este es un método que capacita al estudiante en el conocimiento de las diferentes corrientes teológicas, para que pueda elegir conscientemente la tendencia de su preferencia y decidir libremente la iglesia que él quiera seguir.

Atención: En algunos casos he señalado ciertas palabras con un asterisco *inicial, lo que indica que el lector puede descargar el App Manual Bíblico desde el Play Store de su celular donde está el contenido de este libro en formato digital. En él encontrará un vínculo en el mismo punto del tema, que lo llevará al sitio relacionado con el asunto.

Agradecimientos

Quiero expresar mi más sincero agradecimiento a todos aquellos que de una u otra manera han contribuido para hacer posible la realización de esta magnífica obra, aunque haya sido con una palabra de estímulo solamente.

Mi más expresivo sentir de agradecimiento es, en primer lugar, para mi esposa, por su valioso apoyo en sentido general, lo cual me permitió el privilegio de estudiar en el Seminario de Teología, lo que ha sido para mí de mucha validez en el perseverar de mi carrera cristiana y en la exposición de este importante tratado. Gracias a mis hijos queridos, por dispensarme el haberlos privado del tiempo precioso que debí haberles dedicado a ellos, para consagrarme a tiempo completo a la elaboración de esta valiosísima obra, que espero haya de repercutir positivamente en sus vidas futuras y en la de otras generaciones.

Mi fidedigno agradecimiento a la comisión de maestros de la Escuela de Teología de Nuestra Iglesia en Cuba, donde realicé mis primeros estudios teológicos, por su valioso aporte inicial al enriquecimiento de este tratado. Mi cordial gratitud para Joaquín Abreu, mi profesor por excelencia y director de la Escuela, por autorizar el curso de la actividad, y el aporte de los maestros incluyendo su ingeniosa intervención. Otro aporte inestimable lo ha sido la información tomada de otras obras de la literatura cristiana, entre ellas las del obispo Buena Ventura Luis y otros.

Agradezco explícitamente el valioso aporte de Joyce Stone, por haberme reconstruido mediante el arte de la mecanografía, mi primer borrador extractado de esta obra, cuando a mi llegada a los Estados Unidos, era un simple folleto, que solo constaba de 12 páginas. De igual manera agradezco genuina y satisfactoriamente, la generosa atención y el apreciado aporte de nuestro querido y venerable hermano, el apóstol Florentino Almeida, por revisar y valorar positivamente cada tema, concernientes a las dos primeras ediciones manuales de la misma.

Agradezco sinceramente las palabras de estímulo y aprobación, de parte de nuestros queridos y honorables hermanos, finados ya, los apóstoles Luis Cruz y Joel Modéjar.

No puedo concluir esta relación sin haber expresado antes mi sincero agradecimiento a nuestro querido hermano, el Evangelista Héctor Herrera, por su efectivo asesoramiento en la correcta interpretación de algunos temas de la Santa Doctrina.

Mi más encarecido y sincero agradecimiento a nuestro finado hermano, el obispo José Ramón Salas (1989) por su gran estímulo y apoyo en la realización de esta obra y por su ayuda en la transcripción de las dos primeras unidades.

Agradezco profundamente a mi buen amigo, el doctor Sergio González, por su estímulo y gran apoyo en la reiniciación de mis estudios, a través de los cuales pude hacer la Maestría en Teología en la Universidad Teológica Mundial Utmpr-puerto Rico.

Mi más exaltado reconocimiento a nuestro finado hermano, el Supervisor José Duménigo Fabregat, honorable fundador de nuestra Escuela de Teología en Cuba, quien con su ejemplo y abnegación, nos abrió una puerta de acceso hacia el conocimiento de grandes verdades históricas y culturales en relación con la Santa Biblia y todo lo que a ella concierne. Conocimientos estos, que constituyen un gran punto de apoyo para la fe de todos los creyentes fieles y sinceros.

Sean todos receptores de un profundo y sincero agradecimiento.

Abreviaturas

Esta es una importante guía de orientación, creada con el fin de ayudar a los nuevos estudiantes a conocer las abreviaturas referentes a las citas bíblicas que se dan en este tratado.

La Biblia es un libro complejo, formado por un conjunto de sesenta y seis libros breves, escritos por diferentes autores y coleccionados bajo un mismo encuadernamiento. Es necesario tener en cuenta que cada uno de estos lleva su propio nombre internamente, y que a la vez cada uno de ellos está dividido en capítulos y versículos.

Como dijera en los datos del prólogo, los pasajes bíblicos relacionados con los diferentes temas comprendidos en este tratado, aparecen escritos textualmente con sus correspondientes citas, para que los estudiantes no tengan necesidad de buscarlos en la Biblia. No obstante, como un medio de ayudar a los principiantes a que aprendan a buscar las referencias citadas, he decidido agregar seguido a estas instrucciones, una guía que indica el nombre de cada libro de la Santa Biblia según el orden en que se encuentran en la misma.

En esta guía aparece el nombre completo de cada libro y su abreviatura. Conforme a las mismas están escritas también las comprendidas en este tratado. De manera que cuando el estudiante quiera saber a cuál de los libros se refiere determinada abreviatura, será lo suficiente con buscarla en esta guía.

Como un ejemplo de ello veamos las siguientes referencias: (Gn. 1: 5, 8, 12). En este caso como en todos los demás, las letras seguidas de un punto (Gn.) indican el nombre del libro en abreviatura, el número inmediato seguido de dos puntos (1:) indica el capítulo y los números siguientes (5, 8, 12) indican los diferentes versículos. Veamos otro ejemplo: (Gn. 1: 5, 8, 12; 19: 22). En este caso, el número que va después del punto y coma (; 19) indica un capítulo diferente del mismo libro, con su correspondiente versículo (22).

ANTIGUO TESTAMENTO

Génesis.. Gn.
Éxodo.. Ex.
Levítico... Lv.
Números...Nm.
Deuteronomio..Dt.
Josué..Jos.
Jueces..Jue.
Ruth..Rt.
1a de Samuel..1S.
2a de Samuel..2S.
1a de Reyes..1R.
2a de Reyes..2R.
1a de Crónicas..1Cr.
2a de Crónicas..2Cr.
Esdras...Esd.
Nehemías...Neh.
Esther..Est.
Job..Job.
Salmos...Sal.
Proverbios..Pr.
Eclesiastés...Ec.
Cantares...Cnt.
Isaías...Is.
Jeremías...Jer.
Lamentaciones..Lm.
Ezequiel...Ez.
Daniel..Dn.
Oseas..Os.
Joel...Jl.
Amós...Am.
Abdías...Abd.
Jonás...Jon.
Miqueas...Mi.
Nahúm...Nah.

NUEVO TESTAMENTO

UNIDAD I

Capítulo 1

La Santa Biblia

INTRODUCCIÓN

Tal como lo expuse en el prólogo, el primer tema que tomaremos como objeto de nuestro estudio en este tratado, será acerca de la Santa Biblia, por ser ella la fuente primordial de la fe cristiana, y la que nos proporciona un conocimiento cierto y más amplio acerca de Dios y de sus propósitos para con el género humano. Los primeros aspectos a considerar estarán basados en gran parte en el estudio de la bibliología, la cual consiste en un análisis general del libro, en sus aspectos históricos y técnicos.

La humanidad ha obtenido los primeros conocimientos acerca de Dios a través de la tradición oral, de la cual los patriarcas hebreos fueron fieles exponentes.

Algunos descubrimientos arqueológicos han demostrado que la escritura existía desde la antigüedad, no obstante, según lo que revelan los datos más recientes, alrededor del año 1460 antes de Cristo, Moisés, el gran legislador del pueblo hebreo, dio inicio a los escritos sagrados de la Santa Biblia. Véase cálculos de fechas para acontecimientos bíblicos, al final del libro, para cualquier fecha bíblica relacionada a través del mismo.

A partir de entonces, el conocimiento que la humanidad tiene acerca de Dios, lo ha adquirido por medio de la Santa Biblia. Por lo cual, se ha definido que la Biblia es la fuente primaria de la teología.

Es innegable que existen otras fuentes de la teología, las cuales nos proporcionan también algún conocimiento acerca de Dios. Entre ellas están relacionadas la naturaleza, la religión y la experiencia personal. Pero estas han sido consideradas solo como fuentes secundarias, por cuanto no nos proporcionan un conocimiento completo acerca de su personalidad divina.

A través de la naturaleza, por ejemplo, se puede deducir que siendo Dios su Creador, debe ser sin lugar a dudas, un Ser infinitamente poderoso, inteligente y bondadoso.

Así también, de la religión y de la experiencia personal se pueden sacar conclusiones muy importantes con respecto a la existencia de Dios y sus actividades divinas. Pero lo más importante es que la Santa Biblia nos confirma esas conclusiones nuestras, y nos complementa la totalidad de los conocimientos que nosotros necesitamos acerca de su personalidad divina. [44]No por conclusiones basadas en nuestro propio razonamiento, sino en la Escritura divinamente inspirada.

Es por ello que he entendido de gran importancia, que el primer aspecto de nuestra consideración en este estudio de la Biblia, debe ser acerca de la inspiración divina en sus escritos sagrados, seguido de otros fundamentos como lo son: su carácter de permanencia eterna, algunos de sus propósitos, y cómo comprender las verdades reveladas en su legado divino. Estos y el tema de la fe cristiana, serán los asuntos a tratar en este primer capítulo, además de la definición, etimología y concepto de la Santa Biblia, que precederán a los demás temas.

BIBLIOLOGÍA

Definición, etimología y concepto de la Santa Biblia. Ante todo, quiero aclarar a los estudiantes que ninguna de las definiciones y conceptos dados en este tratado son de carácter absoluto. Existen otros, expuestos por diferentes tendencias teológicas, pero todos giran alrededor de la misma verdad expresada por los demás.

Definición: La Biblia es un tratado literario acerca de cómo se relacionó Dios con los hombres en diferentes épocas y lugares. Estas características convierten al Sagrado Libro, en una auto revelación de Dios a la humanidad.

Etimología: El término Biblia procede de la palabra [1]griega βιβλίον [biblíon]: libro, rollo, escrito. Expresada en plural significa conjunto de libros.

Concepto: La Biblia es por tanto, un conjunto de sesenta y seis libros breves escritos por diferentes autores bajo diferentes títulos. Su contenido tiene tres características principales: historia, didáctica y profecía.

Contenido histórico: Este comprende dos grandes etapas principales, de las cuales la primera consiste en un preámbulo de la segunda. Esta primera sección histórica, incluye un breve relato de la creación del universo y del orden cosmológico del mismo. Contiene el origen del hombre, los animales y las plantas, un breve resumen histórico de los descendientes del primer hombre, hasta el patriarca Abram e incluye el relato del Diluvio Universal. La misma cumple el objetivo de revelar a la humanidad la existencia de Dios como Creador de la vida y del hombre mismo, así como de todo el universo y las leyes que lo rigen. Se pone de manifiesto la relación de Dios con el ser humano y su propósito divino para con este, así como su fatal caída o falla moral, conocida como el pecado original. El relato refleja además, varias reseñas simbólicas de un plan de redención para la humanidad, con el fin de restituirle su derecho opcional de vida eterna como integrantes del Reino de Dios.

La segunda etapa o sección histórica comienza con el llamamiento y esco gimiento de Dios a Abram, cuando aún tenía sesenta y cinco años de edad. [51](Gn. 12: 1-4). Continúa con la historia de sus descendientes, los cuales se conocen como el pueblo hebreo, el pueblo escogido de Dios. El relato comprende desde alrededor del año 2100 hasta el 430 a. C. Desde el patriarca Abraham hasta las profecías de Malaquías, para culminar con una detallada relación histórica del origen y desarrollo del cristianismo, que se extiende alrededor de sesenta años del primer período de su existencia a partir del nacimiento de Cristo. Vea cálculos de fechas para acontecimientos bíblicos, como el último tema de este tratado, según el orden del índice de contenido.

Este relato histórico sienta las bases del plan de redención de Dios para la humanidad. Para ello se requería de la intervención de varios factores fundamentales, los cuales constituyeron tres grandes promesas de Dios para Abraham, quien fuera escogido como precursor de tan excelso plan divino.

La primera de las promesas consiste en multiplicar su descendencia hasta convertirla en una gran nación. Esta revelaría al resto de la humanidad, la existencia del Dios verdadero, mediante una vida rendida en obediencia incondicional a su voluntad divina, y los grandes milagros y maravillas que el Supremo Creador haría entre ellos. La segunda promesa consiste en que todas las familias de la tierra vendrían a ser benditas a través de su simiente. Esto se debe a que de su descendencia procedería el Redentor de la humanidad, conocido también como el Mesías. La tercera promesa radica en que sus descendientes poseerían la tierra de los cananeos, conocida como la Palestina, donde Dios lo había destinado a vivir como peregrino durante el resto de su vida. Esto se debe a que dicha nación estaría ubicada en un estratégico punto geográfico que entrelazaba el cruce de transeúntes de tres continentes: Europa, Asia y África. Donde el conocimiento acerca de Dios podría ser transmitido más ampliamente y su posterior mensaje mesiánico de salvación y vida eterna, lo que inicialmente tendría su fundamento simbólico en las prácticas religiosas de dicho pueblo. Todo lo relacionado con esta sección histórica, estuvo intencionalmente dirigido al cumplimiento exacto de estas tres promesas de Dios a Abraham. La misma incluye sus peregrinaciones y la de sus primeros descendientes en tierras de Canaán; la esclavitud de sus herederos en Egipto; la liberación bajo el liderazgo de Moisés; la marcha de conquista hacia Palestina; las diferentes manifestaciones de Dios durante la trayectoria; la institución de la religión judía; las guerras de la conquista; la toma y posesión de la tierra prometida; el establecimiento de su reino; las diferentes etapas de reinado, conflictos internos y externos, sus guerras, victorias y derrotas; la apostasía religiosa; el surgimiento y proclamación de los profetas; el cautiverio del pueblo hebreo en Babilonia, su liberación y restablecimiento nuevamente a su nación; restauración religiosa; reconstrucción del templo, de la ciudad y sus muros. Luego de un período de silencio histórico, de alrededor de cuatrocientos años prosigue con el relato detallado del nacimiento de Jesucristo, el Mesías y Redentor Divino, quien se ofreció a sí mismo en sacrificio expiatorio para redimir a la humanidad de su condición de pecado.

El relato hace énfasis en su nacimiento, ministerio, crucifixión y muerte, resurrección y ascensión al cielo, seguido de la historia de la Iglesia, hasta alrededor de treinta años después de estos últimos acontecimientos, y concluye con la revelación apocalíptica del apóstol Juan, alrededor del año 90 d. C.

El [30]doctor Harold L. Willmington, autor del <u>Auxiliar Bíblico Portavoz</u>, describe el contenido histórico en doce períodos, denominados como: [1]la etapa de la creación, [2]la etapa patriarcal, [3]la etapa del éxodo, [4]la etapa de la conquista, [5]la etapa de los jueces, [6]la etapa del reino unido, [7]la etapa del reino dividido, [8]la etapa de la cautividad, [9]la etapa del retorno, [10]la etapa de los Evangelios, correspondiente según mi propia paráfrasis, al relato del nacimiento de Cristo, su ministerio, muerte, resurrección y ascensión al cielo. Seguido de [11]la etapa de la Iglesia primitiva, en su primera fase, correspondiente al relato del libro de Los Hechos. Finalmente se relaciona [12]la etapa de las epístolas, correspondiente a la segunda fase de la Iglesia, en la que aparecen las cartas de los apóstoles y concluye con el libro de El Apocalipsis.

Contenido didáctico: Este comprende desde las enseñanzas morales contenidas en las leyes, las profecías y los libros poéticos, hasta las del Señor Jesús y los apóstoles de la Iglesia después de Él. El mismo tiene un gran realce en las normas morales y religiosas que conducen a la humanidad a someterse al plan de redención para salvación y vida eterna en gloria.

Contenido profético: Este comprende desde las disertaciones de los primeros profetas, hasta las predicciones de nuestro Señor Jesucristo, concluyendo con la revelación apocalíptica del último libro del Nuevo Testamento. Quiero especificar que la Biblia es calificada como **Santa** (Santa Biblia), para resaltar el carácter de su naturaleza literaria, pues ella contiene la palabra de Dios escrita; y así como Él es santo, también lo es su palabra. Por lo cual, sus enseñanzas nos hacen un constante llamado a una vida de santidad (libertad de pecado), según lo declaran las Escrituras en [51]Ro. 6: 22.

La Biblia es llamada también la Palabra de Dios y las Sagradas Escrituras. Mientras que a la Versión Hebrea, la cual contiene solo el Antiguo Testamento, ellos no le llaman Biblia, sino Tannak, del [2]hebreo ℸℵℸ [Tanaj], cuyos escritos se clasifican en tres grandes divisiones conocidas como: la ley, los profetas y los salmos.

Categorías de las enseñanzas bíblicas: Las enseñanzas o doctrinas de la Santa Biblia se dividen en tres categorías principales:

1ª Esenciales para la salvación del alma: Estas son tan sencillas y claras, que hasta los más simples las pueden entender. No obstante, estas enseñanzas proporcionan un conocimiento suficientemente amplio acerca de Dios, y una exposición bien definida del evangelio de Jesucristo.

2ª Estudios profundos: Estos requieren de un estudio esmerado, detallado y complejo acerca de todo el contenido de las Escrituras o d cualquier tema comprendido en ellas.

3ª Misterios divinos: Estos comprenden algunas porciones de los Escritos Sagrados, cuya comprensión está fuera del alcance de la mente humana. La exégesis más conocida, lo atribuye a las cosas secretas de Dios, según [51]Dt. 29: 29.

Idiomas originales: La Santa Biblia fue escrita originalmente en los idiomas: hebreo, arameo y griego. El Antiguo Testamento se escribió en hebreo y parte en arameo; y el Nuevo Testamento fue escrito en griego. Posteriormente se hicieron traducciones al latín, alemán, español, a cientos de idiomas y dialectos.

Lugares de redacción: Los escritos bíblicos se llevaron a efecto en [37]Arabia, Palestina, Babilonia, Asia Menor, Macedonia, Grecia e Italia, posiblemente en Egipto y la isla de Patmos. Aunque la mayor parte de estos escritos se produjo en Palestina.

Divisiones de la Biblia: La Biblia está dividida internamente en dos porciones principales conocidas como el Antiguo Testamento y el Nuevo Testamento. El Antiguo Testamento contiene 39 libros, y comprende el relato de la historia sagrada del período enmarcado antes de Jesucristo. En el mismo se registran tres grandes estructuras literarias reconocidas como: libros históricos, libros proféticos y libros poéticos. El Nuevo Testamento contiene 27 libros, y comprende el relato sagrado a partir de Jesucristo. En el mismo se registran cuatro porciones literarias principales, reconocidas como: Los Evangelios, Hechos de los apóstoles, Epístolas apostólicas y El Apocalipsis.

Además de esta división y del fraccionamiento por libros, la Biblia está dividida también en capítulos y versículos. Según [27]datos históricos, nuestra actual división en capítulos debió haber sido iniciada en el siglo XI por Lanfranc, consejero de Guillermo el conquistador. En los albores del siglo XIII, este proceso fue desarrollado y llevado a cabo en París, por Stephen Langton, profesor en la Sorbona, quien llegó a ser arzobispo de Canterbury.

El uso actual de la numeración de versículos para toda la Biblia fue popularizada por Robert Estienne. En 1551 publicó el Nuevo Testamento Griego y cuatro años más tarde publicó la Biblia completa en latín. En ambos casos los números de los versículos no figuraban en el texto bíblico, sino al margen. En 1565 Teodoro de Beza inscribe los números de los versículos en el interior del texto.

Quiero hacer del conocimiento del estudiante, que la Biblia contiene también características de la poesía hebrea en casi todos los libros del Antiguo Testamento. Para ello vea al final del libro el tema titulado: Reflejos de la poesía bíblica.

LA BIBLIA, EL LIBRO ESCRITO POR INSPIRACIÓN DIVINA

Bosquejo: 1. En la consideración de este tema podremos comprobar, a través de diferentes pasajes bíblicos, que la Santa Biblia fue escrita por inspiración divina.

2. Trataremos además, acerca del significado de tan exclusiva inspiración y de sus funciones, citando algunos personajes que fueron influenciados por ella.

3. Comprobaremos también, a través de diferentes pasajes, que los escritos de la Santa Biblia están exentos del error, gracias a los efectos de la inspiración divina.

1) Con excepción de la Santa Biblia, toda obra literaria procede de la inspiración humana. Algunos escritores se han inspirado en los fenómenos de la naturaleza, otros, indistintamente, en la ética, la filosofía, el amor, temas históricos y científicos, etc. Muchos de esos escritos han dado un aporte de gran valor a la humanidad. Sin embargo, la Santa Biblia, el libro de sin igual valor, no fue escrito por inspiración humana, sino por los efectos de la influencia divina. Sus escritos nos dan testimonio evidente de ello. Consideremos al respecto los pasajes siguientes:

[51]*2P. 1: 21:* [21]*Porque la profecía no fue en los tiempos pasados traída por voluntad humana, sino los santos hombres de Dios hablaron siendo inspirados del Espíritu Santo."*
[51]*2Ti. 3: 16, 17:* [16]*"Toda Escritura es inspirada divinamente y útil para enseñar, para redargüir, para corregir, para instituir en justicia, [17]Para que el hombre de Dios sea perfecto, enteramente instruido para toda buena obra."*
[51]*Ga. 1: 11, 12:* [11]*"Mas os hago saber, hermanos, que el evangelio que ha sido anunciado por mí, no es según hombre; [12]Pues ni yo lo recibí, ni lo aprendí de hombre, sino por revelación de Jesucristo."*

2) ¿Qué significa la expresión "inspiración divina"? Se define como influencia que ejercía el Espíritu Santo sobre ciertos escogidos suyos, para que escribieran lo que Él quería comunicarle a su pueblo elegido o a cualquier nación en particular.

Es de vital importancia aclarar que, en el pasaje citado según [51]2Ti. 3: 16, 17, la palabra inspiración, es traducida del término [1]griego θεόπνευστος [theópneustos], que literalmente significa aliento de Dios y es considerado teológicamente, como el **hálito** de vida que Dios puso en Adam. Esto indica que a través de la inspiración divina, Dios ha dado vida a las Sagradas Escrituras. Por lo cual dice en [51]He. 4: 12, que la Palabra de Dios es viva y eficaz.

Con respecto a la influencia de la inspiración divina sobre los escritores de la Biblia, consideremos algunos ejemplos:

David: [51]*2S. 23: 1, 2:* [1]*"Estas son las postreras palabras de David. Dijo David hijo de Isaí, Dijo aquel varón que fue levantado alto, El ungido del Dios de Jacob, El suave en cánticos de Israel:* [2]*El espíritu de Jehová ha hablado por mí, Y su palabra ha sido en mi lengua."*

Isaías: [51]*Is. 59: 21: "Y este será mi pacto con ellos, dijo Jehova: El espíritu mío que está sobre ti, **y mis palabras que puse en tu boca**, no faltarán de tu boca, ni de la boca de tu simiente, ni de la boca de la simiente de tu simiente, dijo Jehová, desde ahora y para siempre."*

[51]*Hch. 28: 25, 26:* [25]*"Y como fueron entre sí discordes, se fueron diciendo Pablo esta palabra: Bien ha hablado el Espíritu Santo por el Profeta Isaías a nuestros padres,* [26]*Diciendo: Ve a este pueblo, y diles"...*

Jeremías: [51]*Jer. 1: 9, 10:* [9]*"Y extendió Jehová su mano, y tocó sobre mi boca; y díjome Jehová: He aquí he puesto mis palabras en tu boca.* [10]*Mira que te he puesto en este día sobre gentes y sobre reinos, para arrancar y para destruir, y para arruinar y para derribar, y para edificar y para plantar."*

En estas citas bíblicas se mencionan tres de aquellos grandes hombres que fueron instrumentos de Dios para escribir su Santa Palabra, conociendo que cada uno de ellos aportó el contenido de una considerable parte de las Sagradas Escrituras; y tal como lo confirman los textos leídos, [44]ninguno de ellos actuó por su propia voluntad, sino en atención y obediencia a Dios. Nuestro Señor Jesucristo confirma este sagrado concepto:

[51]*Mr. 12: 35, 36:* [35]*Y respondiendo Jesús decía, enseñando en el templo: ¿Cómo dicen los escribas que el Cristo es hijo de David?* [36]*Porque el mismo David dijo por el Espíritu Santo: Dijo el Señor a mi Señor: Siéntate a mi diestra, Hasta que ponga tus enemigos por estrado de tus pies.*

3) Una de las funciones más importante de la inspiración divina fue la de evitar que los escritores bíblicos cometieran algún error al transmitir las verdades reveladas por Dios. Esta los libraba de comunicar algo que no fuera cierto, o que Él no les hubiese revelado, principalmente en lo relacionado con las profecías, las cuales abarcan el mayor contenido de las revelaciones de Dios, incluyendo sus promesas divinas.

Evidentemente, esta función de la inspiración divina se le atribuye con toda autenticidad a los manuscritos originales, así como a las copias de estos y las traducciones; **siempre que las mismas correspondan en su totalidad con la mayoría de los manuscritos más antiguos en existencia.** Ya que se ha considerado, que tanto los copistas como los traductores, pueden cometer errores y equivocaciones que **no protege** la inspiración divina. Vea **detalles de vital importancia** al final del tema, con respecto a "la inspiración divina conferida a las traducciones de la Biblia."

Con respecto a que la inspiración divina libraba a los escritores bíblicos de exponer algo que no fuera cierto, consideremos los ejemplos siguientes:

[51]*Mi.* **3: 5-8:** [5]*"Así ha dicho Jehová acerca de los profetas que hacen errar a mi pueblo, que muerden con sus dientes, y claman, Paz, y al que no les diere que coman, aplazan contra él batalla:* [6]*Por tanto, de la profecía se os hará noche, y oscuridad del adivinar; y sobre los profetas se pondrá el sol, y el día se entenebrecerá sobre ellos.* [7]*Y serán avergonzados los profetas, y confundiránse los adivinos; y ellos todos cubrirán su labio, porque no hay respuesta de Dios.* [8]Yo empero estoy lleno de fuerza del espíritu de Jehová, y de juicio, y de fortaleza, para denunciar a Jacob su rebelión, y a Israel su pecado."*

[51]*1Ts.* **2: 3, 4:** [3]"Porque nuestra exhortación no fue de error, ni de inmundicia, ni por engaño; [4]Sino según fuimos aprobados de Dios para que se nos encargase el evangelio, así hablamos; *no como los que agradan a los hombres, sino a Dios, el cual prueba nuestros corazones."*

La cita en el libro de Miqueas da a conocer que existen profetas falsos. La sentencia para ellos será oscuridad espiritual, vergüenza y confusión. Pues de tal manera se manifiesta la indignación de nuestro Dios contra la promulgación del error. Pero este profeta de Dios, estaba lleno del poder del Espíritu Santo, el cual lógicamente, ejercía en él aquella influencia divina que lo inspiraba para denunciar la rebelión y el pecado a través de la proclamación oral y de sus profecías, escritas en la Santa Biblia.

La cita en la Primera Epístola a los Tesalonicenses, pone de manifiesto que en la comunicación del evangelio (escrito en la Santa Biblia), no existe el error.

Tal como se puede apreciar, estas son solo pruebas intrínsecas a la Santa Biblia, o sea, son evidencias que incluye la Biblia misma, que confirman que sus escritos fueron llevados a cabo bajo la influencia de la inspiración divina.

Otras pruebas fundamentales de la inspiración divina en las Sagradas Escrituras, son las profecías bíblicas cumplidas, algunas de las cuales llegaron a comprender un período de tiempo hasta de ochocientos años y más, desde su predicción hasta su cumplimiento. Como prueba de ello véase el capítulo 6 de este tratado.

Existen también muchas pruebas extrínsecas a la Santa Biblia, las cuales dan evidencias de las verdades reveladas en sus escritos. Dentro de ellas se ha tomado en consideración el hecho del gran poder regenerador que opera la Palabra de Dios en las personas, convirtiendo al perverso y al criminal en creyentes fieles y personas honestas, con un alto nivel de moralidad y buen comportamiento humano. Todo ello gracias a que la misma es viva y eficaz, por cuanto tiene su origen en el hálito de vida dado por Dios al hombre, lo cual se define como la Inspiración Divina en las Sagradas Escrituras.

Otro detalle que se ha tomado seriamente en consideración, consiste en la preservación de estos escritos sagrados. Ellos han sobrevivido al intento de erradicación total por parte de reyes y otras entidades poderosas, quienes quemaron en diferentes épocas todos los ejemplares de las Sagradas Escrituras que les fue posible.

Mientras que el resultado de todos los trágicos intentos por destruirla, se ha trocado en la reproducción de millones de ejemplares en existencia por cada uno de los que han sido destruidos a través de la historia.

Además de ello, las profecías cumplidas, como dijera anteriormente, denotan también consistentes pruebas extrínsecas de la inspiración divina en los Escritos Sagrados, por cuanto muchos de los acontecimientos predichos y cumplidos, se hallan registrados en la historia. Como evidencias de ello, tenemos el cumplimiento de las profecías de Isaías, Jeremías y otros profetas. Según [51]Segunda de Reyes, capítulo 20: 16-18 y el libro de [51]Jeremías, capítulo 21 y 25: 1-12, contenidos en la Santa Biblia. Estos profetas de Dios predijeron con perfecta claridad la toma y destrucción de Jerusalem, capital del reino de los hebreos, identificados en su tiempo como los judíos. Estos vaticinios incluyen además la transmigración del pueblo judío a Babilonia, donde tendrían que permanecer por un período de setenta años, hasta que se cumpliese el tiempo previsto para la desolación de esa ciudad y la caída de su Imperio. Ahora bien, la historia da evidencias también de que en el año 587 a. C. el Imperio babilónico lanzó una ofensiva contra Jerusalem. Le causó gran destrucción, le prendió fuego a la ciudad, y llevó cautivos a Babilonia a la mayoría de sus habitantes. También es evidente, según la historia, que al tiempo señalado por los profetas, fueron liberados del cautiverio, muchos de ellos regresaron de nuevo a Jerusalem y reedificaron el templo y la ciudad.

Otra prueba extrínseca a la Santa Biblia que ofrece testimonios de las verdades reveladas en sus escritos sagrados, radica en el cumplimiento de las profecías de Daniel, joven hebreo del linaje real, estuvo entre los cautivos que el rey Nabucodonosor llevó de Jerusalem a Babilonia, donde ejerció su ministerio profético.

Según el libro bíblico de [51]Daniel, capítulo 8: 1-8, 20-22, Dios le reveló a este la caída del Imperio medo persa, por la invasión del reino de Grecia, y la sucesión de los hechos, con exacto cumplimiento histórico. Vea los datos históricos en apéndice al final del tema.

Una de las pruebas más contundentes de las verdades reveladas en las Sagradas Escrituras, producto de la inspiración divina en sus escritos, consiste en el relato de la resurrección de Jesucristo, el cual establece también el cumplimiento de sus propias predicciones. Tanto la historia antigua como la del cristianismo, constituyen pruebas externas a la Santa Biblia, que ofrecen evidencias claras y detalladas acerca de las largas y horrendas persecuciones a las que fueron sometidos los cristianos por el Imperio romano, a partir del año sesenta y cuatro después de Jesucristo.

Muchos de los comentaristas bíblicos están de acuerdo en que, si los cristianos de aquella época no hubiesen tenido pruebas verdaderamente convincentes de que Jesucristo había resucitado, jamás se hubiesen sometido a los horribles rigores del encarcelamiento, las torturas y el martirio; a ser crucificados despedazados por las fieras, quemados en hogueras, aserrados; huir por los montes, escondidos en cuevas y en las catacumbas, simplemente por mantener su fidelidad a un ideal religioso. Sin embargo, la historia del cristianismo confirma que muchos de aquellos fieles se sentían dichosos de ser sometidos a aquel martirio tan cruel, antes que retractarse frente a una verdad tan inmaculada, y había quienes se presentaban voluntariamente para ser entregados a la muerte. Pues algunos de ellos habían sido testigos oculares de la resurrección de Jesucristo, por cuanto se les había aparecido y había compartido con ellos en varias ocasiones, después de resucitado, ya que para esa fecha no habían pasado más de treinta y cinco años de aquel inolvidable acontecimiento. Además, los que no lo habían visto, lo creían tan cierto como si ellos mismos hubiesen percibido los hechos. Porque las verdades de las revelaciones divinas son tan vivas y convincentes, que aun después de dos mil años no ha habido fuerza posible capaz de detener las crecientes olas del cristianismo, que han alcanzado cifras de millones de personas que creen en la certeza de las promesas bíblicas como el libro escrito bajo la influencia de la inspiración divina.

Otras pruebas extrínsecas a la Santa Biblia, relacionadas con el cumplimiento de las profecías, las constituyen auténticos datos históricos, acerca del esparcimiento, sufrimiento y destierro total del pueblo judío, a causa de su pecado contra Dios. Los registros históricos contienen evidencias además del cumplimiento de las profecías de Daniel con relación al surgimiento y caída de los cuatro grandes imperios de la antigüedad, conocidos como: El Imperio babilónico, el medo-persa, el griego y el romano. Así como de otras profecías relacionadas.

APÉNDICE

La inspiración divina es conferida a las traducciones de la Biblia: Así como se le atribuye el pleno respaldo de la inspiración divina a los manuscritos originales y sus copias, se asume que las traducciones hechas a otros idiomas deben ser consideradas bajo el mismo status, siempre que las mismas correspondan en su totalidad a una traducción del todo correcta que contenga además, un sentido realmente acorde al expresado en el idioma original. Por tal razón, tanto los eruditos bíblicos de la antigüedad como los actuales, respaldados por las sociedades bíblicas, han sometido diferentes versiones de la Biblia a variadas y extensas revisiones que han ayudado a que las mismas ofrezcan un mensaje cada vez más claro y acorde al expresado en los Escritos de los idiomas originales, como lo es el caso de nuestra Versión Reina-Valera, por ejemplo, que después de haber sido llevada a efecto por las traducciones de Casiodoro de Reina, en 1569, fue revisada por Cipriano de Valera, la cual concluyó en 1602, y después fue sometida a otras revisiones en 1862, 1909, 1960 y 1995. Esto prueba que, aunque el texto original es considerado de carácter **infalible,** por lo que **no** admite cambios ni censuras, las traducciones, sin embargo, **pueden ser sometidas a ciertas revisiones y ajustes** por parte de los eruditos o entidades facultadas para ello. No obstante, cualquier estudiante bíblico está en todo su derecho de tomar un pasaje, expresión o palabra de una versión de la Biblia que se preste a confusión o duda, o que simplemente sea objeto de su investigación y analizarlo a la luz del texto en el idioma original procedente. Así como emitir cualquier opinión lógica, respaldada por las evidencias obtenidas de las diferentes fuentes de información autorizadas y disponibles al respecto, sin que ello constituya intento alguno de violación del Texto Sagrado, debido a que **no** se está sometiendo a juicio ni poniendo en evidencia la infalibilidad del texto original.

Atención: Es muy importante que el estudiante tenga **bien claro** este concepto, ya que en temas posteriores, tendremos que someter algunas palabras y expresiones a consideración y análisis en relación con su correcta traducción, a la luz del texto en el idioma original.

PRUEBAS EXTRÍNSECAS A LA SANTA BIBLIA

Estas pruebas se basan en ciertas profecías bíblicas, cuyo cumplimiento está comprobado por la historia. Después de haber leído los pasajes bíblicos indicados, según Daniel, capítulo 8: 1-8 y 20-22, debemos compararlos con los datos históricos, que hacen referencia a la caída del Imperio medo-persa bajo la impetuosa fuerza de la invasión de Grecia.

[43]Grecia, 331-168 a. C. Según auténticos datos de la historia, este Imperio duró 163 años. Alejandro Magno, quien fuera primer y único rey del Imperio griego, representaba el cuerno solitario del macho cabrío en la profecía de [51]Daniel 8: 21. Este rey también es conocido en la historia como Alejandro III el Grande o Alejandro de Macedonia.

El relato histórico dice que Alejandro Magno, rey de Grecia, se lanzó a la conquista del mundo conocido de entonces y los medo-persas fueron vencidos por los griegos en la batalla de Arbela.

Esta batalla, según los datos históricos, ocurrió el 1 de octubre del año 331 a. C. en la llanura de Gaugamela, cercana a las ruinas de Nínive, a unos 100 kilómetros de Arbela (actualmente Irbil, en Irak), a orillas del río Bumodos.

El relato declara que las tropas de Alejandro Magno se enfrentaron con un impresionante ejército medo-persa de más de 400,000 hombres al mando de Darío III Codomano. Pese a la aplastante superioridad numérica de las tropas persas, el brillante general macedonio infringió una decisiva derrota a Darío III, quien presa del pánico, decidió salvarse dándose a la fuga tan precipitadamente que olvidó en el campamento a su familia entera, incluyendo a su esposa e hijos. El macho cabrío (Grecia) pisoteó al carnero (medo-persa).

El relato confirma que tras el triunfo obtenido en la batalla de Arbela, Alejandro Magno conquistó con suma facilidad las ciudades principales del Imperio persa, liquidando de forma efectiva dicho Imperio, consiguiendo además abrir las puertas hacia los inmensos territorios del este.

La historia declara que Alejandro Magno necesitó solo doce años para conquistar el mundo conocido entonces. El único rey del Imperio griego (el cuerno solitario del macho cabrío) dio cumplimiento exacto a la profecía de Daniel: el Imperio griego dominó toda la tierra.

Según datos de la historia, Alejandro Magno llegó a Babilonia en la primavera del 323 a. C. pero en junio contrajo fiebres y murió dejando su Imperio, según sus propias palabras, "a los más fuertes". Cuatro de sus generales se repartieron el Imperio entre sí. Ellos son los cuatro cuernos simbólicos del macho cabrío: Cassandro, Lisímaco, Seleúco y Tolomeo.

Además de todas estas pruebas, es un hecho igualmente real e innegable que la Biblia a pesar de lo complejo de su carácter literario, como lo es haber sido escrita por más de treinta autores, en tres idiomas diferentes, bajo las diferentes culturas de varios países, donde ninguno de ellos convinieron entre sí acerca de lo que iban a escribir. Aunque su contenido es histórico, didáctico poético y profético, y se escribió en un prolongado período de alrededor de mil quinientos sesenta años, la misma, sin embargo, mantiene un eslabón de coherencias y propósitos, desde el principio hasta el final del Sagrado Libro. Como ejemplo de ello tenemos los detalles siguientes: la Biblia presenta a Dios como un Ser Todopoderoso, creador del hombre y de todo el universo, quien es la única fuente de donde emana la vida. Lo presenta como Redentor y Salvador del hombre. Un Dios justo, de bondad, de amor y misericordia. Asimismo, lo revela como un Dios santo, poseedor de las más elevadas características morales, que castiga el pecado y la maldad. Estos y otros muchos detalles, aparecen como un enlace de coherencias y propósitos, desde el Génesis hasta el Apocalipsis.

Evidentemente, estas características no son casuales, sino que se deben a que el autor intelectual del Sagrado Libro, quien dirigió e inspiró a cada escritor en cada lugar, época y cultura, no fue otro sino precisamente Dios. Por lo que estas particularidades de su naturaleza literaria lo convierten en un libro plenamente confiable.

Ahora bien, después de habernos referido a las diferentes pruebas que demuestran que la Biblia fue escrita por inspiración divina, es importante señalar que una prueba es una demostración, un hecho palpable o visible, y cuando una afirmación puede probarse, como lo hemos logrado en este caso, siempre será un hecho indudable.

ES LA PALABRA DE DIOS
QUE PERMANECE PARA SIEMPRE

Como dijera anteriormente, la Santa Biblia es llamada también la Palabra de Dios porque contiene su palabra escrita. Y es de tal valor su enunciado que no envejece ni caduca, sino que así como Él permanece para siempre, perdura ella también. Así lo declara la Biblia misma, según los pasajes siguientes:

[51]*Sal. 119: 89: "Para siempre, oh Jehová, Permanece tu palabra en los cielos."*

[51] *1P. 1: 24, 25:* [24]*"Porque toda carne es como la hierba, Y toda la gloria del hombre como la flor de la hierba: Secóse la hierba, y la flor se cayó;* [25]*Mas la palabra del Señor <u>permanece perpetuamente. Y esta es la palabra que por el evangelio os ha sido anunciada.</u>"*

En esta cita de la Primera Epístola de San Pedro, es comparada tanto la vida como la gloria del hombre, con algo tan efímero como lo son la hierba que se seca y la flor que se cae. En contraste con la palabra de Dios que permanece para siempre.

Es cierto que han existido hombres en el transcurso de la historia de la humanidad que han alcanzado mucha fama, honra y gloria. Pero con el decursar del tiempo, todo ha pasado y de ello queda solo el recuerdo. Sin embargo, Jesucristo, el principal exponente de la Palabra de Dios, no tuvo glorias de este mundo, antes prefirió exponer su vida en un tosco madero, para darnos salvación y vida eterna. Pero su santa doctrina, la cual contiene el fundamento de la Palabra de Dios, ha permanecido viva y creciente por más de dos mil años y permanecerá para siempre. Es sorprendente cómo al transcurrir de los siglos millones de personas se suman a los seguidores de la Palabra de Dios, plenamente convencidos de que sus promesas no son pasajeras ni de carácter temporal, sino ciertas y permanentes.

ALGUNOS DE SUS PROPÓSITOS

Bosquejo: Evidentemente, el propósito general de la Santa Biblia es darnos a conocer a Dios, como tal, incluyendo los detalles que incluyen las características de su propia naturaleza. Dios manifestado a través de las tres personas divinas: Dios el Padre, Jesucristo el Hijo y el Espíritu Santo. Estas enseñanzas tratan además acerca de sus relaciones y propósitos con el ser humano revelados a través de su historia, entre los cuales está comprendido el plan de la salvación.

Estos detalles los podremos apreciar a través del contenido de todo este tratado. Pero en este caso, centraremos nuestra atención en la consideración de tres aspectos de carácter complementario, comprendidos entre los propósitos de la Santa Biblia. Ellos son los siguientes: instruir al hombre para toda buena obra, iluminar la mente oscurecida por el pecado y enseñarnos hacer uso práctico de la oración.

INSTRUIR AL HOMBRE PARA TODA BUENA OBRA

Con relación a este propósito de las Sagradas Escrituras, veamos el pasaje siguiente:

[51]*2Ti. 3: 16, 17:* [16]*"Toda Escritura es inspirada divinamente y útil para enseñar, para redargüir, para corregir, para instituir en justicia,* [17]*Para que el hombre de Dios sea perfecto, <u>enteramente instruido para toda buena obra.</u>"*

La experiencia es la prueba que mayor evidencia nos aporta, del acierto y la veracidad de estas palabras del apóstol Pablo, inspirado por el Espíritu Santo.

Es innegable que entre las diferentes sociedades humanas, hay personas que ya sea por intuición propia o por la educación que han recibido, abrigan sentimientos muy nobles, y se conducen mediante una forma de vida en sus relaciones con los demás, que se hacen admirables y dignas de ser imitadas.

Sin embargo, las instrucciones de la Santa Biblia, enriquecidas con un vasto contenido de ética, especialmente en lo relacionado con la moral y la conducta social, como ya hemos señalado, sustentadas además por los efectos maravillosos de la fe cristiana, producen una transformación tal en el corazón del ser humano, que lo llevan a ser perfecto, **enteramente instruido para toda buena obra.** La influencia del Espíritu Santo en sus escritos sagrados, genera en el corazón del hombre un profundo sentir por la práctica de la obediencia a sus enseñanzas divinas, convirtiéndolo así en un ente social de alta calidad humana.

Es cierto que no todas las personas son capaces de asimilar de manera completa estas instrucciones que nos proporcionan las Sagradas Escrituras, pero ¡cuántas personas de mala conducta y sentimientos perversos han sido favorecidas con estas inmaculadas instrucciones! Conocemos de personas que han sido criminales, ladronas, viciosas y de las más viles condiciones morales; quienes habiendo recibido las múltiples instrucciones de las Sagrados Escrituras, han cambiado su manera de proceder y de vivir, de una forma tan maravillosa que han pasado a ser nuevas criaturas, personas deseables y útiles a Dios y a la sociedad. Porque las enseñanzas bíblicas ayudan a los seres humanos a apartarse del vicio, el pecado, el crimen del homicidio, el hurto, el adulterio, el fraude, la traición, el engaño y la mentira; y de otros males que han azotado a la humanidad a través de toda su historia. Algunas de estas personas después de haber llegado al grado máximo de frustración y dolor, han sido sorprendidas por el mensaje bíblico en el momento mismo en que han estado al borde del suicidio. Pero el cambio que les ha proporcionado las sagradas instrucciones en su manera de pensar y de ver la vida, las ha hecho desistir de su desdichada idea, para comenzar a ser felices y abrigar en sus corazones el amor, la fe y la esperanza de vida eterna.

ILUMINAR LA MENTE OSCURECIDA POR EL PECADO

Con relación a este tema, tomaremos en consideración los pasajes bíblicos siguientes:

[51]*Sal. 119: 105: "Lámpara es a mis pies tu palabra, Y lumbrera a mi camino."*
[51]*Sal. 119: 130: "El principio de tus palabras alumbra; Hace entender a los simples."*

Minuciosos análisis teológicos concluyen que después de su caída moral el ser humano sufrió cierto grado de oscurecimiento en su conciencia que no le permite hacer diferencia clara o efectiva entre muchos aspectos del bien y del mal. Esta caída moral a la que me refiero está relacionada con el pecado original, que ocasionó en el hombre la pérdida de la imagen de Dios con la que había sido creado en santidad, conceptos que se reflejan con toda claridad en el tema de referencia.

Este oscurecimiento de la conciencia según las Santas Escrituras, ha sido heredado por todo el género humano. Es por ello que el hombre a veces toma caminos que conducen al mal o a la desgracia fatal y en muchos casos le parece que son caminos derechos. Al respecto consideremos las citas bíblicas siguientes:

[51]*Pr. 14: 12: "Hay camino que al hombre parece derecho; Empero su fin son caminos de muerte."*
[51]*Pr. 16: 25: "Hay camino que parece derecho al hombre, Mas su salida son caminos de muerte."*

No obstante a esta crítica situación del ser humano, Dios ha provisto una salvedad: su propia palabra escrita, bajo la inspiración de su Espíritu Santo es como lámpara o antorcha, que ilumina esa conciencia oscurecida y le permite ver con perfecta claridad el verdadero camino que le conduce a la felicidad eterna.

ENSEÑARNOS A PRACTICAR LA ORACIÓN

Evidentemente, uno de los grandes propósitos divinos reflejado en las Sagradas Escrituras consiste en facilitarnos una enseñanza clara y bien definida acerca de cómo establecer una comunicación legítima con Dios a través de la oración. La oración en términos teológicos es una plegaria, un clamor, un ruego a Dios. Es sostener una conversación con Dios, que generalmente suele ser en forma de súplica. Ella es el medio principal que el ser humano tiene para comunicarse con su Creador. Es una de las armas más poderosas que el cristiano puede usar con mayor efectividad. Es la llave que puede abrir todas las puertas dentro del marco de la justicia y la santidad.

La experiencia nos dice que para los seres humanos, cada dificultad que se presenta en sus planes o proyectos es como una puerta que se cierra a su paso. ¿Sabe usted cómo abrirla? Haga un uso legítimo de la oración. Una llave equivocada no podrá abrir la puerta que usted desea, así tampoco el uso equivocado de la oración podrá tener efectividad. Sin embargo, esta pudiera tener resultados positivos al seguir las instrucciones expuestas en este estudio.

Dios dice en su Santa Palabra: "Clama a mí y yo te responderé". Veamos Al respecto el siguiente pasaje de las Escrituras:

[51]*Jer. 33: 3:* *[3]Clama a mí, y te responderé, y te enseñaré cosas grandes y dificultosas que tú no sabes."*

Dios escucha la oración de sus hijos: Consideremos las citas bíblicas siguientes:

[51]*1R. 9: 2, 3:* *[2]"Jehová apareció a Salomón la segunda vez, como le había aparecido en Gabaón. [3]Y díjole Jehová: Yo he oído tu oración y tu ruego, que has hecho en mi presencia. Yo he santificado esta casa que tú has edificado, para poner mi nombre en ella para siempre; y en ella estarán mis ojos y mi corazón todos los días."*

[51]*Hch. 10: 1-4:* *[1]"Y había un varón en Cesarea llamado Cornelio, centurión de la compañía que se llamaba la Italiana, [2]Pío y temeroso de Dios con toda su casa, y que hacía muchas limosnas al pueblo, y oraba a Dios siempre. [3]Este vió en visión manifiestamente, como a la hora nona del día, que un ángel de Dios entraba a él, y le decía: Cornelio. [4]Y él, puestos en él los ojos, espantado, dijo: ¿Qué es, Señor? Y díjole: Tus oraciones y tus limosnas han subido en memoria a la presencia de Dios."*

Estos dos pasajes citados son solamente un ejemplo de muchos otros, los cuales prueban que Dios contesta la oración de sus hijos.

Cristo la practicó y la recomendó: [51]*Mt. 26: 39-41:* [39]*"Y yéndose un poco más adelante, se postró sobre su rostro, orando, y diciendo: Padre mío, si es posible, pase de mí este vaso; empero no como yo quiero, sino como tú.* [40]*Y vino a sus discípulos, y los halló durmiendo, y dijo a Pedro: ¿Así no habéis podido velar conmigo una hora?* [41]*Velad y orad, para que no entréis en tentación: el espíritu a la verdad está presto, mas la carne enferma."*

La oración secreta: El Señor Jesús recomendó enfáticamente la oración secreta. Al respecto consideremos lo que nos dice el siguiente pasaje de las Escrituras:

[51]*Mt. 6: 6: "Mas tú, cuando oras, éntrate en tu cámara, y cerrada tu puerta, ora a tu Padre que está en secreto; y tu Padre que ve en secreto, te recompensará en público."*

Una promesa para el que ora: Nuestro Señor Jesucristo dijo a sus discípulos: *"Y todo lo que pidiereis en oración, creyendo, lo recibiréis."* [51]*(Mt. 21: 22).*

También en [51]Jn. 14: 13, 14 nuestro Señor dijo que todo lo que pidiéramos al Padre en su nombre, Él lo haría, para que el Padre sea glorificado en el Hijo. Si algo pidiereis en mi nombre, dijo, yo lo haré.

La oración consuela a los afligidos, sana a los enfermos y por medio de ella se obtiene de Dios el perdón de los pecados. Consideremos al respecto el siguiente pasaje de las Escrituras:

[51]*Stg. 5: 14-15:* [14]*"¿Está alguno enfermo entre vosotros? llame a los ancianos de la iglesia, y oren por él, ungiéndole con aceite en el nombre del Señor.* [15]*Y la oración de fe salvará al enfermo, y el Señor lo levantará; y si estuviere en pecados, le serán perdonados."*

ALGUNOS REQUISITOS DE LA ORACIÓN

El arrepentimiento de los pecados: [51]*Jn. 9: 31: "Y sabemos que Dios no oye a los pecadores: mas si alguno es temeroso de Dios, y hace su voluntad, a éste oye."*

Una persona temerosa de Dios y dispuesta a hacer su voluntad admite, lógicamente, el calificativo de un pecador arrepentido.

Perdonar al ofensor: El Señor Jesús se expresó con perfecta claridad acerca de este requisito de la oración. Consideremos el siguiente pasaje de las Sagradas Escrituras:

[51]*Mar. 11: 25, 26:* [25]*"Y cuando estuviereis orando, perdonad, si tenéis algo contra alguno, para que vuestro Padre que está en los cielos os perdone también a vosotros vuestras ofensas.* [26]*Porque si vosotros no perdonareis, tampoco vuestro Padre que está en los cielos os perdonará vuestras ofensas."*

Debido a esta exigencia divina el mismo Señor al dejarnos la oración modelo conocida como el "Padre Nuestro" nos compromete a perdonar a nuestros ofensores, así lo expresa el pasaje siguiente:

[51]*Mt. 6: 9-12:* [9]*"Vosotros pues, oraréis así: Padre nuestro que estás en los cielos, santificado sea tu nombre.* [10]*Venga tu reino. Sea hecha tu voluntad, como en el cielo, así también en la tierra.* [11]*Danos hoy nuestro pan cotidiano.* [12]Y perdónanos nuestras deudas, **como también nosotros perdonamos a nuestros deudores."**

Pedir de acuerdo con la voluntad de Dios: [51]*Stg. 4: 3: "Pedís, y no recibís, porque pedís mal, para gastar en vuestros deleites."*

Pedir con fe: [51]*Stg. 1: 5-7:* [5]*"Y si alguno de vosotros tiene falta de sabiduría, demándela de Dios, el cual da a todos abundantemente, y no zahiere, y le será dada.* [6]Pero pida con fe, no dudando *nada: porque el que duda es semejante a la onda de la mar, que es movida del viento, y echada de una parte a otra. ⁷No piense pues tal hombre que recibirá ninguna cosa del Señor."*

Pedirle a Dios con insistencia: Nuestro Señor Jesucristo les propuso una parábola a sus discípulos acerca de la oración, diciendo que era necesario orar siempre, y no desmayar. Expuso que había un juez en una ciudad, el cual ni temía a Dios, ni respetaba a hombre. Y había también en aquella ciudad una viuda, la cual venía a él, diciendo: Hazme justicia de mi adversario. Pero él no quiso por algún tiempo; pero después de esto dijo dentro de sí: Aunque ni temo a Dios, ni tengo respeto a hombre, todavía, porque esta viuda me es molesta le haré justicia, porque al fin no venga y me muela. Y dijo: Oíd lo que dice el juez injusto. ¿Y Dios no hará justicia a sus escogidos, que claman a él día y noche, aunque sea longánime acerca de ello? Os digo que los defenderá presto... Véase ⁵¹Lc. 18: 1-8.

La mujer debe cubrirse la cabeza para orar: Este último requisito de la oración lo estudiaremos detalladamente en el tema titulado: El atavío de la mujer cristiana.

Para un mayor conocimiento acerca de la importancia de la oración para el creyente, recomiendo la lectura bíblica consecutiva y la práctica de la comunicación con Dios en la vida diaria.

CÓMO COMPRENDER LAS SAGRADAS ESCRITURAS

Debido a la complejidad de la estructura literaria de la Santa Biblia y a los diferentes rasgos y características del lenguaje en que esta fue escrita originalmente, algunos de sus pasajes resultan difíciles de entender. Por tales razones los indoctos e inconstantes, según lo declara el apóstol Pedro, tuercen las Escrituras para perdición de sí mismos. Véase ⁵¹2P. 3: 15, 16.

No obstante, la Biblia misma nos da la clave acerca de cómo comprender sus escritos sagrados. Consideremos los siguientes pasajes:

[51]*Jn. 5: 39:* *"Escudriñad las Escrituras, porque a vosotros os parece que en ellas tenéis la vida eterna; y ellas son las que dan testimonio de mí."*

En otra ocasión el Señor les dijo a sus discípulos: Estas son las palabras que os hablé, estando aún con vosotros: que era necesario que se cumpliesen todas las cosas que están escritas de mí en la ley de Moisés, en los profetas y en los salmos. Entonces les abrió el sentido, para que entendiesen las Escrituras. Véase [51]Lc. 24: 44, 45.

Veamos ahora los pasajes siguientes:

[51]*1Co. 2: 11:* *"Porque ¿quién de los hombres sabe las cosas del hombre, sino el espíritu del hombre que está en él? Así tampoco nadie conoció las cosas de Dios, sino el Espíritu de Dios."*

[51]*Jn. 14: 26:* *"Mas el Consolador, el Espíritu Santo, al cual el Padre enviará en mi nombre, él os enseñará todas las cosas, y os recordará todas las cosas que os he dicho."*

Según la primera de estas citas bíblicas, está bien claro que uno de los factores esenciales en la correcta comprensión de cualquier texto de las Sagradas Escrituras, consiste en escudriñarlo, o sea, leerlo detenidamente, haciendo un análisis investigativo acerca de la causa y el objetivo del texto en cuestión. Se recomienda además compararlo con otros pasajes bíblicos que traten del mismo asunto, y en algunos casos a causa de determinadas variantes en las traducciones se sugiere, como dijera antes compararlo con el texto en el idioma original.

Ahora bien, de acuerdo con los otros pasajes leídos, tomemos en consideración los ejemplos siguientes: [44]si alguien quisiera aprender el mecanismo de una máquina compleja cualquiera que sea esta, ¿quién mejor que el inventor de la misma podría suministrarle las instrucciones necesarias para ello? De igual manera, si un constructor no comprendiera algún dato del plano de un edificio complejo, por ejemplo, ¿quién mejor que el arquitecto que lo diseñó podría darle las instrucciones acertadas?

Si tomamos en consideración el argumento lógico relacionado con estos ejemplos y recordamos que las Sagradas Escrituras fueron inspiradas por Dios a través de su Espíritu Santo, quien influyó sobre sus santos escritores, podremos comprender que nadie mejor que Él a través de su Espíritu Santo, puede revelarnos la correcta interpretación de las mismas, iluminándonos el entendimiento para que la podamos comprender.

Por lo tanto, es necesario entender que para poder discernir correctamente las Sagradas Escrituras, necesitamos examinarlas muy bien. Pidiéndole a Dios en oración que nos ilumine el entendimiento y nos revele a través del Espíritu Santo su correcta interpretación, con el fin de poner en práctica la obediencia a sus enseñanzas divinas.

EL FUNDAMENTO DE LA FE CRISTIANA

Antes de concluir este capítulo, he querido presentar el tema de la fe cristiana, por tratarse de un asunto de vital importancia para los estudiantes de la Santa Biblia.

La fe es un don de Dios, una virtud que implica certidumbre, confianza y seguridad, nos hace **creer** en algo que existe o que se va a llevar a efecto, aunque la razón de su existencia o el modo de su realización estén fuera del límite de nuestra comprensión.

Este es un factor fundamental para todo creyente, principalmente para los cristianos. Es prácticamente imposible concebir el cristianismo sin que se tenga en cuenta esa fe viva, que se demuestra mediante la práctica de las obras que dan evidencia de ella. Tal como la concibe Santiago en su Epístola universal. Véase [51]Stg. 2: 14-26. Ahora bien, debido a que la misma es fundamental para todo creyente, es muy importante que se tenga una convicción bien definida acerca de la fe cristiana, la cual tiene su origen y fundamento en las evidencias de las manifestaciones de Dios a su pueblo, reveladas en la Santa Biblia.

Para un mejor entendimiento de lo que he querido expresar, tomaremos en consideración algunos pasajes relacionados con hombres que tienen una marcada trayectoria de fe, según el relato de la Historia Sagrada. Reflexionemos en primer lugar el caso de Noé. Dios le dijo a Noé: El fin de toda carne ha venido delante de mí; porque la tierra está llena de violencia; y he aquí que yo los destruiré con la tierra. Hazte un arca de madera de Gopher: harás aposentos en el arca y la embetunarás con brea por dentro y por fuera... Y he aquí que yo traigo un diluvio de aguas sobre la tierra para destruir toda carne en que haya espíritu de vida debajo del cielo; todo lo que hay en la tierra morirá. Mas estableceré mi pacto contigo, y entrarás en el arca tú con tus hijos y tu mujer y las mujeres de tus hijos contigo. Y Noé lo hizo todo conforme a lo que Dios le mandó. Véase [51]Gn. 6: 13, 14, 17, 18, 22.

Creemos que Noé jamás se hubiese sometido a construir un arca como aquella, bajo circunstancias tan rigurosas, predicando el porvenir de un diluvio inconcebible para la humanidad de aquella época, si no hubiese percibido la voz de Dios. Quien le habló audiblemente y le dio órdenes acerca de todo lo que tenía que hacer, obrando además en su corazón de la manera que únicamente Él sabe hacerlo para convencer al hombre y llenarlo de esa fe gloriosa.

Tenemos además el caso de Abraham a quien Dios le había dicho: Vete de tu tierra y de tu parentela, y de la casa de tu padre, a la tierra que te mostraré; y haré de ti una nación grande, y te bendeciré, y engrandeceré tu nombre y serás bendición. Y bendeciré a los que te bendijeren, y a los que te maldijeren maldeciré: y serán benditas en ti todas las familias de la tierra. Y Abram se fue, como Dios le dijo y fue con él Lot su sobrino: y era Abram de edad de setenta y cinco años cuando salió de Harán. Véase [51]Gn. 12: 1-4.

Entendemos que, tampoco Abraham se hubiese expuesto a una aventura tan sacrificada y peligrosa como la que emprendió, de no haber sido por la manifestación tan inspiradora, clara y detallada que recibió directamente de Dios. Por lo que su obediencia al mandato divino le permitió alcanzar un grado superior de fe y mayores evidencias del poder y de la bondad del Ser Supremo. De tal manera que ha sido llamado bíblicamente el padre de la fe, en quien se han cumplido a cabalidad cada una de las palabras recibidas en aquella memorable revelación.

Veamos lo que dicen textualmente las Escrituras con respecto a Moses:

[51]*Ex. 3: 1-5:* *[1]"Y apacentando Moisés las ovejas de Jethro su suegro, sacerdote de Madián, llevó las ovejas detrás del desierto, y vino a Horeb, monte de Dios. [2]Y apareciósele el Ángel de Jehová en una llama de fuego en medio de una zarza: y él miró, y vió que la zarza ardía en fuego, y la zarza no se consumía. [3]Entonces Moisés dijo: Iré yo ahora, y veré esta gran visión, por qué causa la zarza no se quema. [4]Y viendo Jehová que iba a ver, llamólo Dios de en medio de la zarza, y dijo: ¡Moisés, Moisés! Y él respondió: Heme aquí. [5]Y dijo: No te llegues acá: quita tus zapatos de tus pies, porque el lugar en que tú estás, tierra santa es.*

Seguido de *este acontecimiento, el Señor le dijo a Moisés: Yo soy el Dios de tu padre, Dios de Abraham, de Isaac y de Jacob. Entonces Moisés cubrió su rostro porque tuvo miedo de mirar a Dios. Y Dios le dijo: He visto la aflicción de mi pueblo que está en Egipto, y he oído su clamor a causa de sus exactores; pues tengo conocidas sus angustias: Y he descendido para librarlos de mano de los egipcios y sacarlos de aquella tierra a una tierra buena y ancha... Ven por tanto ahora, y te enviaré a Faraón para que saques a mi pueblo, los hijos de Israel, de Egipto. (Israel es Jacob).

Según los detalles del relato en [51]Ex. 4: 1-7, Moisés respondió, y dijo: He aquí que ellos no me creerán, ni oirán mi voz; porque dirán: No te ha aparecido Jehová. Entonces Dios le dijo: ¿Qué es eso que tienes en tu mano? Y él respondió: Una vara. Y Dios le dijo: Échala en tierra. Y él la echó, y la vara se convirtió en una culebra y Moisés huía de ella. Entonces Jehová le dijo: Extiende tu mano, y tómala por la cola. Y él la tomó, y se convirtió nuevamente en vara. Entonces el Señor le confirmó diciendo: Por esto creerán que se te ha aparecido Jehová el Dios de tus padres, el Dios de Abraham, de Isaac y de Jacob. Y le dijo además: Mete ahora tu mano en tu seno. Y él la metió y cuando la sacó su mano estaba leprosa como la nieve. Y dijo Dios: Vuelve a meter tu mano en tu seno: y él la volvió a meter y cuando la volvió a sacar, estaba completamente sana como antes.

Lo cierto es que, tampoco Moisés hubiese comparecido ante el rey de Egipto para exigirle que dejase salir de su tierra a un pueblo esclavo, si no hubiese tenido de Dios pruebas tan evidentes como las que el Señor le mostró en el monte Horeb. Lo que le permitió sacar al pueblo obrando grandes señales y prodigios por medio de la fe que de Él había recibido.

Entre muchos de los ilustres personajes de la fe relacionados en la historia de las Sagradas Escrituras, he elegido a estos tres grandes hombres de Dios, de los cuales podemos tomar ejemplo para demostrar sobre el fundamento de sus experiencias y actitudes los principios de la fe cristiana.

Ellos tienen un récord brillante en la historia de la fe. Sin lugar a dudas, conocían de Dios por medio de la tradición oral; pero a ninguno de ellos se le habría ocurrido llevar a cabo actividades semejantes a las relacionadas en estos pasajes bíblicos, simplemente por sus propias ideas, sino que su decisión estuvo fundada en la convicción que recibieron a través de grandes revelaciones de Dios.

Es esta la fe que a través de los tiempos ha germinado en el corazón de los verdaderos hijos de Dios. La que hizo posible que Moisés, extendiera su vara sobre el Mar Rojo, tal como se lo ordenara el Todopoderoso y que las aguas se dividieran para que su pueblo pasara la mar en seco. Mientras que sus perseguidores perecieron ahogados. Es la que hizo posible que los tres jóvenes hebreos aceptaran ser lanzados en un horno de fuego ardiendo, de donde salieron ilesos, antes que adorar a un falso dios, figurado a través de una estatua de oro (ver [51]Dn. 3: 1-22; 3: 23-27. Ella fue el potencial que recibió el profeta Daniel para someterse a ser echado en el foso de los leones, de donde salió sin recibir daño alguno, antes que dejar de adorar al único Dios verdadero (ver [51]Dn. 1: 1-7). Es la misma virtud que hizo posible que muchos otros hombres de la historia bíblica se lanzaran a la conquista de grandes éxitos y resultaran victoriosos. Porque la fe de estos hombres **no estaba basada en simples creaciones de la mente humana**, como la de otras religiones, sino en la evidencia de hechos reales y convincentes que han consistido siempre en grandes manifestaciones de Dios a los hombres.

Por eso se ha dicho siempre que si los hombres en tiempos de Cristo no hubiesen percibido los milagros y señales que hizo Él en presencia de muchas personas, tampoco hubiesen creído que Él era el Enviado de Dios, ni hubiesen tenido fe en sus palabras. Mas, para culminar con las evidencias de su procedencia divina, después de haber muerto resucitó al tercer día, como les había dicho antes; y les apareció en varias ocasiones dándoles mandamientos, hasta que ascendió al cielo en presencia de ellos.

No obstante, Tomás, uno de sus discípulos, quien no estuvo presente en la primera ocasión en que el Señor se les personó estando juntos los otros, se expresó diciendo: ..."Si no viere en sus manos la señal de los clavos, y metiere mi dedo en el lugar de los clavos, y metiere mi mano en su costado, no creeré." [51](Jn. 20: 25).

Sin embargo, cuando el Señor se le apareció y le mostró sus manos y su costado traspasado por la lanza, entonces creyó y díjole: "¡Señor mío y Dios mío!" Véase [51]Jn. 20: 25, 28.

Espero que a través de esta exposición realizada los estudiantes hayan podido comprender que la fe cristiana no está basada en simples creaciones de la mente humana, como la fe de otras religiones, sino que sus principios y fundamentos están basados en hechos y evidencias reales.

Son estas las razones que hicieron posible que la fe de aquellos discípulos se agigantara a tal extremo que ni las más encarnizadas persecuciones, ni la cárcel, ni las torturas, ni el martirio, pudieron lograr que los cristianos se retractaran de tan gloriosa convicción.

Nótese que en todos estos detalles se ponen de manifiesto tres elementos esenciales concernientes a la fe. [39]Primero: que la fe bíblica es creer en la verdad. Segundo: que esa verdad incluye la realidad total, que comprende tanto el mundo visible como el invisible. Tercero: para que esa fe sea genuina, tenemos que vivir de acuerdo con esa verdad en la que hemos creído. **Así es la fe del cristiano.**

Conclusión: De esta manera culmino este capítulo, esperando que el mismo haya cumplido el objetivo de mi más noble propósito, que no es otro sino que los estudiantes logren obtener un concepto básico acerca de la Santa Biblia, que les ayude a confiar en ella con mayor seguridad. Conociendo el origen divinamente inspirado de sus escritos, su carácter de permanencia eterna, el propósito divino de constituirla en un medio para instruir al hombre para toda buena obra, de iluminar su mente oscurecida por el pecado, y enseñarle a hacer uso práctico de la oración. Además, cómo comprender sus escritos sagrados y que en ella se fundamenta la fe del cristiano.

Capítulo 2

Lo que la Biblia enseña acerca de
Dios, de Jesucristo y del Espíritu Santo

Introducción: Como dijera en el prólogo, este capítulo abarca un interesante contenido de teología, en el cual se hace resaltar tanto el tema de la cristología como el de la pneumatología, por cuanto el mismo está basado en el estudio de las tres Entidades Divinas.

En la introducción al primer capítulo expuse que la Santa Biblia es la fuente primaria de la teología, porque ella nos proporciona un conocimiento cierto y más extenso acerca de Dios. A partir de este capítulo vamos a conocer a Dios a través de las Sagradas Escrituras, o sea, vamos a estudiar lo que ellas enseñan con referencia a la personalidad de Dios el Padre, de Jesucristo y del Espíritu Santo, conocidos también según conceptos de la teología cristiana, como las tres personas divinas, de donde se desprende la percepción de la Trinidad, la que estudiaremos también en este capítulo. Seguido de ello tomaremos en consideración las actividades creativas de Dios, así como sus relaciones y propósitos con la humanidad. Pues todo ello implica tanto las acciones de Dios, el Padre, como las de Jesucristo, el Hijo y las del Espíritu Santo.

DIOS EL PADRE

Concepto bíblico: La Santa Biblia enseña que Dios es uno y solo, Dios viviente. Lo revela como el Ser Supremo. Declara que de Él emana la vida. Quien es además el Creador de todas las cosas y Salvador del hombre. Un Ser espiritual, infinitamente Santo. Tiene existencia propia y es eterno, por lo cual nunca dejará de ser, de cuya presencia nadie puede esconderse porque es Omnipresente.

Él es la fuente del conocimiento supremo, del poder, la bondad, el amor, la misericordia, sabiduría y veracidad, absoluta justicia y perfección. No está sujeto a cambio alguno en su Ser, atributos o propósitos porque es inmutable. Nadie puede frustrar ni detener sus propósitos porque es soberano.

Por todas estas cualidades suyas, se entiende obviamente que Dios es un Ser personal, o sea, que posee en toda su magnitud y perfección el atributo de la personalidad. Por ser creador de todas las cosas, las Escrituras se refieren a Él como: el Padre.

Cada una de estas declaraciones será objeto de nuestra consideración en el desarrollo del estudio de sus atributos divinos.

ATRIBUTOS DE DIOS

Introducción: Los atributos son cada una de las cualidades de un ser, estas pueden ser naturales, morales o ambas. El intelecto, por ejemplo, es un atributo del ser humano, así como lo son la sonrisa, el habla, etc. Estas cualidades, por lo general, caracterizan al individuo y por ellas podemos identificarlo con relativa facilidad.

Al tratar acerca de los atributos de Dios, se expone que estos son sus facultades o cualidades, las cuales lo caracterizan como tal. Según el criterio de algunos teólogos, los atributos de Dios se dividen en dos grupos principales: atributos naturales y atributos morales.

Los atributos naturales son los que le pertenecen en virtud de su propia naturaleza, o sea, son las cualidades y facultades naturales de Dios. Los atributos morales, sin embargo, son los que se le confieren en virtud de sus relaciones con sus criaturas, especialmente con el ser humano. [44]De no existir otros seres con quienes Él se ha relacionado desde que los creó, no habría razón alguna para que estos atributos se pusiesen de manifiesto.

Se dice que sus atributos constituyen sus perfecciones, porque el conjunto de ellos lo caracterizan como un Ser perfecto. Por ende, cuando conozcamos sus atributos, podremos decir que le conocemos a Él. [44]Aunque para lograr un conocimiento más profundo

acerca de Dios, es de mucha validés experimentar sus manifestaciones divinas, para lo cual se requiere una completa aceptación de
los principios de su santa voluntad.

Veamos ahora una exposición de sus atributos naturales, comprendidos en los siete temas siguientes:

ATRIBUTOS NATURALES

NATURALEZA ESPIRITUAL

Con respecto a este atributo correspondiente a la naturaleza de
Dios, las Sagradas Escrituras dicen lo siguiente:

[51]*Jn. 4: 24: "Dios es Espíritu; y los que le adoran, en espíritu y
en verdad es necesario que adoren."*

Estas son las palabras auténticas de nuestro Señor Jesucristo, las
cuales nos revelan que la naturaleza de Dios es espiritual.

Esta tiene la particularidad de resplandecer, emanar luz o iluminar, tomándose desde el punto de vista literal del sentido de la
expresión. Así lo declaran las Sagradas Escrituras, según el pasaje
siguiente:

[51]*Ap. 21: 23: "Y la ciudad no tenía necesidad de sol, ni de luna,
para que resplandezcan en ella: porque la claridad de Dios la
iluminó, y el Cordero era su lumbrera."*

Esta particularidad se le atribuye también a Jesucristo, el Hijo,
tal como lo refleja este pasaje, y aun a los ángeles según otras referencias bíblicas.

En lo relacionado con la existencia de lo espiritual, las consecuentes investigaciones de la ciencia han arrojado a la luz, que toda
la existencia de que está compuesto nuestro universo, se debe
exclusivamente a dos cosas: materia y espíritu. La materia dicen

que es todo lo que nos rodea, excepto los pensamientos, los sentimientos y la voluntad, pues estos elementos según la ciencia son espirituales.

De manera que así como está comprobada la existencia de lo material, también está demostrada la de lo espiritual y ninguna de las dos cosas pueden ser negadas. No obstante, la diferencia entre lo material y lo espiritual es de una magnitud incomparable. Mientras lo material es algo concreto que puede ser visto y palpado; lo espiritual, sin embargo, es abstracto y no admite ninguna de estas posibilidades. La materia puede ser experimentada y procesada en cualquier laboratorio científico, mientras que lo espiritual no puede ser experimentado ni percibido, sino a través de la experiencia personal, bajo los efectos de una intervención sobrenatural. La experiencia personal es una fuente secundaria de la teología, que nos proporciona un conocimiento extraordinario en lo relacionado con la evidencia de lo espiritual. Podemos decir que la prueba más evidente de la existencia de lo espiritual se logra a través de la experiencia personal.

La Santa Biblia nos da testimonio tanto de lo espiritual como de la experiencia personal, la cual se alcanza principalmente cuando empezamos a relacionarnos con Dios mediante la oración y la obediencia a los principios de su voluntad divina.

EXISTENCIA PROPIA

Este atributo de Dios está claramente confirmado en su Santa Palabra. Consideremos el pasaje siguiente:

[51]*Jn. 5: 26: "Porque como el Padre tiene vida en sí mismo, así dio también al Hijo que tuviese vida en sí mismo."*

Aquí tenemos nuevamente las palabras auténticas de nuestro Señor Jesucristo. Él dice que el Padre tiene vida en sí mismo, quiere decir, que a Él nadie le dio la vida o la existencia. Significa que Dios tiene existencia propia.

La experiencia misma, además de las investigaciones científicas, nos declaran que todo ser viviente debe su existencia a otro que se la dio. Por ejemplo: los hijos deben la existencia a sus padres, ya sea del orden genérico humano o de cualquiera de las diversas formas de vida en el reino animal. Aun las células deben su existencia a otras de ellas que dieron lugar a su origen. Así sucede también en el reino vegetal. Esto prueba lo que dice el principio filosófico de causalidad, que no hay efecto sin causa. Este principio exige por ley una Causa Primera, un Ser increado que posea existencia propia. Este es Dios. Él es la Causa de las causas, a Él nadie pudo haberle dado la existencia. Para que pueda ser Dios, tiene que tener existencia propia. Si alguien le hubiera dado la existencia, entonces sería Dios aquel que se la dio. Claro está, el hecho de que Dios exista por sí mismo, o sea, que tenga existencia propia, es algo que está fuera del alcance de la comprensión de la mente humana. Al respecto lo único que podemos decir es que solo Él sabe cómo y por qué existe. Como dicen las Escrituras en [51]Deuteronomio 29: 29, que las cosas secretas pertenecen a Jehová nuestro Dios.

ETERNIDAD

Acerca de la eternidad de Dios, consideremos lo que dicen las SagradasEscrituras:

[51]*Dt. 33: 27: "El eterno Dios es tu refugio"*...
[51]*Sal. 10: 16-18: [16]"Jehová, Rey eterno y perpetuo: De su tierra fueron destruidas las gentes. [17]El deseo de los humildes oíste, oh Jehová: Tú dispones su corazón, y haces atento tu oído; [18]Para juzgar al huérfano y al pobre, A fin de que no vuelva más a hacer violencia el hombre de la tierra."*

Otras menciones de las Sagradas Escrituras acerca de la eternidad de Dios, la encontramos en [51]Sal. 135: 13 donde el salmista se expresa diciendo: Oh Jehová, eterno es tu nombre; Tu memoria, oh Jehová para generación y generación. Así también en [51]Jr. 10: 10

dice lo siguiente: Mas Jehová Dios es la verdad; él es Dios vivo y Rey eterno: a su ira tiembla la tierra, y las gentes no pueden sufrir su saña. De igual manera en [51]Gn. 21: 33 declara que Abraham plantó un bosque en Beer-seba, e invocó allí el nombre de Jehová Dios eterno. Veamos además la declaración del apóstol Pablo según [51]Ro. 16: 26 donde dice: ...Según el mandamiento del Dios eterno, declarado a todas las gentes para que obedezcan a la fe.

Dios es eterno. Esto quiere decir que Él no tiene principio de días, ni fin de vida. En este caso, es necesario también que hagamos una comparación con los demás seres existentes. La experiencia nos dice que todos los seres que pueblan nuestro universo son seres contingentes, o sea, que tienen principio y fin de existencia. Lo dicho está comprobado científicamente, todo ser que comienza a existir, a su debido tiempo finaliza su existencia y viceversa.

Como una prueba científica que demuestra la veracidad de este concepto, tenemos la desintegración del átomo. Algunos científicos de tendencia materialista afirman que la materia es eterna, no creada, sino que ha existido y existirá siempre. Sin embargo, la ciencia ha comprobado que con la desintegración del átomo la materia se transforma en energía y deja de existir como tal. Esto constituye, por ende, una prueba de que el atributo de la eternidad le corresponde solamente a Dios.

Este atributo está en estrecha relación con el de la existencia propia. Si Dios no fuera eterno tuvo que haber empezado a existir en algún momento, y para ello alguien tuvo que haberle dado la existencia. De ser así Él no sería Dios, como dijera antes, sino aquel otro que lo creó. Por cuanto, para que sea Dios es necesario que tenga existencia propia y eterna.

Es necesario tomar en consideración además que existen seres como los ángeles y otras órdenes celestiales, a quienes Dios creó con el fin de que permanezcan para siempre, o sea, para que sean eternos con relación al futuro, mientras que no lo son respecto al pasado, por lo que no es propio llamarles eternos, sino más bien imperecederos. Lo eterno propiamente dicho es aquello que no tiene principio ni fin, y esta propiedad pertenece solamente a Dios.

OMNIPRESENCIA

La omnipresencia de Dios está claramente confirmada en los pasajes bíblicos que aparecen a continuación:

[51]*Sal. 139: 7-12:* *[7]"¿Adónde me iré de tu espíritu? ¿Y adónde huiré de tu presencia? [8]Si subiere a los cielos, allí estás tú: Y si en abismo hiciere mi estrado, he aquí allí tú estás. [9]Si tomare las alas del alba, Y habitare en el extremo de la mar, [10]Aun allí me guiará tu mano, Y me asirá tu diestra. [11]Si dijere: Ciertamente las tinieblas me encubrirán; Aun la noche resplandecerá tocante a mí. [12]Aun las tinieblas no encubren de ti, Y la noche resplandece como el día: Lo mismo te son las tinieblas que la luz."*

[51]*Jer. 23: 23, 24:* *[23]"¿Soy yo Dios de poco acá, dice Jehová, y no Dios de mucho ha? [24]¿Ocultaráse alguno, dice Jehová, en escondrijos que yo no lo vea? ¿No hincho yo, dice Jehová, el cielo y la tierra?"*

Asi también en [51]He. 4: 13 deice que no hay cosa criada que no sea manifiesta en su presencia; antes todas las cosas están desnudas y abiertas a los ojos de aquel a quien tenemos que dar cuenta.

Estas citas constituyen una clara prueba bíblica de que nuestro Dios es Omnipresente, y que a su presencia están descubiertas todas las obras de los hombres por mucho que se oculten para realizarlas.

Esto significa obviamente que Él está en todas partes, que su presencia es universal. No hay lugar en el universo que esté encubierto a la presencia de Dios. Él está presente de manera especial donde sus criaturas están, no solo para descubrir sus obras buenas o malas, sino también para bendecirlas proveyéndoles ayuda y protección.

Acerca de este exaltado atributo de Dios un gran pensador cristiano expresó:

"Dios sabe cómo estar presente en donde quiera, pues Él es eterno, sin ser limitado por ningún lugar en particular. Él sabe cómo venir sin separarse del lugar en donde estaba; sabe cómo irse sin dejar el lugar al que ha venido."

OMNISCIENCIA

La doctrina de la omnisciencia de Dios está claramente revelada en la Santa Biblia, según lo demuestran los pasajes siguientes:

[51]*1Cr. 28: 9:* *"Y tú, Salomón, hijo mío, conoce al Dios de tu padre, y sírvele con corazón perfecto, y con ánimo voluntario; porque Jehová escudriña los corazones de todos, y entiende toda imaginación de los pensamientos Si tú le buscares, lo hallarás; mas si lo dejares, él te desechará para siempre."*

[51]*Sal. 139. 1-4:* [1]*"Oh Jehová, tú me has examinado y conocido* [2]*Tú has conocido mi sentarme y mi levantarme, Has entendido desde lejos mis pensamientos.* [3]*Mi senda y mi acostarme has rodeado, Y estás impuesto en todos mis caminos.* [4]*Pues aun no está la palabra en mi lengua, Y he aquí, oh Jehová, tú la sabes toda."*

También en [51]Sal. 147: 5 es exaltada la grandeza y el poder de Dios: Grande es el Señor nuestro, y de mucha potencia; Y de su entendimiento no hay número. Y en [51]Jr. 17: 10 es Dios mismo quien declara: Yo Jehová, que escudriño la mente, que pruebo el corazón, para dar a cada uno según su camino, según el fruto de sus obras. Así mismo en [51]Ap. 2: 23 dice: ...Y todas las iglesias sabrán que yo soy el que escudriña la mente y el corazón; y os daré a cada uno según vuestras obras. Además de ello, en [51]Is. 46: 9, 10 dice Dios: Acordaos de las cosas pasadas desde el siglo; porque yo soy Dios, y no hay más Dios, y nada hay a mí semejante; Que anuncio lo porvenir desde el principio, y desde antiguo lo que aun no era hecho. Y concluye diciendo: Mi consejo permanecerá, y haré todo lo que quisiere.

El término omnisciencia denota la inteligencia infinita de Dios, su conocimiento de todas las cosas de manera absolutamente perfecta y eterna en todo lugar y época, hasta el más mínimo detalle. Estos versículos leídos declaran su conocimiento infinito al extremo de saber, aun por anticipado los pensamientos y sentimientos de los seres humanos, igual que conoce cada palabra, acciones, situaciones y necesidades de cada persona en particular, así como de todas sus criaturas.

¿De qué manera puede ser entendido esto? Ya sabemos que la naturaleza de Dios es espiritual, y que Él ha creado toda la materia existente. Sabemos además por los estudios realizados, que los pensamientos, los sentimientos y la voluntad son elementos espirituales. Estos, son atributos dados de Dios al ser humano como un caso especial. De manera que, siendo su naturaleza espiritual y siendo estos, elementos espirituales creados por Él, ¿cómo no ha de conocer las más mínimas de sus actividades y creaciones? Así sucede también con todas las demás cosas materiales y espirituales, pues siendo Dios quien las creó, ¿cómo no ha de conocerlas en todos los órdenes de su naturaleza y en todas sus actividades?

Si estamos conscientes de esta gran realidad, no deberá quedar nada por ignorar acerca de su omnisciencia infinita, que comprende no solo el conocimiento del pasado y del presente, sino también del futuro, de todos los tiempos y las edades, tal como lo declaran los pasajes bíblicos leídos.

OMNIPOTENCIA

Se da a entender por este atributo de Dios, su poder ilimitado para hacer todo lo que Él desea. Dios es la fuente del poder supremo.

Con respecto a este concepto de su omnipotencia, veamos lo que dicen las Sagradas Escrituras:

[51]*Sal. 115: 3: "Y nuestro Dios está en los cielos: Todo lo que quiso ha hecho."*

[51]*Sal. 135: 6: "Todo lo que quiso Jehová, ha hecho En los cielos y en la tierra, en las mares y en todos los abismos."*
[51]*Sal. 19: 1: "Los cielos cuentan la gloria de Dios, Y la expansión denuncia la obra de sus manos."*

[44]En estas tres citas bíblicas tenemos la expresión divinamente inspirada del salmista, quien al contemplar las maravillosas obras de la creación divina, escribe en tales términos, haciendo referencia al poder ilimitado de Dios para crear todas las cosas naturales.

La declaración más auténtica registrada en las Sagradas Escrituras acerca de la omnipotencia de Dios la encontramos en su propia confirmación hecha a Abram, a Isaac y a Jacob. Al respecto consideremos los siguientes pasajes:

[51]*Gn. 35: 9, 11:* [9]*"Y aparecióse otra vez Dios a Jacob, cuando se había vuelto de Padan-aram, y bendíjole.* [11]*Y díjole Dios: Yo soy el Dios Omnipotente: crece y multiplícate; una nación y conjunto de naciones procederá de ti, y reyes saldrán de tus lomos."*
[51]*Ex. 6: 2, 3:* [2]*"Habló todavía Dios a Moisés, y díjole: Yo soy Jehová;* [3]*Y aparecí a Abraham, a Isaac y a Jacob bajo el nombre de Dios Omnipotente, mas en mi nombre Jehová no me notifiqué a ellos."*

En otros pasajes de las Sagradas Escrituras se hace mención también de la omnipotencia de Dios. Por ejemplo, en [51]Gn. 28: 3 dice: Y el Dios omnipotente te bendiga, te haga fructificar y te multiplique, hasta venir a ser congregación de pueblos. En [51]Gn. 43: 14 Jacob declara a sus hijos la siguiente bendición: Y el Dios Omnipotente os dé misericordias delante de aquel varón, y os suelte al otro vuestro hermano y a este Benjamín. Así mismo le dijo a José, según [51]Gn. 48: 3: El Dios Omnipotente me apareció en Luz en la tierra de Canaán y me bendijo. Mientras que el profeta Ezequiel hace la siguiente declaración: Y el estruendo de las alas de los querubines se oía hasta el atrio de afuera, como la voz del Dios Omnipotente cuando habla. [51](Ez. 10: 5).

Si tenemos en cuenta las cualidades y particularidades de su existencia propia, eternidad, omnipresencia y omnisciencia, que se le adscriben como atributos suyos, será más fácil comprender la razón de su omnipotencia divina.

La mayor evidencia de este atributo de Dios está claramente revelada en la narración bíblica de la creación del universo, acerca de lo cual trataremos en el próximo capítulo. Para concluir con el tema sobre este atributo de Dios, quiero especificar que su poder divino se pone de manifiesto no solo en la obra de la creación del universo, sino de igual manera en la conservación y vivificación de todas las cosas; lo que conocemos como su providencia divina, asunto que trataremos como tema incluido en el atributo de la bondad.

Teniendo en cuenta que la omnipotencia de Dios consiste en su poder ilimitado para hacer todo lo que desea, vale considerar que para ejercer un determinado grado de poder, se necesita poseer las cualidades siguientes: poseer la facultad de la inteligencia, tener un conocimiento pleno acerca de lo que se quiere hacer y tener todos los recursos necesarios al alcance para ello. En cuanto a Dios se refiere, ya sabemos que Él posee todas estas cualidades y recursos en medida ilimitada.

INMUTABILIDAD

Nos ofrecen prueba de la inmutabilidad de Dios las citas bíblicas siguientes:

[51]*Stg. 1: 17:* "*Toda buena dádiva y todo don perfecto es de lo alto, que desciende del Padre de las luces, <u>en el cual no hay mudanza, ni sombra de variación.</u>*"

[51]*Mal. 3: 6:* "<u>*Porque yo Jehová, no me mudo*</u>"...

Dios es inmutable. Quiere decir que Él no sufre cambios ni variación alguna en ninguno de los órdenes de su naturaleza divina: ni en el orden moral, ni en el espiritual, ni en ningún otro.

Todos los seres vivientes que nosotros conocemos están constantemente sujetos a cambios y variaciones en todos los órdenes de su naturaleza. Pues tanto los seres humanos, como los animales y las plantas tienen un principio de formación en el que sufren cambios mediante el nacimiento, crecimiento, envejecimiento y la muerte.

Los seres humanos cambiamos continuamente en el orden físico. También en los órdenes moral e intelectual, en los cuales se experimentan variaciones, unas veces de carácter positivo y otras en forma negativa.

Lo mismo podemos decir acerca de sus propósitos, en los cuales el hombre suele variar con frecuencia. Muchas veces nos hacemos propósitos que por las limitaciones de nuestras facultades no podemos cumplir. Tanto por el desconocimiento de los acontecimientos futuros, como por la insuficiencia de nuestros poderes económicos, intelectuales y otros, nuestros propósitos suelen frustrarse y lo más que podemos hacer es cambiar nuestros planes. Pero Dios, quien es perfecto, no comenzó a formarse en ningún momento porque es eterno. Nada le falta ni le sobra, posee los atributos de la omnisciencia y la omnipotencia. Por tanto no tiene necesidad de experimentar cambios en sus propósitos ni en ningún aspecto de su naturaleza.

Es digno de considerar que la inmutabilidad de Dios proporciona a sus hijos plena seguridad y confianza en su Creador. Pues, ¿qué sucedería si en un momento dado Dios perdiera estabilidad en sus facultades de omnisciente y omnipotente o en cualquiera de sus atributos? Gracias a Dios por su inmutabilidad, que hace posible que tanto su bondad, como su amor, misericordia y todos los demás atributos que se le confieren desde la eternidad, los siga poseyendo sempiternamente y que de igual manera, el cumplimiento de sus promesas permanezca siendo tan cierto e invariable como cualquiera de sus atributos divinos.

Evidentemente, las Sagradas Escrituras enseñan que Dios ha cambiado de parecer en ocasiones, en algunas de sus determinaciones. Él es un Dios extremadamente amoroso, y en su inmensa misericordia puede cambiar una determinación sobre algo o alguien, siempre que para ello medie el arrepentimiento sincero, la humillación y la súplica. Como en los casos cuando Dios perdonó a Nínive y a los reyes Akab y Manasés. También puede suceder en otros casos, como el de Ezechîas, siempre que influyan el clamor y el llanto suplicando misericordia. Eso es lo que enseña la Palabra de Dios. Sin embargo, el cumplimiento exacto de sus promesas y su propósito de salvación para la humanidad **no** sufren variación alguna por ello, y por lo tanto, sus atributos divinos, que son sus perfecciones, tampoco.

¿Por qué **no** experimenta cambios en sus atributos, aunque haya alguna variante en sus determinaciones? Porque estos cambios, reflejados en la Palabra de Dios, en los que ha mediado el arrepentimiento sincero, la humillación y la súplica, están pre aprobados por las Escrituras mismas:

[51]*Jr. 18: 6-10:* [6]*..."He aquí que como el barro en la mano del alfarero, así sois vosotros en mi mano, oh casa de Israel.* [7]*En un instante hablaré contra gentes y contra reinos, para arrancar, y disipar, y destruir.* [8]*Empero si esas gentes se convirtieren de su maldad, de que habré hablado, yo me arrepentiré del mal que había pensado hacerles.* [9]*Y en un instante hablaré de la gente y del reino, para edificar y para plantar;* [10]*Pero si hiciere lo malo delante de mis ojos, no oyendo mi voz, arrepentiréme del bien que había determinado hacerle".*

[51]*Ez. 18: 21: "Mas el impío, si se apartare de todos sus pecados que hizo, y guardare todas mis ordenanzas, é hiciere juicio y justicia, de cierto vivirá; **no morirá**."*

Asimismo, el cambio de su determinación con respecto a la muerte de Ezechîas, está respaldado por su Santa Palabra, donde declara que Dios será misericordioso con quien Él desee serlo, por cuanto su soberanía divina lo faculta para ello, sin que tengamos ningún derecho a reprobarlo por eso. Veamos lo que dice el pasaje siguiente:

[51]*Ex: 33: 19:* *"Y respondióle: Yo haré pasar todo mi bien delante de tu rostro, y proclamaré el nombre de Jehová delante de ti; y tendré misericordia del que tendré misericordia, y seré clemente para con el que seré clemente."*

Aunque Él haya cambiado sus decisiones en los casos mencionados, **no** por ello falta a sus promesas, ni cambia su propósito de salvación para con el hombre, porque sus promesas son para los fieles. Y el estudio de su Santa Palabra nos enseña con suficiente claridad, que lo único que impide el cumplimiento de ellas es el pecado. De manera que para que su plan de salvación y todas sus promesas divinas se cumplan en nuestras vidas, lo único que necesitamos es mantenernos íntegros y fieles en su presencia divina. El único temor sería que Él tuviera que cambiar sus disposiciones por desconocimiento de los acontecimientos futuros, como por ejemplo: que Él **no** hubiese sabido con antelación que los ninivitas se iban a arrepentir, a humillarse y a pedir misericordia y clemencia, igual que lo hicieron los reyes referidos. Así también como lo fue el clamor de Ezechîas. En caso tal, sí tendríamos que temer y dudar del cumplimiento de sus promesas y por lo tanto, su atributo de la omnisciencia sería imperfecto. Pero según podemos apreciar en nuestro comentario, este atributo suyo le permite conocer anticipadamente y a la perfección, todos los pormenores de cada acontecimiento futuro y por ende Él sabe en forma previa la actitud que va a asumir el hombre cuando le declare su determinación. Su infinita bondad y gran misericordia lo llevan, definitivamente, a realizar el cambio correspondiente resuelto desde la infinitud del tiempo. No obstante, lo cierto es que aunque nuestro Creador lo sabe todo en su omnisciencia divina, sin embargo, para comprensión del ser humano, su mensaje tiene que ser revelado al hombre para que este pueda reaccionar y entender las razones de la determinación divina ante su actitud. Quiere decir, que Dios siempre presenta la realización de finalidades llevadas a efecto mediante la intervención de los medios requeridos para ello.

Aunque Dios haya esperado siempre a que los resultados se pongan de manifiesto para declarar su resolución acerca de cualquier cambio requerido, lo cierto es que Él sabe desde la eternidad misma, cuál va a ser su real y definitiva determinación en cualquier caso relacionado con los seres humanos o con cualquiera de sus criaturas. Por lo cual, tales cambios no afectan de ninguna manera los principios de su inmutabilidad.

En cierta ocasión, Dios se expresó de la manera siguiente: Raeré los hombres que he criado de sobre la faz de la tierra, desde el hombre hasta la bestia, y hasta el reptil y las aves del cielo: porque me arrepiento de haberlos hecho. [51](Gn. 6: 7).

Sin embargo, en otra parte de las Escrituras dice lo siguiente:

[51]*Nm. 23: 19-21:* [19]*"Dios no es hombre, para que mienta; Ni hijo de hombre para que se arrepienta: El dijo, ¿y no hará?; Habló, ¿y no lo ejecutará?* [20]*He aquí, yo he tomado bendición: Y él bendijo, y no podré revocarla.* [21]*No ha notado iniquidad en Jacob, Ni ha visto perversidad en Israel:"*...

Según el [3]Diccionario Expositivo Vine, el vocablo hebreo נחם [najam], de donde se traduce arrepentimiento, alude más bien a un cambio de parecer o de actitud de parte de Dios propiciado por el comportamiento humano. La declaración del pasaje según [51]Gn. 6: 7, no anula de ningún modo el concepto expresado en la cita de [51]Nm. 23: 19-21. Según se especifica en el mismo, Dios dispuso bendición para el pueblo porque fue hallado sin maldad. Y el proclamador estaba plenamente consciente de que Dios no cambia de parecer o de actitud, a menos que el hombre cambie de proceder.

Este concepto apoya la idea expuesta inicialmente. Lo único que impide el cumplimiento de las promesas de Dios, es el pecado con carácter permanente, quiero decir, en caso de que no intervenga el arrepentimiento. Porque cuando este intercede, se ponen de manifiesto su clemencia y su gran misericordia para apiadarse del hombre, de manera que hasta sus sentencias divinas se detienen completamente.

Mientras que una actitud de pecado impenitente en cualquier persona o sociedad en particular, según lo que enseñan las Escrituras, sí puede hacer que Dios se arrepienta de su trato hecho o de lo prometido con respecto a ella, y que su sentencia divina se ponga de manifiesto.

No obstante, en ninguno de estos casos es admisible el concepto de cambio que pueda afectar los principios de su inmutabilidad, sino más bien la aplicación de sus predeterminaciones dadas a conocer en su Santa Palabra.

ATRIBUTOS MORALES

BONDAD

Las referencias bíblicas acerca de este atributo de Dios son muy numerosas. Consideremos al respecto las siguientes:

[51] *Sal. 68: 10:* "*Los que son de tu grey han morado en ella: Por tu bondad, oh Dios, has provisto al pobre.*"

[51]*Zac. 9: 16, 17:* [16]"*Y los salvará en aquel día Jehová su Dios como a rebaño de su pueblo: porque serán engrandecidos en su tierra como piedras de corona.* [17]*Porque ¡cuánta es su bondad, y cuánta su hermosura!*"...

En [51]Sal. 25: 7 hace referencia también a la bondad de Dios diciendo: De los pecados de mi mocedad, y de mis rebeliones, no te acuerdes; Conforme a tu misericordia acuérdate de mí, Por tu bondad, oh Jehová.

Así también en [51]Tit. 3: 4, 5 dice lo siguiente:

"Mas cuando se manifestó la bondad de Dios nuestro Salvador, y su amor para con los hombres, [5]No por obras de justicia que nosotros habíamos hecho, mas por su misericordia nos salvó, por el lavacro de la regeneración, y de la renovación del Espíritu Santo. "

Se ha definido que la bondad de Dios es su libre disposición de impartir felicidad a sus criaturas.

Su bondad se percibe también en lo bello y grandioso de la creación. Ella se extiende hasta los animalitos del campo, a los cuales ofrece placer y satisfacción. Esto se deja ver por ejemplo, en los saltos alegres de los corderitos y en el alegre trinar de las aves.

Pero su bondad que es infinita se manifiesta especialmente con los seres humanos. Nuestra constitución física es como una puerta abierta para la entrada del placer y el gozo. A través de los órganos sensoriales (los cinco sentidos) y la facultad del raciocinio y de la inteligencia, el ser humano puede percibir todos los sanos goces que nos ha otorgado nuestro Creador.

Dios, quien es la fuente de la felicidad, ha creado los medios necesarios para contribuir con la felicidad del ser humano. Como dice [45]nuestro teólogo en su tratado acerca de este atributo divino: ¿Quién no se ha gozado en la contemplación de la vasta y hermosa creación de Dios? ¿Quién no se ha deleitado con la fragancia de las flores y con lo bello y tierno de sus colores? ¿Quién no se ha extasiado con la armonía de la música?

¿Qué sería de nosotros, si teniendo Dios las facultades que ya conocemos a través del estudio de sus atributos naturales, como lo son su omnipresencia, omnisciencia y omnipotencia, en vez de poseer una bondad infinita para con sus criaturas, fuese cruel y despiadado, sin compasión ni misericordia, que se complaciera en hacernos sufrir?

Claro está, que de haber sido así, nadie hubiese podido hacerle resistencia sin ser víctima de los efectos de su poder absoluto. Pero para nuestra dicha Él no es así, sino que es nuestro Padre amoroso, compasivo, misericordioso y lleno de buena voluntad para con sus criaturas; que aborrece la maldad, el crimen, el engaño, el odio, la traición y toda manifestación de pecado porque desea constantemente nuestra felicidad.

[44]A causa del pecado y la degradación humana, Dios pudo haber hecho que nuestros sentidos fuesen conductores solamente del disgusto y el dolor; que cada objeto fuera tan repulsivo a la vista como aquellos que más nosotros podamos despreciar; cada alimento tan amargo al gusto como el ajenjo; cada olor tan repugnante al olfato como el cuerpo pútrido; cada objeto al tacto, tan punzante como la espina; cada sonido tan lúgubre como el quejido de la tristeza. Pero Él no quiso hacerlo así, sino que en su bondad infinita permitió que el ser humano poseyera la capacidad de gozar de los sanos placeres que le proporciona esta vida.

Esta tendencia teológica, de la que he tomado el fundamento básico de estas enseñanzas, sostiene el concepto de que, la providencia de Dios, su amor y misericordia, así como su gracia son manifestaciones de su bondad infinita. No obstante, otros los consideran como atributos independientes.

SU PROVIDENCIA

En lo concerniente a su providencia, aunque esta sea considerada como una manifestación de su bondad, sin embargo, es llevada a cabo como dijera anteriormente, a través de su omnipotencia. La cual se pone de manifiesto no solo en la maravillosa obra de la creación del universo, sino también en la conservación y vivificación de todas las cosas. Al respecto consideremos los pasajes siguientes:

[51]Neh. 9: 6: *"Tú, oh Jehová, eres solo; tú hiciste los cielos, y los cielos de los cielos, y toda su milicia, la tierra y todo lo que está en ella, los mares y todo lo que hay en ellos; y tú vivificas todas estas cosas, y los ejércitos de los cielos te adoran."*
[51]Sal. 65: 8-13: *[8]... "Tú haces alegrar las salidas de la mañana y de la tarde. [9]Visitas la tierra, y la riegas: En gran manera la enriqueces; Con el río de Dios, lleno de aguas: Preparas el grano de ellos, cuando así la dispones. [10]Haces se empapen sus surcos, Haces descender sus canales: Ablándasla con lluvias, Bendices sus renuevos. [11]Tú coronas el año de tus bienes; Y tus nubes destilan grosura. [12]Destilan sobre las estancias del desierto; Y los collados se ciñen de alegría. [13]Vístense los llanos de manadas, Y los valles se cubren de grano: Dan voces de júbilo, y aun cantan."*

Las Escrituras dicen además, según [51]Salmos 36: 5, 6 que, la misericordia de Jehová es hasta los cielos, y su verdad hasta las nubes. Tu justicia como los montes de Dios, tus juicios abismo grande: Oh Jehová, al hombre y al animal conservas.

Otro Salmo precioso que hace alusión a la providencia de Dios es el [51]Sal. 104: 10-35. Es una Escritura realmente hermosa que llena el alma de gozo y satisfacción. En él dice que Dios es el que envía las fuentes por los arroyos que van entre los montes. Abrevan a todas las bestias del campo, quebrantan su sed los asnos montaraces. Junto a aquellos habitarán las aves de los cielos, entre las ramas dice que dan voces. El que riega los montes desde sus aposentos, del fruto de sus obras se sacia la tierra. Él es el que hace producir el heno para las bestias, y la hierba para el servicio del hombre; **sacando el pan de la tierra.** Así como el vino que alegra el corazón del hombre, el aceite que hace lucir el rostro, y el pan que sustenta su corazón. Llénanse de jugo los árboles de Jehová, los cedros del Líbano que Él plantó. Allí anidan las aves, en las hayas hace su casa la cigüeña. Los montes altos para las cabras monteses; las peñas, madrigueras para los conejos. Hizo la luna para los tiempos: El sol conoce su ocaso. Él pone las tinieblas, y es la noche; en ella corretean todas las bestias de la selva; los leoncillos braman a la presa, para buscar de Dios su comida. Sale el sol, recógense y échanse en sus cuevas. Sale el hombre a su hacienda, y a su labranza hasta la tarde. ¡Muchas son tus obras, oh Jehová! Hiciste todas ellas con sabiduría: la tierra está llena de tus beneficios. Asimismo, esta gran mar y ancha de términos: En ella peses sin número, animales pequeños y grandes. Allí andan navíos; allí este leviathán que hiciste para que jugase en ella. Todos ellos esperan en ti, para que les des su comida a su tiempo. Les das, recogen; abres tu mano, hártanse de bien. Escondes tu rostro, túrbanse; les quitas el espíritu, dejan de ser y se tornan en su polvo. Envías tu espíritu, se crían y renuevas el haz de la tierra. De Jehová sea la gloria para siempre. Alégrese Jehová en sus obras. Él mira a la tierra, y ella tiembla; toca los montes, y humean. A Jehová cantaré en mi vida: a mi Dios salmearé mientras viviere. Serme ha suave hablar de él, yo me alegraré en Jehová. El autor de este salmo ve tanta belleza en las creaciones de Dios y tanta bondad en su providencia divina, que no concibe tanta maldad entre los hombres. Él sueña con un mundo perfecto donde no haya perversidad, por eso concluye diciendo: Sean consumidos de la tierra los pecadores, y los impíos dejen de ser. Bendice, alma mía, a Jehová. Aleluya."

Nuestro Señor Jesucristo hace también una bella referencia a la providencia divina, según el pasaje siguiente:

[51]*Lc. 12: 24, 27, 28:* [24]*"Considerad los cuervos, que ni siembran, ni siegan; que ni tienen cillero, ni alfolí; y Dios los alimenta. ¿Cuánto de más estima sois vosotros que las aves?* [27]*Considerad los lirios, cómo crecen: no labran, ni hilan; y os digo, que ni Salomón con toda su gloria se vistió como uno de ellos.* [28]*Y si así viste Dios a la hierba, que hoy está en el campo, y mañana es echada en el horno; ¿cuánto más a vosotros, hombres de poca fe?"*

De acuerdo con las actividades divinas, expresadas en estos pasajes bíblicos, la providencia de Dios se define como su gobierno, protección y conservación para con toda su creación.

EL AMOR DE DIOS

En cuanto a su amor, consideremos lo que nos dicen las citas bíblicas siguientes:

[51]*Ef. 2: 4, 5:* [4]*"Empero Dios, que es rico en misericordia, <u>por su mucho amor con que nos amó</u>,* [5]*Aún estando nosotros muertos en pecados, nos dió vida juntamente con Cristo; por gracia sois salvos."*

[51]*Jr. 31: 3: "Jehová se manifestó a mí ya mucho tiempo ha, diciendo: <u>Con amor eterno te he amado</u>; por tanto te soporté con misericordia."*

[51]*Is. 63: 9: "En toda angustia de ellos él fue angustiado, y el ángel de su faz los salvó: <u>en su amor y en su clemencia los redimió, y los trajo y los levantó todos los días del siglo.</u>"*

Así también en [51]Tit. 3: 4, 5 dice la Escritura: Mas cuando se manifestó la bondad de Dios nuestro Salvador, y su amor para con los hombres, no por obras de justicia que nosotros habíamos hecho, mas por su misericordia nos salvó, por el lavacro de la regeneración y de la renovación del Espíritu Santo. Porque la esperanza no avergüenza, según [51]Ro. 5: 5 porque el amor de Dios está derramado en nuestros corazones por el Espíritu Santo que nos es dado. Por ello también, según [51]Jn. 3: 16, de tal manera amó Dios al mundo, que ha dado a su Hijo unigénito, para que todo aquel que en él cree, no se pierda, mas tenga vida eterna.

Estas referencias nos declaran el amor de Dios hacia la humanidad. La última de ellas constituye la máxima expresión literaria acerca de su amor, y a la vez la manifestación de mayor excelencia de su bondad divina. El amor de Dios para con la humanidad es imparcial, no está sujeto a las condiciones de los sentimientos humanos. Él nos ama seamos buenos o malos, pobres o ricos, sabios o ignorantes, bonitos o feos, jóvenes o viejos, estemos saludables o enfermos, en triunfo o en derrota. Solo resta que nosotros correspondamos fidedignamente a su cordialidad, en cualquier circunstancia en la que nos encontremos, para que podamos experimentar lo excelso de su amor divino.

SU MISERICORDIA

En cuanto a su misericordia, veamos lo que nos dicen los pasajes bíblicos siguientes:

[51]*Ex. 34: 6, 7:* [6]*"Y pasando Jehová por delante de él, proclamó: Jehová, Jehová, fuerte, misericordioso, y piadoso; tardo para la ira, y grande en benignidad y verdad;* [7]*Que guarda la misericordia en millares, que perdona la iniquidad, la rebelión, y el pecado, y que de ningún modo justificará al malvado"...*

[51]*Sal. 36: 7, 9, 10:* [7]*"¡Cuán ilustre, oh Dios, es tu misericordia! Por eso los hijos de los hombres se amparan bajo la sombra de tus alas.* [9]*Porque contigo está el manantial de la vida: En tu luz veremos la luz.* [10]*Extiende tu misericordia a los que te conocen, Y tu justicia a los rectos de corazón."*

Nótese que en la primera de estas dos citas bíblicas, es el mismo Dios quien declara a su siervo Moisés la magnitud de su misericordia, entre otras virtudes suyas. [44]En la segunda cita es el hombre santo, quien habiendo experimentado tan abundantemente la misericordia de Dios, inspirado por su Espíritu Santo escribe en tales términos de reconocimiento y gratitud hacia el Divino Creador, por esta manifestación de su bondad infinita.

La misericordia de Dios se define como un don inmerecido de su parte para con el ser humano. Es una manifestación de su bondad a través de la cual excede su amor y compasión para con este, principalmente cuando la persona está en estado de penitencia a causa de su pecado.

El estudio acerca de **la gracia** lo tomaremos en consideración en el capítulo 9 de este tratado.

JUSTICIA

La justicia es un principio muy extenso. Esta incluye no solo el castigo para el que hace lo malo y la libertad para el inocente, sino también el hecho de obrar rectamente en todos los órdenes de la vida. Se dice que la misma consiste en un sentimiento de rectitud y equidad que gobierna la conducta del individuo, haciéndolo acatar debidamente todos los derechos de los demás, y darle a cada quien lo que justamente le corresponde.

Al aplicar este concepto al campo de la teología, la justicia se reconoce como uno de los atributos morales de Dios, que consiste en la rectitud inflexible de su gobierno divino. Quiere decir que Él siempre hará lo recto, que obrará de acuerdo con los principios de justicia.

Con respecto a este atributo divino veamos lo que nos dicen los siguientes pasajes de la Santa Biblia:

[51]*Sal. 11: 7: "Porque el justo Jehová ama la justicia: Al recto mirará su rostro."*

[51]*Sal. 145: 17: "Justo es Jehová en todos sus caminos, Y misericordioso en todas sus obras."*

[51]*Dt. 10: 17, 18:* [17]*"Porque Jehová vuestro Dios es Dios de dioses, y Señor de señores, Dios grande, poderoso, y terrible, que no acepta persona, ni toma cohecho;* [18]*Que hace justicia al huérfano y a la viuda; que ama también al extranjero dándole pan y vestido."*

Por eso dijo el profeta Isaías: Y ajustaré el juicio a cordel, y a nivel la justicia; y granizo barrerá la acogida de la mentira, y aguas arrollarán el escondrijo. [51](Is. 28: 17).

La justicia puede encontrarse también en el ser humano de manera intuitiva, ya que este fue creado a semejanza de Dios.

Dios es justo no solo en sí mismo, sino que exige que el ser humano, a quien hizo a su propia imagen, practique la justicia así como Él. Como ejemplo de ello consideremos, los siguientes pasajes de las Escrituras:

[51]*Lv. 19: 15: "No harás agravio en el juicio: no tendrás respeto al pobre, ni honrarás la cara del grande: con justicia juzgarás a tu prójimo."*

Nuestro Señor Jesucristo dijo también: Porque os digo, que si vuestra justicia no fuere mayor que la de los escribas y de los Fariseos, no entraréis en el reino de los cielos. [51](Mt. 5: 20).

Es una realidad indiscutible que una gran parte de las personas cuyos corazones **no** han sido renovados, se muestran indiferentes a la práctica de la justicia aun cuando esta sea una exigencia de la conciencia, indicada por la luz de la razón. Mientras que muchas de ellas exigen justicia únicamente cuando esta pueda favorecer sus intereses. Sin embargo, es una realidad irrefutable también, que existe esa otra parte de la humanidad que sí sienten en sus corazones el deseo de poner en práctica la justicia, pero debido a que el ser humano carece de un conocimiento perfecto de la mayoría de los actos no presenciados, en muchos casos y circunstancias aun queriendo obrar justamente, suele cometer injusticias de manera no intencional. Esto lo podremos comprobar si lo aplicamos a la experiencia que muchas veces hemos tenido al respecto.

No obstante, Dios demanda del ser humano, que en todo lo que esté al alcance de su comprensión haga uso práctico y constante de la justicia.

En cuanto a Dios se refiere, es fácil comprender que siendo Él justo le será posible poner en práctica este atributo suyo con plena libertad, por cuanto su conocimiento de todas las cosas es perfecto. De manera que aun lo secreto de todos los humanos está descubierto ante sus ojos. Pues Él conoce aun sus pensamientos y los sentimientos de sus corazones.

Por lo cual, para el malvado, perverso y pecador impenitente no habrá escapatoria. Aunque en el presente muchas veces no se vea obrar la justicia de Dios, sabemos que a su debido tiempo esta se manifestará, porque así lo declara su Santa Palabra en [51]Ro. 1: 18, 32: Porque manifiesta es la ira de Dios del cielo contra toda impiedad é injusticia de los hombres, que detienen la verdad con injusticia, que habiendo entendido el juicio de Dios que los que hacen tales cosas son dignos de muerte, no sólo las hacen, mas aun consienten en ellas. También en [51]Ro. 2: 5, 6: dice: por tu dureza y por tu corazón no arrepentido, atesoras para ti mismo ira para el día de la ira y la manifestación del justo juicio de Dios; el cual pagará a cada uno conforme a sus obras.

En estas declaraciones de las Escrituras se hace referencia a un día de juicio donde cada uno recibirá el pago según fueren sus obras. Ello constituye también una prueba evidente de la justicia divina, de la cual nadie podrá escapar.

La promulgación de los santos mandamientos como el patrón de justicia de mayor relevancia para la conducta del ser humano, coronada por la redención del hombre mediante Jesucristo, hacen resaltar de manera brillante y eterna la justicia de Dios.

VERACIDAD

Acerca de este atributo moral de Dios, las Sagradas Escrituras contienen también abundantes referencias. Como ejemplo de ellas, consideremos las siguientes:

[51]*Nm. 23: 19:* "*Dios no es hombre, para que mienta; Ni hijo de hombre para que se arrepienta: El dijo, ¿y no hará?; Habló, ¿y no lo ejecutará?*"

[51]*Jn. 17: 17:* "*Santifícalos en tu verdad: tu palabra es verdad.*"

[51]*Jer. 10: 10:* "*Mas Jehová Dios es la verdad*"...

[51]*Dt. 32: 4:* "*El es la Roca, cuya obra es perfecta, Porque todos sus caminos son rectitud: Dios de verdad, y ninguna iniquidad en él: Es justo y recto.*"

La veracidad, como todos los demás, es un atributo que Dios posee perfectamente. Es esta virtud suya la que hace que todos sus juicios sean certeros, y que todo lo que Él diga sea innegable, por lo que es imposible que Él mienta.

La consideración de este atributo del Divino Creador produce en sus fieles creyentes una profunda sensación de alegría y seguridad al saber que Él ni miente ni se equivoca.

¿Por qué suele mentir el ser humano? La mentira es un medio de engaño que usan las personas por diversas razones, entre las cuales tomaremos en consideración las principales, para que podamos comprobar a través de un detallado análisis, por qué Dios nunca miente. Hagamos una comparación de la actitud del ser humano y la de Dios en tales circunstancias, según los incisos siguientes:

a) **El hombre:** El ser humano miente cuando quiere atribuirse derechos que no le corresponden.

a) **Dios:** Dios es dueño de todo el universo y con su conocimiento, y su poder infinito puede satisfacer todos sus deseos sin tener que engañar a nadie para ello. Siendo Dios el Creador de todo lo existente, todo le pertenece; así que de ningún modo querrá atribuirse derechos que no le correspondan. Él es digno de todo honor y de toda gloria.

b) **El hombre:** Por evadir deberes que le corresponde cumplir.

b) **Dios:** Siendo de nuestro conocimiento cómo actúa Dios en su bondad infinita para con sus criaturas y cómo practica su justicia para con los seres humanos, aun como dice su Santa Palabra en [51]Mt. 5: 45, que Él hace que su sol salga sobre malos y buenos y que llueva sobre justos e injustos, no podemos pensar en ningún momento que Dios quiera evadir alguno de sus deberes para con sus criaturas.

c) **El hombre:** Por disimular su mala conducta ante la opinión de los demás.

c) **Dios:** Siendo Dios santo y perfecto, ejemplo intachable de moralidad, quien nos enseña y corrige nuestra conducta por medio de su Santa Palabra, no podemos aceptar por ende que tenga Él nada que disimular acerca de su conducta.

d) **El hombre:** Muchas veces las personas suelen mentir con un propósito no mal intencionado, sino con el fin de omitir o variar una mala noticia, que pueda afectar a alguien en un momento inapropiado o simplemente por no comunicarle a otros sus asuntos privados o familiares, etc. que no son de la incumbencia de todos.

d) **Dios:** Con respecto a este concepto acerca de la mentira, Dios dice las cosas cuando Él sabe que las debe decir, y cuando no, se mantiene en silencio, pese a lo mucho que le roguemos. Por lo cual, en este caso, tampoco necesita Dios, mentir.

e) **El hombre:** Otras veces la persona miente con el fin de evadir un castigo o sanción que se le quiere aplicar, y aunque la penalidad sea la retribución que justamente merecen sus hechos, la persona miente con el fin de evadirlos.

e) **Dios:** Finalmente, siendo Dios eternamente justo y santo, nuestro ejemplo perfecto de moralidad, es inconcebible que pueda cometer algún delito. El es el Rey del universo, el Supremo Creador, omnisciente y omnipotente, y nadie podrá tomar ningún tipo de represión en contra suya. Por lo cual, no tendrá que temer absolutamente nada.

De esta manera, queda probado que Dios no deberá mentir por ninguna razón.

El ser humano suele faltar también a las normas de la veracid cuando se equivoca. Pues a veces las personas hacen promesas basadas en proyectos que no resultan tal como los conciben, por cuanto desconocen, por lo general, las arbitrariedades del futuro y fracasan en sus planes sin poder cumplir lo prometido, por muy buenas y nobles que hayan sido sus intenciones.

Dios, sin embargo, posee poder ilimitado para hacer todo lo que desea y un conocimiento infinito y perfecto de todas las cosas, incluyendo el discernimiento de los acontecimientos futuros, por lo que es imposible que sufra equivocaciones. Por lo cual dicen las Escrituras: ...Antes bien sea Dios veraz, mas todo hombre mentiroso... (Ro. 3: 4). (R-V. 60).

Por lo tanto, el cumplimiento indudable de las promesas divinas puede deducirse de la veracidad de Dios.

Concluimos convencidos en que la palabra de Dios es verdadera, tanto cuando se refiere al presente, como al pasado o al futuro.

La veracidad de Dios comprende su fidelidad e incluye, por lo tanto, el cumplimiento de sus promesas y la ejecución de sus advertencias.

SABIDURÍA

Aunque la sabiduría suele definirse también como ciencia o conocimiento, no obstante, al aplicarla al campo de la teología, se dice que esta consiste en el uso que se hace del conocimiento para elegir fines buenos a través de medios propios, o sea, hacerse propósitos buenos utilizando medios dignos para llevarlos a cabo. Las dos cosas deben estar en armonía.

Según este concepto cuando se crean propósitos para fines indignos o malos, aunque los medios que se usen sean buenos, no hay en ello muestra alguna de sabiduría. Y crearse propósitos para lograr fines buenos por medios impropios, tampoco muestra prueba alguna de sabiduría.

Este concepto se fundamenta en las evidencias de que los fines de los propósitos de Dios, han sido siempre absolutamente benévolos y dignos. Pues Él, en su omnisciencia y su poder infinito, puede hacer todo lo que desea sin necesidad alguna de usar medios inapropiados para lograrlo. De igual manera, la persona que es temerosa de Dios, se apropia de esta virtud característica de su conducta divina. Veamos, lo que nos dicen los siguientes pasajes de las Escrituras:

[51]*Pr. 1: 7: "El principio de la sabiduría es el temor de Jehová."*...
[51]*Pr. 9: 10: "El temor de Jehová es el principio de la sabiduría; Y la ciencia de los santos es inteligencia."*

En [51]Sal. 111: 10 las Escrituras aluden a este tema, y expresan que el principio de la sabiduría es el temor de Jehová: Buen entendimiento tienen cuantos ponen aquéllos por obra: Su loor permanece para siempre. De igual manera, dice Job: Y dijo al hombre: He aquí que el temor del Señor es la sabiduría, y el apartarse del mal la inteligencia. [51](Job. 28: 28).

Al tener el hombre temor de Dios en su corazón, lógicamente procurará siempre fines buenos, logrados a través de medios propios. De esta manera estará obrando de acuerdo a los principios de la sabiduría.

En cuanto a Dios se refiere, en las Sagradas Escrituras encontramos varias referencias que nos hablan de su sabiduría infinita. Al respecto consideremos las siguientes:

[51]*Sal. 104: 24:* *"¡Cuán muchas son tus obras, oh Jehová!* Hiciste todas ellas con sabiduría."

[51]*Pr. 3: 19:* *"Jehová con sabiduría fundó la tierra;* Afirmó los cielos con inteligencia."

El apóstol Pablo se expresó diciendo: Por tanto, al Rey de siglos, inmortal, invisible, al solo sabio Dios sea honor y gloria por los siglos de los siglos. Amén. [51](1Ti. 1: 17).

Como dice [45]nuestro Teólogo: ¿Quién, después de haber contemplado las maravillas de la vasta creación de Dios, no hace suyas las palabras del apóstol Pablo, expresadas en su brillante exclamación: ¡Oh profundidad de las riquezas de la sabiduría y de la ciencia de Dios! ¡Cuán incomprensibles son sus juicios, é inescrutables sus caminos! [51](Ro. 11: 33).

SANTIDAD

Según el concepto emitido por varios doctores en teología, se ha definido que la santidad de Dios no es un solo atributo suyo, sino más bien la combinación de todos sus atributos morales, que constituyen su perfección moral total.

Para que se entienda mejor la idea expresada, tomaremos en consideración el concepto referido por algunos de estos eminentes teólogos.

El primero de ellos se expresa diciendo que hay ciertas perfecciones que, todos los que conocen a Dios convienen en atribuirle, las cuales han sido llamadas generalmente por los teólogos cristianos, sus perfecciones morales. Estas son: Bondad, Justicia, Veracidad y Sabiduría, todas las cuales pueden expresarse en una sola palabra: Santidad. El segundo dice: Bondad, Veracidad y Justicia son atributos morales de Dios. Santidad no es un atributo distinto de estos, sino un nombre que los incluye a todos. Y el tercero expone que la santidad de Dios no debe concebirse como un atributo entre los demás, es más bien un término general que representa su gloria y su perfección total. Es su infinita perfección moral coronando su inteligencia y su poder infinito.

Una de las referencias más expresivas acerca de la santidad de Dios, lo es la de [51]Apocalipsis 15: 4, donde las Escrituras expresan: ¿Quién no te temerá, oh Señor, y engrandecerá tu nombre? porque tú solo eres santo; por lo cual todas las naciones vendrán, y adorarán delante de ti, porque tus juicios son manifestados.

Consideremos ahora otras referencias bíblicas con respecto a la santidad de Dios, entre las cuales tenemos por ejemplo la de [51]Ex. 15: 11 que dice lo siguiente:

"¿Quién como tú, Jehová, entre los dioses? ¿Quién como tú, magnífico en santidad, Terrible en loores, hacedor de maravillas?" [51]*(Ex. 15: 11).*

También Isaías, según su revelación profética acerca de los querubines que alababan a Dios nos señala: Y el uno al otro daba voces, diciendo: Santo, santo, santo, Jehová de los ejércitos: toda la tierra está llena de su gloria. [51](Is. 6: 3).

[45]Hay una gloria en cada uno de sus atributos y una mayor resulta del conjunto de ellos. Si consideramos debidamente esta combinación de atributos, que es la suma de sus perfecciones morales y contemplamos su gloria irradiando de ella, es como podemos entender perfectamente la idea bíblica acerca de "la hermosura de la santidad".

Este concepto acerca de la santidad, es aplicable también al ser humano, aunque en términos limitados. Al atribuirle esta cualidad al hombre, se dice que la santidad es libertad de pecado, según la declaración de las Escrituras en [51]Ro. 6: 22, por cuanto tal condición nos caracteriza como santos. Si tenemos en cuenta este detalle, encontraremos que la persona que esté poseída de estos cuatro atributos morales vive en santidad. El que practica la bondad está poseído por consiguiente del amor, tanto para con Dios como para con sus semejantes, además pone en práctica la misericordia y no le hace mal a nadie. Debido a que desea constantemente la felicidad de todas las criaturas. Si además de esto, ejercita la justicia, obrará siempre rectamente para con todos. Si hace uso legítimamente de la veracidad, no engañará a nadie; y si obra con sabiduría no cometerá errores deshonestos, se mantendrá en el temor de Dios y guardará sus mandamientos. De esta manera estará libre de pecado y vivirá en santidad, de acuerdo al límite que el ser humano puede lograr. Así lo exige nuestro Señor a través de su Santa Palabra, diciendo:

"Porque escrito está: Sed santos, porque yo soy santo". [51]*(1P. 1: 16).*

OTROS ATRIBUTOS DE DIOS

Introducción: Evidentemente, las Sagradas Escrituras le confieren a Dios otros atributos, entre los cuales figuran como los más relevantes, el de Creador y el de Salvador. Estos, aunque están relacionados especialmente con sus actividades creativas y redentoras, no obstante, tienen una dependencia total de sus atributos naturales y morales.

CREADOR

Este atributo del Supremo Creador está estrechamente vinculado con el tema de las "CREACIONES DE DIOS", que tomaremos en consideración en el próximo capítulo.

Gracias a su existencia propia, su eternidad, omnipresencia y omnisciencia, Él es también omnipotente. Y gracias a ese poder ilimitado suyo para hacer todo lo que desea, ha sido posible que Él haya creado todo lo existente, según la narración de la creación del universo en el libro bíblico de Génesis y las declaraciones auténticas de otros pasajes sagrados.

Él es el Supremo Creador y la Causa Primera, la Causa de las causas y la razón de todo lo existente. Al respecto, las Sagradas Escrituras dicen:

[51]*Gn. 1: 1: "En el principio crió Dios los cielos y la tierra."*

[51]*Gn. 2: 4, 5:* [4]*"Estos son los orígenes de los cielos y de la tierra cuando fueron criados, el día que Jehová Dios hizo la tierra y los cielos,* [5]*Y toda planta del campo antes que fuese en la tierra, y toda hierba del campo antes que naciese:"*...

Otra confirmación del mismo Dios como creador del universo, la encontramos en [51]Jb. 38: 1-5: Dios le respondió a Job desde un torbellino, y le dijo: ¿Quién es ése que oscurece el consejo con palabras sin sabiduría? Ahora ciñe como varón tus lomos; yo te preguntaré, y hazme saber tú. ¿Dónde estabas cuando yo fundaba la tierra? Házmelo saber, si tienes inteligencia. ¿Quién ordenó sus medidas, si lo sabes? ¿O quién extendió sobre ella cordel? Y a través del profeta Jeremías, enunció Dios: Yo hice la tierra, el hombre y las bestias que están sobre la haz de la tierra, con mi grande potencia y con mi brazo extendido, y díla a quien me plugo. [51](Jr. 27: 5).

El apóstol Pablo, según [51]Col. 1: 16 nos dice que, por él fueron criadas todas las cosas que están en los cielos, y que están en la tierra, visibles e invisibles; sean tronos, sean dominios, sean principados, sean potestades; todo fue criado por él y para él.

En esta ocasión, es evidente que los cuatro primeros pasajes confieren el atributo de Creador, a Dios, el Padre, mientras que el último de ellos lo confiere también a Jesucristo, el Hijo.

SALVADOR

La actividad salvadora también fue posible gracias a su poder ilimitado, a su justicia divina y a su bondad infinita reflejada en su gracia y en su gran amor. Lo que propició que Él redimiera a la humanidad por medio de su Hijo Jesucristo, quien tuvo que poner su vida, para volverla a tomar a través de la resurrección, como dice su Santa Palabra en [51]Jn. 10: 17, 18:

"Por eso me ama el Padre, porque yo pongo mi vida, para volverla a tomar. [18]Nadie me la quita, mas yo la pongo de mí mismo. Tengo poder para ponerla, y tengo poder para volverla a tomar. Este mandamiento recibí de mi Padre." [51]***(Jn. 10: 17, 18).***

Entre muchas de las referencias bíblicas acerca de este atributo de Dios, citaré solamente algunas que nos puedan ayudar a obtener una clara idea en relación con el mismo. Al respecto veamos las siguientes:

[51]***Is. 45: 21 y 22:*** *[21]..."Y no hay más Dios que yo; Dios justo y Salvador: ningún otro fuera de mí. [22]Mirad a mí, y sed salvos, todos los términos de la tierra: porque yo soy Dios, y no hay más."*

[51]***Is. 43: 3:*** *"Porque yo Jehová Dios tuyo, el Santo de Israel, soy tu Salvador"...*

En [51]Segunda de Samuel 22: 3 las Escrituras indican: Dios de mi roca, en él confiaré: Mi escudo, y el cuerno de mi salud, mi fortaleza, y mi refugio; mi salvador, que me librarás de violencia. Y el apóstol Pablo expone: Mas cuando se manifestó la bondad de Dios nuestro Salvador, y su amor para con los hombres, no por obras de justicia que nosotros habíamos hecho, mas por su misericordia nos salvó, por el lavacro de la regeneración, y de la renovación del Espíritu Santo. [51](Tit. 3: 4, 5).

Así como estos atributos divinos, Dios tiene otras características que muchos teólogos las definen como sus atributos, pero en realidad son actitudes que Él asume como un efecto de alguno de sus atributos morales. Su fidelidad, por ejemplo, es una de sus cualidades divinas, fundamentada en su veracidad, y validada por su inmutabilidad. Asimismo su ira, es una respuesta de su justicia divina ante el pecado, la maldad y la violencia del hombre. De igual manera, se le confieren otras menciones como atributos suyos, las cuales ejercen también funciones relacionadas con alguna de sus perfecciones morales.

En las Sagradas Escrituras se le confieren además diferentes cualidades, como por ejemplo: "Dios es luz", "Dios es fuego consumidor", y otras semejantes que algunos las consideran también como atributos de Dios. Pero estas no son sino aplicaciones en sentido figurado, que tienen su fundamento en la mayoría de los atributos tomados en consideración en este capítulo.

Aunque la naturaleza de Dios tiene la particularidad de emanar luz o resplandecer, no obstante, cuando en la Escritura dice: "Dios es luz", se está refiriendo en sentido figurado a los efectos de su veracidad, omnisciencia, sabiduría y santidad; que iluminan el itelecto humano y le permiten ver con perfecta claridad lo real y verdadero, refiriéndose principalmente al sentido moral y religioso del individuo. Porque literalmente, Dios no es luz, sino espíritu.

Así también, cuando la Escritura dice que Dios es fuego consumidor, se está refiriendo en sentido figurado a los efectos de su justicia divina, con la cual consumirá el pecado y la maldad de este mundo y a todo aquel que no se arrepienta de su mal camino, como dice el profeta Malaquías:

[51]*Mal. 4: 1:* *"Porque he aquí, viene el día ardiente como un horno; y todos los soberbios, y todos los que hacen maldad, serán estopa; y aquel día que vendrá, los abrasará, ha dicho Jehová de los ejércitos, el cual no les dejará ni raíz ni rama."*

Por tales razones no hemos tomado en cuenta estas menciones de las Sagradas Escrituras entre los atributos de Dios, sino solo aquellas que tienen una aplicación textual, como las que se refieren a sus atributos naturales y morales.

JESUCRISTO

Introducción: Después de haber estudiado detalladamente lo que las Sagradas Escrituras enseñan acerca de la personalidad de Dios, el Padre, a través de sus atributos divinos, estudiaremos lo que ellas enseñan con referencia a Jesucristo, el Hijo y al Espíritu Santo, tal como lo expusiera en la introducción a este capítulo.

Concepto bíblico acerca de Jesucristo: Las Sagradas Escrituras nos proporcionan un amplio panorama acerca de la cristología, la cual está relacionada con el estudio referente al Cristo. Ellas declaran que Jesucristo es el Hijo de Dios, redentor y salvador del hombre. Único mediador entre Dios y los hombres. Que solo en Él tenemos vida eterna. Que Él es uno con el Padre, y se le confieren varios de sus atributos divinos. Declaran que Él fue sin pecado. Que murió, resucitó y ascendió al cielo, de donde vendrá nuevamente para recompensar a cada uno, según hayan sido sus obras.

El Cristo, el Hijo de Dios: Al respecto veamos lo que nos dicen los siguientes pasajes de las Escrituras:

[51]*Jn. 9: 34-38:* [34]*"Respondieron, y dijéronle: En pecados eres nacido todo, ¿y tú nos enseñas? Y echáronle fuera.* [35]*Oyó Jesús que le habían echado fuera; y hallándole, díjole: ¿Crees tú en el Hijo de Dios?* [36]*Respondió él, y dijo: ¿Quién es, Señor, para que crea en él?* [37]*Y díjole Jesús: Y le has visto, y el que habla contigo, él es.* [38]*Y él dice: Creo, Señor; y adoróle."*

[51]*Mt. 16: 15-17:* [15]*"El les dice: Y vosotros, ¿quién decís que soy?* [16]*Y respondiendo Simón Pedro, dijo:* <u>*Tú eres el Cristo, el Hijo del Dios viviente.*</u> [17]*Entonces, respondiendo Jesús, le dijo: Bienaventurado eres, Simón, hijo de Jonás; porque no te lo reveló carne ni sangre, mas mi Padre que está en los cielos. "*

El apóstol Pedro también reconoció esta particularidad del Mesías según lo expresa Juan en su relato: Dijo entonces Jesús a los doce: ¿Queréis vosotros iros también? Y respondióle Simón Pedro: Señor, ¿á quién iremos? tú tienes palabras de vida eterna. Y nosotros creemos y conocemos que tú eres el Cristo, el Hijo de Dios viviente. [51](Jn. 6: 67-69).

Este concepto de Padre e Hijo con referencia a Dios y a Jesucristo **no** está basado en las creencias de las religiones politeístas que conciben la unión conyugal entre un dios y una diosa a través de la cual dan lugar a la procreación de un hijo catalogado también como dios. En el caso de la teología cristiana, el concepto de Padre conferido a Dios se concibe desde el punto de vista del Ser creador de la vida y de todo el universo. Mientras que la concepción de Hijo conferida a Jesucristo, se idealiza **no** solamente a partir de su formación humana en el seno materno, por los efectos del poder creativo de Dios. Sino además, por su elección como el Mesías descendiente de David, designado para ser Rey y Libertador de su pueblo. En 2ª de [51]Samuel 7: 14 Dios le habla a David acerca de su hijo Salomón y le dice: "Yo le seré a él padre, y él me será a mí hijo". Esto lo dice, aunque bien sabemos que no fue engendrado por Dios. Aunque las Escrituras hacen mención en [51]Salmos 2: 7 refiriéndose al Hijo: ..."Mi hijo eres tú; yo te engendré hoy". Según especialistas en el idioma original hebreo, la palabra de la cual se traduce engendrar en este pasaje, no se refiere de ninguna manera a una fecundación de carácter biológico. Consiste en un hebraísmo que alude a un nuevo nacimiento, un cambio de status basado en la ordenación y coronación como Rey ungido por Dios.

Por lo cual, este salmo era leído cada vez que se ungía a un rey en Israel bajo el decreto divino. De igual manera, el concepto de hijo es aplicado muchas veces en el Nuevo Testamento sin nada que ver con un proceso basado en la relación conyugal.

Las Escrituras lo declaran el Hijo preexistente. Veamos lo que dicen los pasajes siguientes:

[51]*Jn. 8: 56-58:* [56]*"Abraham vuestro padre se gozó por ver mi día; y lo vió, y se gozó. [57]Dijéronle entonces los Judíos: Aun no tienes cincuenta años, ¿y has visto a Abraham? [58] Díjoles Jesús: De cierto, de cierto os digo: Antes que Abraham fuese, yo soy."*

En otras ocasiones nuestro Señor hizo declaraciones semejantes a las expuestas en el pasaje anterior, veamos las siguientes: Ahora pues, Padre, glorifícame tú cerca de ti mismo con aquella gloria que tuve cerca de ti antes que el mundo fuese. [51](Jn. 17: 5). Además de ello señaló: Si os he dicho cosas terrenas, y no creéis, ¿cómo creeréis si os dijere las celestiales? Y nadie subió al cielo, sino el que descendió del cielo, el Hijo del hombre... [51](Jn 3: 12, 13). En [51]Juan 6: 38 también dice el relato: Porque he descendido del cielo, no para hacer mi voluntad, mas la voluntad del que me envió. Y luego indicó: ¿Esto os escandaliza? ¿Pues qué, si viereis al Hijo del hombre que sube donde estaba primero? [51](Jn. 6: 61, 62).

Según el concepto teológico generado por estas declaraciones de las Sagradas Escrituras, antes de que el Hijo fuera concebido en el vientre materno ya existía como una derivación del mismo Dios, que diera lugar a la segunda persona componente de la Divinidad, asignada para la suprema misión mesiánica para lo cual debía formar parte de la naturaleza humana mediante su encarnación en la criatura que conocemos como el niño Jesús. En correspondencia, las Escrituras se refieren a Él como Dios manifestado en carne. Tal como lo confirman en [51]Jn. 1: 14 y 1Tim. 3: 16. El profeta Isaías lo declara Dios fuerte y Padre eterno:

[51]*Is. 9: 6: "Porque un niño nos es nacido, hijo nos es dado; y el principado sobre su hombro: y llamaráse su nombre Admirable, Consejero, Dios fuerte, Padre eterno, Príncipe de paz."*

Las Escrituras hacen alusión a Él identificándolo con diferentes títulos y cualidades, que lo relacionan con sus funciones. Al respecto veamos los pasajes siguientes:

Salvador: [51]*Lc. 2: 10, 11:* [10]*"Mas el ángel les dijo: No temáis; porque he aquí os doy nuevas de gran gozo, que será para todo el pueblo:* [11]*Que os ha nacido hoy, en la ciudad de David, un Salvador, que es CRISTO el Señor."*
[51]*Jn. 4: 41, 42:* [41]*"Y creyeron muchos más por la palabra de él.* [42]*Y decían a la mujer: Ya no creemos por tu dicho; porque nosotros mismos hemos oído, y sabemos que verdaderamente éste es el Salvador del mundo, el Cristo."*

Redentor: [51]*Ga. 3: 13: "Cristo nos redimió de la maldición de la ley, hecho por nosotros maldición; (porque está escrito: Maldito cualquiera que es colgado en madero)."*
[51]*Ro. 3: 24: "Siendo justificados gratuitamente por su gracia por la redención que es en Cristo Jesús."*

En su declaración a la Iglesia de los colosenses, el apóstol Pablo les dice: Mas de él sois vosotros en Cristo Jesús, el cual nos ha sido hecho por Dios sabiduría, y justificación, y santificación, y redención:" [51](1Co. 1: 30).
Los detalles relacionados con su función como redentor y salvador de la humanidad, así como los alusivos a su resurrección los tomaremos en consideración en temas independientes.

En Él tenemos vida eterna: [51]*Jn. 3: 16, 17, 36:* [16]*"Porque de tal manera amó Dios al mundo, que ha dado a su Hijo unigénito, para que todo aquel que en él cree, no se pierda, mas tenga vida* *eterna;* [17]*Porque no envió Dios a su Hijo al mundo para que condene al mundo, mas para que el mundo sea salvo por él.* [36]*El que cree en el Hijo, tiene vida eterna; mas el que es incrédulo al Hijo, no verá la vida, sino que la ira de Dios está sobre él."*

En una declaración posterior, en su primera epístola, Juan le expone a la Iglesia: Empero sabemos que el Hijo de Dios es venido, y nos ha dado entendimiento para conocer al que es verdadero: y estamos en el verdadero, en su Hijo Jesucristo. Este es el verdadero Dios, y la vida eterna. [51](1Jn. 5: 20).

Único mediador entre Dios y los hombres: Las Sagradas Escrituras no declaran ningún otro mediador entre Dios y los hombres, sino a Jesucristo, el Hijo. Al respecto consideremos lo que nos dicen los pasajes siguientes:

[51]**He. 7: 25:** *"Por lo cual puede también salvar eternamente a los que por él se allegan a Dios, viviendo siempre para interceder por ellos. "*

[51]**Ro. 8: 34:** *"¿Quién es el que condenará? Cristo es el que murió; mas aún, el que también resucitó, quien además está a la diestra de Dios, el que también intercede por nosotros."*

En su primera carta a Timoteo, el apóstol Pablo le dice solo hay un Dios y un mediador entre Dios y los hombres, Jesucristo hombre; el cual se dio a sí mismo en precio del rescate por todos, para testimonio en sus tiempos. [51](1Tim. 2: 5, 6).

Él es uno con el padre: [51]*Jn. 10: 30: "Yo y el Padre una cosa somos."*

[51]**Jn. 14: 8-11:** [8]*"Dísele Felipe: Señor, muéstranos el Padre, y nos basta.* [9]*Jesús le dice: ¿Tanto tiempo ha que estoy con vosotros, y no me has conocido, Felipe? El que me ha visto, ha visto al Padre; ¿cómo, pues, dices tú: Muéstranos el Padre?* [10]*¿No crees que yo soy en el Padre, y el Padre en mí? Las palabras que yo os*

hablo, no las hablo de mí mismo: <u>mas el Padre que está en mí, él hace las obras.</u> [11]Creedme que yo soy en el Padre, y el Padre en mí: de otra manera, creedme por las mismas obras. "

En otra ocasión el Señor manifestó: Para que todos sean una cosa; como tú, oh Padre, en mí, y yo en ti,... Y yo, la gloria que me diste les he dado; para que sean una cosa, como también nosotros somos una cosa. (Jn. 17: 21, 22).

Él fue sin pecado: [51]*He. 4: 15, 16:* [15]*"Porque no tenemos un Pontífice que no se pueda compadecer de nuestras flaquezas; <u>mas tentado en todo según nuestra semejanza, pero sin pecado.</u> [16]Lleguémonos pues confiadamente al trono de la gracia, para alcanzar misericordia, y hallar gracia para el oportuno socorro. "*

El testimonio del ángel de Dios lo declara santo antes de su nacimiento, o sea sin pecado: Y respondiendo el ángel le dijo: El Espíritu Santo vendrá sobre ti, y la virtud del Altísimo te hará sombra; por lo cual también lo Santo que nacerá, será llamado Hijo de Dios. [51](Lc. 1: 35).

De este último pasaje citado, se puede deducir claramente, que la expresión referida por el ángel a María: "lo Santo que nacerá", significa también que Él fue sin pecado.

La teología cristiana lo define como Dios: [51]*Is. 9: 6: "Porque un niño nos es nacido, hijo nos es dado; y el principado sobre su hombro: y llamaráse su nombre Admirable, Consejero, <u>Dios fuerte, Padre eterno,</u> Príncipe de paz."*

[51]*1Jn. 5: 20: "Empero sabemos que el Hijo de Dios es venido, y nos ha dado entendimiento para conocer al que es verdadero: y estamos en el verdadero, en su Hijo Jesucristo. <u>Este es el verdadero Dios,</u> y la vida eterna."*

También el apóstol Pablo confirma el concepto expresado en los pasajes bíblicos anteriores cuando apunta: Esperando aquella esperanza bienaventurada, y la manifestación gloriosa del gran Dios y Salvador nuestro Jesucristo. [51](Tit. 2: 13). A la Iglesia de los romanos le dice: Cuyos son los padres, y de los cuales es Cristo según la carne, el cual es Dios sobre todas las cosas, bendito por los siglos. Amén. [51](Ro. 9: 5). A los colosenses advierte: Mirad que ninguno os engañe por filosofías y vanas sutilezas según las tradiciones de los hombres, conforme a los elementos del mundo, y no según Cristo: Porque en él habita toda la plenitud de la divinidad corporalmente. [51](Col. 2: 8, 9).

El apóstol Pedro, en su epístola a la Iglesia hace la siguiente declaración: Simón Pedro, siervo y apóstol de Jesucristo, a los que habéis alcanzado fe igualmente preciosa con nosotros en la justicia de nuestro Dios y Salvador Jesucristo. [51](2Pe. 1: 1).

En la Epístola a los Hebreos encontramos la siguiente aseveración: Y otra vez, cuando introduce al Primogénito en la tierra, dice: Y adórenle todos los ángeles de Dios. Y ciertamente de los ángeles dice: El que hace a sus ángeles espíritus, y a sus ministros llama de fuego. Mas al hijo: Tu trono, oh Dios, por el siglo del siglo; vara de equidad la vara de tu reino. [51](He. 1: 6-8).

Él es también verdadero hombre: [51]*1Tim. 2: 5, 6: 5"Porque hay un Dios, asimismo un mediador entre Dios y los hombres, Jesucristo hombre; 6El cual se dió a sí mismo en precio del rescate por todos, para testimonio en sus tiempos:"*

En los pasajes bíblicos citados en estos dos últimos temas se refleja claramente que Jesucristo es tanto divino como humano, o sea, que posee las dos naturalezas. Estos detalles los tomaremos en consideración más explícitamente, al tratar el tema de "Jesucristo, el Redentor Divino".

Él es el Ungido de Dios, el Mesías: Este título, según la declaración del [3]Diccionario Expositivo Vine, implica la unción para un oficio o función especial, lo que es lo mismo ser escogido para ello, según se puede apreciar en la declaración del último de los pasajes que se citan a continuación:

[51]*Lc. 4: 17-19:* [17]*"Y fuéle dado el libro del profeta Isaías; y como abrió el libro, halló el lugar donde estaba escrito:* [18]*El Espíritu del Señor es sobre mí, Por cuanto me ha ungido para dar buenas nuevas a los pobres: Me ha enviado para sanar a los quebrantados de corazón; Para pregonar a los cautivos libertad, Y a los ciegos vista; Para poner en libertad a los quebrantados:* [19]*Para predicar el año agradable del Señor."*

En [51]Salmos 2: 1-3 las Escrituras hacen alusión al Mesías iniciando con una pregunta: ¿Por qué se amotinan las gentes, y los pueblos piensan vanidad? Estarán los reyes de la tierra, y príncipes consultarán unidos contra Jehová, y contra su ungido, diciendo: Rompamos sus coyundas, y echemos de nosotros sus cuerdas.

También Anna, según [51]1Sm. 2: 10 nos cita: Delante de Jehová serán quebrantados sus adversarios, y sobre ellos tronará desde los cielos: Jehová juzgará los términos de la tierra, y dará fortaleza a su Rey, y ensalzará el cuerno de su Mesías. Igualmente Andrés, uno de sus discípulos, lo reconoció como el Mesías según lo expresa el siguiente relato: Era Andrés, hermano de Simón Pedro, uno de los dos que habían oído de Juan, y le habían seguido. Este halló primero a su hermano Simón, y díjole: Hemos hallado al Mesías (que declarado es, el Cristo). Véase [51]Jn. 1: 40, 41. Consideremos además la confesión del mismo Jesús hablando con la mujer samaritana: Dícele la mujer: Sé que el Mesías ha de venir, el cual se dice el Cristo: cuando él viniere nos declarará todas las cosas. Dícele Jesús: Yo soy, que hablo contigo. [51](Jn. 4: 25, 26).

Origen de su nombre: El nombre actual: Jesús, es una innovación de Iesus. El origen procede del [2]hebreo יְהוֹשֻׁעַ [Jeošhúa]: Josué. [38]Pero Yehoshúa fue utilizado más tarde en su forma abreviada Yeshúa y después de esto se conoce una forma más abreviada aun: Yeshu. Debido a que los nombres, según algunos eruditos, no tienen traducción, al pasar de un idioma a otro se usa el método de la transliteración. Por lo que, el término יְהוֹשֻׁעַ fue transliterado al [1]griego como Ιεησοῦς [Iēsous]: Josué. Mientras que Iesus fue tal vez una transliteración inicial, hecha al español, directamente de la abreviatura hebrea Yeshu. Posteriormente, debido a la introducción de la fonética de la "J" en nuestro idioma en el siglo XVII de nuestra era, cuando se produjo el cambio de la "I" por la "J" como letra inicial, dicha innovación se introdujo también en nuestra versión de la Biblia al español, en la revisión del Nuevo Testamento en 1858 y de la Biblia completa en 1862 y el nombre pasó a ser Jesús. Este es el nombre por el cual conocemos al Hijo de Dios, al menos desde la fecha señalada. Este detalle se evidencia en la versión *Reina-Valera 1602.

Cristo, sin embargo, es traducido del término [1]griego Χριστός [Cristós], que significa: "Ungido", y este del [2]hebreo מָשִׁיחַ [mašíah]: untado, "ungido", consagrado. En este caso, es traducido porque no se trata de un nombre, sino de un título.

ATRIBUTOS DE DIOS CONFERIDOS A JESUCRISTO

Los atributos de Dios el Padre, le son conferidos también a Jesucristo, el Hijo. Esto refleja una prueba más del nivel de deidad que las Sagradas Escrituras le confieren al Hijo. El valor de cada uno de estos atributos y la magnitud de ellos en el Hijo son los mismos que vimos en los atributos de Dios, el Padre. Al respecto veamos los pasajes siguientes con sus respectivas menciones.

Naturaleza Espiritual: [51]*1Co. 15: 44-47:* [44]*..."Hay cuerpo animal, y hay cuerpo espiritual.* [45]*Así también está escrito: Fue hecho el primer hombre Adam en ánima viviente; el postrer Adam* *en espíritu vivificante.* ⁴⁶*Mas lo espiritual no es primero, sino lo animal; luego lo espiritual.* ⁴⁷*El primer hombre, es de la tierra, terreno: el segundo hombre, que es el Señor, es del cielo".*

Existencia propia: ⁵¹*Jn. 5: 26: "Porque como el Padre tiene vida en sí mismo, así dió también al Hijo que tuviese vida en sí mismo."*

Eternidad: ⁵¹*Is. 9: 6: "Porque un niño nos es nacido, hijo nos es dado; y el principado sobre su hombro: y llamaráse su nombre Admirable, Consejero, Dios fuerte, Padre eterno, Príncipe de paz."*
⁵¹*1Jn. 1: 1, 2: ¹"Lo que era desde el principio, lo que hemos oído, lo que hemos visto con nuestros ojos, lo que hemos mirado, y palparon nuestras manos tocante al Verbo de vida; ²Porque la vida fue manifestada, y vimos, y testificamos, y os anunciamos aquella vida eterna, la cual estaba con el Padre, y nos ha aparecido".*

Omnipresencia: ⁵¹*Mt. 18: 20: "Porque donde están dos o tres congregados en mi nombre, allí estoy en medio de ellos."*
⁵¹*Jn. 1: 47-50: ⁴⁷"Jesús vió venir á sí á Natanael, y dijo de él: He aquí un verdadero Israelita, en el cual no hay engaño. ⁴⁸Dícele Natanael: ¿De dónde me conoces? Respondió Jesús, y díjole: Antes que Felipe te llamara, cuando estabas debajo de la higuera te vi. ⁴⁹Respondió Natanael, y díjole: Rabbí, tú eres el Hijo de Dios; tú eres el Rey de Israel. ⁵⁰Respondió Jesús y díjole: ¿Porque te dije, te vi debajo de la higuera, crees? cosas mayores que éstas verás."*

Omnisciencia: ⁵¹*Is. 11: 1, 2: ¹"Y saldrá una vara del tronco de Isaí, y un vástago retoñará de sus raíces. ²Y reposará sobre él el espíritu de Jehová; espíritu de sabiduría y de inteligencia, espíritu de consejo y de fortaleza, espíritu de conocimiento y de temor de Jehová."*

El apóstol Juan hace alusión a la omnisciencia del Hijo de Dios, al decir que, el mismo Jesús no se confiaba a sí mismo de ellos, porque él conocía a todos, y no tenía necesidad de que alguien le diese testimonio del hombre; porque él sabía lo que había en el hombre. [51](Jn. 2. 24, 25). Por otro lado, Marcos testifica que conociendo Jesús en su espíritu que pensaban así dentro de sí mismos, les dijo: ¿Por qué pensáis estas cosas en vuestros corazones? [51](Mr. 2: 8)

Omnipotencia: [51]*Mt. 28: 18: "Y llegando Jesús, les habló, diciendo: Toda potestad me es dada en el cielo y en la tierra."*

[51]*Apo. 1: 8: "Yo soy el Alpha y la Omega, principio y fin, dice el Señor, que es y que era y que ha de venir, el Todopoderoso".*

Inmutabilidad: Evidentemente, los únicos cambios que se le pueden atribuir a Jesucristo, el Hijo, están relacionados con el hecho de haber tomado parte de la naturaleza humana con sus efectos consecuentes, lo cual hizo únicamente para poder llevar a cabo el acto de la redención por la humanidad. Todo estaba predeterminado desde la eternidad misma, por lo que no se puede admitir como un cambio imprevisto o de carácter evolutivo. No obstante, en cuanto a los factores dependientes de su naturaleza divina, las Escrituras dicen que Él no cambia. Veamos por ejemplo una alusión acerca de su fidelidad, según la declaración del pasaje siguiente:

[51]*2Tim. 2: 13: "Si fuéremos infieles, él permanece fiel: no se puede negar a sí mismo."*

Bondad: Evidentemente, el atributo de la bondad no se registra literalmente conferido a Jesucristo, el Hijo, sin embargo, al considerar la manifestación de su inmenso amor al dar su vida para redimirnos de nuestra condición de pecado, y todos los demás gestos de humanidad que tuvo al sanar a tantos enfermos, resucitar muertos y alimentar a muchas personas como lo hizo en ocasiones, es fácil comprender que dicho atributo le pertenece en toda su plenitud.

Justicia: [51]*Mt. 27: 16-19:* [16]*"Y tenían entonces un preso famoso que se llamaba Barrabás.* [17]*Y juntos ellos, les dijo Pilato: ¿Cuál queréis que os suelte? ¿á Barrabás o a Jesús que se dice el Cristo?* [18]*Porque sabía que por envidia le habían entregado.* [19]*Y estando él sentado en el tribunal, su mujer envió a él, diciendo: No tengas que ver con aquel justo; porque hoy he padecido muchas cosas en sueños por causa de él."*

Pilato lo catalogo como justo, según lo declara el relato en [51]Mt. 27: 22-24 donde les inquirió: ¿Qué pues haré de Jesús que se dice el Cristo? Dícenle todos: Sea crucificado. Y el presidente les dijo: Pues ¿qué mal ha hecho? Mas ellos gritaban más, diciendo: Sea crucificado. Y viendo Pilato que nada adelantaba, antes se hacía más alboroto, tomando agua se lavó las manos delante del pueblo, diciendo: Inocente soy yo de la sangre de este justo veréislo vosotros. Mientras que Lucas nos dice que, como el centurión vio lo que había acontecido, dio gloria a Dios, diciendo: Verdaderamente este hombre era justo. [51](Lc. 23: 47).

Veracidad: [51]*Jn. 1: 14, 17:* [14]*"Y aquel Verbo fué hecho carne, y habitó entre nosotros (y vimos su gloria, gloria como del unigénito del Padre), lleno de gracia y de verdad.* [17]*Porque la ley por Moisés fué dada: mas la gracia y la verdad por Jesucristo fué hecha."* [51]*Jn. 8: 39, 40, 45:* ...[39]*"Díceles Jesús: Si fuerais hijos de Abraham, las obras de Abraham harías.* [40]*Empero ahora procuráis matarme, hombre que os he hablado la verdad, la cual he oído de Dios: no hizo esto Abraham.* [45]*Y porque yo digo verdad, no me creéis."*

En otra ocasión el Señor Jesús se expresó diciendo: Yo soy el camino, y la verdad, y la vida: nadie viene al Padre, sino por mí. Si me conocieseis, también a mi Padre conocierais: y desde ahora le conocéis, y le habéis visto. [51](Jn. 14: 6, 7).

Sabiduría: [51]*Is. 11: 1, 2: [1]"Y saldrá una vara del tronco de Isaí, y un vástago retoñará de sus raíces. [2]Y reposará sobre él el espíritu de Jehová; espíritu de sabiduría y de inteligencia, espíritu de consejo y de fortaleza, espíritu de conocimiento y de temor de Jehová."*
[51]*Mt. 13: 53, 54: [53]"Y aconteció que acabando Jesús estas parábolas, pasó de allí. [54]Y venido a su tierra, les enseñaba en la sinagoga de ellos, de tal manera que ellos estaban atónitos, y decían: ¿De dónde tiene éste esta sabiduría, y estas maravillas?"*

Marcos también testifica en su relato y dice que, Jesús salió de allí, y vino a su tierra, y le siguieron sus discípulos. Y llegado el sábado, comenzó a enseñar en la sinagoga; y muchos oyéndole, estaban atónitos, diciendo: ¿De dónde tiene éste estas cosas? ¿Y qué sabiduría es ésta que le es dada, y tales maravillas que por sus manos son hechas? [51](Mr. 6: 1, 2).

El apóstol Pablo se dirige a los colosenses diciendo que, en Él están escondidos todos los tesoros de sabiduría y conocimiento.

Santidad: [51]*Lc. 1: 35: "Y respondiendo el ángel le dijo: El Espíritu Santo vendrá sobre ti, y la virtud del Altísimo te hará sombra; por lo cual también lo Santo que nacerá, será llamado Hijo de Dios."*
[51]*He. 7: 26: "Porque tal pontífice nos convenía: santo, inocente, limpio, apartado de los pecadores, y hecho más sublime que los cielos."*

La profecía salmódia también lo declara santo según [51]Sal. 16: 10 donde alega: Porque no dejarás mi alma en el sepulcro; ni permitirás que tu santo vea corrupción. Mientras que el apóstol Pablo atribuye esta profecía al Mesías al exponer su exegesis de la misma: Porque a la verdad David, habiendo servido en su edad a la voluntad de Dios, durmió, y fue juntado con sus padres, y vio corrupción. Mas aquel que Dios levantó, no vio corrupción. [51](Hch. 13: 36, 37).

El que Dios levantó es Jesucristo, el Hijo, el cual es declarado **santo** según esta profecía salmódica.

Creador: [51]*Jn. 1: 1-3, 14:* [1]*"En el principio era el Verbo, y el Verbo era con Dios, y el Verbo era Dios.* [2]*Este era en el principio con Dios.* [3]Todas las cosas **por él fueron hechas**; y sin él nada de lo que es hecho, fue hecho. [14]*Y aquel Verbo fue hecho carne, y habitó entre nosotros (y vimos su gloria, gloria como del unigénito del Padre), lleno de gracia y de verdad."*

Los detalles relacionados con las actividades de Jesucristo como Creador los tomaremos en consideración en el tema titulado: LA TRINIDAD.

Salvador: [51]*Lc. 2: 10, 11:* [10]*"Mas el ángel les dijo: No temáis; porque he aquí os doy nuevas de gran gozo, que será para todo el pueblo:* [11]Que os ha nacido hoy, en la ciudad de David, un Salvador, que es CRISTO el Señor."
[51]*Tit. 2: 13:* [13]*"Esperando aquella esperanza bienaventurada, y la manifestación gloriosa del gran Dios y Salvador nuestro Jesucristo."*

Este mismo concepto acerca de Jesucristo como salvador, le es confirmado a Tito, según [51]Tit. 3: 4-7, donde dice: Mas cuando se manifestó la bondad de Dios nuestro Salvador, y su amor para con los hombres, no por obras de justicia que nosotros habíamos hecho, mas por su misericordia nos salvó, por el lavacro de la regeneración, y de la renovación del Espíritu Santo; el cual derramó en nosotros abundantemente por Jesucristo nuestro Salvador, para que, justificados por su gracia, seamos hechos herederos según la esperanza de la vida eterna.

Vea detalles complementarios relacionados con este estudio en una serie de relatos comprendidos en el tema titulado: **El Acto de la redención.**

DIVINIDAD Y PREEXISTENCIA DE CRISTO

Según los diferentes aspectos tomados en consideración en este estudio, es evidente que las Sagradas Escrituras declaran que el Cristo, el Hijo de Dios, es tanto divino como preexistente. Véanse al respecto las citas bíblicas consideradas.

DIVINIDAD

Tiene existencia propia: [51](Jn. 5: 26).
Él es uno con el padre: [51](Jn. 10: 30).
El apóstol Pablo declara que en Él habita toda la plenitud de la Divinidad corporalmente: [51]Col. 2: 8, 9. En [51]He. 1: 6-8, es proclamado Dios, y su trono por el siglo del siglo.

PREEXISTENCIA

El profeta Isaías lo llama también Padre eterno: [51](Is. 9: 6).
El apóstol Juan declara que Él estaba con Dios desde el principio: [51](Jn. 1: 1, 2).
Jesucristo mismo declara su preexistencia: Jn. 8: 56-58; 17: 5 y dice que Él descendió del cielo: [51](Jn. 3: 12, 13; 6: 38, 61, 62).

EL ESPÍRITU SANTO

Este estudio es considerado, según la teología cristiana, bajo el concepto de la pneumatología. Una palabra compuesta que viene del [1]griego, donde el primer término es πνεῦμα [pneuma]: soplo, viento, espíritu, Espíritu. El segundo término es λογία [logía], que significa: tratado, discurso, estudio. Por lo cual, científicamente el término pneumatología es usado para referirse al estudio de la respiración. Mientras que en teología el término se usa para referirse al estudio del espíritu, en este caso, del Espíritu Santo.

Concepto bíblico: Según lo que declaran las Sagradas Escrituras, el Espíritu Santo es un Ser personal. Es reconocido como Dios y se le confieren todas las características y atributos divinos. Él habita en los creyentes que reciben su santo bautismo sellándolos para la salvación, los consuela, los guía a toda verdad y los faculta con su poder divino y con diferentes dones espirituales.

Las razones que nos asisten para creer en la personalidad del Espíritu Santo, consisten en la facultad del intelecto, que lo caracteriza como una persona. Las Sagradas Escrituras lo describen como un Ser inteligente, que piensa, que tiene sentimientos y voluntad, los cuales son los elementos principales de la personalidad. Al respecto veamos los subtítulos y el contenido de los pasajes siguientes:

Él puede afligirse o entristecerse: [51]**Ef. 4: 30:** *"Y no contristéis al Espíritu Santo de Dios, con el cual estáis sellados para el día de la redención."*

ÉL está facultado para consolar al creyente, para enseñar y recordar, para dar testimonio y guiarlo a toda verdad. Así lo declaran los siguientes pasajes de las Escrituras:

[51]*Jn. 14: 15-17, 25, 26:* [15]*"Si me amáis, guardad mis mandamientos;* [16]*Y yo rogaré al Padre, y os dará otro Consolador, para que esté con vosotros para siempre:* [17]*Al Espíritu de verdad, al cual el mundo no puede recibir, porque no le ve, ni le conoce: Mas vosotros le conocéis; porque está con vosotros, y será en vosotros.* [25]*Estas cosas os he hablado estando con vosotros.* [26]*Mas el Consolador, el Espíritu Santo, al cual el Padre enviará en mi nombre, él os enseñará todas las cosas, y os recordará todas las cosas que os he dicho."*

[51]*Jn. 15: 26:* *"Empero cuando viniere el Consolador, el cual yo os enviaré del Padre, el Espíritu de verdad, el cual procede del Padre, él dará testimonio de mí."*

[51]*Jn. 16: 13-15:* [13]*"Pero cuando viniere aquel Espíritu de ver-*
dad, él os guiará a toda verdad; porque no hablará de sí mismo,
sino que hablará todo lo que oyere, y os hará saber las cosas que
han de venir. [14]*Él me glorificará: porque tomará de lo mío, y os lo*
hará saber. [15]*Todo lo que tiene el Padre, mío es: por eso dije que*
tomará de lo mío, y os lo hará saber."

Él dirige y orienta a los creyentes: [51]**Hch.** 13: 1-4: [1]*"Había*
entonces en la iglesia que estaba en Antioquía, profetas y docto-
res: Bernabé, y Simón el que se llama Niger, y Lucio Sireneo, y
Manahén, que había sido criado con Herodes el tetrarca, y Saulo.
[2]*Ministrando pues éstos al Señor, y ayunando, dijo el Espíritu*
Santo: Apartadme a Bernabé y a Saulo para la obra para la cual
los he llamado. [3]*Entonces habiendo ayunado y orado, y puesto las*
manos encima de ellos, despidiéronlos. [4]*Y ellos, enviados así por*
el Espíritu Santo, descendieron a Seleucia: y de allí navegaron a
Cipro."

Con respecto a esta maravillosa actividad del Espíritu Santo
en la vida del creyente, reflexionemos con el relato de Felipe y
el eunuco etíope cuando el ángel del Señor le habló a Felipe:
Levántate y ve hacia el mediodía, al camino que desciende de
Jerusalem a Gaza, el cual es desierto. Entonces él se levantó, y fue:
y un etíopes, eunuco, gobernador de Candace, reina de los etíopes,
el cual era puesto sobre todos sus tesoros, y había venido a adorar a
Jerusalem, y se volvía sentado en su carro, y leyendo el profeta
Isaías. Y el Espíritu le dijo a Felipe: Llégate, y júntate a este carro.
Y acudiendo Felipe, le oyó que leía el profeta Isaías, y le preguntó:
¿Entiendes lo que lees? Y él dijo: ¿Y cómo podré, si alguno no me
enseñare? Y rogó a Felipe que subiese, y se sentase con él. Entonces Felipe, comenzando desde esta escritura, le anunció el evangelio
de Jesucristo. [51](Hch. 8: 26-31, 35).

Tomemos en consideración también como el Espíritu Santo le habló a Pedro mientras estaba pensando en la visión del lienzo, y le dijo: He aquí, tres hombres te buscan. Levántate, pues, y desciende, y no dudes ir con ellos; porque yo los he enviado. Entonces Pedro, descendiendo a los hombres que eran enviados por Cornelio, dijo: He aquí, yo soy el que buscáis: ¿cuál es la causa por la que habéis venido? [51](Hch. 10: 19-21).

ÉL suministra a los creyentes santificados diferentes dones espirituales. Como ejemplo de ello tomemos en consideración el pasaje siguiente:

[51]*1Co. 12: 1, 4-11: [1]"Y acerca de los dones espirituales, no quiero, hermanos, que ignoréis. [4]Empero hay repartimiento de dones; mas el mismo Espíritu es. [5]Y hay repartimiento de ministerios; mas el mismo Señor es. [6]Y hay repartimiento de operaciones; mas el mismo Dios es el que obra todas las cosas en todos. [7]Empero a cada uno le es dada manifestación del Espíritu para provecho. [8]Porque a la verdad, a éste es dada por el Espíritu palabra de sabiduría; a otro, palabra de ciencia según el mismo Espíritu, [9]A otro, fe por el mismo Espíritu, a otro, dones de sanidades por el mismo Espíritu; [10]A otro, operaciones de milagros, y a otro, profecía, y a otro, discreción de espíritus, y a otro, géneros de lenguas; y a otro, interpretación de lenguas. [11]Mas todas estas cosas obra uno y el mismo Espíritu, repartiendo particularmente a cada uno como quiere."*

Estos pasajes bíblicos nos proporcionan claras evidencias de que el Espíritu Santo es un Ser personal, que no se trata de una fuerza activa como dicen algunos, debido a que ninguna fuerza o energía existente puede poseer tales facultades, ya que estas son cualidades solamente de un ser inteligente, poseído del atributo de la personalidad.

Las Escrituras del Nuevo Testamento, hacen alusión a Dios en varias ocasiones refiriéndose al Espíritu Santo, así como lo hacen con referencia a Jesucristo. Atribuyen al Espíritu Santo una determinada actividad, que las Escrituras del Antiguo Testamento confieren a Dios, dando a entender así que la tercera persona divina es Dios. Como ejemplo de ello consideremos los pasajes siguientes:

Nuevo Testamento: [51]*Hch.* **5: 3, 4:** [3]*"Y dijo Pedro: Ananías, ¿por qué ha llenado Satanás tu corazón a que mintieses al Espíritu Santo, y defraudases del precio de la heredad?* [4]*Reteniéndola, ¿no se te quedaba a ti? y vendida, ¿no estaba en tu potestad? ¿Por qué pusiste esto en tu corazón? No has mentido a los hombres, sino a Dios."*

Antiguo Testamento: [51]*Jer.* **31: 33, 34:** [33]*"Mas éste es el pacto que haré con la casa de Israel después de aquellos días, dice Jehová: Daré mi ley en sus entrañas, y escribiréla en sus corazones; y seré yo a ellos por **Dios**, y ellos me serán por pueblo.* [34]*...Porque perdonaré la maldad de ellos, y no me acordaré más de su pecado."*

Nuevo Testamento: [51]*He.* **10: 15-17:** [15]*"Y atestíguanos lo mismo el Espíritu Santo; que después que dijo:* [16]*Y este es el pacto que haré con ellos, Después de aquellos días, dice el Señor: Daré mis leyes en sus corazones, Y en sus almas las escribiré;* [17]*Añade: Y nunca más me acordaré de sus pecados e iniquidades."*

Antiguo Testamento: [51]*Is.* **6: 8-10:** *"Después oí la voz del Señor, que decía: ¿A quién enviaré, y quién nos irá? Entonces respondí yo: Heme aquí, envíame a mí.* [9]*Y dijo: Anda, y di a este pueblo: Oíd bien, y no entendáis; ved por cierto, mas no comprendáis.* [10]*Engruesa el corazón de aqueste pueblo, y agrava sus oídos, y ciega sus ojos; porque no vea con sus ojos, ni oiga con sus oídos, ni su corazón entienda, ni se convierta, y haya para él sanidad."*

Nuevo Testamento: [51]*Hch. 28: 25-27:* [25]*"Y como fueron entre sí discordes, se fueron, diciendo Pablo esta palabra: <u>Bien ha hablado el Espíritu Santo por el profeta Isaías a nuestros padres,</u>* [26]*<u>Diciendo:</u> <u>Ve a este pueblo, y diles:</u> De oído oiréis, y no entenderéis; Y viendo veréis, y no percibiréis:* [27]*Porque el corazón de este pueblo se ha engrosado, Y de los oídos oyeron pesadamente, Y sus ojos taparon; Porque no vean con los ojos, Y oigan con los oídos, Y entiendan de corazón, Y se conviertan, Y yo los sane."*

Él posee los atributos de Dios, el Padre, en toda la plenitud y la magnitud de su perfección.

Sin embargo, al dar inicio a la consideración de esta particularidad del Espíritu Santo, necesitamos tomar en cuenta que, aunque algunos de los atributos de Dios, el Padre, no aparezcan literalmente relacionados en las Escrituras, con el Hijo o con el Espíritu, no obstante, sin la menor intención de dar una interpretación forzada, es obvio, según la lógica y el razonamiento que nos aporta la lectura de la Palabra misma, que todos ellos le pertenecen de igual manera, como en el caso de la bondad, atribuida a Jesucristo. Veamos a continuación los atributos que se le confieren:

Naturaleza espiritual: Este atributo de Dios es evidente en el Espíritu Santo, por cuanto su propia naturaleza así lo indica.

Existencia propia: Este atributo divino en el Espíritu Santo se deduce claramente también por el hecho de que Él es eterno, según lo declara el próximo versículo bíblico. Y para ello es ineludible que tenga existencia propia, por los mismos razonamientos tomados en cuenta en este atributo con referencia a Dios, el Padre.

Eternidad: Aunque el Espíritu Santo era conocido bíblicamente por sus actividades específicas en la época del Antiguo Testamento, en el Nuevo Testamento es reconocido también como el Espíritu **eterno,** según lo declara el pasaje siguiente:

[51]*He. 9: 14: "¿Cuánto más la sangre de Cristo, el cual por el Espíritu eterno se ofreció a sí mismo sin mancha a Dios, limpiará vuestras conciencias de las obras de muerte para que sirváis al Dios vivo?"*

Omnipresencia: [51]*Sal. 139: 7-9:* [7]*"¿Adónde me iré de tu espíritu? ¿Y adónde huiré de tu presencia?* [8]*Si subiere a los cielos, allí estás tú: Y si en abismo hiciere mi estrado, he aquí allí tú estás.* [9]*Si tomare las alas del alba, Y habitare en el extremo de la mar,* [10]*Aun allí me guiará tu mano, Y me asirá tu diestra".*

Omnisciencia: [51]*1Co. 12: 8: "Porque a la verdad, a éste es dada por el Espíritu palabra de sabiduría; a otro, palabra de ciencia según el mismo Espíritu."*
[51]*Is. 40: 13, 14:* [13]*"¿Quién enseñó al espíritu de Jehová, o le aconsejó enseñándole?* [14]*¿A quién demandó consejo para ser avisado? ¿Quién le enseñó el camino del juicio, o le enseñó ciencia, o le mostró la senda de la prudencia?"*

Omnipotencia: Este atributo divino se le puede conferir al Espíritu Santo, igualmente por lógica, al tener en cuenta los demás atributos que se le confieren y sus actividades en relación con cada uno de ellos.

Inmutabilidad: Este atributo se le puede conferir también por lógica al Espíritu Santo, por cuanto no se conoce bíblicamente, ningún cambio operado en su naturaleza divina, ni en el orden moral, ni en ningún otro aspecto.

Bondad: [51]*Ga. 5: 22, 23:* [22]*"Mas el fruto del Espíritu es: caridad, gozo, paz, tolerancia, benignidad, bondad, fe,* [23]*Mansedumbre, templanza: contra tales cosas no hay ley."*

Justicia: [51]*Ef. 5: 9: "Porque el fruto del Espíritu es en toda bondad, y justicia, y verdad."*

Así también, en [51]Romanos 14: 17, dice que, el reino de Dios no es comida ni bebida, sino **justicia** y paz y gozo **por el Espíritu Santo.**

Veracidad: [51]*Jn. 14: 15-17:* [15]*"Si me amáis, guardad mis mandamientos;* [16]*Y yo rogaré al Padre, y os dará otro Consolador, para que esté con vosotros para siempre:* [17]Al Espíritu de verdad"...

Nuestro Señor Jesucristo lo llama el Espíritu de verdad: Empero cuando viniere el Consolador, el cual yo os enviaré del Padre, el Espíritu de verdad, el cual procede del Padre, él dará testimonio de mí. [51](Jn. 15: 26).

Sabiduría: [51]*1Co. 12: 8: "Porque a la verdad, a éste es dada por el Espíritu palabra de sabiduría; a otro, palabra de ciencia según el mismo Espíritu."*

Santidad: La santidad es uno de los atributos que posee la tercera persona divina en toda la magnitud de su perfección. La misma está claramente revelada en las Escrituras, como su identidad personal: "Espíritu Santo."

Creador: Lógicamente, se asume que el Espíritu Santo participó también de las actividades creativas del universo, por lo que dicen las Escrituras, según [51]Gn. 1: 1, 2: "En el principio crió Dios los cielos y la tierra. Y la tierra estaba desordenada y vacía y las tinieblas estaban sobre la haz del abismo y el **Espíritu de Dios** se movía sobre la haz de las aguas."

Según especialistas en el idioma del texto original, el sentido de la frase hebrea usada en este pasaje indica que esta actividad del Espíritu Santo era un movimiento de carácter cubridor sobre toda la superficie del planeta, que le proveía el calor necesario para lograr el orden y la formación de la vida en el mismo.

Salvador: Conferido a Dios el Padre, al Hijo y al Espíritu Santo, en una maravillosa armonía, según el siguiente pasaje de las Escrituras:

[51]*Tit. 3: 4-7:* [4]*"Mas cuando se manifestó la bondad de Dios nuestro Salvador, y su amor para con los hombres,* [5]*No por obras de justicia que nosotros habíamos hecho, mas por su misericordia nos salvó, por el lavacro de la regeneración, y de la renovación del Espíritu Santo;* [6]*El cual derramó en nosotros abundantemente por Jesucristo nuestro Salvador,* [7]*Para que, justificados por su gracia, seamos hechos herederos según la esperanza de la vida eterna."*

Las enseñanzas relacionadas con el bautismo del Espíritu Santo, las estudiaremos detalladamente en el capítulo 10 según el tema correspondiente.

LA TRINIDAD

Introducción: Tal como lo hemos podido apreciar en el estudio acerca de Dios el Padre, de Jesucristo el Hijo y del Espíritu Santo, es evidente que las Santas Escrituras se refieren a cada uno de ellos como Dios, reflejando así un paralelo de igualdad entre los tres. Otros pasajes, sin embargo, declaran que hay un solo Dios verdadero. Debido a ello, los teólogos y muchos otros eminentes cristianos de los primeros siglos de la Iglesia, concibieron la idea de que aunque solo hay un Dios único y verdadero, la Deidad está compuesta por la unidad de las tres personas divinas, que son coeternas y coiguales, en divina perfección y en esencia, de una misma naturaleza y una misma substancia, según lo hemos podido apreciar en el estudio de sus atributos divinos.

La idea que con mayor claridad se puede admitir con respecto a este concepto consiste en que habiendo concebido Dios desde la eternidad misma, sus propósitos para con el hombre, sabiendo el trágico proceso por el que este tendría que pasar, vio la necesidad, desde la infinitud del tiempo, de manifestarse a él en tres diferentes etapas o dispensaciones. Lo cual era necesario hacer también a través de tres diferentes personas, en una perfecta representación del mismo Dios. De manera que en la primera dispensación, Dios el Padre, trató directamente con el hombre, mientras que en la segunda trató con él a través del Hijo, debido a la necesidad de su redención. Sin embargo, en la tercera dispensación nos ha tratado a través del Espíritu Santo, mediante la maravillosa obra renovadora en nuestros corazones para nuestra conversión. Complementando así el plan de la salvación previsto para la humanidad. Estas tres personas, según la definición de la teología, como dijera antes, son consubstanciales, coeternas y coiguales.

Orígenes, eminente teólogo del siglo III, [5]en sus escritos compuestos entre los años 260 al 270 d. C. declara que no hay nada creado, nada sujeto a otro en la Trinidad. Tampoco hay nada que haya sido añadido como si alguna vez no hubiera existido, pero que ingresó luego. Y resume que el Padre nunca ha estado sin el Hijo, ni el Hijo sin el Espíritu, que esta misma Trinidad es inmutable e inalterable por siempre.

Según el [5]pensamiento cristiano que predominaba en los siglos previos al desarrollo de este concepto doctrinal, se conoce que al Hijo y al Espíritu se les consideraba como *derivados del Padre, quien es la única fuente de divinidad, y desde el cual Ellos reciben todo lo que tienen y son. Además de ello, existe un documento judío llamado el [55]Zoar, atribuido al siglo II d. C. que según algunos rabinos, aborda el tema de la emanación atribuida al Mesías.

Este concepto justifica el hecho de que las Escrituras del Nuevo Testamento se refieran al Hijo y al Espíritu Santo como Dios, lo cual se deduce de la percepción de que ellos derivan o emanan del Padre, lo que los hace partícipes de la naturaleza divina, por esencia.

Es lógicamente aceptable que el hecho de derivar o proceder ellos de la Divinidad, los hace igualmente divinos. Un ejemplo de ello lo podemos apreciar a través del concepto de la química y las sustancias simples. Está probado que de ninguna sustancia pura, puede derivarse otra cosa que no sea la sustancia misma. Por ejemplo: el oxígeno solo procede del oxígeno mismo. Y en cualquier lugar, función o circunstancia en la que se encuentre, siempre debe ser calificado como tal; bajo el mismo concepto, también el oro procede únicamente del oro mismo. Igualmente la plata se deriva solamente de la plata. Por ende, aunque uno sea la fuente y el otro el que procede o emana de ella, tanto al uno como al otro les corresponden todas las propiedades y atributos por igual.

La comprensión y aceptación de este concepto justifica claramente además, la declaración de las Sagradas Escrituras según [51]Jn. 10: 30; 17: 21, 22; 15: 26 y 1Ti. 3: 16.

Según el concepto de los teólogos, las actividades relacionadas con el plan de salvación de Dios para con el hombre, tal como lo expusiera inicialmente se divide en tres diferentes etapas, reconocidas por la teología cristiana, como la dispensación de Dios el Padre, la dispensación de Dios el Hijo y la dispensación de Dios el Espíritu Santo. No obstante, en cada una de ellas las otras dos personas divinas han mantenido una serie de actividades en conjunto.

La presencia de las tres personas divinas como integrantes de la Deidad es un concepto que tiene firme apoyo en las Escrituras, del Nuevo Testamento, y salió a la luz del esclarecimiento teológico en los primeros siglos del cristianismo, concebido como la doctrina de la Trinidad.

Es necesario admitir, sin embargo, que en la primera etapa de la religión bíblica, la mayoría de los creyentes en Dios lo concebían como una sola persona. Evidentemente, en su revelación a los hombres parece que ellos no lograron entender algo más que la existencia de un **Ser** Todopoderoso.

No obstante, algo muy curioso y significativo acerca de lo cual han hecho énfasis muchos teólogos y escritores cristianos, está relacionado con las evidencias que nos aporta el siguiente análisis gramatical del texto hebreo: según la explicación de auténticos conocedores del lenguaje, en dicho idioma se usan dos términos diferentes para indicar el significado de "uno". La palabra uno, en sentido de único, es determinada por el término [2]יָחִיד [yajid]. En cambio, cuando dos o más elementos o cosas se convierten en una, por íntima identificación, entonces el vocablo que se emplea **no** es יָחִיד, sino [2] אֶחָד [ejad], que significa "uno" compuesto de varios, como cuando decimos: un acorde, un ejército, un racimo, etc. Veamos al respecto lo que dice el texto en el idioma original, según el [40]Antiguo Testamento Interlineal Hebreo –Español, en Dt. 6: 4, según aparece a continuación, escrito en orden de orientación de derecha a izquierda, palabra por palabra y frase por frase:

שְׁמַע	יִשְׂרָאֵל	יְהוָה	אֱלֹהֵינוּ	יְהוָה	אֶחָד:	[4 (40)]
Oye	Israel	Yahwaeh	nuestro-Dios	Yahwaeh	uno.	

En este pasaje el término usado por Moisés para señalar a Dios como "uno" no fue יָחִיד [yajid], sino אֶחָד [ejad], pues según las evidencias que nos ofrece el texto en el idioma original hebreo, el término יָחִיד [yajid], no se emplea en todo el Antiguo Testamento para referirse a Dios como uno o único. El uso de dicho término, sin embargo, usted lo puede encontrar en diferentes pasajes, pero nunca haciendo referencia a Dios. Como ejemplo de ello véase: Jr. 6: 26. Véalo además, combinado con sus correspondientes matices gramaticales [40]conforme al texto en el idioma original hebreo, según [51]Gn. 22: 2, 12, 16; Pr. 4: 3.

Veamos ahora algunos ejemplos del uso del término ejad, en otras aplicaciones de las Sagradas Escrituras, según los pasajes siguientes: [51]Gn. 2: 24:

עַל־	כֵּן	יַעֲזָב־	אִישׁ	אֶת־	אָבִיו	וְאֶת־	אִמּוֹ	וְדָבַק	[24 (40)]
Por	eso	dejará	hombre	**	su-padre	y**	su-madre	y-se-unirá	

בְּאִשְׁתּוֹ	וְהָיוּ	לְבָשָׂר	אֶחָד:		
en-su-mujer	y-serán	para-carne	una.		

Veamos el siguiente pasaje, según: [51]Gn. 11: 6:

וַיֹּאמֶר	יְהוָה	הֵן	עַם	אֶחָד	וְשָׂפָה	אַחַת	לְכֻלָּם	[6 (40)]
Y-dijo	Yahweh	¡mira!	pueblo	uno	y-lengua	una	para-todos-ellos	

כֹּל מֵהֶם יִבָּצֵר לֹא־ וְעַתָּה לַעֲשׂוֹת הַחִלָּם וְזֶה
todo para-ellos será-imposible nada y-ahora a-hacer su-empezar y-este

לַעֲשׂוֹת: יָזְמוּ אֲשֶׁר
.para-hacer planeen que

Sabemos por la declaración de las Escrituras, según [51]Gn. 41: 1-5, que el Faraón tuvo dos sueños, uno con las siete vacas gordas, devoradas por las siete vacas feas y flacas y otro con las siete espigas hermosas, devoradas por las siete espigas menudas y abatidas. Veamos ahora la interpretación de estos sueños, dada por José, donde le declara al rey que ambos sueños son uno, según [51]Gn. 41: 25, 26:

(40) [25] אֵת הוּא אֶחָד פַּרְעֹה חֲלוֹם פַּרְעֹה אֶל־ יוֹסֵף וַיֹּאמֶר
lo ;él uno Faraon sueño-de ,Faraon a josé Y-dijo

אֲשֶׁר הָאֱלֹהִים עֹשֶׂה הִגִּיד לְפַרְעֹה: [26]שֶׁבַע פָּרֹת הַטֹּבֹת
que Dios haciendo reveló .a-Faraón Siete vacas las-buenas

הֵנָּה שָׁנִים שֶׁבַע הַטֹּבֹת הַשִּׁבֳּלִים וְשֶׁבַע הֵנָּה שָׁנִים שֶׁבַע
;ellas años siete las-buenas las-espigas y-siete ,ellas años siete

חֲלוֹם אֶחָד הוּא:
.él uno sueño

Veamos además, lo que nos dice el siguiente pasaje, según [51]Gn. 1: 5:

(40) [5] וַיְהִי־ לַיְלָה קָרָא וְלַחֹשֶׁךְ יוֹם לָאוֹר אֱלֹהִים וַיִּקְרָא
y-fue noche llamó y-a –la-oscuridad día a-la-luz Dios Y llamó

אֶחָד: יוֹם בֹּקֶר וַיְהִי־ עֶרֶב
primero día mañana y-fue tadre

En este último pasaje es evidente que aunque el término אֶחָד [ejad], está traducido como "primero", el sentido literal de la palabra es: "uno", tal como se traduce en los pasajes anteriores.

De esta manera, entendemos que estos pasajes hacen alusión a una sola carne, pero compuesta del hombre y la mujer; un pueblo, pero mezclado de mucha gente; un mismo sueño contenido en dos diferentes revelaciones; un solo día, pero combinado de tarde y mañana. Un solo Dios (Jehová), pero su divinidad se revela como una unidad indivisible que comprende a las tres personas divinas: el Padre, el Hijo y el Espíritu Santo.

El uso del término אֶחָד [ejad], es claramente visible, en cada uno de estos casos, según el texto hebreo reflejado.

A continuación citaré algunos pasajes bíblicos del Antiguo Testamento, que al compararlos con otros del Nuevo, nos ayudarán a entender con toda claridad que la Divinidad estuvo compuesta siempre por más de una persona. Tomemos en consideración las siguientes referencias:

[51]*Gn. 1: 26, 27:* [26]*"Y dijo Dios: Hagamos al hombre a nuestra imagen, conforme a nuestra semejanza...* [27]*Y crió Dios al hombre a su imagen, a imagen de Dios lo crió; varón y hembra los crió."*

[51]*Gn. 3: 22: "Y dijo Jehová Dios: He aquí el hombre es como uno de Nos sabiendo el bien y el mal"...*

Nótese que en el versículo **26** leído dice: "Hagamos al hombre", quiere decir que este fue hecho por más de una persona. Y cuando dice: "A nuestra imagen, conforme a nuestra semejanza", está indicando que el hombre fue hecho a la imagen y semejanza de más de una persona. Observen además que según el versículo **27**, el hombre fue creado por Dios y fue hecho a su imagen. Véase también el uso del plural "Nos", reflejado en la cita de Gn. 3: 22.

Tomemos en consideración ahora el siguiente pasaje de las Escrituras:

[51]*Gn. 11: 7:* *"Ahora pues, descendamos, y confundamos allí sus lenguas para que ninguno entienda el habla de su compañero."*

En este pasaje bíblico se refleja también, en forma muy clara, el uso del plural en la acción tomada por Dios cuando dice: "Descendamos y confundamos allí sus lenguas".

Todo esto nos da a entender que **Dios** ha estado representado por más de una persona, aun desde el principio.

Comparemos los pasajes anteriores con los expuestos a continuación:

[51]*Jn. 1: 1-3, 10, 14:* [1]*"En el principio era el Verbo, y el Verbo era con Dios, y el Verbo era Dios.* [2]*Este era en el principio con Dios.* [3]*Todas las cosas por él fueron hechas; y sin él nada de lo que es hecho, fue hecho.* [10]*En el mundo estaba, y el mundo fué hecho por él; y el mundo no le conoció.* [14]*Y aquel Verbo fue hecho carne, y habitó entre nosotros (y vimos su gloria, gloria como del* **unigénito** *del Padre), lleno de gracia y de verdad."*

Creo de vital importancia aclarar que **"el Verbo"**, referido en este pasaje y en otros anteriores, es traducido del término [1]griego λόγος [logos]: palabra, mensaje, discurso, razón... El mismo tuvo un uso trascendental entre varios filósofos griegos del siglo I antes de Cristo. Ellos le atribuían la existencia del orden y la belleza del universo a una **"razón divina"**, la cual concebían también como "el ser", "la existencia" o "la sabiduría", lo cual describían mediante el uso del término λόγος. Mientras que los hebreos de esa época, según lo exponen la mayoría de los eruditos bíblicos, interpretaban el logos como "el verbo" o "la palabra", probablemente por el hecho de que hasta entonces, la mayor y más clara evidencia de la existencia de Dios, les había sido revelada a ellos a través de la expresión verbal o la palabra audible, la cual se conservaba además en forma escrita.

Por tal razón, el apóstol Juan al escribir su versión del evangelio en el idioma prominente de ese tiempo, hace uso de dicho término, plenamente convencido de ser entendido tanto por los hebreos, como por el mundo cultural grecorromano.

Consideremos ahora el siguiente pasaje de las Escrituras:

[51]*Jn. 17: 5:* *"Ahora pues, Padre, glorifícame tú cerca de ti mismo con aquella gloria que tuve cerca de ti antes que el mundo fuese."*

Tomemos en consideración ahora el siguiente pasaje:

[51]*Gn. 1: 1, 2:* [1]*"En el principio crió Dios los cielos y la tierra.* [2]*Y la tierra estaba desordenada y vacía, y las tinieblas estaban sobre la haz del abismo, y el **Espíritu de Dios** se movía sobre la haz de las aguas."*

La comparación de estos pasajes bíblicos con los anteriores, nos ayuda a entender que entre las personas que tuvieron participación en la actividad creativa del universo, juntamente con Dios, el Padre, están comprendidos el **unigénito Hijo de Dios** (el Cristo) y **el Espíritu de Dios** (el Espíritu Santo).

Los especialistas en el idioma del *texto original hebreo exponen que, el término del cual se traduce "Dios" en cada uno de los versículos relacionados con la creación del universo según Génesis capítulo 1, es Elohim. Afirman que esta palabra no es un nombre personal, sino un título y atributo que expresa autoridad y juicio. Alegan que el hecho de que la palabra Elohim esté en forma plural, no significa necesariamente que se trate de varias personas o un conjunto de personalidades. Esto lo vemos en el caso de Moisés según [51]Éxodo 4: 16; 7: 1 que no fue más que una persona, pero obtuvo el cargo de ser Elohim ante el rey de Egipto. Afirman que el término Elohim tiene que ver con autoridad en abundancia y un conjunto de poderes para poder afirmar su voluntad. Elohim reúne en sí todas las fuerzas infinitas y eternas.

Sin embargo, según lo expone la teología cristiana, esto **no** anula de ninguna manera la existencia real y comprobada de las tres personas relacionadas con el concepto de la Trinidad. Tampoco es una prueba de que el evento de la creación del universo se haya llevado a efecto absolutamente por el Padre. Esto lo confirma la expresión referida por el mismo Dios cuando dijo: Hagamos al hombre a nuestra imagen, conforme a nuestra semejanza...; cundo expresó: He aquí el hombre como uno de nos...; y cuando dijo: Ahora pues, descendamos y confundamos allí sus lenguas... ¿Con quién hablaba Elohim cuando dijo todo esto, acaso con sus propios atributos de autoridad y justicia que reúnen en sí todas las fuerzas infinitas y eternas?

Veamos hora, cómo a partir de Jesucristo el concepto trinitario comienza a tener sus primeros reflejos en las menciones hechas por los apóstoles, acerca de ciertas actividades en conjunto relacionadas con las tres personas divinas. Al respecto consideremos los siguientes pasajes de las Escrituras:

[51]*Tit. 3: 4-7:* [4]*Mas cuando se manifestó la bondad de Dios nuestro Salvador, y su amor para con los hombres,* [5]*No por obras de justicia que nosotros habíamos hecho, mas por su misericordia nos salvó, por el lavacro de la regeneración, y de la renovación del Espíritu Santo,* [6]*El cual derramó en nosotros abundantemente por Jesucristo nuestro Salvador,* [7]*Para que, justificados por su gracia, seamos hecho herederos según la esperanza de la vida eterna.*

[51]*2Co. 13: 13:* *"La gracia del Señor Jesucristo, y el amor de Dios, y la participación del Espíritu Santo sea con vosotros todos. Amén."*

[51]*Jud.20, 21:* [20]*"Mas vosotros, oh amados, edificándoos sobre vuestra santísima fe, orando por el Espíritu Santo.* [21]*Conservaos en el amor de Dios, esperando la misericordia de nuestro Señor Jesucristo, para vida eterna".*

Estas citas bíblicas hacen mención de ciertas actividades divinas atribuidas en común, tanto al Padre como al Hijo y al Espíritu Santo, donde se refleja un claro paralelismo de igualdad en las funciones de las tres personas divinas. Todo lo cual debió influir como un importante complemento para el concepto que diera lugar a la doctrina de la Trinidad.

En los pasajes bíblicos que citaremos a continuación, podremos apreciar como en las Escrituras del Antiguo Testamento se le atribuye el nombre Dios a Jesucristo, el Hijo, mientras que en el Nuevo Testamento se le confiere, no solo al Hijo, sino también al Espíritu Santo.

JESUCRISTO ES DIOS

En este caso abordamos nuevamente el tema de la cristología, como un aspecto de vital importancia para la teología cristiana, con referencia a la doctrina de la Trinidad. Para ello será necesario citar nuevamente algunos de los pasajes referidos en el estudio realizado acerca de Jesucristo, en el tema anterior, aunque en esta ocasión no será necesario reflejarlos textualmente sino a manera de comentarios como en otros casos.

Tomemos en cuenta las predicciones de Isaías proclamadas alrededor de ochocientos años antes del nacimiento de Cristo, según [51]Is. 9: 6. En ella el profeta hace alusión al nacimiento de un niño, y dice: Porque un niño nos es nacido, hijo nos es dado; y el principado sobre su hombro: y se llamará su nombre Admirable, Consejero, Dios fuerte, Padre eterno, Príncipe de paz. En [51]Is. 7: 14, el profeta alude también al nacimiento singular de un hijo: Por tanto el mismo Señor os dará señal: He aquí que la virgen concebirá, y parirá un hijo, y llamará su nombre Emmanuel."

El término "Emmanuel" reflejado en el último de estos pasajes es una traducción del hebreo [4]עִמָּנוּ אֵל [Imanu ʾel]: Imanuel que literalmente significa: con nosotros "Dios".

Veamos ahora otra prueba contundente en que las Sagradas Escrituras emiten un claro reflejo acerca de que Jesucristo es Dios. En la profecía de Zacarías según [51]Zac.12: 10 el profeta declara el mensaje divino: Y derramaré sobre la casa de David, y sobre los moradores de Jerusalem, espíritu de gracia y de oración; y mirarán a mí, a quien traspasaron, y harán llanto sobre él, como llanto sobre unigénito, afligiéndose sobre él como quien se aflige sobre primogénito.

Según la descripción de esta profecía, referida alrededor de 520 años a. C. ¿a quién traspasaron, según la expresión primaria del versículo? "Y mirarán a mí, a quien traspasaron". Ahora bien, teniendo en cuenta que a quien traspasaron realmente fue a Cristo, se puede deducir con perfecta claridad que el mismo Dios, fue traspasado por la espada, en la persona de Jesucristo, el Hijo, por cuanto habla en forma simultánea refiriéndose a sí mismo como la primera persona y a la vez a una segunda persona como el unigénito y primogénito, cuyas menciones se usan frecuentemente en las Escrituras para referirse al Mesías. Véanse otros detalles en el resumen del tema.

Tengamos en cuenta además, las siguientes referencias de las Escrituras, en las cuales los apóstoles de la Iglesia hacen alusión a Jesucristo como Dios: [51]Tit. 2: 13; Ro. 9: 5; Col. 2: 8, 9; 2Pe. 1: 1; He. 1: 6-8; 1Jn. 5: 20.

En [51]Tit. 2: 13: el apóstol Pablo se refiere a aquella esperanza bienaventurada, y la manifestación gloriosa del gran Dios y Salvador nuestro Jesucristo. Así también en [51]Ro. 9: 5 se expresa diciendo: Cuyos son los padres, y de los cuales es Cristo según la carne, el cual es **Dios** sobre todas las cosas, bendito por los siglos. Amén. Según [51]Col. 2: 8, 9, el Apóstol hace una advertencia a la Iglesia: Mirad que ninguno os engañe por filosofías y vanas sutilezas, según las tradiciones de los hombres, conforme a los elementos del mundo, y no según Cristo: Porque en **él** habita toda la plenitud de la divinidad corporalmente.

El apóstol Pedro, en su epístola universal, se dirige también a la Iglesia diciendo: A los que habéis alcanzado fe igualmente preciosa con nosotros en la justicia de nuestro Dios y Salvador Jesucristo [51](2Pe. 1: 1).

El autor del libro A los Hebreos, hace alusión al Hijo diciendo: Y otra vez, cuando introduce al Primogénito en la tierra, dice: Y adórenle todos los ángeles de Dios. Y ciertamente de los ángeles dice: El que hace a sus ángeles espíritus, y a sus ministros llama de fuego. Mas al hijo: Tu trono, oh Dios, por el siglo del siglo; vara de equidad la vara de tu reino. [51](He. 1: 6-8).

El apóstol Juan lo identifica como Jesucristo, el Hijo y al mismo tiempo como el verdadero Dios: Empero sabemos que el Hijo de Dios es venido, y nos ha dado entendimiento para conocer al que es verdadero; y estamos en el verdadero, en su Hijo Jesucristo. Este es el verdadero Dios, y la vida eterna. [51](1Jn. 5: 20).

La declaración de estos pasajes según nuestra versión de la Biblia al español, deja claramente especificado que Jesucristo es **Dios**.

Los exégetas hebreos sin embargo, declaran que el términos [4]אֵל [ʔel], usado en [51]Is. 7: 14 y 9: 6 para referirse al Hijo como Dios, está vinculado con Eload del cual se deriva Elohim como plural, y ambos se aplican tanto para referirse a Dios el Padre, como al Hijo o a cualquier otra entidad considerada como divina, aunque sea pagana. Su uso no se limita para referirse exclusivamente a Jehová Dios. Elohim por ejemplo, se usa para referirse al Creador, pero también se les confiere a los ángeles bajo la terminología (malajim), [51]Salmo 8: 5 y a los dioses paganos, [51]Génesis 31: 30. Moisés obtuvo el título de Elohim, [51]Éxodo 4: 16; 7: 1, y los jueces de Israel son también llamados Elohim, [51]Éxodo 21: 6; 22: 8-9. Todo ello según sus conceptos, por la justicia, autoridad y poder que les era conferido. El Mesías es considerado también como un Elohim, según lo declara textualmente el texto original hebreo en [51]Sal. 45: 6. Pero cuando el escritor hace alusión a este salmo en [51]He. 1: 8, Elohim es traducido al griego como θεὸς, y luego al español como

Dios, con inicial mayúscula, pese a que en el original griego no se aplica este concepto aunque evidentemente se trate de Dios el Padre. Por lo qué, los traductores determinan libremente el uso de la inicial mayúscula para enfatizar la exégesis conocida. Por ello se asume, que toda referencia hecha al Hijo como Dios en el Nuevo Testamento, tiene su fundamento en el mismo proceso expuesto.

No obstante, la teología cristiana lo concibe como derivado del Padre y por ende, divino por esencia con todas las características que se le atribuyen, según el concepto conocido. Este principio es entendido para todo lo relacionado en las Sagradas Escrituras con respecto al Hijo y sus facultades divinas.

EL ESPÍRITU SANTO ES DIOS

En este caso, también será necesario considerar nuevamente algunos aspectos de la pneumatología en relación con el estudio acerca del Espíritu Santo.

Aunque las Sagradas Escrituras no declaran expresamente que el Espíritu Santo es Dios con tanta claridad como lo hacen en el caso de Jesucristo, el Hijo. No obstante, al comparar los pasajes bíblicos que se citan a continuación, podremos comprender que al Espíritu Santo también se le llama **Dios**.

En el estudio de este tema, así como en el de Jesucristo, será necesario citar nuevamente algunos de los pasajes referidos en el estudio anterior acerca del Espíritu Santo. Pero de igual manera, solo citaremos las referencias bíblicas sin exponer el texto. Al respecto consideremos los siguientes y comparémoslos uno con otro: [51]Jer. 31: 33, 34 con [51]He. 10: 15-17. Confrontemos [51]Is. 6: 1-3, 8-10 con [51]Hch. 28: 25-27.

Tal como lo comprobamos en el estudio referido, segun en el tema anterior, en estas comparaciones los autores del Antiguo Testamento atribuyen las palabras descritas a Jehová **Dios**, mientras que en el Nuevo Testamento se le atribuyen al **Espíritu Santo**.

Esto da a entender con toda claridad que los apóstoles de la Iglesia primitiva reconocieron al Espíritu Santo como Dios.

Tengamos en cuenta además, la cita bíblica de [51]Hch. 5: 3, 4.

En este pasaje, se nota claramente como el apóstol Pedro no hizo diferencia alguna entre los términos Espíritu Santo y Dios, al declarar a Ananías que al mentir al Espíritu Santo había mentido a Dios.

De esta manera, hemos podido apreciar que las Sagradas Escrituras hacen referencia a Dios, tanto cuando aluden a la Persona del Padre, como a la del Hijo o a la del Espíritu Santo.

Aunque todos estos detalles eran del pleno conocimiento y la convicción de la Iglesia de los primeros siglos, sin embargo, el concepto trinitario, según auténticos datos históricos, no se estableció como principio doctrinal o credo de la Iglesia, sino hasta el 325 d. C. Según los datos, en el [48]Concilio de Nicea (325 d. C), toda la atención respecto al concepto consubstancial fue establecida entre el Padre y el Hijo y no se hizo ninguna afirmación similar acerca del Espíritu Santo. Pero, en [49]Constantinopla (381 d. C) se indicó que Este es adorado y glorificado junto con Padre e Hijo, sugiriendo que era también consubstancial a ellos.

Aunque las evidencias indican que la Divinidad está representada por tres personas, el concepto, sin embargo, no se define como tres Dioses, sino como un solo Dios. Las tres Personas en divina perfección, sujetas a los mismos pensamientos, sentimientos y voluntad, con iguales propósitos y objetivos, como dijera Cristo en [51]Jn. 10: 30:

"Yo y el Padre una cosa somos." [51]*(Jn. 10: 30).*

En [51]Jn. 14: 8-11, dice también:

[8]*"Dísele Felipe: Señor, muéstranos el Padre, y nos basta.* [9]*Jesús le dice: ¿Tanto tiempo ha que **estoy** con vosotros, y no me has conocido, Felipe? El que me ha visto, ha visto **al Padre**; ¿cómo, pues, dices tú: Muéstranos el Padre?* [10]*¿No crees que yo soy en el*

Padre, y el Padre en mí? Las palabras que yo os hablo, no las hablo de mí mismo: <u>mas el Padre que está en mí, él hace las obras.</u> [11]<u>Creedme que yo soy en el Padre, y el Padre en mí</u>: de otra manera, creedme por las mismas obras." [51]*(Jn. 14: 8-11).*

En [51]Jn. 17: 21 y 22 Jesucristo clama al Padre a favor de sus discípulos y les pide que todos sean una cosa; como tú, oh Padre, en mí, y yo en ti, y concluye diciendo: ...Yo, la gloria que me diste les he dado; para que sean una cosa, como también nosotros somos una cosa.

Consideremos ahora el siguiente pasaje de las Escrituras:

[51]*Tit. 3: 4-7:* [4]*"Mas cuando se manifestó la bondad <u>de **Dios** nuestro Salvador</u>, y su amor para con los hombres, [5]No por obras de justicia que nosotros habíamos hecho, mas por su misericordia <u>nos salvó, por el lavacro de la regeneración, y de la renovación del **Espíritu Santo**</u>; [6]El cual derramó en nosotros abundantemente <u>por Jesucristo nuestro Salvador</u>, [7]Para que, justificados por su gracia, seamos hechos herederos según la esperanza de la vida eterna."*

Nótese que en este pasaje se les atribuye la actividad salvadora tanto a Dios el Padre, como a Jesucristo el Hijo y al Espíritu Santo, por cuanto dice: "Nos salvó, por el lavacro de la regeneración y de la renovación del Espíritu Santo".

Estos pasajes reflejan con toda claridad, la perfecta armonía entre las tres personas divinas, tal como si fueran una sola cosa, una perfecta unidad indivisible a través de la cual es representada la Deidad. De esta manera se revela a través de nuestro estudio realizado en este tema.

Es cierto que el concepto de "un solo Dios en tres personas", es tan incomprensible para algunos como irracional para otros. Sin embargo, con algo semejante nos encontramos con la existencia misma del ser humano, cuya constitución parece representar una clara analogía en relación con la Divinidad. Pues aunque es un solo ser, el mismo está compuesto por cuerpo, alma y espíritu, según el concepto de la tricotomía reflejado en las Sagradas Escrituras en [51]1Ts. 5: 23 y [51]He. 4: 12. Por ende, cuando nos referimos al ser humano estamos aludiendo a estos tres factores, sin que sea posible omitir ninguno de ellos y cuando la persona realiza cualquier actividad, aunque la misma esté relacionada con el cuerpo, el alma o el espíritu, esta se le atribuye lógicamente al ser humano. La participación de los tres elementos en dicha actividad es innegable, aunque la contribución de alguno de ellos sea de carácter pasivo solamente. Asimismo, es evidente la participación de estos tres elementos en dicha actividad aunque la contribución de alguno de ellos sea de carácter pasivo solamente.

Así también el átomo definido como un solo ser, está integrado por tres elementos conocidos científicamente, como electrones, neutrones y protones.

De esta manera, el concepto acerca de "un solo Dios en tres personas", puede ser ejemplificado a través de una de las más relevantes y maravillosas de sus creaciones, como lo es el ser humano, también con la más elemental, simple y diminuta de ellas, como lo es el átomo. El cual establece el principio básico de las creaciones de Dios constituidas por la materia.

No obstante, es evidente que la Biblia hace énfasis en la persona de Dios, el Padre, como el principal. Jesucristo mismo dijo según [51]Jn. 14: 28: ..."Porque el Padre mayor es que yo." Según datos de la [47]Enciclopedia *Católica, este concepto fue parte del pensamiento expuesto por varios padres de la Iglesia.

Además de ello, según [51]Jn. 8: 28, Cristo no hacía nada de sí mismo. ..."mas como el Padre me enseñó, esto hablo." Véase también [51]Jn. 15: 19 y Mt. 24 36.

Según lo que nos da a entender la Santa Biblia en relación con la oración, esta debe ser dirigida a Dios, el Padre. Y según [51]Jn. 14: 13, 14, las peticiones que ellas encierran, deben hacerse en el nombre de Jesucristo, el Hijo. Y por lo que nos dan a entender las Escrituras mismas, el Espíritu Santo es el que ejecuta la acción, principalmente cuando se trata de una obra a realizar en los sentimientos o la voluntad de la persona. Todo lo cual indica la superioridad del Padre respecto al Hijo y al Espíritu Santo, tal como lo confirman otros pasajes. No obstante, esto no los excluye de ser considerados divinos con todas las características que se les atribuyen, por cuanto ellos derivan de Él, tal como lo enseña el concepto doctrinal.

Los críticos, sin embargo, sugieren que, aunque el Hijo y el Espíritu sean considerados divinos, solo el Padre es Dios Altísimo, por cuanto Él es la única fuente de divinidad del cual ellos derivan y reciben todo lo que tienen y son, según el concepto conocido.

El término "Trinidad" como tal no se encuentra en las Escrituras haciendo referencia a Dios. [5]Auténticos datos históricos dicen que el origen de esta palabra es "trias", cuya traducción latina es <u>trinitas,</u> fue primeramente encontrada en Teófilo de Antioquía cerca del año 180 d. C. Y aunque se afirma que ya este término era usado antes de su tiempo, no obstante, más tarde aparece en su forma latina de "trinitas" en Tertuliano. Pero en el siglo siguiente, la palabra tiene uso general. La misma se encuentra en muchos pasajes de los escritos de Orígenes compuesto entre los años 260 y 270 d. C. donde escribe lo siguiente:

[5]"Por lo tanto, no hay nada creado, nada sujeto a otro en la Trinidad: tampoco hay nada que haya sido añadido como si alguna vez no hubiera existido, pero que ingresó luego: por lo tanto, el Padre nunca ha estado sin el Hijo, ni el Hijo sin el Espíritu: y esta misma Trinidad es inmutable e inalterable por siempre." (P. G. X, 986).

El tema de la Trinidad ha sido objeto de innumerables investigaciones, análisis y exposiciones de carácter teológicos, por muchos estudiosos de la teología y filósofos cristianos, de casi todas las épocas del cristianismo, pero con mucha especialidad, en los siglos segundo y tercero después de Cristo.

[5]La Trinidad ha sido considerada un misterio. La definición dada por un concilio eclesiástico dice que la fe cristiana contiene misterios, y la mayoría de los teólogos admiten que la Trinidad es uno de ellos. Se ha considerado que de todas las verdades reveladas esta es la más impenetrable a la razón humana. La pluralidad de personas en la Divinidad es una verdad completamente fuera del alcance de cualquier inteligencia creada.

La doctrina de la Trinidad ha tenido numerosos opositores desde los tiempos de sus primeras declaraciones. Según auténticos datos históricos, entre sus principales opositores, son muy conocidos el arrianismo, el sabelianismo, el servetismo y el socinianismo.

Además de estas, han surgido otras tendencias similares, de las cuales se han derivado otras tantas, hasta los días actuales. Se dice que algunos personajes históricos famosos con creencias unitaristas fueron Arrio, Isaac Newton, John Milton, Miguel Servet, Joseph Priestley y Ralph Waldo Emerson, entre otros.

Sería demasiado voluminoso y excesivamente costoso, por lo tanto, hacer una defensa en contra de los diferentes opositores. Por lo que, la mejor apología que podamos presentar al respecto es la exposición de nuestro concepto, el cual, como otros tantos de la Doctrina Cristiana, necesitamos aceptarlo por fe, así como la existencia misma de Dios.

Uno de los ataques más comunes por parte de nuestros rivales modernos, consiste en exponer que la doctrina de la Trinidad, es un concepto que tiene su origen en las religiones paganas, por cuanto se conoce de la existencia de la trinidad babilónica, la egipcia y la asiria.

La trinidad egipcia: [28]Sgún fuentes auténticas, se dice que el papel de la trinidad/tríada/triángulo cósmico se expresa en la relación entre el padre Ausar (Osiris), la madre Auset (Isis), y el hijo Heru (Horus), para ser análogo al triángulo de ángulo recto 3: 4: 5.

La trinidad babilónica: [28]Se dice que la Trinidad babilónica de Anu, Bel y Ea es el resultado de una especulación tardía, que divide el poder divino en lo que gobierna el cielo, la tierra y bajo la tierra.

La trinidad asiria: [28]Se dice que según la mitología y religión asiria Enlil, el señor del viento, es uno de los dioses que conforma la trinidad suprema del panteón, conjuntamente con enki y anu. Ellos solo son superados por an y ki, los dioses creadores.

No obstante a estas evidencias de cierta concepción trinitaria existente entre las diferentes religiones paganas de la antigüedad, de lo único que nosotros necesitamos estar conscientes al respecto, y es nuestra mejor defensa acerca de esta agresión a la fe cristiana, es que siglos antes de que tuviera existencia cualquier religión bíblica como el judaísmo y el cristianismo, ya existían religiones y dioses falsos de todas clases, creados nada menos que por el gran enemigo de Dios. Él conocía muy bien la existencia de la Trinidad de personas en la Deidad, enemigo que conocemos por las Escrituras como **la serpiente antigua** llamada Diablo y Satanás, quien engaña a todo el mundo, según [51]Ap. 12: 7-9. Y no debe ser una sorpresa para ninguno de nosotros, que él quisiera configurar entre los seguidores de sus falsas deidades y creencias religiosas, una estructura similar aunque distorsionada de la divina Trinidad.

RESUMEN

Origen y desarrollo de la doctrina de la Trinidad: Con el fin de que los estudiantes logren obtener una idea más clara y mejor definida acerca del tema tratado, me ha parecido conveniente hacer un resumen del mismo, tomando en cuenta en primer lugar los diferentes detalles bíblicos y luego los detalles históricos, para una mejor comprensión de las razones que dieron lugar al desarrollo de esta idea entre los cristianos de la Iglesia sucesiva al primer siglo.

DETALLES BÍBLICOS

a) En las Escrituras del Nuevo Testamento, los apóstoles Pablo y Judas, según [51]2Co. 13: 13; Tit. 3: 4-6 y Jud. 20, 21, hacen mención de ciertas actividades divinas atribuidas en común, tanto al Padre como al Hijo y al Espíritu Santo, todo lo cual refleja un determinado paralelismo de igualdad en la deidad y las funciones de las tres personalidades.

b) El Hijo mismo declara ser uno con el Padre y dice que el Padre está en Él y Él en el Padre y cuando Felipe le dice, según [51]Jn. 14: 8-11: "Muéstranos al Padre y nos basta," Él le respondió en los términos siguientes: "¿Tanto tiempo ha que estoy con vosotros, y no me has conocido, Felipe? El que me ha visto, ha visto al Padre; ¿cómo, pues, dices tú: Muéstranos el Padre? ¿No crees que yo soy en el Padre, y el Padre en mí? Las palabras que yo os hablo, no las hablo de mí mismo: mas el Padre que está en mí, él hace las obras".

c) El profeta Isaías proclama "Dios" al Hijo, según [51]Is. 7: 14, al llamarlo [4]עִמָּנוּ אֵל [Imanu)el] Imanuel: con nosotros "Dios". Y en [51]Is. 9: 6 lo llama Dios fuerte al hacer uso del término hebreo [4]אֵל [)el]. Mientras que en [51]Zac. 12: 10, Dios dice: "Y mirarán a mí, al que traspasaron", cuya profecía se cumplió en Jesucristo, el Hijo, quien fue traspasado por la espada. Asimismo, los apóstoles de la Iglesia primitiva declaran "Dios" tanto al Hijo como al Espíritu Santo, según [51]Jn. 1: 1-3; Tit. 2: 13; 1Jn. 5: 20; Ro. 9: 5; Col. 2: 8, 9; 2Pe. 1: 1; He. 1: 6-8: y Hch. 5: 3, 4. De igual manera, determinadas menciones atribuidas a Dios por los profetas Isaías y Jeremías, según [51]Is. 6: 1-3, 8-10 y [51]Jer. 31: 33, 34, el apóstol Pablo se las atribuye al Espíritu Santo, según [51]He. 10: 15-17 y [51]Hch. 28: 25-27.

d) El apóstol Juan, según [51]Jn. 1: 1-3 le confiere además al Hijo la actividad de Creador en la génesis del universo. Mientras que [51]Gn. 1: 2 incluye al Espíritu Santo también en dicha actividad. Y en este caso debo aclarar que según especialistas en el idioma del texto original, el sentido de la frase hebrea usada en este pasaje, indica que esta actividad del Espíritu Santo **no** consistía en un simple acto sin efectos, sino en un movimiento de carácter cubridor sobre toda la superficie del planeta, que le proveía los efectos necesario para lograr el orden y la formación de la vida en el mismo, tal como lo es la función de las aves sobre sus nidadas proveyéndole calor y protección, hasta cumplirse el ciclo de formación de la vida en sus polluelos.

e) Al considerar el relato de las actividades creativas de Dios cuando formó al hombre, según el análisis realizado acerca de las declaraciones de [51]Gn. 1: 26, 27, encontramos que en el mismo se refleja un carácter de pluralidad, que lógicamente indica más de una persona, lo que confirma lo descrito por el apóstol Juan, según [51]Jn. 1: 1-3. Mientras que ninguno de los demás escritos del Sagrado Libro, nos ofrece evidencias de alguien más, a quien podamos atribuirle su participación en esta pluralidad de personas, sino solo al Padre, al Hijo y al Espíritu Santo. Pero vale aclarar que aunque este pasaje indica una pluralidad de personas, ello no significa que cada una de las personas comprendidas en dicha pluralidad sea un dios individual, sino que las tres Personas representan un solo Dios. Y esto lo confirma el Hijo mismo, según el pasaje de [51]Jn. 14: 10, 11, en su declaración hecha a Felipe, cuando le dice: …"Las palabras que yo os hablo, no las hablo de mí mismo: mas el Padre que está en mí, él hace las obras. Creedme que yo soy en el Padre, y el Padre en mí:"… Aunque la individualidad de personas es evidente en este caso, la declaración del Hijo indica claramente que en el aspecto divino existe una fusión entre ellos que refleja una inmanencia recíproca, la cual no admite individualidad de dioses. Lo mismo se deduce de la declaración del apóstol Pedro en [51]Hch. 5: 3, 4, cuando le dice a Ananías, que al mentir al Espíritu Santo había mentido a Dios. Nótese que si se tratara de tres dioses individuales, Pedro le hubiera dicho que había mentido a uno de los dioses. Sin embargo, el Apóstol se refirió en este caso al único y verdadero Dios realmente existente, el cual está representado por las tres personas divinas. Donde al Hijo y al Espíritu Santo se les concibe, según la definición del pensamiento cristiano más antiguo, como derivados del Padre, quien es la única fuente de divinidad y desde el cual Ellos reciben todo lo que tienen y son. Los cuales son declarados además por las Sagradas Escrituras, como preexistentes y coeternos con el Padre, según [51]Is. 9: 6; Jn. 8: 56-58; Jn. 17: 5; He. 9: 14.

DETALLES HISTÓRICOS

Evidentemente, los detalles bíblicos tomados en consideración, fueron las razones que dieron lugar entre los cristianos más eminentes de los primeros siglos, al entendimiento de una Trinidad de personas formando parte de la Deidad. Pues aunque la palabra Trinidad, no es un término que se encuentre en la Biblia haciendo referencia a Dios, sin embargo, auténticos datos históricos dicen que esta palabra, cuyo origen es "trias", y su traducción latina es "trinitas", fue encontrada primeramente en Teófilo de Antioquía cerca del año 180 d. C. Y aunque se afirma que ya este término era usado antes de su tiempo, no obstante, más tarde aparece en su forma latina de "trinitas" en Tertuliano. Pero en el siglo siguiente, la palabra tiene uso general. La misma se encuentra en muchos pasajes de los escritos de Orígenes, eminente teólogo cristiano, los que compuso entre los años 260 y 270 d. C. donde declara que, el Padre nunca ha estado sin el Hijo, ni el Hijo sin el Espíritu, y que esta misma Trinidad es inmutable e inalterable por siempre. Lo que quiere decir, que ellos no fueron creados por Dios como los demás seres, sino que así como el Padre es eterno, ellos también. Claro está, según el pensamiento cristiano primitivo, se deduce que ellos han existido siempre en la esencia del Padre, de quien derivan.

Posteriormente, en el llamado "Concilio de Nicea" (325 d. C), se definió la doctrina relacionada con la divinidad del Hijo, y en Constantinopla (381 d. C) se indicó que el Espíritu Santo es adorado y glorificado junto con Padre e Hijo, sugiriendo así, que era también consubstancial a ellos. Quedando establecido oficialmente, el concepto de la Trinidad como doctrina o credo de la Iglesia.

Estos han sido la mayoría de los detalles más importantes, que según las consideraciones hechas dieron lugar al fundamento de la doctrina de la Trinidad en la Iglesia cristiana.

MI EXPERIENCIA PERSONAL

No obstante, aunque para algunos este concepto de la Trinidad pueda resultar claro y comprensible, para la mayoría, sin embargo, sigue teniendo un carácter irracional y enigmático. Pero en este caso quiero revelar mi experiencia personal. Mientras meditaba en esta característica de tal concepto doctrinal, vi de repente en una ligera visión alzarse delante de mí una pequeña vasija cilíndrica de cristal transparente, algo semejante a una especie de probeta, la cual contenía en su interior tres triángulos, formados por cierto contenido de pintura, cada uno de ellos de un color diferente. Los tres triángulos se unían dando lugar a una forma circular dentro de la misma vasija, como si dividiéramos un círculo en tres partes iguales. Los tres colores eran los originales: rojo, azul y amarillo.

La vasija de cristal con el contenido de pintura hizo un movimiento semicircular en el aire, inclinándose ligeramente hacia mí para que yo pudiera apreciar con perfecta claridad los tres triángulos formados por el contenido de los diferentes colores de dicha sustancia. Acto seguido la contemplaba nuevamente en su posición original, mientras que veía ascender otra vasija de cristal semejante y colocarse justo debajo de ella. Esta era levemente más larga que la primera, pero estaba vacía. Entonces vi que el contenido de los tres colores de pintura descendía y pasaba a la vasija inferior donde se unían los tres en uno solo; por lo que entendí, que para que esto sucediera, la vasija superior debía tener un orificio en el fondo para permitir el paso de dicho producto. Asimismo, deduje que los tres colores de pintura contenidos en la vasija superior, simbolizaban a las tres personas divinas y que al unirse en la vasija inferior formando un solo color, simbolizaban a un solo Dios representado **en** tres personas, según el concepto conocido: La Deidad representada por el Padre, el Hijo y el Espíritu Santo.

Capítulo 3

Creaciones de Dios

ACERCA DE LOS ÁNGELES

Entre los propósitos de Dios relacionados con sus actividades creativas parece estar en primer lugar, según se deja ver en la Santa Biblia, la creación de los seres celestiales entre los cuales figuran los ángeles. Su estudio se conoce teológicamente como angelología.

Ángel es una traducción del término [1]griego ἄγγελος [aggelos], que significa mensajero. Al respecto consideremos las citas bíblicas siguientes:

[51]*He. 1: 13, 14: [13]"Pues, ¿á cuál de los ángeles dijo jamás: Siéntate a mi diestra, Hasta que ponga a tus enemigos por estrado de tus pies? [14]¿No son todos espíritus administradores, enviados para servicio a favor de los que serán herederos de salud?"*

Lucas no ofrece un relato donde nos brida una clara evidencia acerca de esta actividad de los ángeles. Dice que al sexto mes, el ángel Gabriel fue enviado de Dios a una ciudad de Galilea, llamada Nazaret, a una virgen desposada con un varón que se llamaba José, de la casa de David: y el nombre de la virgen era María. Y entrando el ángel a donde estaba, dijo, ¡Salve, muy favorecida! el Señor es contigo: bendita tú entre las mujeres. Mas ella, cuando le vio, se turbó de sus palabras, y pensaba qué salutación fuese ésta. Entonces el ángel le dijo: María, no temas, porque has hallado gracia cerca de Dios. Y he aquí, concebirás en tu seno, y parirás un hijo, y llamarás su nombre JESUS. Este será grande, y será llamado Hijo del Altísimo: y le dará el Señor Dios el trono de David su padre: Y reinará en la casa de Jacob por siempre; y de su reino no habrá fin. [51](Lc. 1: 26-33).

151

Tal como lo confirman estas citas, los ángeles constituyen una orden de seres celestiales, cuyo ministerio consiste en ejercer como mensajeros de Dios en la realización de su divina voluntad, relacionada con los seres humanos, especialmente.

Acerca de la creación de los ángeles, las Escrituras nos revelan solo un ligero reflejo. Al respecto tomemos en consideración los pasajes siguientes:

[51]*He. 1: 7:* *"Y ciertamente de los ángeles dice:* **El que hace a sus ángeles** *espíritus, Y a sus ministros llama de fuego."*

[51]*He. 2: 6, 7:* [6]*"Testificó empero uno en cierto lugar diciendo: ¿Qué es el hombre, que te acuerdas de él? ¿O el hijo del hombre, que le visitas?* [7]*Tú le hiciste* **un poco menor que los ángeles,** *Coronástele de gloria y de honra, Y pusístele sobre las obras de tus manos."*

El apóstol Pablo nos aporta un concepto que corrobora la idea de que los ángeles fueron creados por Dios, al afirmar que por Él fueron criadas todas las cosas que están en los cielos y en la tierra, visibles e invisibles; sean tronos, dominios, principados, o potestades. Y concluye diciendo que todo fue criado por Él y para Él. [51](Col. 1: 16).

Aunque estas referencias no nos hablan de manera detallada acerca de la creación de los ángeles como en el caso de la creación del hombre, no obstante, a través de ellos podemos entender claramente que estos fueron creados por Dios. Es asumible además, según lo demuestran varios pasajes bíblicos, que los ángeles así como otras órdenes de seres celestiales, fueron creados antes que nuestro mundo. Al respecto consideremos la cita siguiente:

[51]*Job. 38: 1, 4-7:* [1]*"Y respondió Jehová a Job desde un torbellino, y dijo:* [4]*¿Dónde estabas cuando yo fundaba la tierra? Házmelo saber, si tienes inteligencia.* [5]*¿Quién ordenó sus medidas, si lo sabes? ¿O quién extendió sobre ella cordel?* [6]*¿Sobre qué están*

fundadas sus basas? ¿O quién puso su piedra angular, [7]Cuando las estrellas todas del alba alababan, Y se regocijaban todos los hijos de Dios?"

Según lo expresa este pasaje bíblico, cuando Dios fundaba la tierra, se regocijaban **todos sus hijos**. Ahora bien, si aún Él no había creado al ser humano, ¿quiénes eran esos hijos de Dios? Claramente se deduce que se trataba de todas las órdenes de seres celestiales, las cuales incluyen a los ángeles

Además, en muchos pasajes bíblicos consecutivo a la narración de la creación de nuestro mundo, aparecen frecuentemente ángeles en la realización de sus funciones sin haber dado antes explicación alguna acerca de su origen; por lo que su creación debe haber tenido lugar en una época anterior a la de este.

Según lo declara el pasaje leído en [51]He. 2: 6, 7, los ángeles son superiores al hombre. Si usted desea conocer más acerca de la amplia actividad y las extraordinarias facultades de estos seres celestiales al servicio de Dios, lo más recomendable es la lectura bíblica consecutiva. Como ejemplo de ello vea [51]Génesis 19: 1-11. [51]2 Reyes 19: 35 y Hechos 12: 7-11.

ÁNGELES CAÍDOS

La Santa Biblia nos habla acerca de la existencia de ángeles caídos o ángeles rebeldes, los cuales son denominados con el término **demonios**. Esta terminología es una traducción del [1]griego δαιμόνιον [daimónion], debido a lo cual, este tema es tratado en la teología cristiana bajo el concepto de la demonología. Su estudio es tomado en consideración solo con respecto a su origen y actividades. Los ángeles caídos son aquellos que engañados por el Diablo se hicieron partícipes de su rebelión, pecando así contra Dios y Él los despeñó del Reino Celestial. Leamos el siguiente pasaje:

[51]*Ap. 12: 7-9:* [7]*"Y fue hecha una grande batalla en el cielo: Miguel y sus ángeles lidiaban <u>contra el dragón; y lidiaba el dragón y sus ángeles</u>,* [8]*Y no prevalecieron, ni su lugar fue hallado más en el cielo.* [9]<u>*Y fue lanzado fuera aquel gran dragón, la serpiente antigua, que se llama Diablo y Satanás, el cual engaña a todo el mundo; fue arrojado en tierra, y **sus ángeles fueron arrojados con él.***</u>*"*

Según lo manifiestan las Sagradas Escrituras, los ángeles caídos o demonios son agentes al servicio del Diablo, para crear el caos entre los seres humanos. Veamos lo que dice el pasaje siguiente:

[51]*Lc. 8: 27, 30-33:* [27]*"Y saliendo él a tierra, le vino al encuentro de la ciudad <u>un hombre que tenía demonios ya de mucho tiempo</u>; y no vestía vestido, ni estaba en casa, sino por los sepulcros.* [30]*Y le preguntó Jesús, diciendo: ¿Qué nombre tienes? Y él dijo: Legión. Porque muchos demonios habían entrado en él.* [31]*Y le rogaban que no les mandase ir al abismo.* [32]*Y había allí un hato de muchos puercos que pacían en el monte; y le rogaron que los dejase entrar en ellos; y los dejó.* [33]*Y salidos los demonios del hombre, entraron en los puercos; y el hato se arrojó de un despeñadero en el lago, y ahogóse."*

Marcos nos hace el relato de un joven endemoniado el cual, donde quiera que le tomaba, le despedaza, echa espumarajos, y crujía los dientes. El padre del muchacho le dijo a Cristo: Y se va secando: y dije á tus discípulos que le echasen fuera, y no pudieron. Y respondiendo Él, les dijo: ¡Oh generación infiel! ¿hasta cuándo estaré con vosotros? ¿hasta cuándo os tengo de sufrir? Traédmele. Y se lo trajeron: y como le vio, luego el espíritu le desgarraba; y cayendo en tierra, se revolcaba, echando espumarajos. Y Jesús preguntó á su padre: ¿Cuánto tiempo hace que le aconteció esto? Y él dijo: Desde niño: Y muchas veces le echa en el fuego y en aguas, para matarle; mas, si puedes algo, ayúdanos, teniendo misericordia de nosotros. Y Jesús le dijo: Si puedes creer, al que cree todo es posible. Y luego el padre del muchacho dijo clamando: Creo, ayuda mi incredulidad. Y como Jesús vio que la multitud se agolpaba, reprendió al espíritu inmundo, diciéndole: Espíritu mudo y sordo, yo te mando, sal de él, y no entres más en él. Entonces el espíritu clamando y desgarrándole mucho salió; y él quedó como muerto, de modo que muchos decían: Está muerto. Mas Jesús tomándole de la mano, le enderezó, y se levantó. [51](Mr. 9: 18-27).

Consideremos también lo que nos dice el apóstol Pablo en el siguiente pasaje de las Escrituras:

[51]*1Ti. 4: 1: "Empero el Espíritu dice manifiestamente, que en los venideros tiempos algunos apostatarán de la fe, <u>escuchando a espíritus de error y a doctrinas de demonios.</u>"*

A causa de la rebelión y el pecado de estos ángeles caídos, Dios los ha reservado para la condenación eterna, cuya sentencia se pondrá de manifiesto cuando sean dictaminados en el juicio final. Consideremos lo que dicen las Sagradas Escrituras en los pasajes siguientes:

[51]*2P. 2: 4: "Porque si Dios no perdonó a los ángeles que habían pecado, sino que habiéndolos despeñado en el infierno con cadenas de oscuridad, <u>los entregó para ser reservados al juicio.</u>"*
[51]*Jud. 6: "Y a los ángeles que no guardaron su dignidad, mas dejaron su habitación, los ha reservado debajo de oscuridad en prisiones eternas <u>hasta el juicio del gran día.</u>"*

Nuestro Señor Jesucristo, también hizo referencia al castigo reservado para los ángeles caídos. Analicemos el siguiente pasaje de las Escrituras:

[51]*Mt. 25: 41: "Entonces dirá también a los que estarán a la izquierda: Apartaos de mí, malditos, al fuego eterno preparado para el diablo y para sus ángeles."*

Evidentemente, según lo reflejan algunos de los pasajes leídos las Sagradas Escrituras se refieren también a los ángeles caídos como espíritus inmundos.

UN QUERUBÍN CAÍDO, DIABLO Y SATANÁS

Como promotor y caudillo de la rebelión y el pecado de los ángeles caídos, se hace referencia en la Santa Biblia a un ser celestial de un orden superior al de los ángeles, conocido con el nombre de querubines. Veamos lo que nos dice el pasaje siguiente:

[51]*Ez. 28: 12-18: [12]...*"*Así ha dicho el Señor Jehová: Tú echas el sello a la proporción, lleno de sabiduría, y acabado de hermosura. [13]En Edén, en el huerto de Dios estuviste: toda piedra preciosa fue tu vestidura; el sardio, topacio, diamante, crisólito, onique, y berilo, el zafiro, carbunclo, y esmeralda, y oro, los primores de tus tamboriles y pífanos estuvieron apercibidos para ti en el día de tu creación. [14]Tú, querubín grande, cubridor: y yo te puse; en el santo monte de Dios estuviste; en medio de piedras de fuego has andado. [15]Perfecto eras en todos tus caminos desde el día que fuiste criado, hasta que se halló en ti maldad. [16]A causa de la multitud de tu contratación fuiste lleno de iniquidad, y pecaste: por lo que yo te eché del monte de Dios, y te arrojé de entre las piedras de fuego, oh querubín cubridor. [17]Enalteciose tu corazón a causa de tu hermosura, corrompiste tu sabiduría a causa de tu resplandor: yo te arrojaré por tierra; delante de los reyes te pondré para que miren en ti. [18]Con la multitud de tus maldades, y con la iniquidad de tu contratación ensuciaste tu santuario: yo pues saqué fuego de en medio de ti, el cual te consumió, y púsete en ceniza sobre la tierra a los ojos de todos los que te miran."*

Esta cita bíblica hace referencia a la creación de aquel querubín ilustre, hermoso y resplandeciente quien gozó de muchos honores hasta el día en que fue hallada maldad en él.

Según el concepto de algunos pensadores cristianos, se asume que después de Cristo, el Hijo, aquel querubín había sido el más honrado por Dios y el más exaltado en honor y en gloria entre los seres celestiales, quien se asume que debía figurar además, como el principal en autoridad sobre ellos. Pero todo parece indicar que una de las causas del origen de su rebelión consistió en la codicia de la supremacía. Pues aunque gozaba de todos aquellos honores y privilegios era, sin embargo, inferior al Hijo, el Unigénito de Dios, el cual era uno con el Padre eterno, a quien se le confería por ende, entrar en todos los consejos y designios de Dios, mientras que a él no le era permitido. Por lo que su ilícita y desmesurada aspiración de grandeza y de una gloria que no le correspondía, como lo fuera la pretensión de ser igual a Dios, lo llevaron a conspirar contra la soberanía de su propio Creador. A partir de entonces dejó de ser aquel prestigioso personaje, para convertirse en **Diablo y Satanás**, a causa de la obra del mal. Entonces Dios lo arrojó del Reino Celestial. Recordemos el pasaje de [51]Ap. 12: 7-9 donde dice que fue hecha una grande batalla en el cielo: Miguel y sus ángeles lidiaban contra el dragón; y lidiaba el dragón y sus ángeles, Y no prevalecieron, ni su lugar fue más hallado en el cielo. Y fue lanzado fuera aquel gran dragón, la serpiente antigua, que se llama Diablo y Satanás, el cual engaña a todo el mundo; fue arrojado en tierra, y sus ángeles fueron arrojados con él.

Esta cita bíblica constituye una prueba evidente de la actividad del Diablo y Satanás como promotor y caudillo de la rebelión de los ángeles que pecaron contra Dios y de la expulsión del Reino Celestial, tanto del uno como de los otros conjuntamente. A partir de entonces el Diablo y sus ángeles comenzaron su nueva actividad como enemigos de Dios, oponiéndose a Él y tratando de frustrar sus planes para con el género humano.

El vocablo Diablo viene del [1]griego διάβολος [diábolos]: chismoso. Se interpreta también como: murmurador, calumniador y falso acusador. El término Satanás, sin embargo, viene del vocablo [2]hebreo שָׂטָן [Sátan]: adversario, rival, acusador; Satán.

Así también, basados en la traducción de la Vulgata Latina, ha sido tomado el nombre "Lucifer", proveniente del pasaje bíblico de [51]Isaías 14: 12, al cual se le aluden menciones relacionadas con el ser de referencia.

Las actividades del Diablo y Satanás, contrarias a la obra y los propósitos de Dios, podemos describirlas, según sus características principales de la manera siguiente:

Primera: Desmintiendo a Dios y engañando a sus criaturas: [51]*Gn. 3: 1-5:* [1]*"Empero la serpiente era astuta, más que todos los animales del campo que Jehová Dios había hecho; la cual dijo a la mujer: ¿Con que Dios os ha dicho: No comáis de todo árbol del huerto?* [2]*Y la mujer respondió a la serpiente: Del fruto de los árboles del huerto comemos;* [3]*Mas del fruto del árbol que está en medio del huerto dijo Dios: No comeréis de él, ni le tocaréis, porque no muráis.* [4]*Entonces la serpiente dijo a la mujer: No moriréis;* [5]*Mas sabe Dios que el día que comiereis de él, serán abiertos vuestros ojos, y seréis como dioses sabiendo el bien y el mal."*

Por haberse manifestado en forma de serpiente, en su tentación a la mujer de la primera pareja, al Diablo se le llama **la serpiente antigua**, según leímos en [51]Ap. 12: 9.

Segunda: Tentando al Hijo de Dios: [51]*Lc. 4: 5-8:* [5]*"Y le llevó el diablo a un alto monte, y le mostró en un momento de tiempo todos los reinos de la tierra.* [6]*Y le dijo el diablo: A ti te daré toda esta potestad, y la gloria de ellos; porque a mí es entregada, y a quien quiero la doy:* [7]*Pues si tú adorares delante de mí, serán todos tuyos.* [8]*Y respondiendo Jesús, le dijo: Vete de mí, Satanás, porque escrito está: A tu Señor Dios adorarás, y a él sólo servirás."*

Por esta cita bíblica sabemos que Satanás tentó a Jesucristo mismo, el Hijo de Dios. Con toda seguridad el enemigo de Dios y de nuestras almas pensó que así como él había logrado engañar a la raza humana, lograría engañar también ahora al Redentor de la humanidad, al encontrarse en la condición de humano. Y en este caso descarga su disimulada furia, resentimientos, envidia y odio contra Dios y su unigénito Hijo. Pretendía someterlo a las mismas bajas pasiones y codicias en las que él había caído y a las que había sometido a los seres humanos. Para finalmente convertirlo también en su adorador, con el fin de frustrar así su obra de redención para con la humanidad.

Tercera: Sembrando la mentira y la codicia en el corazón humano: [51]*Hch. 5: 3, 4:* [3]*"Y dijo Pedro: Ananías, ¿por qué ha llenado Satanás tu corazón a que mintieses al Espíritu Santo, y defraudases del precio de la heredad?* [4]*Reteniéndola, ¿no se te quedaba a ti? y vendida, ¿no estaba en tu potestad? ¿Por qué pusiste esto en tu corazón? No has mentido a los hombres, sino a Dios."*

Esta cita bíblica declara que Satanás tienta a los cristianos para que pequen contra Dios. La tentación es incitación al pecado, y pecado es desobediencia al mandato de Dios. Por ello se ha considerado, que así como todo sentimiento bueno y toda buena obra son virtudes intuitivas dadas por Dios al ser humano, [44]también todo sentimiento malo y toda obra engañosa como la mentira y el fraude, son puestos por Satanás en el corazón humano.

Cuarta: [51]Afligiendo a los fieles: *Job 1: 8-12:* [8]*"Y Jehová dijo a Satán: ¿No has considerado a mi siervo Job, que no hay otro como él en la tierra, varón perfecto y recto, temeroso de Dios, y apartado del mal?* [9]*Y respondiendo Satán a Jehová, dijo: ¿Teme Job a Dios de balde?* [10]*¿No le has tú cercado a él, y a su casa, y a todo lo que tiene en derredor? Al trabajo de sus manos has dado* *bendición; por tanto su hacienda ha crecido sobre la tierra;* [11]*Mas extiende ahora tu mano, y toca a todo lo que tiene, y verás si no te blasfema en tu rostro.* [12]*Y dijo Jehová a Satán: He aquí, todo lo que tiene está en tu mano: solamente no pongas tu mano sobre él. Y salióse Satán de delante de Jehová."*

Los versículos del 13-22 que siguen a este pasaje, narran cómo Satanás afligió a Job matándole todo su ganado, sus siervos y a sus propios hijos. Con todo eso Job no blasfemó contra Dios, sino que se mantuvo íntegro. Pero la historia no concluye con este relato, porque el enemigo de Dios y de nuestras almas se volvió a presentar ante el Creador, y Jehová dijo a Satán: ¿No has considerado a mi siervo Job, que no hay otro como él en la tierra, varón perfecto y recto, temeroso de Dios y apartado del mal, y que aún retiene su perfección, habiéndome tú incitado contra él para que lo arruinara sin causa? Y respondiendo Satán dijo a Jehová: Piel por piel, todo lo que el hombre tiene dará por su vida. Mas extiende ahora tu mano, y toca su hueso y su carne, y verás si no te blasfema en tu rostro. Y Jehová dijo a Satán: He aquí, él está en tu mano; mas guarda su vida. Y salió Satán de delante de Jehová, e hirió a Job de una maligna sarna desde la planta de su pie hasta la mollera de su cabeza. Y tomaba una teja para rascarse con ella, y estaba sentado en medio de ceniza. [51](Job 2: 3-8).
Veamos ahora el siguiente pasaje:

[51]*Lc. 22: 31, 32:* [31]*"Dijo también el Señor: Simón, Simón, he aquí Satanás os ha pedido para zarandearos como a trigo;* [32]*Mas yo he rogado por ti que tu fe no falte: y tú, una vez vuelto, confirma a tus hermanos."*

Satanás se transfigura: [51]*2Co. 11: 14: "Y no es maravilla, porque el mismo Satanás se transfigura en ángel de luz."*

A pesar de las oposiciones de Satanás a los propósitos de Dios, los fieles creyentes abrigamos una firme esperanza en el cumplimiento de las Sagradas Escrituras, las cuales afirman que las [43]obras del Diablo tendrán su fin y que su destino y ruina son seguros. Así lo confirman los pasajes siguientes:

[51]*Mt. 25: 41:* *"Entonces dirá también a los que estarán a la izquierda: Apartaos de mí, malditos, al fuego eterno preparado para el diablo y para sus ángeles."*

[51]*Ap. 20: 10:* *"Y el diablo que los engañaba, fue lanzado en el lago de fuego y azufre, donde está la bestia y el falso profeta; y serán atormentados día y noche para siempre jamás."*

No obstante, la Biblia nos enseña cómo defendernos mientras tanto de los embates de ese terrible enemigo y cito:

[51]*Stg. 4: 7:* *"Someteos pues a Dios; resistid al diablo, y de vosotros huirá."*

CREACIÓN DEL UNIVERSO

Este tema es tomado en consideración en los estudios teológicos en relación con la cosmología. La creación del universo representa el acto magno de las actividades creativas de Dios. En ella aparece el ser humano como la criatura principal. Veamos los siguientes detalles de las Escrituras:

[51]*Gn. 1: 1, 3, 6:* *[1]"En el principio crió Dios los cielos y la tierra. [3]Y dijo Dios: Sea la luz: y fue la luz. [6]Y dijo Dios: Haya expansión en medio de las aguas, y separe las aguas de las aguas".*

[51]*Gn. 1: 7, 9, 11:* *[7]"E hizo Dios la expansión, y apartó las aguas que estaban debajo de la expansión, de las aguas que estaban sobre la expansión: y fue así. [9]Y dijo Dios: Júntense las aguas que*

están debajo de los cielos en un lugar, y descúbrase la seca: y fue
así. [11]*Y dijo Dios: Produzca la tierra hierba verde, hierba que dé*
simiente; árbol de fruto que dé fruto según su género, que su si-
miente esté en él, sobre la tierra: y fue así."

Además, según la continuidad del relato bíblico, dijo Dios: Sean
lumbreras en la expansión de los cielos para apartar el día y la
noche: y sean por señales, y para las estaciones, y para días y años;
y sean por lumbreras en la expansión de los cielos para alumbrar
sobre la tierra: y fue así. Y dijo Dios: Produzcan las aguas, reptil
de ánima viviente y aves que vuelen sobre la tierra, en la abierta
expansión de los cielos. Y crió Dios las grandes ballenas, y toda
cosa viva que se anda arrastrando, que las aguas produjeron según
su género, y toda ave alada según su especie, y vio Dios que era
bueno. Y dijo Dios: Produzca la tierra seres vivientes según su
género, bestias y serpientes y animales de la tierra según su especie:
y fue así. E hizo Dios animales de la tierra según su género, y
ganado según su género, y todo animal que se anda arrastrando
sobre la tierra según su especie, y vio Dios que era bueno. Y dijo
Dios: Hagamos al hombre a nuestra imagen, conforme a nuestra
semejanza; y señoree en los peces de la mar, y en las aves de los
cielos, y en las bestias, y en toda la tierra, y en todo animal que
se anda arrastrando sobre la tierra. Y crió Dios al hombre a su
imagen, a imagen de Dios lo crió; varón y hembra los crió. Así
concluye el relato de los seis días de la creación diciendo: Y vio
Dios todo lo que había hecho, y he aquí que era bueno en gran
manera. Y fue la tarde la mañana el día sexto. [51](Gn. 1: 14, 15, 20,
21, 24-27, 31).

La declaración de estos pasajes de las Sagradas Escrituras las
convierte en la fuente suprema de la revelación divina, que pone al
descubierto el gran misterio del origen del universo. Una mirada de
reflexión hacia este sagrado relato, nos permitirá percibir un claro
y evidente reflejo de la sabiduría, omnisciencia y omnipotencia del
Supremo Creador. Pues así como todo artífice se complace en producir una innumerable variedad de sus creaciones, también Dios,
en su sabiduría infinita, su omnisciencia y su omnipotencia, se ha

complacido en crear un universo en el que existe una infinidad de astros y planetas y una maravillosa variedad de la existencia y formas de vida. No obstante, existe una marcada diferencia entre las creaciones de Dios y las del hombre. Esta consiste no solo en el hecho de que el hombre no es creador de la vida, sino también que para sus creaciones necesita de material preexistente; mientras que Dios es creador de la materia misma y esto lo explica, según el [3]Diccionario Expositivo Vine, de palabras del Antiguo y del Nuevo Testamento, el uso del término hebreo בָּרָא [bara']: crear, hacer, al confirmar que, el significado implícito de este verbo es "creación de la nada."

En los pasajes bíblicos citados, el relato **no** está expresado de forma totalmente detallada, debido a que se hubiese necesitado escribir una serie de tomos, que por las difíciles condiciones existentes para la escritura en aquella época, hubiese sido inoperante. Además de ello, es necesario entender que de haberse hecho una descripción de los seres microscópicos, los hombres de aquellos tiempos hubiesen dado por falso el relato, debido a que no existían medios para comprobar su existencia.

El ser humano, sin embargo, aparece como la criatura superior de dicha creación, por haber sido creado a imagen de Dios.

Creo que deberá ser de suma importancia que tomemos en consideración el hecho de que a través de la historia de la humanidad, algunos hombres con la exposición de diferentes teorías, han tratado de negar la veracidad de este tradicional relato, conocido como La Teoría Bíblica del Origen del Universo. Entre ellas, se conocen como las más sobresalientes el idealismo en sus dos divisiones: el objetivo y el subjetivo. Además de ello, están el panteísmo y el materialismo, el cual expone que nuestra teoría es pueril, simple y sin valor científico alguno.

Sin embargo, todo esfuerzo por rebatir las veracidades de las Escrituras divinamente inspiradas, ha sido inútil. Pues lo cierto es que el orden tan maravilloso por el cual se rige nuestro universo, denuncia a la vista y a la razón humana la majestuosidad y la omnisapiencia de su Creador. Los principios de la lógica y de la filosofía, exigen que donde quiera que exista el orden tiene que existir por ley un ser inteligente, poseído de voluntad y poder como causa del mismo. A nadie se le ocurriría pensar que el vehículo automotor o la computadora hayan sido creados por la casualidad, debido al orden tan complejo de su constitución. Ineludiblemente se exige que cualquiera de estos efectos debe tener su causa en un ser inteligente, poseído de voluntad y poder para haberlos creado. ¿Cuánto más un universo tan complejamente ordenado, como el que nosotros conocemos, habrá necesitado de un Ser con las facultades ya mencionadas para su existencia? Bastaría solo un poco de conocimiento de astronomía para darse cuenta de la disposición tan rigurosa por la que se rigen tanto los astros como los planetas, los cuales obedecen estrictamente, aun en fracciones de segundos, las leyes que Dios ha puesto para presidirlos. Solo un poco de conocimiento de fisiología animal, humana y vegetal, nos ayudaría a comprender también el orden tan maravilloso al que obedecen los diferentes sistemas del cuerpo humano, como lo son el sistema circulatorio, el respiratorio, el digestivo, el visual y otras facultades complejas del cerebro. Así como sucede también en la vida de los animales y las plantas. El conocimiento de ello sería lo suficiente para no dudar que nuestro universo debe su existencia a un Ser infinitamente inteligente y poderoso.

Se dice que Einstein, después de haber estudiado la desintegración atómica con el fin de apoyarse en ella para negar la existencia de Dios, al realizar el gran descubrimiento, sin embargo, se expresó diciendo: "¡En cada átomo veo a Dios!"

Un importante relato tomado de una interesante [31]fuente, declara que en la *tarjeta de presentación de Louis Pasteur decía:

Profesor Doctor Louis Pasteur

Director General del Instituto de Investigaciones Científicas

Universidad Nacional de Francia

'Un poco de Ciencia nos aparta de Dios. Mucha, nos aproxima'.

Dr. Louis Pasteur.

EL SER HUMANO Y SU ORIGEN

El estudio referente a este tema según los teólogos, está relacionado, con la antropología. Al tratar acerca del mismo será necesario hacer mención a dos actos creativos que son: creación del hombre y creación de la mujer.

Creación del hombre: Acerca del origen del hombre el relato bíblico dice sencillamente lo siguiente:

[51]*Gn. 2: 7:* *"Formó, pues, Jehová Dios al hombre del polvo de la tierra, y alentó en su nariz soplo de vida; y fue el hombre en alma viviente."*

Creación de la mujer: Acerca del origen de la mujer la Santa Biblia se expresa en otros términos:

[51]*Gn. 2: 21-24:* [21]*"Y Jehová Dios hizo caer sueño sobre Adam, y se quedó dormido: entonces tomó una de sus costillas, y cerró la carne en su lugar;* [22]*Y de la costilla que Jehová Dios tomó del hombre, hizo una mujer, y trájola al hombre.* [23]*Y dijo Adam: Esto es ahora hueso de mis huesos, y carne de mi carne: ésta será llamada Varona, porque del varón fue tomada.* [24]*Por tanto, dejará el hombre a su padre y a su madre, y llegarse ha a su mujer, y serán una sola carne."*

En cuanto al acto creativo de la mujer, podemos apreciar cómo Ser Supremo, hace uso de sus facultades para obrar de acuerdo a su infinita sabiduría. No creó a la mujer del polvo de la tierra o del lodo, como lo hizo cuando formó al hombre, sino que tomó una simple costilla del cuerpo de este, y de ahí formó a la que sería su compañera y esposa, para que fuese parte misma del hombre, se sintiera depender de él, se amaran el uno al otro como a sí mismos y fueran ambos como una sola carne.

Para comentar en sentido general acerca del origen del hombre, según el relato bíblico, tenemos que reconocer que el mismo ha sido el punto más refutado y el centro de la burla y la crítica por parte de los enemigos de la fe cristiana.

¡Cuán difícil resulta creer, desde el punto de vista de la lógica y la ciencia, que un simple muñeco de lodo se haya transformado en un ser tan perfecto y de una naturaleza biológica tan altamente compleja y ordenada como la del ser humano!

Los científicos de tendencia materialista, basados en la teoría de la generación espontánea, llamada también autogénesis, creen que solamente a través de un proceso de millones de años pudieron, por los efectos de la casualidad, haberse juntado diferentes sustancias simples que al combinarse entre sí dieron lugar a la existencia de la célula. Y mediante otro proceso de millones de años más, tuvo lugar la formación de un ser más complejo que fue evolucionando hasta llegar a ser lo que son hoy día los animales y las plantas, incluyendo al hombre. Aunque esta teoría ha sido descartada por las evidencias de diferentes experimentos científicos como los de Louis Pasteur y otros, no obstante, tal vez pudiera considerarse como un razonamiento de cierta manera lógico, no de fe, porque nosotros creemos que ese mismo proceso biológico al que ellos le atribuyen todos esos millones de años, fue el que dio lugar a la existencia de las plantas y los animales. Pero en solo cuestión de horas y no por efectos casuales o de la necesidad como dicen ellos, sino por la orden de Dios cuando dijo: sea hecho y fue hecho.

Claro está, no es lo mismo lo que pudiera hacer la casualidad, que **no** prevé el orden ni los acontecimientos, a lo que puede hacer un Ser infinitamente inteligente con voluntad y poder absoluto para hacer todo lo que desea, como lo es Dios, Creador de la materia misma; quien juntó los elementos energéticos conocidos en la formación del átomo, para dar lugar a la existencia de esta.

Este mismo proceso referido con relación a los animales y las plantas, pudo haber usado Dios en la creación del hombre. Sin embargo, por tratarse de un caso especial, del único ser comprendido en este relato, que fue hecho a su imagen y semejanza, quiso

Él darle forma con sus propias manos y usar de su propio aliento para darle vida e inteligencia, al que había de ser el rey de nuestra creación.

Debemos reconocer con toda honestidad, que se necesita un alto grado de fe para creer con toda firmeza en la teoría de este relato sagrado. Pero yo espero que los estudiantes de este tratado, que hayan asimilado bien los capítulos anteriores, hayan adquirido los conocimientos suficientes acerca de las facultades del Todopoderoso, como para haber logrado ya un grado de fe tal, que les permita creer con plena certeza en todo lo que la Santa Biblia declara acerca de sus hechos.

No obstante, los resultados de los descubrimientos científicos declaran que todos los elementos constituyentes de las células del cuerpo humano, se encuentran también en la tierra, de la cual fue formado el hombre. Lo mismo se ha comprobado con respecto a las plantas y los animales.

En la actualidad, la ciencia debiera estar plenamente consciente que tanto los seres humanos, como las plantas y los animales, debemos nuestro origen primitivo y existencia a la tierra. Comprobado está que las plantas absorben de la tierra a través de sus raíces las diferentes sustancias por las cuales están compuestas sus células. Estas sustancias llegan hasta cada una de dichas células donde se acumulan haciéndolas crecer hasta compartirse en dos y dar lugar a la existencia de una nueva célula por cada una de las existentes en casi todo el cuerpo de la planta. Así se produce el crecimiento hasta que la planta llega a hacerse adulta y producir frutos compuestos por las mismas sustancias extraídas de la tierra.

Un proceso similar ocurre en los seres humanos y en los animales, al ingerir los diferentes vegetales constituidos por muchas de las sustancias que componen nuestras células. Por ejemplo: cuando la criatura comienza su proceso de formación en el seno materno, solo logra su crecimiento y formación completa si recibe la nutrición necesaria a través de la madre, la cual a su vez ha sido nutrida por los alimentos que la tierra misma le proporciona a través de los vegetales y las carnes, así como otras sustancias que entran en la cadena alimenticia. Así la nutrición recibida por la madre es asimilada en parte por la criatura, y llevada hasta cada una de sus células, donde se produce el mismo fenómeno citado en el caso de las plantas. Así se lleva a efecto el crecimiento y desarrollo de la criatura. Después que nace, es necesario que continúe un régimen normal de alimentación hasta que debido a la asimilación de las sustancias provistas por la tierra, esta llega a tener todas las condiciones naturales para la procreación, dando lugar a la existencia de nuevos individuos de su mismo género, regidos también bajo el mismo orden del ciclo ya mencionado. Quiere decir que inicialmente el origen del hombre se produjo a través de un proceso de transformación, influido por los efectos del espíritu de vida transmitido por Dios, la materia inerte (el lodo) se convirtió en células vivas dando lugar a un cuerpo biológico con vida. Mientras que en la actualidad se debe a un proceso bioquímico de formación. Las sustancias elaboradas por el organismo materno, dan lugar a la formación de un cuerpo igualmente viológico fundamentado en el óvulo y el gameto masculino, que deben su existencia igualmente, a los efectos bioquímicos, producidos tanto en el hombre como en la mujer. [44]Así surgen cada día nuevas vidas que deben su origen a la tierra por el gran proceso biológico conque Dios las ha creado en su omnisciencia y su gran poder.

Vale aclarar, que debido al carácter elemental de estos estudios, esta **no** ha sido una disertación científica profunda y detallada, sino basada en los conocimientos fisiológicos rudimentarios con pleno respaldo científico, que recibimos todos al cursar los estudios secundarios.

IMAGEN Y SEMEJANZA
DE DIOS EN EL HOMBRE

El ser humano es una creación especial de Dios, compuesta por cuerpo, alma racional y espíritu de vida, según lo confirman las Sagradas Escrituras en [51]1Ts. 5: 23 y He. 4: 12. Creado a imagen y semejanza de Dios, tal como lo declara su Santa Palabra:

[51]*Gn. 1: 26, 27:* [26]*"Y dijo Dios: Hagamos al hombre a nuestra imagen, conforme a nuestra semejanza; y señoree en los peces de la mar, y en las aves de los cielos, y en las bestias, y en toda la tierra, y en todo animal que anda arrastrando sobre la tierra.* [27]*Y crió Dios al hombre a su imagen, a imagen de Dios lo crió; varón y hembra los crió."*

Según conclusiones de la teología, se ha definido que la imagen y semejanza de Dios en el ser humano, consiste en el aspecto moral y el espiritual, que originalmente caracterizaron al hombre con su Creador.

Aspecto moral: Se dice que este comprende las cualidades morales de Dios en el hombre y que radica en el estado de santidad conque este fue creado al principio. Pues se ha definido que el ser humano fue creado con una mente santa, que no concebía la maldad por sí mismo. Poseído de la santidad de Dios, bajo la influencia de sus atributos morales. Esta característica de la imagen de Dios, la perdió el ser humano cuando cayó en el pecado, asunto que trataremos con mayor amplitud en el capítulo 4 de este tratado.

Aspecto espiritual: Se ha definido que este comprende las facultades naturales que caracterizan al hombre con Dios y que consiste en el alma racional, la cual lo faculta para pensar, crearse conceptos, hacerse juicios y razonar. Convirtiendo al ser humano en una criatura inteligente, dotado de la facultad del intelecto. Haciendo posible además, que esté sujeto a experimentar emociones o sentimientos diferentes.

Estas facultades mencionadas le permiten al hombre convertirse en un ser semejante a Dios, poseído también de algunos de los atributos naturales de su Creador, aunque en grado muy limitado.

Aspecto corporal: Aunque nuestra mente finita no puede definir con exactitud el aspecto corporal de Dios, por cuanto su naturaleza es espiritual, sin embargo, vale admitir la posibilidad de que tales cualidades también estén comprendidas en la imagen y semejanza de Dios en el hombre. Por cuanto, en varios pasajes de las Santas Escrituras, hace alusión a ello. En una de estas porciones bíblicas, según [51]Éx. 33: 20, Dios le dijo a Moisés: No podrás ver **mi rostro**: porque no me verá hombre, y vivirá. Así también, el Profeta Ezequiel emite un mensaje de Dios diciendo: ...Después que han llenado la tierra de maldad, y se tornaron a irritarme, he aquí que ponen hedor a **mis narices**. [51](Ez. 8: 17).

El profeta Isaías, según [51]Is. 40: 5 dice: Y manifestaráse la gloria de Jehová, y toda carne juntamente la verá; que **la boca** de Jehová habló. En [51]Éxodo 33: 21-23, dijo Jehová: He aquí lugar junto a mí, y tú estarás sobre la peña: Y será que, cuando pasare mi gloria, yo te pondré en una hendidura de la peña, y te cubriré con **mi mano** hasta que haya pasado; después apartaré mi mano, y verás **mis espaldas**; mas no se verá **mi rostro**. El profeta Jeremías también emite el mensaje divino diciendo: Yo hice la tierra, el hombre y las bestias que están sobre la haz de la tierra, con mi grande potencia y con **mi brazo** extendido, y díla a quien me plugo. [51](Jr. 27: 5).

Por segunda vez el profeta Isaías alude a estas características divinas, diciendo: Jehová dijo así: El cielo es mi solio, y la tierra estrado de **mis pies:** ¿dónde está la casa que me habréis de edificar, y dónde este lugar de mi reposo? [51](Is. 66: 1).

De acuerdo con estas citas bíblicas podemos apreciar, cómo el mismo Dios declara varias de sus características corporales, como son: rostro, oídos, nariz, boca, espalda, brazos, manos y pies. Así se confirma la posibilidad de que el aspecto corporal esté comprendido también en la imagen y semejanza de Dios en el hombre. Pues aunque esta descripción es catalogada bajo el concepto conocido como antropomorfismo, que consiste en atribuirle a Dios rasgos o características humanas, la exposición de estos pasajes, sin embargo, **no** está basada en la concepción del escritor, sino en la declaración del mismo Dios. Por consiguiente, para mí es muy clara la aseveración de Jesucristo según [51]Jn. 14: 8-11, cuando dijo: "El que me ha visto, ha visto al Padre." Y aunque esta declaración es atribuida al concepto de la teofanía que se basa en el hecho de manifestar la divinidad de Dios, no obstante, el sentido de la lógica nos indica que en este caso el Señor no se está refiriendo al aspecto divino, sino más bien a su apariencia corporal.

Por lo cual, con el perdón y el mayor respeto merecido para los más eminentes teólogos, para mí es inconcebible que siendo Dios un Ser personal e infinitamente inteligente, lo imaginemos como algo que no tenga una figura corporal definida, tal como la de los ángeles, cuya naturaleza es igualmente espiritual. Como dice en [51]1Co. 15: 44, que hay cuerpo animal y cuerpo espiritual. Entre los cuales no existe obviamente, ninguna relación de carácter consubstancial. Por ello, considero lógicamente asumible que la apariencia de nuestro Creador no deberá ser otra, sino aquella a cuya imagen hemos sido creados los seres humanos.

Reflexionemos con las definiciones de imagen y semejanza:

[21]Diccionario de la Real Academia Española -Vigésima segúnda edición.

Imagen:
1. f. Figura, representación, semejanza y apariencia de algo.

Diccionario de Oxfor Languages.

Semejanza:
Relación entre personas o cosas que tienen características comunes.

Nótese que la idea que mayor claridad refleja en la definición de imagen, lleva implícita en sí misma la figura y la apariencia corporal aunque además de ello incluye la semejanza, que según su definición se refiere a las características comunes que en este caso, apuntan más bien al concepto del comportamiento humano, especialmente a lo relativo con la moral y lo espiritual. Todo ello nos inclina a la aceptación de que el aspecto corporal está incluido en el concepto de la imagen y semejanza de Dios en el hombre.

PROPÓSITOS DE DIOS CON EL HOMBRE

Felicidad y vida eterna: Dadas las características facultativas conque fue creado el ser humano y teniendo en cuenta la actitud de Dios para con este a través de su bondad infinita, según estudiamos en sus atributos morales, se ha definido que el mismo fue creado con el fin de que viviera eternamente feliz sobre la tierra.

Es por ello que este fue creado con la capacidad necesaria para contribuir con su propia felicidad y con la de sus semejantes. Poseído del conocimiento de la voluntad de Dios por medio de la luz de la razón, o sea, conociendo por medio de su conciencia las leyes de Dios cuando aún Él no le había dado ley escrita, sino solo en su corazón y en su conciencia. Así lo confirman las Escrituras, de acuerdo con la declaración del siguiente pasaje:

[51]*Ro. 2: 14, 15:* [14]*"Porque los gentiles que no tienen ley, naturalmente haciendo lo que es de la ley, los tales, aunque no tengan ley, ellos son ley a sí mismos.* [15]*Mostrando la obra de la ley escrita en sus corazones, dando testimonio juntamente sus conciencias, y acusándose y también excusándose sus pensamientos unos con otros."*

En fin, el ser humano fue creado con todas las condiciones previstas para que fuese feliz sobre la tierra, aun con derecho opcinal de vivir eternamente. Para ello, le puso el Creador la condición de sujetarse a la obediencia de su mandato divino, según lo declara el siguiente pasaje de las Escrituras:

[51]*Gn. 2: 16, 17:* [16]*"Y mandó Jehová Dios al hombre, diciendo: De todo árbol del huerto comerás;* [17]*Mas del árbol de ciencia del bien y del mal no comerás de él; porque el día que de él comieres, morirás."*

Aunque este pasaje no dice expresamente que el hombre fue creado con el propósito opcional de vida eterna, sin embargo, por la advertencia que le hace Dios acerca del fruto prohibido, se deduce por cuanto le dice: "El día que de él comieres, morirás."

De manera que de no haber comido de aquel árbol, nunca hubiera muerto. Claro está, esto no quiere decir que el hombre fue creado inmortal, sino con el propósito de que llegara a serlo. Lo que no pudo lograr a causa de su pecado, según veremos en el próximo capítulo.

Libre albedrío: De la anterior cita bíblica y de otras que estudiaremos en el tema del pecado original, en el próximo capítulo surge el concepto teológico del libre albedrío, o sea, que el ser humano fue creado con las características de un agente libre: con libre voluntad para escoger entre el bien y el mal sin que sea impelido por alguna fuerza exterior. Dios pudo haberle dado al hombre una orden radical prohibiéndole comer del árbol de ciencia del bien y del mal, sin embargo, veamos cómo le dice: ..."Porque el día que de él comieres, morirás." Aunque estas palabras encierran una grave advertencia, no obstante, es evidente que ellas dejaron una posibilidad para que el hombre eligiera libremente lo que había de hacer: obedecer o infringir la orden divina. Cuestión que queda confirmada, según veremos en [51]Gn. 3: 6, donde se puede apreciar cómo el primer hombre y su mujer actuaron de acuerdo a su propia voluntad comiendo del árbol prohibido.

El hecho de que la humanidad viva en un constante estado de ansiedad por la libertad, es una prueba lógica de que el hombre fue creado con libre albedrío.

Otra prueba consiste es el hecho de que nuestros pensamientos y sentimientos son verdaderamente libres, por lo que nadie puede sujetarlos a la voluntad ajena. Sin embargo, no siempre el hombre elige sabiamente en lo que quiere hacer. Es por ello que Dios pone de manifiesto su justicia divina para con este, porque además de haberlo creado con las cualidades de un agente libre, no lo deja sin advertencia, sino que le aclara sobre las consecuencias que cosecharía de su libre elección.

Además, Dios no deja a sus criaturas abandonadas en el fracaso, sino que acude en su auxilio respetando siempre los principios de su libre voluntad. Esto lo podremos comprobar en el capítulo 5 de este tratado, donde se refleja claramente cómo le proporciona al hombre un medio para redimirlo de su condición de pecado para que pueda alcanzar la vida eterna, a través de Jesucristo.

UNIDAD II

Capítulo 4

El pecado original

LA CAÍDA DEL HOMBRE

Bosquejo: Aunque el asunto principal a tratar en este caso es acerca del pecado original, no obstante, para una mejor comprensión del tema, he querido hacer mención de la actividad influyente de Satanás, sus propósitos como enemigo de Dios y de los delitos cometidos por la primera pareja. Los cuales influyeron en la determinación de su desobediencia.

Pecado original: Este tema es tratado en la teología cristiana como la hamartiología, una palabra compuesta por dos términos [1]griegos ἁμαρτία [hamartía]: pecado y λογία [logía]: tratado, discurso, estudio. Lo cual se interpreta como estudio del pecado.

Las Sagradas Escrituras declaran, según [51]1Jn. 3: 4, que el pecado consiste en la transgresión de la ley de Dios. Esto implica generalizadamente, la desobediencia a su palabra o mandato divino. Por lo que es considerado como el término más inclusivo de distorsión moral.

Se sostiene además que la resolución del hombre de pecar contra Dios, revela su fatal determinación de gobernarse a sí mismo, en vez de dejarse gobernar por su Creador, y esto lo pone en estado de rebeldía contra el Ser Supremo.

El pecado, según la definición de los teólogos, ha sido catalogado en tres diferentes géneros: el pecado hereditario, el pecado de omisión y el pecado de comisión. El pecado hereditario es el que ha adquirido el género humano, a causa de la desobediencia de la primera pareja. El cual se refleja no solo en el hecho de que toda la humanidad ha sido alcanzada por las graves consecuencias que afectaron a Adam y a Eva como el envejecimiento, la enfermedad y la muerte; sino también en la depravación heredada, o sea, la tendencia constante que tiene el ser humano por naturaleza propia al pecado y la maldad. Mientras que el pecado de omisión consiste en el hecho de dejar de hacer lo justo o lo bueno, en circunstancias en que Dios exige que se haga.

El pecado de comisión, sin embargo, consiste en obrar injustamente o con maldad. Con lo cual siempre se viola alguno o varios de los principios de la voluntad de Dios o de sus demandas divinas expresadas en los santos mandamientos.

Al tratar acerca del pecado original pretendemos referirnos al acto de desobediencia cometido por el primer hombre y su mujer en el huerto de Edén, cuando comieron del árbol de ciencia del bien y del mal, lo cual les había sido prohibido. Por lo que su desobediencia ocasionó una grave caída moral para ambos y para toda su descendencia. Este tema se trata también en teología, como la caída del hombre. Con respecto al mismo consideremos las citas bíblicas siguientes:

[51]*Gn. 2: 16, 17:* [16]*"Y mandó Jehová Dios al hombre, diciendo: De todo árbol del huerto comerás;* [17]*Mas del árbol de ciencia del bien y del mal <u>no comerás de él; porque el día que de él comieres, morirás</u>."*

Ya vimos en el tema del querubín caído, como el diablo engañó a la mujer difamando a Dios y poniéndolo por mentiroso según [51]Gn. 3: 1-5, por cuanto dijo a la mujer: ¿Con que Dios os ha dicho: No comáis de todo árbol del huerto? Y la mujer respondió a la serpiente: Del fruto de los árboles del huerto comemos; mas del fruto del árbol que está en medio del huerto dijo Dios: No comeréis de él, ni le tocaréis, porque no muráis. Entonces la serpiente dijo a la mujer: No moriréis; mas sabe Dios que el día que comiereis de él, serán abiertos vuestros ojos, y seréis como dioses sabiendo el bien y el mal. Esta infamia diabólica fue suficiente para que la mujer cediera a la tentación, porque vio que el árbol era bueno para comer, tal como lo declara el relato en [51]Gn. 3: 6-13. Y vio que era agradable a los ojos, y árbol codiciable para alcanzar la sabiduría; así que, tomó de su fruto y comió; y dio también a su marido, el cual comió así como ella. Y fueron abiertos sus ojos y conocieron que estaban desnudos: entonces cosieron hojas de higuera y se hicieron delantales. Y oyeron la voz de Jehová Dios que se paseaba en el huerto al aire del día, y se escondieron entre los árboles del huerto. Y llamó Jehová Dios al hombre, y le dijo: ¿Dónde estás tú? Y él respondió: Oí tu voz en el huerto, y tuve miedo porque estaba desnudo; y escondíme. Y díjole: ¿Quién te enseñó que estabas desnudo? ¿Has comido del árbol que yo te mandé no comieses? Y el hombre respondió: La mujer que me diste por compañera me dio del árbol, y yo comí. Entonces Jehová Dios dijo a la mujer: ¿Qué es lo que has hecho? Y dijo la mujer: La serpiente me engañó, y comí.

Tal como lo expuse en el capítulo anterior acerca de la imagen de Dios en el hombre, queda confirmado, según el relato bíblico analizado en este caso, que el ser humano no concebía la maldad por sí mismo. No obstante, el hecho de haber desobedecido a su Creador los hizo responsables de sus actos y culpables como tales. Es por ello que debemos analizar los diferentes aspectos que influyeron como causa del pecado de la primera pareja.

En primer lugar: Como causa principal del asunto vemos que la mujer fue sorprendida por una tentación externa, una fuerza espiritual que ejerció una gran influencia sobre su mente. El pasaje bíblico hace referencia a una serpiente astuta que habló y engañó a la mujer.

Recordemos que en el capítulo anterior, cuando tratamos el tema del querubín caído, leímos el pasaje de [51]Ap. 12: 7-9 donde hace referencia a **la serpiente antigua** que se llama Diablo y Satanás, el cual engaña a todo el mundo. Esta es precisamente aquella serpiente que engañó a la mujer.

Según la conclusión que se ha extraído del estudio de la Santa Biblia, la primera manifestación del mal se dejó ver en aquel ser, quien se convirtió en enemigo de Dios en todas sus emisiones.

Como ya hemos estudiado, Satanás fue arrojado del cielo a la tierra con sus ángeles. Por lo cual, habiendo sido impedido de continuar su conspiración contra Dios en el lugar celestial, quiso tratar de impedir o frustrar sus planes para con el hombre, al cual el Ser Supremo había creado sobre la tierra y puesto en ella como príncipe de su creación.

Bien sabía Satanás que el ser humano había sido creado con la facultad del libre albedrío, y conocía además la advertencia de Dios al hombre acerca del árbol de ciencia del bien y del mal, así como la sentencia prevista en caso de desobediencia.

Satanás sabía además, que si lograba hacer pecar a la primera pareja, aquellos que habían sido creados con el manifiesto propósito de que vivieran eternamente felices bajo la obediencia, hechos a la imagen moral de su Creador, se convertirían en pecadores rebeldes y desleales. Fue por ello que el enemigo de nuestras almas, quien se hacía representar entonces en forma de serpiente como uno más de los animales del campo, llevó a cabo su malvado plan. Dios le había dicho al hombre que si comía de aquel árbol moriría, pero no le declaró que serían como dioses conociendo el bien y el mal. Sabiendo esto Satanás, no solo le inculcó a la mujer aquella ambiciosa idea de ser como dioses, sino que le afirmó anticipadamente que no morirían, aunque comieran de aquel árbol.

Es seguro que Satanás tenía en sus planes hacer que el primer hombre y su mujer, después que hubiesen comido del árbol prohibido, comiesen también del árbol de la vida y vivieran para siempre, ellos y su descendencia, bajo aquella terrible condición de pecado, dolor y de una mente depravada.

Fue por ello que Dios lo evitó en su sabiduría infinita, según lo declara el siguiente pasaje bíblico:

⁵¹Gn. 3: 22-24: *²²"Y dijo Jehová Dios: He aquí el hombre es como uno de Nos sabiendo el bien y el mal: ahora, pues, porque no alargue su mano, y tome también del árbol de la vida, y coma, y viva para siempre: ²³Y sacólo Jehová del huerto de Edén, para que labrase la tierra de que fue tomado. ²⁴Echó, pues, fuera al hombre, y puso al oriente del huerto de Edén querubines, y una espada encendida que se revolvía a todos lados, para guardar el camino del árbol de la vida."*

Satanás no pudo lograr este malvado propósito, que hubiese sido la culminación de su éxito y la desgracia eterna del género humano. No obstante, el logro de su primer intento trajo resultados extremadamente funestos para la humanidad.

Fue así como aquella influencia externa ejerció en la mente de la mujer, levándola a conclusiones que determinaron en su libre y fatal elección. Convirtiendo a la primera pareja en pecadores culpables y dignos del castigo. Pues aunque su acción parezca muy simple o inocente, la realidad es que sus causas fueron muy serias. Es cierto que la mujer fue víctima de la tentación satánica, sin embargo, es evidente que el Diablo no la obligó a comer del fruto prohibido, sino que ella libremente eligió entre la orden divina y la proposición del engañador, tomando así la determinación de gobernarse a sí misma, en vez de dejarse gobernar por su Creador.

Tal acción encierra, por tanto, varias infracciones que se han considerado como las demás causas influyentes en el pecado de dicha pareja.

En segundo lugar: Entre estas causas, se refleja el hecho de que la mujer dudó de la palabra de su Creador, quien les había asegurado que si comían del árbol prohibido morirían y creyó al Diablo, quien le afirmó que no morirían.

En tercer lugar: Ella se dejó llevar por la codicia y la pretensión de ser como dioses, lo que se ha considerado como el acto de mayor gravedad entre estas violaciones. Se asume que tal demanda implica el hecho de querer ser como Dios o igual a Él.

Así también el hombre obedeció a la voz de su mujer y conscientemente pecó contra Dios, comiendo del árbol prohibido, según lo expresa el pasaje bíblico en [51]Gn. 3: 12, 13.

En cuarto lugar: Como resultado de estas infracciones, violaron el pacto que habían hecho con su Creador, según lo expresan las Santas Escrituras en el pasaje que aparece a continuación:

[51]*Os. 6: 7: "Mas ellos, cual Adam, traspasaron el pacto: allí prevaricaron contra mí."*

En conclusión, una vez más el enemigo de Dios y de nuestras almas, logró irrumpir en el orden y en los principios éticos de la moral, establecidos por Dios, afectando en este caso el comportamiento humano, al seducir a la primera pareja a la rebeldía y la desobediencia contra su Creador.

CONSECUENCIAS DEL PECADO

Bosquejo: Los diferentes aspectos que trataremos en este tema son los siguientes: La sentencia de Dios a la primera pareja y su expulsión del huerto de Edén, la herencia del pecado en sus descendientes, la pérdida de la santidad y el oscurecimiento de la conciencia.

Consecuencias del pecado: Según las consideraciones hechas en el tema anterior, fueron varias y muy graves las violaciones implicadas en lo que pudiera parecer un simple acto de desobediencia por parte de la primera pareja. Debido a tal razón, el hombre y su mujer fueron alcanzados por la sentencia que Dios había dispuesto, según lo expresa el siguiente pasaje bíblico:

[51]*Gn. 3: 17-19: [17]"Y al hombre dijo: Por cuanto obedeciste a la voz de tu mujer, y comiste del árbol de que te mandé diciendo, No comerás de él; maldita será la tierra por amor de ti; con dolor*

comerás de ella todos los días de tu vida; ¹⁸*Espinos y cardos te producirá, y comerás del campo;* ¹⁹*En el sudor de tu rostro comerás el pan hasta que vuelvas a la tierra; porque de ella fuiste tomado: pues polvo eres, y al polvo serás tornado."*

De esta manera aquella sentencia alcanzó no solo a la primera pareja humana, sino también a toda su descendencia, pues así lo declaran las Escrituras, según el pasaje siguiente:

⁵¹***Ro. 5: 12, 18, 19:*** ¹²*"De consiguiente, vino la reconciliación por uno, así como el pecado entró en el mundo por un hombre, y por el pecado la muerte, y la muerte así pasó a todos los hombres, pues que todos pecaron.* ¹⁸*Así que, de la manera que por un delito vino la culpa a todos los hombres para condenación, así por una justicia vino la gracia a todos los hombres para justificación de vida.* ¹⁹*Porque como por la desobediencia de un hombre los muchos fueron constituídos pecadores, así por la obediencia de uno los muchos serán constituídos justos."*

Este pasaje bíblico enfoca dos temas teológicos completamente opuestos. Se trata de una comparación entre el origen y las consecuencias del pecado y la manifestación de la gracia y sus efectos. Pero en este caso precisamente, estamos tratando acerca del pecado original y sus consecuencias, por lo que nuestra atención debe fijarse en las partes de los versículos que aparecen subrayadas. Con respecto a este pasaje, vea REFLEXIÓN al final del tema.

Deberá ser de cierto interés para el estudiante, saber que del tema considerado según el reciente pasaje leído, surge el concepto teológico de la depravación heredada, a la cual hice referencia en el tema anterior, o sea, que el género humano ha heredado la desdichada condición moral que la primera pareja adquirió en el huerto de Edén cuando pecó contra Dios. A partir de aquel momento el ser humano perdió la imagen moral de Dios con la que había sido creado en santidad. Porque donde hay santidad hay libertad de pecado, según lo declaran las Escrituras en [51]Ro. 6: 22. Y de acuerdo con este concepto, cuando se le da entrada al pecado se pierde la santidad.

Un minucioso análisis teológico, tal como lo expuse anteriormente, ha dado por resultado el concepto de que el ser humano, al perder la santidad sufrió cierto grado de oscurecimiento en su conciencia, lo cual no le permite hacer diferencia clara o efectiva entre muchos aspectos del bien y del mal. Al respecto las Sagradas Escrituras dicen lo siguiente:

[51]*Ef. 4: 17, 18:* [17]*"Esto pues digo, y requiero en el Señor, que no andéis más como los otros Gentiles, que andan en la vanidad de su sentido.* [18]*Teniendo el entendimiento entenebrecido, ajenos de la vida de Dios por la ignorancia que en ellos hay, por la dureza de su corazón:"*

Debido a esta situación, la humanidad ha degenerado en sus principios morales al extremo de hacerse cada vez más degradante en su conducta.

Un eminente pensador cristiano expresó:

"Como consecuencia del pecado, una gigantesca ola de degeneración moral y física, miseria, enfermedad, dolor y muerte, azota con ímpetu al género humano."

Es por ello que Dios nos hace un constante llamado a la búsqueda de la santidad, según lo declara el pasaje bíblico siguiente:

"Porque escrito está: Sed santos, porque yo soy santo." [51]*(1P. 1: 16).*

REFLEXIÓN

En el pasaje según [51]Ro. 5: 12, 18, 19, citado en este tema dice: "De consiguiente, vino la reconciliación por uno, así como el pecado entró en el mundo por un hombre, y por el pecado la muerte, y la muerte así pasó a todos los hombres, pues que todos pecaron".

Parece del todo lógico que la mayoría de los lectores bíblicos vean esta declaración de las Escrituras, como una aplicación injusta de parte de Dios, por el hecho de atribuirnos la culpa y la pena de un pecado que realmente nosotros nunca cometimos. Sin embargo, el hecho de que el mismo Dios haya tenido que ofrecerse en sacrificio a través de su propio Hijo, por redimirnos de tal condición, debe constituir para nosotros una prueba evidente de la existencia de una razón justa y muy poderosa, por la que se nos haya atribuido tal condición, aunque no por ello deje de ser un gran misterio que está fuera del alcance de nuestra comprensión.

Capítulo 5

Misericordia y redención divina

DIOS RECIBE AL PENITENTE

Introducción: En capítulos anteriores expuse que la misericordia de Dios se pone de manifiesto, principalmente, cuando la persona se encuentra en estado de penitencia. Esta se define en este caso, como un acto de arrepentimiento y humillación. Que consiste en un profundo pesar por todas las malas acciones cometidas contra Dios y contra nuestros semejantes e implica un sincero deseo y una actitud decidida, en cuanto a la renunciación definitiva de tal comportamiento.

Según estudiamos en el capítulo anterior, el hombre después de su caída moral, quedó bajo la triste condición del pecado y la culpabilidad, sometido ineludiblemente a los principios y rigores de la pena o castigo. No obstante, era tan intenso el amor de Dios para con el ser que había creado a su propia imagen y semejanza, que no permitió su definitiva perdición sino que ofreció el recurso para que este pudiera recuperar la felicidad y la vida eterna. Para ello le da una segunda oportunidad: si durante el transcurso de su vida, el ser humano, que se había encaminado por el sendero de la rebeldía y la desobediencia, se arrepentía y se volvía al camino del bien, alcanzaría la vida eterna. Esta **no** era una oportunidad encubierta de la cual el hombre no tuviera pleno conocimiento. Pues Dios confirma esta gloriosa obra, desde tiempos precedentes en la historia bíblica, haciéndole un llamado directo a través de su Santa Palabra. Al respecto consideremos lo que nos dicen los siguientes pasajes:

[51]*Ez. 18: 21-23:* [21]*"Mas el impío, si se apartare de todos sus pecados que hizo, y guardare todas mis ordenanzas, é hiciere juicio y justicia, de cierto vivirá;* **no morirá.** [22]*Todas sus rebeliones que cometió, no le serán recordadas: en su justicia que hizo* **vivirá.** [23]*¿Quiero yo la muerte del impío? dice el Señor Jehová. ¿No vivirá, si se apartare de sus caminos?"*

[51]*Ez. 33: 11: "Diles: Vivo yo, dice el Señor Jehová, que no quiero la muerte del impío, sino que se torne el impío de su camino,* **y que viva.** *Volveos, volveos de vuestros malos caminos: ¿y por qué moriréis, oh casa de Israel?"*

La doctrina del arrepentimiento ha mantenido su vigencia a través de los tiempos, desde los primeros discursos proféticos hasta haber sido objeto de las proclamaciones de nuestro Señor Jesucristo, de Juan el Bautista y de los apóstoles de la Iglesia. Leamos las siguientes citas bíblicas:

[51]*Mt. 3: 1, 2, 8, 9:* [1]*" Y en aquellos días vino Juan el Bautista predicando en el desierto de Judea,* [2]*Y diciendo: Arrepentíos, que el reino de los cielos se ha acercado.* [8]*Haced pues frutos dignos de arrepentimiento,* [9]*Y no penséis decir dentro de vosotros: A Abraham tenemos por padre."*

[51]*Mt. 4: 17: "Desde entonces comenzó Jesús a predicar, y a decir: Arrepentíos, que el reino de los cielos se ha acercado."*

Marcos confirma este hecho según [51]Mr. 1: 14, 15 diciendo que, después que Juan fue encarcelado, Jesús vino a Galilea predicando el evangelio del reino de Dios, y diciendo: El tiempo es cumplido, y el reino de Dios está cerca: arrepentíos, y creed al evangelio. El apóstol Pablo también declara que, habiendo disimulado Dios, los tiempos de la ignorancia pasada, ahora denuncia a todos los hombres en todos los lugares que se arrepientan: Por cuanto ha establecido un día, en el cual ha de juzgar al mundo con justicia... [51](Hch. 17: 30, 31).

En estos pasajes de las Escrituras, Dios le está haciendo un llamado con promesa al género humano para que se aparte del mal y siga el bien. Que se arrepienta de sus pecados y comience una nueva vida en obediencia a su voluntad divina y no muera eternamente, sino que alcance vida eterna para su alma. La muerte del cuerpo es un fenómeno natural que todos tendremos que experimentar por designio divino, pero nuestro Señor Jesucristo dijo: De cierto, de cierto os digo, que el que guardare mi palabra, no verá muerte para siempre. [51](Jn. 8: 51).

PREÁMBULO A UN COMENTARIO
DE LOS DIEZ MANDAMIENTOS

Ahora bien, sabemos que el ser humano estaba capacitado para hacer cualquier determinación referente a su conducta, como arrepentirse de su mal camino. A partir del pecado original el hombre tuvo conocimiento del bien y del mal. Además, según vimos en la cita bíblica de [51]Ro. 2: 14, 15, este estaba poseído del conocimiento de la voluntad de Dios, por medio de la luz de la razón y de la obra de la ley escrita en su corazón. Sabemos también que el mismo fue creado con libre albedrío para elegir lo que él prefiriera hacer. No obstante, a causa del oscurecimiento que este había sufrido en su conciencia determinó Dios darle en forma escrita los principios de su voluntad divina, relacionados con los fundamentos éticos de la moral y del comportamiento humano, expresados en los Diez Mandamientos, escritos con su propio dedo en dos tablas de piedra. Al respecto consideremos los siguientes pasajes de las Escrituras:

[51]*Ex. 24: 12: "Entonces Jehová dijo a Moisés: Sube a mí al monte, y espera allá, y te daré tablas de piedra, y la ley, y mandamientos que he escrito para enseñarlos."*

[51]*Ex. 31: 18: "Y dio a Moisés, como acabó de hablar con él en el monte de Sinaí, dos tablas del testimonio, tablas de piedra escritas con el dedo de Dios."*

Estos mandamientos serán objeto de nuestra consideración en este capítulo. Con el estudio de ellos damos inicio a un valioso tema de carácter legislativo de alta apreciación teológica, considerado en este caso como legislación bíblica. Estos mandamientos resumen los dos grandes deberes del individuo: amar a Dios y amar al prójimo. Así lo declara nuestro Señor Jesucristo en [51]Mt. 22: 35-40, donde dice:

[51]*Mt. 22: 35-40:* [35]*"Y preguntó uno de ellos, intérprete de la ley, tentándole y diciendo:* [36]*Maestro, ¿Cuál es el mandamiento grande en la ley?* [37]Y Jesús le dijo: Amarás al Señor tu Dios de todo tu corazón, y de toda tu alma, y de toda tu mente. [38]*Este es el primero y grande mandamiento.* [39]*Y el segundo es semejante a éste:* Amarás a tu prójimo como a ti mismo. [40]*De estos dos mandamientos depende toda la ley y los profetas."*

Evidentemente, según la experiencia de la vida real, el respeto y la complacencia son dos condiciones ineludibles en la demostración del amor. Por lo cual, si alguien piensa que ama mucho a Dios, pero no está poniendo en práctica estas dos características implicadas en la demostración del amor, lamentablemente esa persona está equivocada en su manera de pensar al respecto. Pues cuando se ama realmente a Dios, debe demostrarse complaciéndolo mediante la obediencia a sus mandamientos divinos y a todo lo que Él ha predispuesto a través de su Santa Palabra, incluyendo la obediencia a las enseñanzas de su Hijo Jesucristo, el cual, según su propio testimonio no hablaba de sí mismo, sino lo que había oído del Padre, según [51]Jn. 8: 26, 27. De igual manera, las enseñanzas de los apóstoles de Jesucristo deben ser tomadas en cuenta y obedecidas como las del mismo Señor, por cuanto ellos difundieron el evangelio que de Él habían recibido según [51]Ga. 1: 11, 12. Solo cuando lo hagamos así, estaremos poniendo en práctica no solamente la complacencia, sino también el respeto y el verdadero amor a Dios.

Igualmente, si alguien cree que en verdad Dios mira el corazón y no la apariencia externa, debe estar seguro entonces que su corazón es conforme a la voluntad de Dios y que no está en rebeldía y desobediencia a su Santa Palabra.

PRIMER MANDAMIENTO

[54]El primer mandamiento está expresado en las palabras siguientes:

"No tendrás dioses ajenos delante de mí." [51]*(Ex. 20: 3).*

Quiere decir que no adoremos a supuestos dioses, ni creamos en ellos porque realmente no existen, sino solo en la imaginación y en el corazón del hombre desviado. Ya sea que estén representados o no por una imagen gráfica o escultural. [11]Dios demanda que le adoremos solamente a Él, que es el único verdadero, el eterno, el no creado, el Creador de todo lo que existe y el que todo lo sustenta. Al respecto veamos lo que nos dice el siguiente pasaje bíblico:

[51]*Is. 43: 10, 11:* [10]*"Vosotros sois mis testigos, dice Jehová, y mi siervo que yo escogí, para que me conozcáis y creáis, y entendáis que yo mismo soy, <u>antes de mí no fue formado Dios, ni lo será después de mí.</u>* [11]<u>*Yo, yo Jehová, y fuera de mí* **no hay quien salve**</u>*."*

Aunque esta declaración del Supremo Creador constituye una realidad innegable, es cierto también, según lo prueban minuciosos estudios de la teología, que los hombres desde el principio se crearon muchos dioses. Después de la caída moral del hombre, sus descendientes emigraron lejos sin interesarles para nada las relaciones amistosas con su Creador. Fue así como al pasar las primeras generaciones, la mayor parte de la humanidad perdió su relación con el verdadero Dios.

Es cierto también, según lo han demostrado estudios de la etnología, que el ser humano tiene por intuición propia la tendencia a creer en la existencia de lo sobrenatural, o sea, es algo innato en sí mismo la concepción de algún Dios como causa de todos los fenómenos naturales que se perciben. Como resultado de ello, los hombres se crearon un sinnúmero de dioses que no eran más que el producto de la creación de sus propias mentes. Estos eran representados principalmente por las imágenes o esculturas de personas que habían sido figuras prominentes entre sus antepasados. Otros dioses eran simbolizados por las mismas obras de la creación, tales como astros, planetas, árboles, rocas y animales.

A estos se les atribuía toda clase de poderes y facultades y se les ofrecía cultos y sacrificios extraños, de tal manera que llegaron a ofrecerles víctimas humanas, principalmente de niños. Se conoce a través de la Biblia, que esta era una práctica religiosa de los cananeos, que ofrecían sus hijos en sacrificio al fuego en los brazos del dios Moloch. Así también algunos reyes de Israel en su desvío, pecaron contra Dios haciendo lo mismo, a pesar de la advertencia divina. Consideremos lo que dicen los siguientes pasajes bíblicos:

[51]*Lv. 18: 21: "Y no des de tu simiente para hacerla pasar por el fuego á Moloch; no contamines el nombre de tu Dios: Yo Jehová."*
[51]*2R. 16: 2, 3:* [2]*"Cuando comenzó a reinar Acház, era de veinte años, y reinó en Jerusalem dieciséis años: y* no *hizo lo recto en ojos de Jehová su Dios, como David su padre;* [3]*Antes anduvo en el camino de los reyes de Israel, y aun hizo pasar por fuego a su hijo, según las abominaciones de las gentes que Jehová echó de delante de los hijos de Israel."*

Una confirmación de este abominable y criminal pecado se refleja en otras porciones de los Escritos Sagrados, donde dice: E hicieron pasar a sus hijos y a sus hijas por fuego; y diéronse a adivinaciones y agüeros, y entregáronse a hacer lo malo en ojos de Jehová, provocándole a ira. Los Heveos hicieron a Nibhaz y a

Tharthac; y los de Sepharvaim quemaban sus hijos al fuego a Adramelech y a Anamelech, dioses de Sepharvaim. El detalle histórico hace énfasis en la vida del rey Manasés, quien era de doce años cuando comenzó a reinar, y reinó en Jerusalem cincuenta y cinco años: el nombre de su madre fue Hepsiba. E hizo lo malo en ojos de Jehová, según las abominaciones de las gentes que Jehová había echado delante de los hijos de Israel. Y pasó a su hijo por fuego, y miró en tiempos, y fue agorero, e instituyó pythones y adivinos, multiplicando así el hacer lo malo en ojos de Jehová, para provocarlo a ira. [51](2R. 17: 17, 31; 21: 1, 2, 6).

Además de estas evidencias que nos aportan las Sagradas Escrituras, está probado según auténticas investigaciones, que muchas de las tribus antiguas, algunas de las cuales gozaban de cierto grado de civilización, incluyendo algunas tribus de América, practicaban el sacrificio de víctimas humanas a sus dioses, especialmente de jóvenes vírgenes.

Todo esto ha traído como consecuencia grande dolor y confusión a la humanidad apartada del verdadero y único Dios. Y es evidente que estos males han persistido en la actualidad, donde existen esta clase de creyentes que ofrecen a sus dioses la sangre y las entrañas de niños y adolescentes, para lo cual se ven obligados al secuestro y al crimen, para cumplir con lo que supuestamente estos les exigen.

Así, la adoración a otras divinidades o dioses ajenos, ha venido a convertirse, desde muy temprano en la historia de la humanidad, en una práctica tan trágica y perjudicial que ha traído como consecuencia constante dolor, terror y desesperación a una gran parte de los seres humanos, quienes a su vez viven en el más tenebroso oscurantismo religioso, al no conocer al verdadero y único Dios realmente existente.

Un estudio minucioso acerca de este mandamiento, tal como lo expone un [32]eminente escritor en su comentario, nos indica que esta prohibición incluye además el hecho de dar a cualquier objeto el primer lugar en nuestros afectos y en nuestros servicios. De manera que cualquier cosa que nos atraiga al extremo de disminuir nuestro amor a Dios o que impida que le podamos rendir el debido servicio o adoración, puede constituir para nosotros un dios ajeno.

Según este concepto, un ídolo no es solo una estatua o una imagen de metal o de madera. Un ídolo puede ser todo aquello que llegue a ocupar una posición de extrema influencia en nuestras vidas, algo que se interponga entre Dios y nosotros. Por lo que este mandamiento nos dice que ninguna persona, cosa, ideología o propósito, incluyendo el excesivo amor al dinero, debe interponerse en nuestra adoración exclusiva a Dios. Por lo cual se hace recomendable tener muy presente las palabras del mismo Señor, que dicen:

"Yo, yo Jehová, y fuera de mí no hay quien salve."[51] *(Is. 43: 11).*

SEGUNDO MANDAMIENTO

Según la traducción de la Reina-Valera de 1909, el texto dice lo siguiente:

[51]*Ex. 20: 4-6:* [4]*"No te harás imagen, ni ninguna semejanza de cosa que esté arriba en el cielo, ni abajo en la tierra, ni en las aguas debajo de la tierra:* [5]*No te inclinarás a ellas, ni las honrarás; porque yo soy Jehová tu Dios, fuerte, celoso, que visito la maldad de los padres sobre los hijos, sobre los terceros y sobre los cuartos, a los que me aborrecen,* [6]*Y que hago misericordia en millares a los que me aman, y guardan mis mandamientos."*

[54]La mayoría de las Iglesias cristianas, interpretan este mandamiento como una prohibición de crearse imágenes, únicamente cuando se hagan con el fin de adorarlas.

Los más conservadores, sin embargo, damos por cierto que el análisis gramatical del texto en el idioma original hebreo descarta completamente esta idea, la cual, ante tales evidencias resulta carente de fundamento.

Aunque creemos en la Reina-Valera como una de las versiones más confiables de las Sagradas Escrituras, traducidas al español, sin embargo, no siempre estas versiones exponen una traducción literal como solemos necesitarlo. Veamos pues lo que dice en el idioma del texto original, según la traducción literal, del [7]Antiguo Testamento Interlineal Hebreo–Español, por Francisco Lacueva. En este mismo pasaje, el versículo 4 del texto está expresado en un sentido más radical, según aparece a continuación, escrito en orden de orientación de derecha a izquierda, palabra por palabra y frase por frase:

מִמַּעַל	בַּשָּׁמַיִם	אֲשֶׁר	"תְּמוּנָה"	וְכָל־	"פֶּסֶל"	לְךָ	תַעֲשֶׂה־	[4]לֹא
de arriba	en los cielos	que	imagen	y toda	ídolo	para tí	harás	No

לָאָרֶץ:	מִתַּחַת	בַּמַּיִם	וַאֲשֶׁר	מִתַּחַת	בָּאָרֶץ	וַאֲשֶׁר
a la tierra	de abajo	en las aguas	y que	de abajo	en la tierra	y que

El texto ya despejado, se lee como sigue:

[51]*"No harás para ti ídolo y toda imagen que en los cielos de arriba y que en la tierra de abajo y que en las aguas de abajo a la tierra."*

En el [40]Antiguo Testamento Interlineal Hebreo–Español, por Ricardo Cerni, el texto está traducido exactamente igual. Y el texto hebreo en ambos Interlineales, coincide también con el texto de la [4]Biblia Hebraica Stuttgartensia. Veamos ahora la confirmación que nos ofrece el [2]Diccionario Léxico Hebreo–Español, con respecto a la definición de los términos de referencia, empleados en el pasaje citado, los cuales he señalado entre comillas, para que puedan ser identificados con mayor facilidad, en relación con los expuestos a continuación:

"פֶּסֶל" [pésel] ídolo.

"תְּמוּנָה" [temunah] imagen, figura, silueta.

Estos detalles nos ofrecen claras evidencias de que la primera categoría de imágenes, cuya confección es prohibida en este mandamiento, es el ídolo, del [2]hebreo "פֶּסֶל" [pésel]: ídolo, destinado para la adoración, mientras que la segunda categoría prohibida consiste en toda clase de imágenes, incluyendo cualquier figura o silueta, según el [2]hebreo "תְּמוּנָה" [temunah]: imagen, figura, silueta.

Nótese que hay una estrecha correlación entre este mandamiento y el primero. El primer mandamiento prohíbe tener dioses ajenos o supuestos dioses, los cuales constan en la mente y el corazón del individuo, estén representados o no por una imagen. Mientras que el segundo mandamiento prohíbe en forma radical, la producción de toda imagen, aunque estas sean o no la representación de un dios.

Debido posiblemente al carácter tan determinante del texto, los exégetas hebreos, para cuyo pueblo fueron promulgados estos preceptos en su principio, interpretaron siempre el segundo mandamiento como una prohibición radical de hacerse toda clase de imágenes de las cosas creadas por Dios.

Minuciosos estudios realizados acerca de la cultura de este pueblo, según lo expresa la historia antigua, dan pruebas de que en sus obras de arte no aparece la pintura ni la escultura representando imagen alguna de las obras de la creación divina. El relato declara además, que tal restricción en su cultura, se debe a la observancia respetuosa de dicha prohibición en el segundo mandamiento de la ley de Dios. Al respecto consideremos lo que dice la [9]Enciclopedia Judaica Castellana en la página 516 de su primer tomo:

"Arte Judío. La actitud del judaísmo hacia el arte se define por la prohibición de las imágenes, consignadas en los Diez Mandamientos: No te harás imagen (pesel), ni ninguna semejanza de cosa que esté arriba en el cielo, ni abajo en la tierra, ni en las aguas debajo de la tierra" (Exo. 20: 4).

Los detalles de referencia se complementan con la cita del pasaje siguiente:

Dice Moisés: *"Porque no os corrompáis y hagáis para vosotros escultura, imagen de figura alguna, efigie de varón o de hembra, figura de algún animal que sea en la tierra, figura de ave alguna alada que vuele por el aire, figura de ningún animal que vaya arrastrando por la tierra, figura de pez alguno que haya en el agua debajo de la tierra"* [51] *(Dt. 4: 16-18).*

[9]El texto no puede ser más claro. Es una prohibición estricta de toda representación plástica que pudiera concebirse como símbolo de lo divino. Puesto que el hombre es imagen de Dios (tzelem), según [51]Génesis, 1: 26-27, ese tabú se extiende asimismo a la efigie humana.

La Enciclopedia concluye diciendo:

[9]"En el judaísmo existe, y ha existido siempre, una sola constante: la Ley, la fe en la revelación del Monte Sinaí. Y esta Ley proscribe, esencialmente, la producción artística."

En el tomo V, página 583 de la misma [9]Enciclopedia dice:

"Los rabinos rechazan el uso de las imágenes, aun cuando evidentemente no se usan para fines de culto y hasta épocas recientes los judíos piadosos se negaban a retratarse."

Es del todo lógico, que si Dios hubiera querido prohibir únicamente la confección de imágenes que se adoran, Él se hubiera
limitado a decir solamente: No harás para ti ídolo, del hebreo:
"פֶּסֶל" לֹא תַעֲשֶׂה־ לְךָ "[4], y no hubiera concluido esta fracción de su
legado con la frase: "Y toda imagen", según el hebreo "וְכָל־ "תְּמוּנָה
[temunah]: imagen, figura, silueta.

Según las evidencias que nos proporciona este mandamiento en
su sentido general y completo, el mismo contiene dos prohibiciones referentes a las creaciones de Dios, la primera de las cuales
consiste en la producción de toda imagen de dichas creaciones;
mientras que la segunda consiste en la prohibición de adorar a las
obras mismas de la creación divina. Esto lo podemos comprobar al
comparar este pasaje con su correspondiente paralelo, según [51]Dt.
4: 16-19, citado en los detalles de la Enciclopedia, donde el mismo
Moisés hace un recuento detallado en relación con este mandamiento, entre otras leyes, parafraseándolo según su propia exégesis.
Veamos las comparaciones reflejadas a continuación:

Primera prohibición: Esta proscripción está expresada en las
palabras siguientes:

Expresión divina: [51]*Ex. 20: 4: "No te harás imagen, ni ninguna semejanza de cosa que esté arriba en el cielo, ni abajo en la
tierra, ni en las aguas debajo de la tierra."*

Exégesis de Moisés: [51]*Dt. 4: 16-18:* [16]*"Porque no os corrompáis, y hagáis para vosotros escultura, imagen de figura alguna,
efigie de varón o hembra,* [17]*Figura de algún animal que sea en la
tierra, figura de ave alguna alada que vuele por el aire,* [18]*Figura
de ningún animal que vaya arrastrando por la tierra, figura de pez
alguno que haya en el agua debajo de la tierra".*

Es indudable, según lo expresa la primera parte de este precepto,
que Dios prohíbe al hombre, de manera radical, confeccionarse
imágenes de las obras de su creación. Tanto de las que están en el
cielo como en la tierra y en las aguas debajo de la tierra. Pues así lo
interpreta Moisés en el pasaje leído según [51]Dt. 4: 16-18.

Segunda prohibición: Esta restricción divina se registra en las palabras siguientes:

Expresión divina: [51]*Ex. 20: 5: "No te inclinarás a ellas, ni las honrarás".*

Exégesis de Moisés: [51]*Dt. 4: 19: "Y porque alzando tus ojos al cielo, y viendo el sol y la luna y las estrellas; y todo el ejército del cielo, no seas incitado, y te inclines a ellos, y les sirvas"...*

En este caso es evidente también que el Todopoderoso nos hace una segunda prohibición comprendida en el mismo mandamiento y cito: No te inclinarás a las cosas que están arriba en el cielo, ni las honrarás. Esta restricción incluye lógicamente todas las obras de la creación divina.

Estos detalles de las Sagradas Escrituras justifican de manera auténtica el comportamiento de los fieles a la religión judía, en relación con este precepto divino, según los datos históricos acerca de la cultura de dicho pueblo.

Tales elementos confirman además, que la actitud del pueblo escogido de Dios con relación a la observancia de este mandamiento, no está fundada en un simple capricho ni en disposiciones creadas por hombres, sino en el mandamiento expresado por Dios y escrito por su propia mano.

Obviamente, la única posibilidad de que los practicantes judíos estuviesen equivocados en su interpretación acerca de este mandamiento, sería que Moisés, el hombre que habló cara a cara con Dios, se hubiese equivocado al expresar su versión en el recuento del libro de Deuteronomio. Donde refleja de manera muy clara su interpretación acerca del mismo, según el pasaje leído en [51]Dt. 4: 16-19. Tal concepto, sin embargo, no tendría ni la menor posibilidad de aceptación de los judíos ni de los cristianos conservadores.

Por consiguiente, no existen razones sólidas para pensar que el pueblo escogido de Dios, compuesto por estas dos entidades, esté equivocado en su radical actitud, al cohibirse de hacer imágenes de las obras de la creación divina.

La convicción que nos proveen las evidencias históricas y gramaticales además de la confirmación del texto en el idioma original, además de la exégesis de Moisés, presentadas en este estudio, es considerada lo suficientemente válida y consistente para entender, sin necesidad de más especulación, la correcta interpretación de este legado divino.

No obstante, para mayor satisfacción de los estudiantes del tema en cuestión, expondré algunos argumentos de carácter complementario que nos puedan ayudar a disipar cualquier duda relativa.

Es obvio, según lo expone en parte uno de nuestros [11]escritores de la literatura cristiana, que el hecho de hacer o tener cualquier imagen por muy simple que pueda parecer, siempre conlleva al riesgo de honrarla o venerarla. Y en tal caso se corre el peligro de que la misma se convierta en un objeto idolátrico. Por lo cual, según la traducción literal, el mandamiento prohíbe hacer ídolo y toda imagen.

Es bueno aclarar, dice nuestro [11]distinguido escritor de referencia, que no es lo mismo "honrar" que "adorar". Ninguna criatura merece ser adorada, pues solo al Creador de todo debemos rendirle ese culto. En cambio, se puede honrar a una persona o cosa sin que se le adore. El mismo Decálogo, que prohíbe honrar las imágenes, nos manda honrar a nuestros padres, según el quinto mandamiento y en [51]1Pe. 2: 17, las Escrituras nos mandan honrar a las autoridades del país. Se honra a una persona cuando se le respeta y se le reconocen sus méritos. Se honra a una imagen cuando se le coloca en un lugar distinguido para que desde allí pueda ser contemplada, o cuando se le guarda con especial afecto, aun cuando no se le rinda culto.

Por lo tanto, es claro el objetivo de Dios a través de este mandamiento: prohíbe hacer imágenes, así como honrarlas al colocarlas en lugares distinguidos o guardarlas en cualquier lugar que sea. Mientras más queramos ocultarlas o disimular la realidad de su existencia, mayor es la evidencia de cuánto las veneramos, lo cual es una prueba evidente además, de que no hemos entendido el propósito del mandamiento, o que no estamos dispuestos a aceptar la predisposición divina al respecto. Está claro que el dictamen es de carácter radical, como un medio preventivo para evitar toda posibilidad de que el ser humano venere o adore a cualquier otro ser que no sea **el Ser Supremo**. Pues está probado históricamente que los hombres apartados de Dios, se crearon desde el principio imágenes de todas clases, principalmente como un medio de expresar sus culturas. Pero lamentablemente al transcurrir los años, las figuras que estas representaban llegaron a cobrar tanto valor para aquellas generaciones, que paulatinamente se convirtieron en objeto de adoración.

Como prueba consecuente de ello, hoy día muchas iglesias y hogares están llenos de esas imágenes convertidas en ídolos.

Fue así como las imágenes que fueron hechas, **no** con el propósito de la adoración, vinieron a convertirse en dioses para futuras generaciones.

Actualmente se sigue cometiendo esta lamentable infracción, al hacerse uso de fotografías, pinturas o esculturas de nuestros ascendientes religiosos, para convertirlas en objeto de adoración, seguido del conocido proceso de la canonización.

A esta razón, se debe principalmente la radical prohibición de parte de Dios en cuanto a la confección de imágenes de la creación divina.

La segunda prohibición de este mandamiento tiene su razón en la triste realidad que ya la experiencia había puesto al descubierto mucho antes de que se promulgara el legado divino. Como dijera anteriormente, desde los inicios de la existencia humana los hombres comenzaron a adorar el sol, la luna, las estrellas y a otros géneros de las creaciones de Dios. Al respecto consideremos lo que nos dice el siguiente pasaje bíblico:

[51]*2R. 23: 5:* *"Y quitó a los Camoréos, que habían puesto los reyes de Judá para que quemasen perfumes en los altos en las ciudades de Judá, y en los alrededores de Jerusalem; y asimismo a los que quemaban perfumes a Baal, al sol y a la luna, y a los signos, y a todo el ejército del cielo."*

Este es solo un ejemplo entre muchos y constituye una prueba de que los hombres, desde la antigüedad, adoraban a las obras de la creación.

Bien sabía Dios que el hombre erraba teológicamente con la práctica de tales creencias, y que ello lo llevaba cautivo al desierto del oscurantismo y la falsedad religiosa, que por fin le ocasionarían su perdición total. Pero nuestro Creador no quiere que la humanidad viva engañada en tal oscurantismo y falsedad. Él no quiere la perdición de los seres humanos, sino que la humanidad conozca la verdad, que la practique y que viva para siempre, eternamente feliz con su único y verdadero Dios. Es por ello que el Señor le aclara a sus hijos, a los que creen en Él y quieren sujetarse a su divina voluntad, que no adoren a las obras de la creación ni hagan imagen alguna de ellas. Pues el único digno de adoración, alabanza, honra y gloria es el Dios vivo y verdadero en su santísima Divinidad.

Es cierto que aun después de la promulgación de este mandamiento, Dios ordenó a Moisés hacer imágenes que habrían de ser puestas en el Tabernáculo del Testimonio, pero esto no constituye arbitrariedad alguna en relación con la prohibición referente a este precepto. Nótese que según la traducción literal, la prohibición dice: "No harás para ti ídolo ni ninguna imagen". Dejando así abierta la posibilidad de que para otro sí se podría hacer. En este caso únicamente para Dios, si Él nos mandara hacerlo como se lo ordenó a Moisés. No así para nuestros semejantes, por cuanto es evidente que el mandamiento **no** es de carácter parcial, sino para todos los seres humanos. Pues el hecho de que, según [51]Mr. 16: 15, 16, las Escrituras indican que Dios ordenó a través de Jesucristo a sus discípulos, diciéndoles que fueran y predicaran el evangelio a toda criatura, es una prueba evidente de que Él quiere que todos los seres humanos conozcan tal enseñanza. La cual incluye la observancia de los santos mandamientos, tal como lo hemos de comprobar en el tema correspondiente. Así también el apóstol Pablo, según [51]1Ti. 2: 3 y 4 dice que Dios nuestro Salvador, quiere que todos los hombres sean salvos y que vengan al conocimiento de la verdad. Por lo cual, habiendo escrito estos mandamientos con su propio dedo, se dirige en forma directa y personal a todo ser humano que lee o escucha este santo mandamiento, prohibiéndole la confección de imágenes de las creaciones divinas. Y por principios de lógica hay que admitir, que si Dios le está haciendo tal prohibición en forma directa y personal a cada individuo, es porque Él no quiere que nadie sea habiente de tales imágenes, por lo cual, no debemos hacerlas para nosotros mismos **ni** para nuestros semejantes. Véase aclaración acerca del pasaje citado según [51]Mr. 16: 15, 16 en la introducción al capítulo 10.

La promulgación de cada uno de estos mandamientos, tiene su objetivo y su razón de ser y Dios es el único que está facultado para ordenar la transgresión de cualquiera de ellos en caso que fuera necesario. Pues así como Él ordenó la creación de dichas imágenes, según [51]Éxodo, 25: 16-40 también ordenó ciertas actividades en el templo en el día del sábado, según Números, [51]28: 8-10. Además, mandó a los hijos de Israel a matar, según [51]Dt. Capítulo 7: 1, 2; capítulo 20: 16-18 y otras referencias existentes. Al profeta Oseas ordenó tomar una mujer fornicaria y después una adúltera. Véase [51]Oseas capítulos 1 y 2. Véase además el capítulo 3.

Ahora bien, ¿acaso por eso, tenemos nosotros derecho alguno de violar cualquiera de estos mandamientos? ¿No prohíben las leyes de los hombres el homicidio y si alguien mata se le condena conforme al rigor de las leyes establecidas? Sin embargo, el mismo juez que impone la condena por matar, está facultado también para aplicar la pena de muerte al acusado, al menos en los lugares donde la pena capital es permitida.

Recuerde, solo Dios que promulgó estos mandamientos, está facultado para tomar determinaciones relacionadas con a ellos. Nosotros tenemos derecho solo a obedecerlos, **no** a transgredirlos. Vea testimonios de confirmación por *revelaciones divinas, acerca de este tema.

TERCER MANDAMIENTO

[51]*Ex.* **20: 7:** *"No tomarás el nombre de Jehová tu Dios en vano; porque no dará por inocente Jehová al que tomare su nombre en vano. "*

[54]La consideración de este mandamiento ha sacado a la luz varias maneras en que el nombre de Dios puede ser tomado en vano. Entre ellas están: la mención en forma irrespetuosa de su nombre, el uso del mismo de modo informal o descuidado, cuando apelamos a su nombre por asuntos sin mayor importancia, cuando lo repetimos con frecuencia y sin reflexión y cuando juramos por el nombre de Dios. Así también cuando referimos algún mensaje o alguna palabra en nombre suyo, sin que Él nos lo haya comunicado, violamos este mandamiento. Todo esto incluye el nombre "Jehová", tal como se pronuncia actualmente, y cualquier otra variante del vocablo original "YHWH"; así como cualquier otro nombre que pueda referirse a Él, a Jesucristo o al Espíritu Santo. Debido a que son tres personas, pero un **solo Dios verdadero**, según el concepto teológico que ya conocemos.

Para que podamos comprender mejor la razón de este mandamiento divino, será menester que tengamos en cuenta que estas palabras fueron dirigidas, al principio de su legado, directamente al pueblo hebreo, el pueblo elegido de Dios.

Desde sus primeras manifestaciones al mismo, Dios se había dado a conocer entre ellos con su propio nombre. Cuando este precepto fue promulgado ya Él se había identificado muy bien con su pueblo. En cuya presencia había hecho grandes maravillas y milagros. Comenzando con las diez plagas de Egipto, hasta sus colosales manifestaciones de poder durante todo el éxodo hasta el monte Sinaí, donde les fueron referidas diferentes leyes, entre ellas los Diez Mandamientos. De manera que ya cada uno de ellos estaba plenamente consciente de que al mencionar este nombre se estaba refiriendo al Ser Supremo, al Dios omnisciente y todo poderoso, poseído de una infinita bondad, lleno de amor y misericordia para con los que le aman y guardan sus mandamientos. Jehová, el Dios de Israel, era conocido por tanto, como el Ser digno de todo respeto y honor. ¿Sería capaz alguno de tener en poca estima su santo nombre, o de mencionarlo de manera irrespetuosa o en alguna de las otras formas referidas? El que tal cosa hiciere no sería digno de gozar de las benevolencias del Supremo Creador. Por lo cual decreta el santo mandamiento diciendo: ..."Porque no dará por inocente Jehová al que tomare su nombre en vano."

También nosotros hoy día somos el pueblo elegido de Dios. Los milagros y maravillas que Él hizo entre sus primeros escogidos, los creemos tan ciertos como si los hubiera hecho entre nosotros mismos. Igualmente, de muchas maneras se ha manifestado el Todopoderoso en nuestras vidas, dándonos pruebas evidentes de su grandiosidad y su magnificencia. ¿Sería tan ingenuo cualquiera de nosotros como para tomar su nombre en vano de alguna forma? Los pecadores suelen hacerlo, pero recuerde, que si no se arrepienten Dios no los tendrá por inocentes.

Sabemos que la mayoría lo hace por carencia de la instrucción teológica necesaria, pero yo espero que este sencillo comentario pueda ayudar a muchos a entender la determinación de Dios con respecto a este importante mandamiento suyo. Espero además, que se tenga siempre presente al mencionar el nombre de Dios, hacerlo con todo respeto y solemnidad porque no dará por inocente Jehová, al que tomare su nombre en vano.

Dato curioso: Según el relato auténtico de la hermana Norca Cano, distinguida y honorable misionera cristiana, se cuenta que antiguamente en España había una ley que prohibía a todo artista de la farándula, etc. usar el nombre de Dios en comedias, en representaciones y actos que no fueran religiosos, en expresiones tales como: ¡Dios mío, como te has puesto! ¡Válgame Dios que he de ir al concierto! ¡Oh Dios, que vuelva pronto! Todo esto era considerado como una violación del tercer mandamiento.

CUARTO MANDAMIENTO

Resulta algo muy curioso e interesante el hecho de que según el orden cronológico del sagrado relato, este mandamiento aparece precediendo la promulgación del Decálogo Divino. Veamos lo que dice el pasaje siguiente:

[51]*Ex. 16: 23: "Y él les dijo: Esto es lo que ha dicho Jehová: Mañana es el santo sábado, el reposo de Jehová: lo que hubiereis de cocer, cocedlo hoy, y lo que hubiereis de cocinar, cocinadlo; y todo lo que os sobrare, guardadlo para mañana."*

[54]Este señalamiento de Dios para su pueblo le fue indicado a Moisés durante el éxodo en su marcha hacia Palestina, antes de que ellos llegaran al monte Sinaí. Allí les fueron referidos los Diez Mandamientos en la promulgación del Decálogo, ocupando este el cuarto lugar. En esta segunda ocasión, sin embargo, el mandamiento está expuesto en forma más expresiva y específica. Al respecto tomemos en consideración el siguiente pasaje:

[51]*Ex. 20: 8-11:* [8]*"Acordarte has del día del reposo, para santificarlo:* [9]*Seis días trabajarás, y harás toda tu obra;* [10]*Mas el séptimo día será reposo para Jehová tu Dios: no hagas en él obra alguna, tú, ni tu hijo, ni tu hija, ni tu siervo, ni tu criada, ni tu bestia, ni tu extranjero que está dentro de tus puertas:* [11]*Porque en seis días hizo Jehová los cielos y la tierra, la mar y todas las cosas que en ellos hay, y reposó el séptimo día: por tanto Jehová bendijo el día del reposo y lo santificó."*

En esta cita es la primera frase la que despierta nuestra atención, al considerar cómo dice la Escritura: "Acordarte has del día del reposo". Esta expresión nos lleva a una reflexión en relación con el relato de [51]Gn. 2: 2, 3, donde se refiere a la conclusión del acto creativo de Dios diciendo:

> *"Y acabó Dios en el día séptimo su obra que hizo, y reposó el día séptimo de su obra que había hecho. [3]Y bendijo Dios al día séptimo, y santificólo, porque en él reposó de toda su obra que había Dios criado y hecho."* [51]*(Gn. 2: 2, 3).*

Una comparación de estos tres pasajes bíblicos nos lleva a la conclusión de que este mandamiento era conocido por la humanidad desde el principio, pero que ya los hombres habían perdido la noción de él.

Tal como lo expresa nuestro [11]distinguido escritor de referencia, es notable que **el sábado** diferencia al verdadero Dios de todos los falsos dioses, al señalarlo como Creador de todas las cosas. Por lo que no basta observar cualquier día de la semana, continúa diciendo nuestro Escritor, sino el día que Dios ordenó recordar y santificar. El mismo que Él bendijo y santificó, que no es otro sino el séptimo día, reconocido desde la antigüedad como el día del sábado.

Para que podamos comprender mejor las exaltadas razones que justifican la observancia de este día, debemos considerar que la obra de la creación del universo incluye el origen de la vida y de todas las maravillas naturales que la engalanan, por lo que debe constituir para los seres humanos la mayor evidencia de la grandeza, la omnisciencia, el poder y la bondad de Dios. No existen palabras con las que podamos expresar toda la nobleza y la gloria comprendidas en su creación. La ciencia humana, para su estudio, ha dividido la misma en tres grandes reinos: el reino animal, el vegetal y el mineral.

Millones y millones de ejemplares de la literatura nos hablan con toda certeza de las maravillas y la grandeza de cada uno de estos reinos, sin haber logrado revelar aún todos los valores que ellos encierran. Cada vez más el hombre logra nuevos descubrimientos científicos que arrojan a la luz un mayor grado de gloria en las maravillosas creaciones del Dios omnisapiente.

La mayor satisfacción que el ser humano pueda percibir al considerar estas cosas, es saber que todas las hizo Dios para que nosotros disfrutemos de ellas y para que las mismas contribuyan de manera especial a nuestra felicidad. Ahora bien, ¿habrá de tenerse en tan poca estima lo más excelso, admirable y bello que el hombre pueda apreciar con sus cinco sentidos? ¿No debería ser recordada periódicamente la actividad tan maravillosa del Supremo Creador, en la cual está incluida la causa de la existencia de la vida y su constante reproducción y conservación?

"Seis días trabajarás, y harás toda tu obra; mas el séptimo día será reposo para Jehová tu Dios". Así dice el Todopoderoso. Este es pues, precisamente el día que Dios ha elegido para que lo descansemos en memoria de su reposo después de haber terminado la portentosa obra de la creación del universo. Este es el día para recordar y meditar en la admirable obra del Divino Creador. Es el día elegido para que reposemos de nuestros trabajos y le tributemos la honra y la gloria que solo Él merece, pues así dice su Santa Palabra:

[51]*Is. 58: 13, 14:* [13]*"Si retrajeres del sábado tu pie, de hacer tu voluntad en mi día santo, y al sábado llamares delicias, santo, glorioso de Jehová; y lo venerares, no haciendo tus caminos, ni buscando tu voluntad, ni hablando tus palabras:* [14]*Entonces te deleitarás en Jehová; y yo te haré subir sobre las alturas de la tierra, y te daré a comer la heredad de Jacob tu padre: porque la boca de Jehová lo ha hablado."*

Este pasaje de las Sagradas Escrituras nos enseña que el sábado debe ser observado celosamente, con todo el reconocimiento que merecen el amor y la obediencia a nuestro Creador. Consideremos algunas de las exigencias de Dios a su pueblo, en cuanto al reposo del séptimo día. Según la referencia citada en [51]Ex. 20: 8-11, con respecto a este mandamiento, se prohíbe realizar obra alguna, no solamente al padre de la familia y a sus hijos, sino también a los trabajadores que este pueda tener en su casa, en su negocio o en su hacienda. Aun su animal de trabajo debe reposar en ese día, también "tu extranjero que está dentro de tus puertas". O sea, si tenemos algún huésped, ya sea familiar, amigo o cualquier otra persona, no se le debe permitir realizar obra alguna dentro de los límites de nuestra propiedad. De otra manera seremos nosotros los responsables ante Dios de tal acto de desobediencia.

Tomemos en cuenta además lo que dicen las Escrituras en el siguiente pasaje:

[51]*Ex. 35: 3: "No encenderéis fuego en todas vuestras moradas en el día del sábado."*

Esta prohibición está en estrecha relación con la cita de Ex. 16: 23 donde dice:

"Y él les dijo: Esto es lo que ha dicho Jehová: Mañana es el santo sábado, el reposo de Jehová: lo que hubiereis de cocer, cocedlo hoy, y lo que hubiereis de cocinar, cocinadlo; y todo lo que os sobrare, guardadlo para mañana". [51]*(Ex. 16: 23).*

Otro detalle que se refleja en el sagrado relato con relación a la observancia del sábado, es la prohibición de la compraventa y la mercadería, tal como lo confirma la narrativa de Nehemías en [51]Neh. 13: 15-18, donde dice que, en aquellos días vio en Judá algunos que pisaban en lagares el sábado, y que acarreaban haces, y cargaban asnos con vino, y también de uvas, de higos, y toda

suerte de carga, y traían a Jerusalem en día de sábado; y les pro-
testé acerca del día que vendían el mantenimiento. También
estaban en ella tirios que traían pescado y toda mercadería, y vendían en sábado a los hijos de Judá en Jerusalem. Y reprendí a los
señores de Judá, y díjeles: ¿Qué mala cosa es ésta que vosotros
hacéis, profanando así el día del sábado? ¿No hicieron así vuestros
padres, y trajo nuestro Dios sobre nosotros todo este mal, y sobre
esta ciudad? ¿Y vosotros añadís ira sobre Israel profanando el sábado?

Toda persona que guarde este mandamiento de Dios debe tener
muy presente todos estos aspectos relacionados con el día del
reposo, para que pueda observarlo íntegramente.

Concerniente a la vigencia de esta prescripción divina para el
cristianismo, véase el tema titulado: El reposo del sábado, ¿un
mandamiento vigente?

QUINTO MANDAMIENTO

Antes de entrar en consideración del tema de referencia, quiero
recordar que al iniciar este comentario de los Mandamientos, de
Dios, expuse que estos resumen los dos grandes deberes del individuo: amar a Dios y amar al prójimo, según leímos en [51]Mt. 22:
35-40. Por lo cual he hecho una exposición de los primeros cuatro
mandamientos, los cuales se refieren al amor para con Dios. La fiel
observancia de ellos será nuestra mayor demostración de cuánto lo
amamos. Para continuar con la exposición de los seis restantes
relacionados con el amor al prójimo, veamos lo que nos dice el pasaje siguiente:

[51]***Ro. 13: 8-10:*** *[8]"No debáis a nadie nada, sino amaros unos a
otros; porque el que ama al prójimo, cumplió la ley. [9]Porque: No
adulterarás; no matarás; no hurtarás; no dirás falso testimonio;
no codiciarás: y si hay algún otro mandamiento, en esta sentencia*

se comprende sumariamente: Amarás a tu prójimo como a ti mismo. [10]La caridad no hace mal al prójimo: así que, el cumplimiento de la ley es la caridad."

Además de todos los mandamientos referidos en este pasaje bíblico, evidentemente el de honrar a los padres está relacionado también con el amor al prójimo, el cual es precisamente el quinto mandamiento.

Consideremos ahora lo que dice este precepto divino:

"Honra a tu padre y a tu madre, porque tus días se alarguen en la tierra que Jehová tu Dios te da." [51](Ex. 20: 12).

[21]**Honrar:** Respetar a alguien, enaltecer o premiar su mérito, dar honor o celebridad.

[54]Solo un ligero análisis sería suficiente para entender que después de Dios en su santísima Divinidad, no existe otro ser en el universo que merezca mayor honra que el padre y la madre. Después de Dios, son ellos la causa de nuestra existencia. A ellos debemos todo el amor, el cariño y el cuidado que pusieron en nosotros aún antes de nuestro nacimiento. ¡Cuánto trabajo, sacrificios y preocupaciones sufren los padres por proveer a sus hijos de alimentos, vestido, calzado y de todo lo necesario para la subsistencia! ¡Cuánto desvelo y angustia cuando algún hijo se enferma o sufre cualquiera otra adversidad! Conocemos de muchos padres que han enloquecido a causa de la pérdida de un hijo. Muchos testimonios pudiera relatar de lo que han sido capaces muchos padres por el amor a sus hijos. A ellos debemos la educación que hemos recibido y lo que somos. Entonces, ¿a quién sino a nuestros padres, después de nuestro Creador, debemos los seres humanos mayor respeto, veneración y enaltecimiento de sus méritos?

El amor, el respeto y la obediencia, son tres características que debe poseer todo hijo que quiera honrar a sus padres. La falta de respeto y la desobediencia ha sido, en la mayoría de los casos, la causa de la desgraciada suerte que han corrido muchos hijos. Para unos ha sido la cárcel por largos y duros años, a otros se les ha tronchado la vida en plena juventud y algunos han corrido la suerte de ser unos miserables en medio de la sociedad en que viven. Es por ello que el sabio y santo mandamiento nos impele a honrar a nuestros padres, para que nos vaya bien en la vida. Pues, ¿quién mejor que ellos, que tanto nos aman, podrá darnos buenos consejos y guiarnos por los rectos caminos de la vida? He aquí la razón justa y benigna de este mandamiento del Dios de amor.

Tal como lo expresa nuestro [32]eminente escritor, el hogar y la unidad de la familia son las bases de toda sociedad decente. Y las relaciones de los hijos con los padres es un tipo exacto de las relaciones espirituales entre los verdaderos cristianos y Dios.

La obediencia al quinto mandamiento redunda en edificación de buenos hábitos y excelencia de carácter que tienden a prolongar la vida. Y en su final significado, aquellos que aprendan a respetar y a obedecer a sus padres, vivirán más días sobre la tierra.

Consideremos ahora lo que nos dicen otras citas bíblicas relacionadas con este mandamiento:

[51]*Col. 3: 20: "Hijos, obedeced a vuestros padres en todo; porque esto agrada al Señor."*

[51]*Ef. 6: 1-3: [1]"Hijos, obedeced en el Señor a vuestros padres; porque esto es justo. [2]Honra a tu padre y a tu madre, que es el primer mandamiento con promesa, [3]Para que te vaya bien, y que seas de larga vida sobre la tierra."*

También en el libro de Proverbios según [51]Pr. 1: 8-10 dice: Oye, hijo mío, la doctrina de tu padre, y no desprecies la dirección de tu madre; porque adorno de gracia serán a tu cabeza, y collares a tu cuello. Hijo mío, si los pecadores te quisieren engañar, no consientas. Asimismo en [51]Pr. 23: 22, el proverbista expresa: Oye a tu padre, a aquel que te engendró; y cuando tu madre envejeciere, no la menosprecies.

SEXTO MANDAMIENTO

"No matarás." [51]*(Ex. 20: 13).*

[54]El homicidio tiene una trascendencia remota. El primer caso históricamente conocido aparece relatado en los anales bíblicos, según el pasaje siguiente:

[51]*Gn. 4: 8-12:* [8]*"Y habló Caín a su hermano Abel: y aconteció que estando ellos en el campo, <u>Caín se levantó contra su hermano Abel, y lo mató.</u> [9]Y Jehová dijo a Caín: ¿Dónde está Abel tu hermano? Y él respondió: No sé; ¿soy yo guarda de mi hermano? [10]Y él le dijo: ¿Qué has hecho? La voz de la sangre de tu hermano clama a mí desde la tierra. [11]Ahora pues, maldito seas tú de la tierra que abrió su boca para recibir la sangre de tu hermano de tu mano: [12]Cuando labres la tierra, no te volverá a dar su fuerza: errante y extranjero serás en la tierra."*

Grande sobremanera es la indignación de Dios contra los homicidas. Las exigencias de la justicia y del amor de Dios nos dicen claramente a nuestra conciencia, que nadie tiene derecho de privar de la vida a alguien. Y por muchas razones que el hombre quiera exponer para justificar un hecho semejante, nunca tendrá excusa delante de Dios, ni le será perdonado, si no viene verdaderamente arrepentido ante su presencia divina.

No hay derecho para derribar el árbol que no ha plantado o la torre que no ha edificado, menos permitido le será privar de la vida a su semejante, siendo el Supremo Creador quien le dio la existencia. ¿Quién es el hombre para destruir la obra de Dios sin que Él lo haya autorizado?

El homicidio es el mayor y más horrendo de todos los crímenes que se puedan cometer sobre la tierra. Consideremos que aun los animales, que son seres irracionales, cuidan de sus hijos con un celo feroz y cuando son afectados por la pérdida de alguno de ellos, por lo general sufren y lo llaman por varios días. ¡Cuánto sufrimos los seres humanos la pérdida de nuestros seres queridos! Aun cuando fallecen de muerte natural o por accidente, es indescriptible el dolor que se experimenta. ¡Cuánto más al saber que un semejante suyo le haya dado muerte intencionalmente!

El homicidio trae gran dolor, tristeza y sufrimiento a la humanidad. ¡Cuántos padres han sido privados de sus hijos para siempre por causa del homicidio! ¡Cuántas viudas! ¡Cuántos huérfanos! Incontables son los males que ha ocasionado este criminal pecado a la humanidad a través de toda su historia.

Tal como lo declara nuestro [11]distinguido escritor en su comentario acerca de este mandamiento, todo acto de abuso, atropello, amenaza e insulto, así como toda injusticia que contribuya a abreviar una vida, el espíritu de odio y venganza o cualquier palabra que lleve a desearle mal a alguien, constituye una violación en mayor o menor grado del sexto mandamiento, de lo cual habrá que darle cuentas a Dios. Al respecto consideremos lo que nos dice el siguiente pasaje bíblico:

[51]*Mt. 5: 21, 22:* [21]*"Oísteis que fue dicho a los antiguos: No matarás; mas cualquiera que matare, será culpado del juicio.* [22]*Mas yo os digo, que cualquiera que se enojare locamente con su hermano, será culpado del juicio; y cualquiera que dijere a su hermano, Raca* (estúpido o necio), *será culpado del consejo; y cualquiera que dijere, fatuo, será culpado del infierno del fuego."*

También el apóstol Juan en su primera epístola dirigida a la Iglesia declara que, cualquiera que aborrece a su hermano, es homicida; y sabéis que ningún homicida tiene vida eterna permaneciente en sí. [51](1Jn. 3: 15).

SÉPTIMO MANDAMIENTO

"No cometerás adulterio." [51] *(Ex. 20: 14).*

[54]El adulterio es una violación de la fe conyugal, infidelidad, falsificación o alteración de la naturaleza de algo, pero el acto de mayor gravedad y que generalmente ha traído serias consecuencias a la humanidad, en el caso específico del adulterio, ha sido la violación de la fe conyugal. Pues la naturaleza de la pareja, tal como lo comenta nuestro [32]eminente escritor de referencia, es de unión indivisible y de respeto mutuo, así que cuando se adultera se quebranta o se profana esa ley. Dios estableció el matrimonio como un lazo sagrado entre un hombre y una mujer que deben amarse y mantener mutua fidelidad hasta la muerte. De hecho el Señor dijo: "Por tanto, dejará el hombre a su padre y a su madre y allegarse ha a su mujer y serán una sola carne". En los planes del Creador estaba muy clara la necesidad de la pareja como núcleo principal de la creación y de la civilización. Pero el adulterio rompe la estabilidad de la familia y pone en peligro aun la estabilidad de la raza humana. Por eso es tan importante este mandamiento. La infidelidad produce amargura y dolor en el ser engañado, desconfianza en los hijos y un terrible cuadro de tristeza y engaño.

El amor es uno de los sentimientos más fuertes de los seres humanos y al hacer un análisis específico sobre el amor conyugal, encontraremos que este tiene características muy delicadas, por lo que muy fácilmente puede ser afectado. Y las consecuencias suelen ser por lo general, las más peligrosas de todas. Una de estas características sentimentales del amor conyugal es conocida como celo. Esta no admite violación alguna del compromiso o pacto matrimonial, y cuando esto ocurre, generalmente suele suceder que la persona afectada es embargada por el celo al extremo de perder el control de su equilibrio mental y en muchos casos se han llegado a cometer los más horrendos crímenes pasionales. El adulterio o violación de la fe conyugal ha traído como consecuencia a la humanidad innumerables actos de homicidios y suicidios. Se conoce

215

de muchos casos en que la persona que ha sido víctima de tal traición, le ha dado muerte a su cónyuge o se ha dado muerte a sí misma. Otras han matado a sus hijos y a su cónyuge, y después se han suicidado. En algunos casos hasta personas ajenas al problema han sido víctimas del crimen.

El adulterio ha sido además la causa de muchas enemistades, pleitos y atropellos. Diversas y alarmantes son las formas en que este pecado ha traído desgracia y dolor a la humanidad. ¡Cuántos niños huérfanos, desamparados de sus padres, inocentes pasando trabajo, hambre y necesidad, sin un hogar paternal, sin amor ni cariño, sin vestido ni calzado! ¡Cuántos niños traumatizados por los efectos de la ausencia de su padre o de su madre!

¡Cuántas mujeres viudas! ¡Cuántos mutilados! ¡Cuántos encarcelados! ¡Cuánto sufrimiento e infelicidad ha traído el pecado del adulterio! Este es también uno de los crímenes más grandes que se puedan cometer sobre la tierra.

Es esta la justa razón por la que nuestro Dios legara tal mandamiento diciendo: "No cometerás adulterio."

Este precepto divino, tal como lo declara nuestro [11]distinguido escritor, prohíbe no solo la práctica de los hechos, sino aun las intenciones secretas y las emociones del corazón, como un medio radical para evitar la posibilidad de su ejecución. Al respecto consideremos las palabras de nuestro Señor Jesucristo según la cita bíblica siguiente:

[51]*Mt. 5: 27, 28:* [27]*"Oísteis que fue dicho: No adulterarás:* [28]*Mas yo os digo, que cualquiera que mira a una mujer para codiciarla, ya adulteró con ella en su corazón."*

Se conoce con mucha frecuencia de personas que exponen que sus relaciones pasionales ilícitas, no han dado por resultado ninguna de las consecuencias que se mencionan aquí. Pero aunque esto parezca ser cierto, debemos tener presente que tal comportamiento ha servido de ejemplo a otros cuya actitud sí ha logrado resultados perjudiciales. Como dice un [33]versado escritor de la literatura cristiana en su comentario acerca de este mandamiento:

"¿Quién dijo que no se lastima a nadie? El costo del adulterio y la promiscuidad son sinónimos de la desgracia social. El costo real de la inmoralidad sexual es astronómico y lo han estado pagando miles de millones de seres humanos desde tiempos inmemoriales." Por lo cual, la violación del séptimo mandamiento será considerada siempre como una actitud negativa, cuya recompensa se encuentra expresada en el siguiente pasaje de las Sagradas Escrituras:

[51]*He. 13: 4: "Honroso es en todos el matrimonio, y el lecho sin mancilla; mas a los fornicarios y a los adúlteros juzgará Dios."*

OCTAVO MANDAMIENTO

"No hurtarás." [51] *(Ex. 20: 15).*

[54]Este mandamiento divino está igualmente relacionado con el amor a nuestros semejantes en sentido general.

El hurto es un acto delictivo, a través del cual el que lo ejecuta se apropia ilegalmente del bien ajeno. Es este, otro de los pecados que ha traído por consecuencia grandes tragedias a la humanidad a través de toda su historia.

Consideremos que en la mayor parte de los casos, las personas afectadas por el hurto han perdido bienes que con mucho sacrificio han logrado adquirir. Por lo general una persona ha trabajado varios años sacrificándose y absteniéndose de satisfacer muchas de sus necesidades, para poder con sus ahorros, obtener aquello que suele ser más deseado o de mayor prioridad para la familia o para el uso personal. Y luego resulta que viene aquel, a quien no le pertenece y se apodera de sus bienes sin que le sea posible recuperarlos, sino a través de un nuevo proceso de sacrificio y duro trabajo. Lo mismo sucede con el obrero que ha trabajado largas y sacrificadas jornadas laborales para llevar el sustento al hogar, mientras que acechándole el malvado, le hurta su dinero. ¿Con qué comprará ahora lo más necesario para su familia, como alimentos y medicina? ¿Con qué suplirá sus necesidades y pagará sus deudas?

Así sucede también con el granjero que ha trabajado durante todo un año para obtener los frutos de la tierra, y ¿qué tal si antes de recogerlos vienen los ladrones y le hurtan la mayor parte de su cosecha? ¿Quién suplirá ahora de pan a su familia? ¿Qué tal si le roban su buey o su asno o cualquiera de sus animalitos que con tanto sacrificio ha obtenido? ¿Con qué labrará ahora la tierra o transportará su carga?

El hurto es también un delito criminal digno de ser severamente castigado, por cuanto trae a la humanidad constante sufrimiento. El mismo ha sido causa de frecuentes actos de homicidio, atropellos y severas agresiones. Familias enteras han sido despojadas de sus bienes por la violencia, naciones completas han sido saqueadas y echadas de sus tierras bajo las formas más violentas y criminales conocidas. Y ¿cuál es la causa de todos estos males, sino el interés por apropiarse indebidamente de lo ajeno?

Este es un mal hábito, de carácter abarcador, que tal como dice nuestro [11]distinguido escritor, Dios lo prohíbe aun en las formas más simples o sutiles de sus manifestaciones. Incluye las ganancias excesivas en el comercio, requiere también el pago de las deudas y el salario justo del obrero. Dios exige medidas y balanzas justas. Consideremos lo que nos dice el siguiente pasaje bíblico:

[51]*Jer. 22: 13: "¡Ay del que edifica su casa y no en justicia, y sus salas y no en juicio, sirviéndose de su prójimo de balde, y no dándole el salario de su trabajo!"*

Este concepto de la Ley de Dios, está claramente especificado en [51]Lv. 19: 35, 36, donde dice: No hagáis agravio en juicio, en medida de tierra, ni en peso, ni en otra medida. Balanzas justas, pesas justas, epha justo, e hin justo tendréis: Yo Jehová vuestro Dios, que os saqué de la tierra de Egipto.

Toda tentativa de sacar provecho de la ignorancia, debilidad o desgracia de los demás, comenta nuestro citado [11]escritor, así como toda forma hábil o engañosa empleada para alterar a nuestro favor el precio de un artículo a la hora de comprarlo o venderlo, al igual que todo acto de complicidad relacionado con el delito del hurto, implican una violación del octavo mandamiento y se anota como un fraude en los registros del cielo.

Debemos, por lo tanto, tomar en serio el sano consejo del apóstol Pablo según la declaración del pasaje siguiente:

[51]*Ef. 4: 28: "El que hurtaba, no hurte más; antes trabaje, obrando con sus manos lo que es bueno, para que tenga de qué dar al que padeciere necesidad."*

NOVENO MANDAMIENTO

"No hablarás contra tu prójimo falso testimonio." [51]*(Ex. 20: 16).*

[54]El primer caso registrado en la historia de la humanidad relacionado con el falso testimonio, se refleja claramente en el engaño del Diablo a Eva, según [51]Ge. 3: 2-5 citado en uno de los temas anteriores donde dice la Escritura que, a la interrogante del de la serpiente, la mujer respondió: Del fruto de los árboles del huerto comemos; mas del fruto del árbol que está en medio del huerto dijo Dios: No comeréis de él, ni le tocaréis, porque no muráis. Entonces la serpiente dijo a la mujer: No moriréis; mas sabe Dios que el día que comiereis de él, serán abiertos vuestros ojos, y seréis como dioses sabiendo el bien y el mal. [51](Ge. 3: 2-5).

En este caso se puede apreciar claramente cómo el enemigo de Dios y de nuestras almas, hizo uso de su artimaña mezclando la mentira con la verdad y lo falso con lo cierto, para lograr su malvado propósito.

Evidentemente, de todo lo que el autor del pecado y la falsedad le dijo a la mujer en este pasaje, se registra una sola mentira que constituye, en este caso, la expresión clave del engaño y el falso testimonio: "No moriréis." Esta es una categórica expresión de descrédito a la advertencia divina y por ende, el caso de más grave repercusión conocido del falso testimonio, elaborado nada menos contra el Autor y la fuente misma de la verdad, la justicia y la santidad.

Una sola expresión falsa y mentirosa fue suficiente para seducir con engaño a la mujer, para que pecara contra Dios y trajera por consecuencia el caos y la desgracia de una manera tan desastrosa para la humanidad, como ya conocemos. Por lo que se asume que toda persona que haga uso de este falso y abominable hábito, o se confabule con él, irremisiblemente se hace cómplice del Diablo mismo.

El falso testimonio es una declaración disfrazada acerca de la conducta o los hechos de una persona, hecha con el propósito de culparla de algo de lo cual es inocente. Esta declaración puede ser hecha ante un juez o ante otra persona. De cualquier manera que se haga, esta despreciable actitud del comportamiento humano, afecta siempre el honor del individuo. Y en muchos casos este perjuicio se extiende hasta afectar a varias personas.

Este precepto, según nuestro [32]eminente escritor de referencia, prohíbe todo intento de dañar la reputación de nuestros semejantes por medio de tergiversaciones o suposiciones mal intencionadas, mediante calumnias o chismes.

Hasta la supresión de la verdad, hecha con el fin de perjudicar a otros, es una violación del noveno mandamiento.

La experiencia misma constituye la prueba más evidente de todos los males que el falso testimonio ha traído a la humanidad. Muchas personas han sido sentenciadas a la pena de muerte, otras han sido llevadas a la cárcel a sufrir largas penurias. El falso testimonio ha originado también considerables actos de homicidios y suicidios. Y cuando menos efectos haya ocasionado este, al menos ha provocado el sufrimiento de incontables personas, a veces de familias enteras, que han sido víctimas de la vil calumnia, y han tenido que llevar la afrenta y la herida moral que esta les ha ocasionado.

Como consecuencia del falso testimonio muchas personas han perdido su empleo y han sufrido hambre, miserias y duras penas. Este criminal pecado ha sido promotor además, de innumerables divisiones familiares y de la desintegración de muchos hogares. Este mal hábito ha traído continuamente a la humanidad pleitos, enemistades, odio, rencor y venganza.

Creemos que estas razones son suficientes para poder afirmar que el falso testimonio es también un delito criminal, digno de ser juzgado no solamente por la justicia humana, sino también por el tribunal divino, del cual el culpable no podrá escapar.

Este horrendo pecado es del todo reprobado por Dios, por cuanto conlleva siempre a la calumnia y está totalmente vinculado con la mentira.

Tal como lo expone nuestro [32]eminente escritor de la literatura cristiana, la mentira puede ponerse de manifiesto mediante una mirada, un ademán o una expresión del semblante con lo que se puede mentir tan eficazmente como si se usaran palabras.

Toda promesa hecha sin intenciones de cumplirla, toda exageración intencionada, toda insinuación o palabras indirectas dichas con el fin de producir un concepto erróneo o exagerado, hasta la exposición de los hechos de manera que den una idea equivocada, todo ello es mentir.

Las supuestas mentiras "blancas" o "piadosas", no son aprobadas por Dios, pues toda mentira es diametralmente opuesta a la naturaleza del Dios de verdad. Veamos al respecto, lo que nos dice el mismo Señor, a través de las Sagradas Escrituras:

[51]*Sal. 101: 7: "No habitará dentro de mi casa el que hace fraude: El que habla mentiras no se afirmará delante de mis ojos".*

[51]*Pr. 12: 22: Los labios mentirosos son abominación a Jehová: Mas los obradores de verdad su contentamiento".*

[51]*Pr. 13: 5:* *"El justo aborrece la palabra de mentira: Mas el impío se hace odioso e infame".*

[51]*Pr. 19: 9:* *"El testigo falso no quedará sin castigo; Y el que habla mentiras, perecerá".*

El apóstol Juan nos confirma en la expresión de Nuestro Señor Jesucristo, acerca de que la mentira es del Diablo, así como lo es el falso testimonio. Por cuanto el Hijo de Dios le dijo a sus adversarios: Vosotros de vuestro padre el diablo sois, y los deseos de vuestro padre queréis cumplir. Él, homicida ha sido desde el principio, y no permaneció en la verdad, porque no hay verdad en él. Cuando habla mentira, de suyo habla; porque es mentiroso, y padre de mentira. [51](Jn. 8: 44).

Por eso el apóstol Pablo aconseja a la Iglesia de Éfeso diciendo:

[51]*Ef. 4: 25:* *"Por lo cual, dejada la mentira, hablad verdad cada uno con su prójimo; porque somos miembros los unos de los otros".*

En este caso, tal como lo expongo en el décimo mandamiento, es preciso tener en cuenta que fue el Diablo quien transmitió al género humano el despreciable y desastroso pecado del falso testimonio. Por lo cual, se debe tener presente que siempre que se ponga de manifiesto el instinto perverso y mal intencionado de este horrible pecado, detrás del mismo se esconde la influencia inductiva del enemigo de Dios. Por lo tanto, teniendo en cuenta la gravedad de la violación de este precepto divino en toda su extensión, deberá ser de alta estimación, tener siempre presente el mandato legado por nuestro Divino Creador: "No hablarás contra tu prójimo falso testimonio".

DÉCIMO MANDAMIENTO

"NO CODICIARÁS"

[54]Aunque la codicia aparente ser una actitud simple e inofensiva del comportamiento del hombre, lo cierto es que ha sido una de las herencias más horribles y desastrosas que trajimos los seres humanos como producto de la depravación heredada, a causa del pecado de la primera pareja. La misma se define como un ansia exagerada, un deseo vehemente, violento, de poseer algo.

A causa de sus efectos tan nocivos para la humanidad, su prohibición se convirtió en un mandamiento de Dios, escrito con su propio dedo y contenido en el Decálogo Divino. Veamos al respecto lo que nos dicen las Sagradas Escrituras:

[51]*Ex. 20: 17:* *"No codiciarás la casa de tu prójimo, no codiciarás la mujer de tu prójimo, ni su siervo, ni su criada, ni su buey, ni su asno, ni cosa alguna de tu prójimo."*

En este caso, como en el anterior, el primer reflejo de este pecado ha llegado hasta nosotros nada menos que desde el Edén, según [51]Génesis, 3: 2-7 donde declara el relato que, la mujer respondió a la serpiente: Del fruto de los árboles del huerto comemos; mas del fruto del árbol que está en medio del huerto dijo Dios: No comeréis de él, ni lo tocaréis, porque no muráis. Entonces la serpiente dijo a la mujer: No moriréis; Mas sabe Dios que el día que comiereis de él, serán abiertos vuestros ojos, y seréis como dioses sabiendo el bien y el mal. Y como vio la mujer que el árbol era bueno para comer, y que era agradable a los ojos y codiciable para alcanzar la sabiduría, tomó de su fruto y comió; y dio también a su marido, el cual comió así como ella. Y fueron abiertos los ojos de ambos, y conocieron que estaban desnudos."... [51](Gn.3: 2-7).

Lógicamente, la sabiduría que la mujer codició en este caso, no es la sabiduría sana y verdadera que tiene su fundamento en el temor de Dios, sino un desmesurado conocimiento del bien y del mal, que los haría iguales a Dios, como le había dicho el Diablo, pretendiendo así, mediante la codicia de lo ilícito y lo prohibido, usurpar el lugar de Dios.

Indudablemente, fue la codicia el impetuoso e iluso deseo que con mayor fuerza influyó en la primera mujer para tomar la fatal determinación de desobedecer a Dios, quien además de darles la existencia, los había hecho a su propia imagen, dotados de una naturaleza santa y perfecta con el fin de que vivieran eternamente felices sobre la tierra.

Todo lo bello, lo maravilloso y acogedor, lo creó Dios y lo puso bajo la potestad de la primera pareja, con el fin de que contribuyera de manera especial a su propia felicidad. Al bienestar de una vida plena en la que no existiría la angustia, el dolor, el sufrimiento, el envejecimiento, la enfermedad ni la muerte para ninguna criatura. Pero todo estaba sujeto simplemente a la obediencia de las normas establecidas por el Divino Creador. Y lamentablemente ellos, movidos por el terrible y aparentemente inofensivo pecado de la codicia claudicaron desobedeciéndolo. De esta manera, el ser humano quien había sido creado con la facultad del libre albedrío, rehusó a ser gobernado por su Creador para gobernarse a sí mismo. Debido a tal determinación perdió todos los privilegios que disfrutaba bajo la protección del gobierno divino, para someterse al gobierno del Diablo, autor de la codicia y de toda obra mala y pecaminosa, a quien creyó la mujer más que al Supremo Creador.

La sentencia, por lo tanto, fue irrevocable. Llegó el dolor, la angustia, el envejecimiento, las enfermedades y la muerte. Y a consecuencia del pecado vino la depravación heredada, la que generó los grandes males que han azotado a la humanidad a través de su historia, tal como lo expusiéramos en la introducción a este tratado.

Según el concepto de algunos, la codicia pudiera ser admitida siempre que aquello que deseamos esté legítimamente a nuestro alcance. Pero cuando se codicia lo ilícito o lo prohibido, entonces esta se convierte en un deseo insano y peligroso, que puede causar graves consecuencias como las que originó el acto ambicioso de la primera mujer.

En este caso, es también la experiencia la que nos proporciona la prueba más evidente de las graves consecuencias que ha traído como resultado a la humanidad este pecado.

Está probado que el interés insensato por los bienes ajenos ha conducido a muchas personas al hurto, el fraude, el adulterio, el homicidio, las guerras despiadadas, pleitos, contiendas, enemistades y otros males, que al igual que en el caso de la transgresión de los demás mandamientos ha causado a la humanidad constante dolor, sufrimiento e infelicidad. Por tal motivo, el apóstol Pablo nos da un sabio consejo:

[51]*Ga. 5: 26: "No seamos codiciosos de vana gloria, irritando los unos a los otros, envidiándose los unos a los otros."*

Recuerde que fue el Diablo quien indujo a la mujer a la codicia de lo prohibido, y aunque la misma se haya convertido en una tendencia intuitiva del género humano, no obstante, siempre que esté presente este deseo pernicioso, detrás del mismo se esconde la influencia inductiva del enemigo de nuestras almas y autor de todos los males que azotan a la humanidad. No permita que el enemigo de la felicidad del hombre le siga haciendo daño. Rechace firme y decididamente el pecado de la codicia. ¡Por favor, no lo olvide! "**No codiciarás**".

Tal como lo expusiera al inicio de este comentario, los primeros cuatro mandamientos del Decálogo Divino están relacionados con el amor a Dios, cuya desobediencia lleva al hombre a la triste condición de la falta de amor a nuestro Supremo Creador. Es lamentable la experiencia de ver cómo el hombre, cuando es víctima de tal condición, se convierte en avaricioso, egoísta e indolente, lo que generalmente lo conduce a la desobediencia de los otros seis mandamientos, en relación con el amor al prójimo. Llevándolo así a una condición de mayor degradación moral.

Recuerde que entre los grandes males que han azotado a la humanidad a través de toda su historia se encuentran el crimen del homicidio, el adulterio, el hurto, la ambición, la violencia, las guerras despiadadas, la explotación del hombre por el hombre, las enfermedades, la ignorancia, la frustración, el hambre y la miseria. Pero no se sorprenda, si le digo que todas estas desgracias no son más que el producto de la desobediencia a los mandamientos de nuestro Supremo Creador.

Ahora bien, con respecto a estos últimos seis mandamientos, muchos lectores se preguntan cómo es posible amar al prójimo como a sí mismo.

La respuesta aquí se deduce de la sugerencia imperativa de nuestro Señor Jesucristo conocida como "la regla de oro". Veamos al respecto lo que nos dicen las Escrituras:

[51]*Mt. 7: 12: "Así que, todas las cosas que quisierais que los hombres hiciesen con vosotros, así también haced vosotros con ellos; porque esta es la ley y los profetas."*

Así precisamente es como nuestro Creador nos manda que amemos a nuestros semejantes, considerándolos como a nosotros mismos y no haciéndoles mal alguno, sino tratándolos como quisiéramos que nos trataran a nosotros.

Resulta maravilloso saber que en disparidad con las fatales consecuencias que acarrea a la humanidad la desobediencia a los santos mandamientos, la subordinación a los mismos, sin embargo, le proporciona beneficios tales, que contribuyen tanto al bienestar y la felicidad individual como al de la sociedad.

De esta manera, cuando la persona logra entender el propósito de los santos mandamientos, y se hace de ellos para obedecerlos de todo corazón, cambia su conducta de manera tal que no ocasiona ninguna clase de daño a la sociedad. Y como un efecto positivo de su regeneración, deja de abrigar en su corazón todo sentimiento de odio, rencor, venganza, traición, envidia, codicia y cosas semejantes, las cuales no le permiten al individuo experimentar felicidad alguna. Sucede así, que el lugar que ocupaban estos sentimientos en su corazón, es sustituido ahora por el amor de Dios. Antes, su corazón era como una copa llena de impurezas, pero ahora es cual una copa que rebosa de amor para con Dios y para con sus semejantes, lleno de felicidad. Por cuanto está probado psicológicamente, que por lo general, cuando la persona siente amor en su corazón, este contribuye a su propia felicidad. Así concluyo este comentario acerca de los Diez Mandamientos, con la siguiente confirmación de las Sagradas Escrituras:

[51]*Ec. 12: 13: "El fin de todo el discurso oído es este: Teme a Dios, y guarda sus mandamientos; porque esto es el todo del hombre."*

UN MEDIO DE REDENCIÓN NECESARIO

Introducción al tema: No obstante a lo expuesto en temas anteriores, según las declaraciones de las Sagradas Escrituras acerca del llamamiento de Dios al pecador, al arrepentimiento del mal camino y el volverse a la senda del bien mediante la obediencia a sus santos mandamientos, es necesario decir que ello constituye solo un complemento de las demandas divinas para llevar a efecto el cumplimiento de la promesa de vida eterna. Pues falta por reflejar un requisito indispensable, sin lo cual el ser humano no podía aún alcanzar tan gloriosa promesa. Ya que el mismo, como dijera antes, trae por herencia el pecado original, tal como lo confirma el pasaje bíblico de referencia:

[51]*Ro. 5: 12: "De consiguiente, vino la reconciliación por uno, así como el pecado entró en el mundo por un hombre, **y por el pecado la muerte**, y la muerte **así pasó a todos los hombres**, pues que todos pecaron."*

Esta última expresión: "Pues que todos pecaron", debe interpretarse que en Adán todos pecaron; así como dice en [51]1Co. 15: 22: ..."En Adán todos mueren"... Pues a causa de la transgresión de la primera pareja, todos sus descendientes están bajo maldición de pecado. Por lo que llevan por intuición la depravación heredada, producto de lo cual el ser humano, antes de volverse al camino del bien, suele haber cometido muchos pecados. Y la Palabra de Dios declara que la paga del pecado es muerte. Veamos al respecto el pasaje siguiente:

[51]*Ro. 6: 23: "Porque la paga del pecado es muerte: mas la dádiva de Dios es vida eterna en Cristo Jesús Señor nuestro."*

Si bien puede ser relativamente fácil para el ser humano apartarse del mal camino y tomar el sendero del bien, cierto es también que el infringimiento de los principios morales establecidos por Dios, para regir el comportamiento humano, es de un carácter y una gravedad de tal magnitud, que no podía ser perdonado en forma total y definitiva si no se llevaba a efecto una redención de un nivel de mayor dignidad y de una perfecta efectividad; por lo que necesitábamos de un redentor que pagara con su vida por nuestros pecados. Tanto por el pecado transferido por la primera pareja, según lo consigna el pasaje de Ro. 5: 12 como por los cometidos en el transcurso de nuestra vida, a causa de la depravación heredada. Para que así el género humano quedara libre de toda culpa y de la pena consignada y pudiéramos alcanzar la vida eterna.

¿Quién habría de ser entonces tal redentor, si entre los seres humanos ninguno podía ser escogido para llevar a cabo una misión semejante? Entiéndase que todo el género humano era culpado de

la pena máxima, y ningún culpable bajo tales circunstancias puede redimirse a sí mismo, ni puede tampoco redimir a otros. Cada uno debía morir por su propia culpa. Por lo tanto, era necesario que intermediara uno, inocente y libre de pecado, para que cargara con la culpa de todos y muriera en lugar de ellos.

Por lo cual, no habiendo otro que pudiera asumir con mayor eficiencia y dignidad tal responsabilidad, determinó Dios desde el principio enviar a su propio Hijo, el Cristo, a morir por toda la humanidad. Para que todo aquel que en Él creyere, no se pierda; mas tenga vida eterna, tal como dicen las Escrituras en [51]Jn. 3: 16.

UN MEDIO DE REDENCIÓN TEMPORAL

Este medio de expiación de los pecados, con todo el panorama ritual comprendido en él, es tratado en teología como la tipología de la redención del hombre por Jesucristo. Pues mientras que llegara el tiempo propicio para que se manifestara el Hijo de Dios, el Mesías, fue necesario proporcionar un medio para redimir los pecados de cada persona integrada a su pueblo escogido, para que pudieran reconciliarse con su Creador y estar libres de culpa ante su divina presencia.

Esto se hacía mediante el sacrificio de un animalito determinado por Dios, según podremos apreciar en los pasajes bíblicos a considerar.

Esta práctica es conocida desde la existencia de los primeros hombres, pero se hizo más enfática a partir de la era patriarcal. Como ejemplo de ello, tenemos los sacrificios de Job por sus hijos. El relato de las Sagradas Escrituras describe como los hijos de Job hacían banquetes en sus casas, cada uno en su día; y enviaban a llamar sus tres hermanas, para que comiesen y bebiesen con ellos. Y acontecía que, habiendo pasado en turno los días del convite, Job enviaba y los santificaba, y se levantaba de mañana y ofrecía holocaustos conforme al número de todos ellos. Porque decía: Quizá habrán pecado mis hijos, y habrán blasfemado a Dios en sus corazones. De esta manera hacía todos los días. [51](Job 1: 4, 5).

Esta clase de sacrificios fue impuesta posteriormente por Dios a su pueblo escogido. Veamos las citas bíblicas siguientes:

[51]*Lv. 6: 1-4, 6, 7:* [1]*"Y habló Jehová a Moisés, diciendo:* [2]*Cuando una persona pecare, e hiciere prevaricación contra Jehová, y negare a su prójimo lo encomendado, o dejando en su mano, o bien robare, o calumniare a su prójimo;* [3]*O sea que hallando lo perdido, después lo negare, y jurare en falso, en alguna de todas aquellas cosas en que suele pecar el hombre:* [4]*Entonces será que, puesto habrá pecado y ofendido, restituirá aquello que robó, o por el daño de la calumnia, o del depósito que se le encomendó, o lo perdido que halló.* [6]_Y por su expiación traerá a Jehová un carnero sin tacha de los rebaños, conforme a tu estimación, al sacerdote para expiación:_ [7]_Y el sacerdote hará expiación por él delante de Jehová, y obtendrá perdón de cualquiera de todas las cosas en que suele ofender."_

Además de los sacrificios por la expiación de los pecados existían los de la expiación de la culpa. Según lo describe el relato en [51]Lv. 7: 1, 2, 5 dice que, asimismo es la ley de la expiación de la culpa: es cosa muy santa. En el lugar donde degollaren el holocausto, degollarán la víctima por la culpa; y rociará su sangre en derredor sobre el altar. Y el sacerdote lo hará arder sobre el altar; ofrenda encendida a Jehová: es expiación de la culpa.

Veamos ahora el pasaje siguiente:

[51]*Lv. 14: 13, 14:* [13]_"Y degollará el cordero en el lugar donde degüellan la víctima por el pecado y el holocausto, en el lugar del santuario: porque como la víctima por el pecado, así también la víctima por la culpa es del sacerdote: es cosa muy sagrada._ [14]_Y tomará el sacerdote la sangre de la víctima por la culpa, y pondrá el sacerdote sobre la ternilla de la oreja derecha del que se purifica, y sobre el pulgar de su mano derecha, y sobre el pulgar de su pie derecho"._

En estos pasajes se hace mención de dos clases de sacrificios: uno era por el pecado o prevaricación y otro por la culpa. Según el contexto del último pasaje citado, el sacrificio por la culpa se ofrecía principalmente cuando la persona se iba a purificar de alguna enfermedad que posiblemente le había sobrevenido como un castigo por de su pecado. De esta manera, cumplido ya el castigo, ofrecía su sacrificio y quedaba libre de toda culpa.

Aunque tanto el pecado como la culpa parezcan ser una misma cosa y confundirse entre sí, no obstante, las Escrituras hacen diferencia entre ellos. Por lo que se ha definido teológicamente que el pecado es la transgresión de la ley de Dios o de cualquier mandato divino. Mientras que la culpa consiste en la responsabilidad que se le atribuye al individuo como causante de un hecho determinado. Pero cuando es la persona misma la que se siente culpable, entonces esta se define como un sentimiento de responsabilidad que lleva el individuo por el hecho cometido.

Sin embargo, lo importante es que tanto el pecado como la culpa eran redimidos por los sacrificios de animales, evitando así que la persona tuviera que sufrir la pena o castigo.

Además de este rito, se practicaba otra forma que comprendía la remisión o perdón de los pecados de todo el pueblo en masa. Este consistía en la práctica de cinco actividades que observaremos en el relato de las citas bíblicas que tomaremos en consideración en el desarrollo de este estudio. Según la descripción, el sacerdote tenía que entrar en el santuario con un becerro por expiación, y un carnero en holocausto. Y de la congregación de los hijos de Israel tenía que tomar dos machos de cabrío para expiación, y un carnero para holocausto. Después después debía tomar los dos machos de cabrío, y presentarlos delante de Jehová a la puerta del tabernáculo del testimonio. Y echará suertes Aarón sobre los dos machos de cabrío, le especifica Dios a Moises: Una suerte por Jehová, y la otra suerte por Azazel. Y hará llegar Aarón el macho cabrío sobre el cual cayere la suerte por Jehová, y ofreceralo en expiación. Mas el macho cabrío, sobre el cual cayere la suerte por Azazel, lo presentará vivo delante de Jehová, para hacer la reconciliación sobre él, para enviarlo a Azazel al desierto. Y hará llegar Aarón el becerro que era suyo para expiación, y hará la reconciliación por sí y por su casa, y degollará en expiación el becerro que es suyo. Tomará luego de la sangre del becerro, y rociará con su dedo hacia la cubierta al lado oriental: hacia la cubierta esparcirá siete veces de aquella sangre con su dedo. Después degollará en expiación el macho cabrío, que era del pueblo, y meterá la sangre de él del velo adentro; y hará de su sangre como hizo de la sangre del becerro, y esparcirá sobre la cubierta y delante de la cubierta: Y limpiará el santuario, de las inmundicias de los hijos de Israel, y de sus rebeliones, y de todos sus pecados: de la misma manera hará también al tabernáculo del testimonio, el cual reside entre ellos en medio de sus inmundicias. Y cuando hubiere acabado de expiar el santuario, y el tabernáculo del testimonio, y el altar, hará llegar el macho cabrío vivo: Y pondrá Aarón ambas manos suyas sobre la cabeza del macho cabrío vivo, y confesará sobre él todas las iniquidades de los hijos de Israel, y todas sus rebeliones, y todos sus pecados, poniéndolos así sobre la cabeza del macho cabrío, y lo enviará al desierto por mano de un hombre destinado para esto. Y aquel macho cabrío llevará sobre sí todas las iniquidades de ellos a tierra inhabitada: y dejará ir el macho cabrío por el desierto. [51](Lv. 16: 3, 5, 7-11, 14-16, 20-22).

El holocausto: [51]*Lv. 16: 24: "Lavará luego su carne con agua en el lugar del santuario, y después de ponerse sus vestidos saldrá, y hará su holocausto y el holocausto del pueblo, y hará la reconciliación por sí y por el pueblo."*

Las cinco actividades que se pueden apreciar en este rito son las siguientes:

1. La expiación por los pecados del pueblo mediante el sacrificio de un macho cabrío.

2. La confesión de los pecados del pueblo sobre la cabeza de un macho cabrío vivo para la reconciliación, o sea, para restablecer la amistad con Dios.

3. Se sacrificaba un carnero en holocausto para consumar la reconciliación de todo el pueblo con Dios.

4. El sacerdote que ejercía estas funciones rituales, tenía que ofrecer un becerro en expiación por sí mismo y por su familia, entre la cual se encontraban los demás funcionarios del sacerdocio. Así como ofrecer un carnero en holocausto por su propia reconciliación.

5. Además, el rito no consistía solamente en el sacrificio al fuego, sino también en el derramamiento y rociamiento de la sangre del animal, a través de la cual era purificado también, el lugar de adoración. Las Escrituras declaran que sin derramamiento de sangre no hay remisión de pecados.

Consideremos el pasaje siguiente:

[51]*He. 9: 22:* *"Y casi todo es purificado según la ley con sangre; y sin derramamiento de sangre no se hace remisión."*

Esta actividad ritual por todo el pueblo en masa, se llevaba a cabo solo una vez al año. Al respecto veamos lo que dice el pasaje siguiente:

[51]*Lv. 16: 33, 34:* [33]*"Y expiará el santuario santo, y el tabernáculo del testimonio; expiará también el altar, y a los sacerdotes, y a todo el pueblo de la congregación.* [34]*Y esto tendréis por estatuto perpetuo, para expiar a los hijos de Israel de todos sus pecados una vez en el año. Y Moisés lo hizo como Jehová le mandó."*

La función de la sangre en estos sacrificios una vez al año, además de la purificación del lugar sagrado era también por los pecados de ignorancia del pueblo. El autor del libro: A los Hebreos, el según [51]He. 9: 2-7 hace una descripción del orden del tabernaculo, y concluye diciendo: Y estas cosas así ordenadas, en el primer tabernáculo siempre entraban los sacerdotes para hacer los oficios del culto; mas en el segundo, sólo el pontífice una vez en el año, no sin sangre, la cual ofrece por sí mismo, y por los pecados de ignorancia del pueblo.

Es evidente, que la Biblia hace mención de varias clases de sacrificios, pero nuestro estudio se ha centrado en el sacrificio de animales, como un medio de redención temporal del pecado y de la culpa. Aunque es necesario aclarar, que ninguno de estos sacrificios redimía pecados como el adulterio, la fornicación, el homicidio y otros, por los cuales el culpable debía morir irremisiblemente (ver [51]Hch. 13: 39). Por eso dice la Escritura que tomaremos en consideración en el próximo tema: "Porque la sangre de los toros y de los machos cabríos no puede quitar los pecados."

JESUCRISTO EL REDENTOR DIVINO

Bosquejo: Los pasajes bíblicos que se citan al inicio de este tema nos permitirán entender por qué fue necesaria la sustitución del medio de redención a través de los sacrificios de animales, por el sacrificio de Jesucristo el Redentor Divino.

Otros aspectos que tomaremos en consideración, en relación con nuestro estudio cristológico son los siguientes:

a) Cómo se introdujo el Hijo de Dios en el mundo.

b) Características de su naturaleza divina y de su naturaleza humana.

c) Siendo Jesucristo santo, limpio, puro y sin mancha llevó la carga de nuestros pecados.

d) Mediante Él podemos alcanzar vida eterna.

Jesucristo el Redentor Divino: En esta ocasión retomamos nuevamente el estudio de la cristología, pero en este caso para consider las actividades de Jesucristo, como Redentor de la humanidad. Después del tema desarrollado bajo el título: "El fundamento de la fe cristiana", este es el próximo aspecto comprendido en los principios de esa preciosa fe, que abordaremos en este tratado. No olvide que el medio de redención a través del sacrificio de animales era solo un prototipo del sacrificio del Mesías, algo temporal, hasta que llegara el tiempo propicio para la manifestación del Hijo de Dios, cuyo sacrificio incluye la remisión de todos los pecados, no solo de los integrantes del pueblo de Dios, sino de todos los seres humanos que quieran formar parte de dicho pueblo para ser salvos. Por cuanto Él murió en lugar del culpable sin excepción de personas. Al respecto consideremos lo que dice el pasaje siguiente:

[51]*He. 10: 1-6, 9-14:* [1]*"Porque la ley, teniendo la sombra de los bienes venideros, no la imagen misma de las cosas, nunca puede, por los mismos sacrificios que se ofrecen continuamente cada año, hacer perfectos a los que se allegan.* [2]*De otra manera cesarían de ofrecerse; porque los que tributan este culto, limpios de una vez, no tendrían más conciencia de pecado.* [3]*Empero en estos sacrificios cada año se hace conmemoración de los pecados.* [4]*Porque la sangre de los toros y de los machos cabríos no puede quitar los pecados.* [5]*Por lo cual, entrando en el mundo dice: Sacrificio y presente no quisiste; Mas me apropiaste cuerpo:* [6]*Holocaustos y expiaciones por el pecado no te agradaron.* [9]*Entonces dijo: Heme aquí para que haga, oh Dios, tu voluntad. Quita lo primero, para establecer lo postrero.* [10]*En la cual voluntad somos santificados por la ofrenda del cuerpo de Jesucristo hecha una sola vez.* [11]*Así que, todo sacerdote se presenta cada día ministrando y ofreciendo muchas veces los mismos sacrificios, que nunca pueden quitar los pecados:* [12]*Pero éste, habiendo ofrecido por los pecados un solo*

sacrificio para siempre, está sentado a la diestra de Dios, [13]*Esperando lo que resta, hasta que sus enemigos sean puestos por estrado de sus pies.* [14]*Porque con una sola ofrenda hizo perfectos para siempre a los santificados."*

Véase además, [51]Jn. 3: 16; 4: 41, 42; 6: 48-51.

Inciso a): Veamos ahora cómo se introdujo el Hijo de Dios en el mundo. El evangelista Lucas, fiel seguidor de las enseñanzas del Mesías y apasionado misionero cristiano; evidentemente muy lejos aun en la historia de los efectos de la influencia del paganismo en la Iglesia, según su versión fundamentada en su investigación de los hechos, nos relata el origen de los acontecimientos relacionados con el nacimiento de Cristo. En su narrativa nos explica que, el ángel Gabriel fue enviado de Dios a una ciudad de Galilea, llamada Nazaret, a una virgen desposada con un varón que se llamaba José, de la casa de David: y el nombre de la virgen era María. Y entrando el ángel a donde estaba, dijo: ¡Salve, muy favorecida! El Señor es contigo: bendita tú entre las mujeres. Mas ella, cuando le vio, se turbó de sus palabras, y pensaba qué salutación fuese esta. Entonces el ángel dijo: María, no temas, porque has hallado gracia cerca de Dios. Y he aquí, concebirás en tu seno, y parirás un hijo, y llamarás su nombre JESUS. Este será grande, y será llamado Hijo del Altísimo: y le dará el Señor Dios el trono de David su padre: Y reinará en la casa de Jacob por siempre; y de su reino no habrá fin. Entonces María dijo al ángel: ¿Cómo será esto? porque no conozco varón. Y respondiendo el ángel le dijo: El Espíritu Santo vendrá sobre ti, y la virtud del Altísimo te hará sombra; por lo cual también lo Santo que nacerá, será llamado Hijo de Dios. [51](Lc. 1: 26-35).

Un dato curioso en relación con este pasaje, lo encontrará el estudiante en el tema titulado: NOMBRES DEL PADRE Y DEL HIJO.

El acontecimiento narrado en el siguiente pasaje bíblico, evidencia el cumplimiento de las palabras del ángel a María:

*⁵¹**Lc. 2: 8-11:** ⁸"Y había pastores en la misma tierra, que vela-
ban y guardaban las vigilias de la noche sobre su ganado. ⁹Y he
aquí el ángel del Señor vino sobre ellos, y la claridad de Dios los
cercó de resplandor; y tuvieron gran temor. ¹⁰Mas el ángel les dijo:
No temáis; porque he aquí os doy nuevas de gran gozo, que será
para todo el pueblo: ¹¹Que os ha nacido hoy, en la ciudad de David,
un Salvador, que es **CRISTO** el Señor."*

De esta manera, el Hijo preexistente vino a formar parte del
género humano, produciéndose así una unión de la naturaleza
divina con la naturaleza humana, dando lugar a un nuevo orden de
vida absoluto en Él: un Ser Teantrópico (Dios hombre).

Inciso b): Estas características de su naturaleza eran fundamentales en aquel que había de ser el Redentor de la humanidad.
Pues de no haber sido partícipe la naturaleza humana, no le hubiese
sido posible redimir a la humanidad de la culpabilidad del pecado,
por cuanto era necesario que muriera derramando su sangre por
ella. Si su naturaleza hubiese sido solamente divina no hubiese podido morir, debido a sus características, ya que esta es espiritual y
por ende inmortal. No obstante, gracias también a su naturaleza
divina pudo redimir a la humanidad, siendo Él sin pecado, pudiendo llevar así a efecto su propia resurrección, tal como lo expresara
en ⁵¹Jn. 10: 17, 18 diciendo: Por eso me ama el Padre, porque yo
pongo mi vida para volverla a tomar. Nadie me la quita, mas yo la
pongo de mí mismo. Tengo poder para ponerla y tengo poder **para
volverla a tomar**. Este mandamiento recibí de mi Padre.

La característica de su naturaleza humana hizo posible, además,
que el Mesías experimentara en carne propia la triste condición del
ser humano para que pudiera compadecerse de todos. Al respecto
consideremos lo que nos dicen las Santas Escrituras:

*⁵¹**He. 2: 16-18:** ¹⁶"Porque ciertamente no tomó a los ángeles,
sino a la simiente de Abraham tomó. ¹⁷Por lo cual, debía ser en
todo semejante a los hermanos, para venir a ser misericordioso y*

fiel Pontífice en lo que es para con Dios, para expiar los pecados del pueblo. ¹⁸Porque en cuanto él mismo padeció siendo tentado, es poderoso para socorrer a los que son tentados."

⁵¹*He. 4: 15, 16:* ¹⁵*"Porque no tenemos un Pontífice que no se pueda compadecer de nuestras flaquezas; mas tentado en todo según nuestra semejanza, pero sin pecado. ¹⁶Lleguémonos pues confiadamente al trono de la gracia, para alcanzar misericordia, y hallar gracia para el oportuno socorro."*

Lógicamente, el hecho de que Él pueda estar ejerciendo dignamente y a la perfección esta actividad junto al Padre, requiere tanto de su naturaleza divina como de la humana.

Inciso c): Jesucristo era santo, sin culpa y sin manchas, mas Dios cargó sobre Él la culpa del pecado de toda la humanidad. Al respecto veamos lo que dicen los pasajes bíblicos siguientes:

⁵¹*He. 7: 26: "Porque tal pontífice nos convenía: santo, inocente, limpio, apartado de los pecadores, y hecho más sublime que los cielos."*

Isaías nos declara en su alusión profética acerca del Mesías Sufriente: Mas él herido fue por nuestras rebeliones, molido por nuestros pecados: el castigo de nuestra paz sobre él; y por su llaga fuimos nosotros curados. Todos nosotros nos descarriamos como ovejas, cada cual se apartó por su camino: mas Jehová cargó en él el pecado de todos nosotros. ⁵¹(Is. 53: 5, 6).

Inciso d): De esta manera, amparados bajo tal manifestación de la gracia de Dios, todo el que crea en Jesucristo y lo acepte como su Salvador, reconociendo tal obra de amor y redención mediante una nueva vida separada del pecado, alcanzará mediante Él la vida eterna. Consideremos lo que nos dicen las citas bíblicas siguientes:

⁵¹*Jn. 3: 16, 17, 36:* ¹⁶*"Porque de tal manera amó Dios al mundo, que ha dado a su Hijo unigénito, para que todo aquel que en él cree, no se pierda, mas tenga vida eterna. ¹⁷Porque no envió*

Dios a su Hijo al mundo para que condene al mundo, mas para que el mundo sea salvo por él. ³⁶*El que cree en el Hijo, tiene vida* *eterna;* **mas el que es incrédulo al Hijo, no verá la vida, sino que la ira de Dios está sobre él."**

⁵¹*Jn. 10: 27, 28:* ²⁷*"Mis ovejas oyen mi voz, y yo las conozco, y me siguen;* ²⁸*Y yo les doy vida eterna y no perecerán para siempre, ni nadie las arrebatará de mi mano."*

⁵¹*Jn. 17: 1, 2:* ¹*"Estas cosas habló Jesús, y levantados los ojos al cielo, dijo: Padre, la hora es llegada; glorifica a tu Hijo, para que también tu Hijo te glorifique a ti;* ²*Como le has dado la po-testad de toda carne, para que dé vida eterna a todos los que le diste."*

Con relación al tema, el apóstol Pablo expone en su epístola a los Romanos según ⁵¹Ro. 6: 23: Porque la paga del pecado es muerte: mas la dádiva de Dios es vida eterna en Cristo Jesús Señor nuestro.

El apóstol Juan nos dice también: Y este es el testimonio: que Dios nos ha dado vida eterna; y esta vida está en su Hijo. Estas cosas he escrito a vosotros que creéis en el nombre del Hijo de Dios, para que sepáis que tenéis vida eterna, y para que creáis en Él. Empero sabemos que el Hijo de Dios es venido, y nos ha dado entendimiento para conocer al que es verdadero: y estamos en el verdadero, en su Hijo Jesucristo. Este es el verdadero Dios, y la vida eterna. ⁵¹(1Jn. 5: 11, 13, 20).

De igual manera el apóstol Judas, según Jud. 21 nos dice: Con-servaos en el amor de Dios, esperando la misericordia de nuestro Señor Jesucristo, para vida eterna.

Entre los temas que estudiaremos en los capítulos 9 y 10 de este tratado, aparece la idea expuesta en forma explícita y bien clara acerca de cómo creer en Jesucristo y aceptarlo como nuestro Salva-dor, así como los demás pasos y normas de conducta que debemos seguir como un complemento de las demandas divinas para la santidad, la cual es uno de los factores fundamentales comprendi-dos en el proceso de la salvación, a través del cual podremos alcanzar la vida eterna.

Quiero hacer del conocimiento de los estudiantes, además, que estos dos temas tratados en este capítulo: el medio de redención temporal y la redención mediante Jesucristo, constituyen la base fundamental del concepto teológico del Antiguo y Nuevo Pactos, asunto que tomaremos en consideración detalladamente en el capítulo 8 de este tratado.

VIDA Y ACTIVIDADES DE JESUCRISTO

Breve resumen: El Cristo, el Hijo de Dios, se manifestó a este mundo en una forma muy sencilla y natural, pero dando pruebas evidentes y poderosas de su procedencia divina. Nació de una mujer virgen, engendrado por obra y gracia del Espíritu Santo, de acuerdo a las palabras del ángel de Dios a María, tomadas en consideración en el tema anterior, según [51]Lucas, 1: 26-35. Conforme al concepto de Padre e Hijo emitido en temas anteriores en relación con El Cristo, el Hijo de Dios. A la edad de treinta años comenzó su ministerio dándose a conocer entre los judíos, como el Hijo de Dios, el Mesías y Redentor de la humanidad. Haciendo grandes milagros y maravillas, sanando enfermos y afligidos, resucitando muertos, instruyendo en toda justicia y predicando las buenas nuevas de salvación. Estas actividades lo identificaron como el Enviado de Dios.

Sanidad divina: Entre las actividades de nuestro Señor Jesucristo, durante su vida ministerial en la tierra, resaltan de forma admirable sus obras de sanidad divina.

Este es uno de los grandes beneficios que nuestro Señor Jesucristo ofrece a la humanidad, cuyos efectos han tenido un carácter positivo, no solo en tiempos del cristianismo primitivo, sino aun en nuestra época, para todos los que creen en sus promesas.

Es por ello que he tenido a bien, antes de concluir este capítulo, hacer referencia a esta actividad tan importante del Divino Maestro, la cual ha quedado como una señal permanente para su Iglesia.

Esta actividad de nuestro Señor Jesucristo había sido predicha por el profeta Isaías, alrededor de ochocientos años antes de su nacimiento. Al respecto consideremos lo que nos dice el siguiente pasaje:

[51]*Is. 53: 4, 5:* [4]*"Ciertamente llevó él nuestras enfermedades, y sufrió nuestros dolores; y nosotros le tuvimos por azotado, por herido de Dios y abatido. [5]Mas él herido fue por nuestras rebeliones, molido por nuestros pecados: el castigo de nuestra paz sobre él; y por su llaga fuimos nosotros curados."*

Jesucristo cumplió ampliamente lo relacionado con esta profecía durante el período de su vida ministerial. Al respecto consideremos lo que dicen los pasajes bíblicos siguientes:

[51]*Mt. 8: 14-17:* [14]*"Y vino Jesús a casa de Pedro, y vió a su suegra echada en cama, y con fiebre. [15]Y tocó su mano, y la fiebre la dejó: y ella se levantó, y les servía. [16]Y como fue ya tarde, trajeron a él muchos endemoniados; y echó los demonios con la palabra, y sanó a todos los enfermos; [17]Para que se cumpliese lo que fue dicho por el profeta Isaías, que dijo: Él mismo tomó nuestras enfermedades, y llevó nuestras dolencias."*

[51]*Lc. 13: 11-13:* [11]*"Y he aquí una mujer que tenía espíritu de enfermedad dieciocho años, y andaba agobiada, que en ninguna manera se podía enhestar. [12]Y como Jesús la vió, llamóla, y díjole: Mujer, libre eres de tu enfermedad. [13]Y puso las manos sobre ella; y luego se enderezó, y glorificaba a Dios."*

Lucas narra un hecho resaltante relacionado con el milagro de la resurrección de la hija del príncipe de una sinagoga judía. Era un varón, llamado Jairo, el cual vino, y cayendo a los pies de Jesús, le rogaba que entrase en su casa, porque tenía una hija única, como de doce años, y ella se estaba muriendo. Y yendo, le apretaba la compañía. Y una mujer, que tenía flujo de sangre hacía doce años, la cual había gastado en médicos toda su hacienda, y por ninguno había podido ser curada, llegándose por las espaldas, tocó el borde de su vestido; y luego se estancó el flujo de su sangre. Entonces Jesús dijo: ¿Quién es el que me ha tocado? Y negando todos, dijo Pedro y los que estaban con él: Maestro, la compañía te aprieta y oprime, y dices: ¿Quién es el que me ha tocado? Y Jesús dijo: Me ha tocado alguien; porque yo he conocido que ha salido virtud de mí. Entonces, como la mujer vio que no se había ocultado, vino temblando, y postrándose delante de él declaróle delante de todo el pueblo la causa por qué le había tocado, y cómo luego había sido sana. Y él le dijo: Hija, tu fe te ha salvado: ve en paz. Estando aún él hablando, vino uno del príncipe de la sinagoga a decirle: Tu hija es muerta, no des trabajo al Maestro. Y oyéndolo Jesús, le respondió: No temas: cree solamente, y será salva. Y entrando en casa, no dejó entrar a nadie consigo, sino a Pedro, y a Jacobo, y a Juan, y al padre y a la madre de la moza. Y lloraban todos, y la plañían. Y él dijo: No lloréis, no es muerta sino que duerme. Y hacían burla de él, sabiendo que estaba muerta. Mas él, tomándola de la mano, clamó diciendo: Muchacha, levántate, Entonces su espíritu volvió, y se levantó luego: y él mandó que le diesen de comer. Y sus padres estaban atónitos, a los cuales él mandó que a nadie dijesen lo que había sido hecho. [51](Lc. 8: 41-56).

El apóstol Juan relata el milagro de sanidad divina realizado por Cristo en un hombre que tenía 38 años de estar paralítico. Él inicia su descripcion diciendo que hay en Jerusalem a la puerta del ganado un estanque, que en hebraico es llamado Bethesda, el cual tiene cinco portales. En estos yacía multitud de enfermos, ciegos, cojos, secos, que estaban esperando el movimiento del agua. Porque un ángel descendía a cierto tiempo al estanque, y revolvía el agua; y el que primero descendía en el estanque después del movimiento del agua, era sano de cualquier enfermedad que tuviese. Y estaba allí un hombre que había treinta y ocho años que estaba enfermo. Como Jesús vio a éste echado, y entendió que ya había mucho tiempo, dísele: ¿Quieres ser sano? Señor, le respondió el enfermo, no tengo hombre que me meta en el estanque cuando el agua fuere revuelta; porque entre tanto que yo vengo, otro antes de mí ha descendido. Dísele Jesús: Levántate, toma tu lecho, y anda. Y luego aquel hombre fue sano, y tomó su lecho, e íbase. Y era sábado aquel día. [51](Jn. 5: 2-9).

Jesucristo realizó muchos milagros de sanidad divina, los cuales no pretendo relacionar en su totalidad en este tratado, sin embargo, quiero resaltar que Él no limitó esta importante actividad a sí mismo, sino que facultó a sus discípulos para que con toda autoridad realizaran esta maravillosa obra. Veamos lo que nos dice el pasaje bíblico siguiente:

[51]*Mt. 10: 1, 5, 7, 8:* [1]*"Entonces llamando a sus doce discípulos, les dio potestad contra los espíritus inmundos, para que los echasen fuera, y sanasen toda enfermedad y toda dolencia. [5]A estos doce envió Jesús, a los cuales dio mandamiento, diciendo: Por camino de gentiles no iréis... [7]Y yendo, predicad, diciendo: El reino de los cielos se ha acercado. [8]Sanad enfermos, limpiad leprosos, resucitad muertos, echad fuera demonios: de gracia recibisteis, dad de gracia."*

Después de la ascensión del Señor los discípulos continuaron esta obra. Un ejemplo de ello lo encontramos en el milagro realizado por los apóstoles Pedro y Juan a un paralítico. Como de costumbre, ellos subían juntos al templo a la hora de oración, en este caso la de nona, que en Israel son las tres de la tarde. Y un hombre que era cojo de nacimiento, era traído; al cual ponían cada día a la puerta del templo que se llama la Hermosa, para que pidiese limosna de los que entraban en el templo. Este, como vio a Pedro y a Juan que iban a entrar, rogaba que le diesen limosna. Y Pedro, con Juan, fijando los ojos en él, dijo: Mira a nosotros. Entonces él estuvo atento a ellos, esperando recibir de ellos algo. Y Pedro dijo: Ni tengo plata ni oro; mas lo que tengo te doy: en el nombre de Jesucristo de Nazaret, levántate y anda. Y tomándole por la mano derecha le levantó: y luego fueron afirmados sus pies y tobillos; y saltando se puso en pie, y anduvo; y entró con ellos en el templo, andando, y saltando, y alabando a Dios. Y todo el pueblo le vio andar y alabar a Dios. Y conocían que él era el que se sentaba a la limosna a la puerta del templo, la Hermosa: y fueron llenos de asombro y de espanto por lo que le había acontecido. [51](Hch. 3: 1-10).

Santiago, en su Epístola Universal, hace una recomendación a la Iglesia acerca de la sanidad divina, según el siguiente pasaje de las Escrituras:

[51]*Stg. 5: 14, 15:* [14]*"¿Está alguno enfermo entre vosotros? <u>llame a los ancianos de la iglesia, y oren por él, ungiéndole con aceite en el nombre del Señor.</u>* [15]*<u>Y la oración de fe salvará al enfermo, y el Señor lo levantará; y si estuviere en pecados, le serán perdonados.</u>"*

Esta autoridad fue extendida por el Señor a todos los creyentes en Él. Al respecto consideremos el siguiente pasaje bíblico:

[51]*Mr. 16: 17, 18:* [17]*"Y estas señales seguirán a los que creyeren: En mi nombre echarán fuera demonios; hablarán nuevas lenguas;* [18]*Quitarán serpientes, y si bebieren cosa mortífera, no les dañará; <u>sobre los enfermos pondrán sus manos, y sanarán.</u>"*

Recomendaciones: Antes de concluir este tema, quiero hacer algunas recomendaciones a las personas interesadas en recibir la sanidad divina:

Creer: Uno de los aspectos fundamentales que interviene en la posible realización de cualquier hecho milagroso, es la fe de la persona relacionada con el mismo, o sea, creer que en verdad Dios tiene poder para hacer la obra, y que quiere realizarla. El Señor Jesús hizo énfasis varias veces sobre este aspecto tan importante para el creyente. Al respecto consideremos lo que dice el pasaje siguiente:

[51]*Mr. 9: 21-27:* [21]*"Y Jesús preguntó a su padre: ¿Cuánto tiempo há que le aconteció esto? Y él dijo: Desde niño.* [22]*Y muchas veces le echa en el fuego y en aguas, para matarle; mas, si puedes algo, ayúdanos, teniendo misericordia de nosotros.* [23]*Y Jesús le dijo: <u>Si puedes creer, al que cree todo es posible.</u>* [24]*Y luego el padre del muchacho dijo clamando: <u>Creo, ayuda mi incredulidad.</u>* [25]*Y como Jesús vió que la multitud se agolpaba, reprendió al espíritu inmundo, diciéndole: <u>Espíritu mudo y sordo, yo te mando, sal de él, y no entres más en él.</u>* [26]*Entonces el espíritu clamando y desgarrándole mucho, salió; y él quedó como muerto, de modo que muchos decían: Está muerto.* [27]*<u>Mas Jesús tomándole de la mano, enderezóle; y se levantó.</u>"*

La expresión creer, en este caso, implica también una actitud insistente: si usted cree de verdad que Dios puede hacer la obra, aunque usted no reciba la sanidad en la primera ocasión, sígala pidiendo, continúe insistiendo a Dios con esa fe que Él demanda, y al final usted obtendrá la victoria. Recuerde el tema de la oración, en que el Señor sugiere una actitud perseverante.

Otra característica implicada en este término es una entrega total en las manos de Dios. Si usted dice en su corazón: voy a pedir la oración por la sanidad divina a ver si me sano, y si no, entonces recurro a otros medios, tenga la seguridad que Dios no lo va a sanar. Ahora bien, si por el contrario, usted decide ponerse de manera incondicional en sus manos para vida o muerte, entonces Dios hace la obra. Nótese que las personas que recurrían a Cristo para ser sanadas, eran en su mayoría, desahuciadas de los médicos o casos que no eran de la competencia de estos. Por lo que les era más fácil entregarse incondicionalmente en las manos de Dios. Así, cual ellos, es necesario que también nosotros nos pongamos en sus manos para que Él haga la obra.

Integridad del creyente: El creyente o siervo de Dios facultado por su Espíritu Santo para esta actividad, necesita ser suficientemente íntegro y fiel para tener el respaldo de Dios a la hora de realizar la obra de sanidad divina. En algunos casos se requiere mantener una actitud de ayuno y oración constante para que la obra pueda ser realizada. Si leemos el contexto del pasaje citado anteriormente, encontraremos que antes de que Jesús llegara a donde estaba el endemoniado, ya sus discípulos habían tratado de echar fuera al demonio y no habían podido. Veamos al respecto el pasaje de referencia:

[51]*Mr. 9: 28, 29:* [28]*"Y como él entró en casa, sus discípulos le preguntaron aparte: ¿Por qué nosotros no pudimos echarlo fuera?* [29]*Y les dijo: Este género con nada puede salir, sino con oración y ayuno."*

Humillarse ante Dios: La humillación es una de las actitudes del ser humano que más fácilmente mueve a Dios a usar la misericordia. Toda persona debe sentirse ante Dios como indigna de sus dádivas y en tal actitud, implorar el favor divino por misericordia, para poder recibir lo que necesita. Pues la Palabra de Dios dice, según [51]1P. 5: 5, que Él resiste a los soberbios y da gracia a los humildes; y en [51]Sal. 51: 17, dice que un corazón contrito y humillado, Dios no despreciará. Una evidencia de ello se refleja de forma maravillosa en el relato de la mujer sirofenicia. En una ocasión que Jesús fue a las partes de Tiro y de Sidón, una mujer cananea, que había salido de aquellos términos, clamaba diciéndole: Señor, Hijo de David, ten misericordia de mí; mi hija es malamente atormentada del demonio. Mas él no le respondió palabra. Entonces llegándose sus discípulos, le rogaron, diciendo: Despáchala, pues da voces tras nosotros. Y él respondiendo, dijo: No soy enviado sino a las ovejas perdidas de la casa de Israel. Entonces ella vino, y le adoró, diciendo: Señor, socórreme. Y respondiendo él, dijo: No es bien tomar el pan de los hijos, y echarlo a los perrillos. Y ella dijo: Sí, Señor; mas los perrillos comen de las migajas que caen de la mesa de sus señores. Entonces respondiendo Jesús, dijo: Oh mujer, grande es tu fe; sea hecho contigo como quieres. Y fue sana su hija desde aquella hora. [51](Mt. 15: 21-28).

Apartarse del pecado: Si recordamos el pasaje bíblico leído, según [51]Stg. 5: 14, 15, nos daremos cuenta que si el enfermo está en pecados, les son perdonados. Debido a ello, es necesario también mantenerse libre de toda contaminación pecaminosa para que esa bendición de Dios sea permanente en la vida de la persona. Al respecto consideremos lo que nos dice el pasaje bíblico siguiente:

[51]*Jn. 5: 13, 14:* [13]*"Y el que había sido sanado, no sabía quién fuese* (no sabía quién lo había sanado); *porque Jesús se había apartado de la gente que estaba en aquel lugar.* [14]*Después le halló Jesús en el templo, y díjole: He aquí, has sido sanado;* <u>**no peques más, porque no te venga alguna cosa peor.**</u>*"*

EL ACTO DE LA REDENCIÓN

Cumplido el tiempo en que el Hijo de Dios, el Mesías divino, había de llevar a cabo el trascendental acto de la redención, comenzó a declarárselo a sus discípulos. Veamos al respecto el relato de los siguientes pasajes bíblicos:

[51]*Mt. 20: 18, 19, 28:* [18]*"<u>He aquí subimos a Jerusalem, y el Hijo del hombre será entregado a los príncipes de los sacerdotes y a los escribas, y le condenarán a muerte;</u>* [19]<u>*Y le entregarán a los gentiles para que le escarnezcan, y azoten, y crucifiquen; mas al tercer día resucitará.*</u> [28]*Como el Hijo del hombre no vino para ser servido, sino para servir, y para dar su vida en rescate por muchos."*

[51]*Mt. 26: 1-4:* [1]*"Y aconteció que, como hubo acabado Jesús todas estas palabras, dijo a sus discípulos:* [2]<u>*Sabéis que dentro de dos días se hace la pascua, y el Hijo del hombre es entregado para ser crucificado.*</u> [3]*Entonces los príncipes de los sacerdotes, y los escribas, y los ancianos del pueblo se juntaron al patio del pontífice, el cual se llamaba Caifás;* [4]*Y tuvieron consejo para prender por engaño a Jesús, y matarle."*

Tomemos en consideración ahora el cumplimiento inmediato de estas predicciones de nuestro Señor, según los pasajes siguientes:

[51]*Jn. 18: 1-8, 12:* [1]*"Como Jesús hubo dicho estas cosas, salióse con sus discípulos tras el arroyo de Cedrón, donde estaba un huerto, en el cual entró Jesús y sus discípulos.* [2]*Y también Judas, el que le entregaba, sabía aquel lugar; porque muchas veces Jesús se juntaba allí con sus discípulos.* [3]*Judas pues tomando una compañía, y ministros de los pontífices y de los Fariseos, vino allí con linternas y antorchas, y con armas.* [4]*Empero Jesús, sabiendo todas las cosas que habían de venir sobre él, salió delante, y díjoles: ¿A quién buscáis?* [5]*Respondiéronle: A Jesús Nazareno. Díceles Jesús: Yo soy. (Y estaba también con ellos Judas, el que le entregaba).* [6]*Y como les dijo, Yo soy, volvieron atrás, y cayeron en tierra.* [7]*Volvióles pues, a preguntar: ¿A quién buscáis? Y ellos dijeron: A Jesús Nazareno.* [8]*Respondió Jesús: Os he dicho que yo soy: pues si a mí buscáis, dejad ir a éstos.* [12]Entonces la compañía y el tribuno, y los ministros de los Judíos, prendieron a Jesús y le ataron."*

Según la continuidad del relato descrito por Mateo, en [51]Mt. 26: 57-68, después que ellos prendieron a Jesús, le llevaron a Caifás pontífice, donde los escribas y los ancianos estaban juntos. Y los príncipes de los sacerdotes, y los ancianos, y todo el consejo, buscaban falso testimonio contra Jesús, para entregarle a la muerte; y no lo hallaron, aunque muchos testigos falsos se llegaban; mas a la postre vinieron dos testigos falsos, que dijeron: Este dijo: Puedo derribar el templo de Dios, y en tres días reedificarlo. Y levantándose el pontífice, le dijo: ¿No respondes nada? ¿qué testifican éstos contra ti? Mas Jesús callaba. Respondiendo el pontífice, le dijo: Te conjuro por el Dios viviente, que nos digas si eres tú el Cristo, Hijo de Dios. Jesús le dijo: Tú lo has dicho: y aun os digo, que desde ahora habéis de ver al Hijo del hombre sentado a la diestra de la potencia de Dios, y que viene en las nubes del cielo.

Entonces el pontífice rasgó sus vestidos, diciendo: Blasfemado ha:
¿qué más necesidad tenemos de testigos? He aquí, ahora habéis
oído su blasfemia. ¿Qué os parece? Y respondiendo ellos, dijeron:
Culpado es de muerte. Entonces le escupieron en el rostro, y le
dieron de bofetadas; y otros le herían con mojicones, diciendo:
Profetízanos tú, Cristo, quién es el que te ha herido. El evangelista
concluye el relato diciendo: Y venida la mañana, entraron en
consejo todos los príncipes de los sacerdotes, y los ancianos del
pueblo, contra Jesús, para entregarle a muerte. Y le llevaron atado,
y le entregaron a Poncio Pilato presidente. [51](Mt. 27: 1, 2).

Veamos ahora a Jesús ante Pilato, según la narración del apóstol
Juan:

[51]*Jn. 18: 29-32:* [29]*"Entonces salió Pilato a ellos fuera, y dijo:
¿Qué acusación traéis contra este hombre?* [30]*Respondiéronle y dijéronle: Si éste no fuera malhechor, no te lo habríamos entregado.*
[31]*Díceles entonces Pilato: Tomadle vosotros, y juzgadle según
vuestra ley. Y los judíos le dijeron: A nosotros no es lícito matar a
nadie:* [32]*Para que se cumpliese el dicho de Jesús, que había dicho,
dando a entender de qué muerte había de morir."*

[51]*Jn. 19: 1-7:* [1]*"Así que, entonces tomó Pilato a Jesús, y le azotó.*
[2]*Y los soldados entretejieron de espinas una corona, y pusiéronla
sobre su cabeza, y le vistieron de una ropa de grana;* [3]*Y decían:
¡Salve, Rey de los judíos! y dábanle de bofetadas.* [4]*Entonces Pilato
salió otra vez fuera, y díjoles: He aquí, os le traigo fuera, para que
entendáis que ningún crimen hallo en él.* [5]*Y salió Jesús fuera, llevando la corona de espinas y la ropa de grana. Y díceles Pilato:
He aquí el hombre.* [6]*Y como le vieron los príncipes de los sacerdotes, y los servidores, dieron voces diciendo: Crucifícale, crucifícale. Díceles Pilato: Tomadle vosotros, y crucificadle; porque yo
no hallo en él crimen.* [7]*Respondiéronle los judíos: Nosotros tenemos
ley, y según nuestra ley debe morir, porque se hizo Hijo de Dios."*

El relato de la vida y martirio de Jesucristo aparece narrado en cuatro libros del Nuevo Testamento, por cuatro autores diferentes y algunos de ellos narran hechos que otros no mencionan. Esto es a lo que se le llama apoyo involuntario entre testigos, o sea, es una declaración soportada involuntaria por un testigo ocular que da detalles que el otro testigo omitió. Debido a ello, me ha parecido bien tomar parte de la descripción de más de un libro, con el fin de que nuestro estudio resulte más enriquecido, aunque parte de algunas historias se repitan. En esta de parte de la descripción de los hechos, es Mateo quien toma nuevamente su lugar en la narrativa y dice que, viendo Pilato que nada adelantaba, antes se hacía más alboroto, tomando agua se lavó las manos delante del pueblo, diciendo: Inocente soy yo de la sangre de este justo: veréislo vosotros. Y respondiendo todo el pueblo, dijo: Su sangre sea sobre nosotros, y sobre nuestros hijos. Entonces les soltó a Barrabás: y habiendo azotado a Jesús, le entregó para ser crucificado. Entonces los soldados del presidente llevaron a Jesús al pretorio, y juntaron a él toda la cuadrilla; y desnudándole, le echaron encima un manto de grana; y pusieron sobre su cabeza una corona tejida de espinas, y una caña en su mano derecha; e hincando la rodilla delante de él, le burlaban, diciendo: ¡Salve, Rey de los judíos! Y escupiendo en él, tomaron la caña, y le herían en la cabeza. Y después que le hubieron escarnecido, le desnudaron el manto, y le vistieron de sus vestidos, y le llevaron para crucificarle. Y saliendo, hallaron a un Cireneo, que se llamaba Simón: a éste cargaron para que llevase su cruz. Y como llegaron al lugar que se llama Gólgotha, que es dicho, el lugar de la calavera, le dieron a beber vinagre mezclado con hiel; y gustando, no quiso beberlo. Y después que le hubieron crucificado, repartieron sus vestidos, echando suertes: para que se cumpliese lo que fue dicho por el profeta: Se repartieron mis vestidos, y sobre mi ropa echaron suertes. Entonces crucificaron con él dos ladrones, uno a la derecha, y otro a la izquierda. Y los que pasaban, le decían injurias, meneando sus cabezas, y diciendo: Tú, el que derribas el templo, y en tres días lo reedificas, sálvate a ti mismo: si eres Hijo de Dios, desciende de la cruz. De esta manera también los príncipes de los sacerdotes, escarneciendo con los escribas y los Fariseos y los ancianos, decían: a otros salvó, a sí mismo no puede salvar: si es el Rey de Israel, descienda ahora de la cruz, y creeremos en él. Confió en Dios: líbrele ahora si le quiere: porque ha dicho: Soy Hijo de Dios. [51](Mt. 27: 24-35, 38-43).

[51]*Lc. 23: 39-46:* [39]*"Y uno de los malhechores que estaban colgados, le injuriaba, diciendo: Si tú eres el Cristo, sálvate a ti mismo y a nosotros.* [40]*Y respondiendo el otro, reprendióle, diciendo: ¿Ni aun tú temes a Dios, estando en la misma condenación?* [41]*Y nosotros, a la verdad, justamente padecemos; porque recibimos lo que merecieron nuestros hechos: mas éste ningún mal hizo.* [42]*Y dijo a Jesús: Acuérdate de mí cuando vinieres a tu reino.* [43]*Entonces Jesús le dijo: De cierto te digo, que hoy estarás conmigo en el paraíso.* [44]*Y cuando era como la hora de sexta, fueron hechas tinieblas sobre toda la tierra hasta la hora de nona.* [45]*Y el sol se obscureció: y el velo del templo se rompió por medio.* [46]*Entonces Jesús, clamando a gran voz, dijo: Padre, en tus manos encomiendo mí espíritu. Y habiendo dicho esto, espiró."*

Mateo ofrece una información más amplia de los fenómenos ocurridos en relación con el relato de Lucas; dice que Jesús, habiendo otra vez exclamado con grande voz, dio el espíritu. Y he aquí, el velo del templo se rompió en dos, de alto a bajo: y la tierra tembló, y las piedras se hendieron; y abriéronse los sepulcros, y muchos cuerpos de santos que habían dormido, se levantaron; y salidos de los sepulcros, después de su resurrección, vinieron a la santa ciudad, y aparecieron a muchos. Y el centurión, y los que estaban con él guardando a Jesús, visto el terremoto, y las cosas que habían sido hechas, temieron en gran manera, diciendo: Verdaderamente Hijo de Dios era éste. [51](Mt. 27: 50-54).

Tengamos en cuenta además los dos siguientes pasajes:

⁵¹Jn. 19: 32-35: ³²"Y vinieron los soldados, y quebraron las piernas al primero, y asimismo al otro que había sido crucificado con él. ³³Mas cuando vinieron a Jesús, como le vieron ya muerto, no le quebraron las piernas: ³⁴Empero uno de los soldados le abrió el costado con una lanza, y luego salió sangre y agua. ³⁵Y el que lo vió, da testimonio, y su testimonio es verdadero: y él sabe que dice verdad, para que vosotros también creáis."

⁵¹Mt. 27: 57-60: ⁵⁷"Y como fue la tarde del día, vino un hombre rico de Arimatea, llamado José, el cual también había sido discípulo de Jesús. ⁵⁸Este llegó a Pilato, y pidió el cuerpo de Jesús: entonces Pilato mandó que se le diese el cuerpo. ⁵⁹Y tomando José el cuerpo, lo envolvió en una sábana limpia, ⁶⁰Y lo puso en un sepulcro nuevo, que había labrado en la peña: y revuelta una grande piedra a la puerta del sepulcro, se fue."

Fue así como se llevó a cabo **el acto de la redención** por el pecado de la humanidad a través del sacrificio del Hijo de Dios.

Aunque no he expuesto todos los pormenores que se expresan en el relato sagrado acerca de este acontecimiento, al menos he tratado de ser lo más explícito posible para que los estudiantes tengan una idea de cuánto tuvo que padecer Jesucristo para redimirnos de la culpa del pecados. Él sufrió la muerte más cruel y deshonrosa que se pudiera aplicar a una persona. Sufrida solo por ladrones y grandes criminales en aquella época. Maldecida aun por la Palabra de Dios, según lo declara el pasaje siguiente:

⁵¹Ga. 3: 13: "Cristo nos redimió de la maldición de la ley, hecho por nosotros maldición; (porque está escrito: Maldito cualquiera que es colgado en madero)."

El reflejo que nos proporcionan uno y otro pasajes bíblicos en relación con el ministerio de Jesucristo y las actividades detractoras del enemigo de Dios tratando de frustrar a cada paso sus planes divinos, demuestra que Satanás no pudo vencer a Cristo con las ofertas ostentosas y miserables a través de las cuales él se había conducido a sí mismo al caos del pecado y la destitución del Reino de Dios. Quiso entonces tratar de atemorizarlo con el vituperio y el martirio mismo. Así como entró en Judas para entregarlo, según [51]Lc. 22: 3 y Jn. 13: 27, fue él mismo el que indujo a los demás en cada acusación, en cada ofensa y en cada azote que recibió el Hijo de Dios. Detrás de cada martillazo sobre los clavos, es seguro que el Diablo descargaba toda su furia y su frustración al saber que había perdido su batalla. Hasta que el Redentor Divino fue alzado sobre la cruz, donde consumó la obra de la redención y dejó completamente derrotado al enemigo de Dios y de nuestras almas. Así culminó su victoria y la nuestra, con la resurrección de entre los muertos y su ascensión al cielo. De la misma manera que Él resucitó de entre los muertos, nos resucitará también a nosotros y así como ascendió al cielo, subiremos también nosotros para reinar para siempre con Él, si solo nos acogemos a su plan divino de salvación y a sus promesas de vida eterna.

Las declaraciones de las Sagradas Escrituras, prueban que Jesucristo cargó toda maldición y culpabilidad del pecado del género humano. Él murió en lugar de los perversos y de los más horrendos criminales, así como de los simples pecadores. Para Él no hay excepción de personas, no importan la raza, el color, la escala social, las virtudes físicas o intelectuales. Él dio su vida preciosa por el inmenso amor que siente por la humanidad, para que todo aquel que en Él crea no se pierda, sino que tenga vida éterna.

Estimado estudiante, el dolor que causaron las terribles hincadas de las espinas en la frente del Hijo de Dios, el dolor que produjeron aquellos toscos y gigantescos clavos en las manos y los pies del Divino Maestro, la herida de la lanza que traspasó su costado, el maltrato y el vituperio que tuvo que sufrir el Redentor de nuestras almas y su muerte terrible en la cruz del Calvario, no fue ni será jamás un sacrificio en vano. Dios lo levantó de los muertos y lo ha sentado a su diestra dándole todo poder en el cielo y en la tierra, para que dé salvación y vida eterna a todo aquel que venga a Él arrepentido de sus pecados. No importa cuán graves hayan sido estos, si la persona se arrepiente su perdón es seguro. Así dice su Santa Palabra:

"Venid luego, dirá Jehová, y estemos a cuenta: <u>si vuestros pecados fueren como la grana, como la nieve serán emblanquecidos: si fueren rojos como el carmesí, vendrán a ser como blanca lana."</u> [51]*(Is. 1: 18).*

Como ejemplo vivo del cumplimiento de esta promesa divina y como una demostración de la fuerza de su amor y del gran poder de su actividad redentora, Jesucristo ejerció el perdón. No solo con el ladrón en la cruz, según [51]Lc. 23: 39-43, sino también con la mujer adúltera, según [51]Jn. 8: 11. A quien salvó aun de la muerte, quizás en el momento más crucial de su vida cuando le dijo: "Ni yo te condeno; vete, y no peques más." Por lo que cabe citar, en este caso, las palabras de un reconocido [8]escritor de la literatura cristiana, las cuales refirió bajo el concepto de "El Veredicto," y dice en su parte final:

... Escucha. Escucha con toda atención. Él está hablando: «No te condeno». Y observa. Observa con mucha atención. Está escribiendo. Está dejando un mensaje. No en la arena, sino sobre una cruz. No con su mano, sino con su sangre. Su mensaje consta de una palabra: **Absuelto.**

Evidentemente, a Dios no le importa cuál sea tu condición. Si tú eres una persona honesta y decente o si eres un miserable y un pervertido. Dios te ama así como eres. Él solo espera que tú **creas** en Jesucristo y **lo aceptes como tu Salvador.** Y Él se encargará de cambiar tu vida y hacer de ti con toda sencillez alguien tan digno y admirable como Él quiere que seas.

Ahora bien, ¿qué será de aquellos pecadores, que teniendo tan grande oportunidad de salvación no se acerquen al trono de la gracia para ser salvos por Jesucristo? Claro está que para ellos no quedará otra alternativa, sino una severa sentencia que será pronunciada en el día del juicio final, entonces tendrán que pagar no solo por sus pecados, sino también por su actitud indolente ante el dolor y los sufrimientos del Mesías Divino. Cuya sangre derramada en la cruz es cual maravilloso río de aguas cristalinas que estará corriendo mientras haya un pecador que quiera ser limpio de sus pecados.

¡Oye, pecador, la voz de Cristo! Él te llama, quiere que vengas arrepentido y que comiences una nueva vida. Si tú no logras sentir el arrepentimiento, pero reconoces que lo necesitas, entonces ven a Jesús así mismo como estás, acércate al trono de la gracia y Él te proveerá todo lo que tú puedas necesitar para ser salvo.

Él quiere lavarte con su sangre preciosa, Él quiere darte vida eterna en gloria. ¿Hasta cuándo no atenderás a su llamado? ¿Hasta cuándo dejarás que sigan sangrando sus heridas y que se hagan más crueles y dolorosas las punzantes espinas que penetraron en sus sienes y los rústicos clavos que traspasaron sus pies y sus manos? Él espera por ti, acéptale hoy que es día de aceptación, hoy que tienes vida, porque el mañana es incierto y no sabemos qué nos traerá. ¿Qué esperas pecador? Jesús quiere salvarte. ¡Ven prontamente! Él te espera con los brazos abiertos.

JESUCRISTO RESUCITADO

La resurrección de Jesucristo **no** debió constituir una alarmante sorpresa para aquellos que habían creído en su mensaje. Así como Él había anunciado su escarnecimiento y muerte antes que se cumpliese, también había declarado su resurrección inmediata de entre los muertos. Consideremos lo que nos dicen los siguientes pasajes de las Escrituras:

⁵¹*Mt. 20: 17-19:* ¹⁷*"Y subiendo Jesús a Jerusalem, tomó sus doce discípulos aparte en el camino, y les dijo:* ¹⁸*He aquí subimos a Jerusalem, y el Hijo del hombre será entregado a los príncipes de los sacerdotes y a los escribas, y le condenarán a muerte;* ¹⁹*Y le entregarán a los gentiles para que le escarnezcan, y azoten, y crucifiquen; <u>mas al tercer día resucitará.</u>"*

⁵¹*Mt. 12: 38-40:* ³⁸*"Entonces respondieron algunos de los escribas y de los Fariseos, diciendo: Maestro, deseamos ver de ti señal.* ³⁹*Y él respondió, y les dijo: La generación mala y adulterina demanda señal; mas señal no le será dada, sino la señal de Jonás profeta.* ⁴⁰*<u>Porque como estuvo Jonás en el vientre de la ballena tres días y tres noches,</u> así estará el Hijo del hombre en el corazón de la tierra tres días y tres noches."*

En otra ocasión, nuestro Señor Jesucristo se manifestó diciendo:

"Por eso me ama el Padre, <u>porque yo pongo mi vida, para volverla a tomar.</u> ¹⁸*Nadie me la quita, mas yo la pongo de mí mismo. <u>Tengo poder para ponerla, y tengo poder</u> **para volverla a tomar**. Este mandamiento recibí de mi Padre."* ⁵¹*(Jn. 10: 17, 18).*

Estas predicciones de Jesucristo se cumplieron con perfecta exactitud, según lo demuestran los pasajes bíblicos siguientes:

⁵¹*Mt. 27: 62-66:* ⁶²*"Y el siguiente día, que es después de la preparación, se juntaron los príncipes de los sacerdotes y los Fariseos a Pilato,* ⁶³*Diciendo: Señor, nos acordamos que aquel engañador dijo, viviendo aún: <u>Después de tres días resucitaré.</u>* ⁶⁴*Manda, pues, que se asegure el sepulcro hasta el día tercero; porque no vengan sus discípulos de noche, y lo hurten, y digan al pueblo: Resucitó de los muertos. Y será el postrer error peor que el primero.* ⁶⁵*Y Pilato les dijo: Tenéis una guardia: id, aseguradlo como sabéis.* ⁶⁶*Y yendo ellos, aseguraron el sepulcro, sellando la piedra, con la guardia."*

[51]*Mt.* **28: 1-10:** [1]*"Y la víspera de sábado, que amanece para el primer día de la semana, vino María Magdalena, y la otra María, a ver el sepulcro.* [2]*Y he aquí, fue hecho un gran terremoto: porque el ángel del Señor, descendiendo del cielo y llegando, había revuelto la piedra, y estaba sentado sobre ella.* [3]*Y su aspecto era como un relámpago, y su vestido blanco como la nieve.* [4]*Y de miedo de él los guardas se asombraron, y fueron vueltos como muertos.* [5]*Y respondiendo el ángel, dijo a las mujeres: No temáis vosotras; porque yo sé que buscáis a Jesús, que fue crucificado.* [6]*No está aquí; porque ha resucitado, como dijo. Venid, ved el lugar donde fue puesto el Señor.* [7]*E id presto, decid a sus discípulos que ha resucitado de los muertos: y he aquí va delante de vosotras a Galilea; allí le veréis; he aquí, os lo he dicho.* [8]*Entonces ellas, saliendo del sepulcro con temor y gran gozo, fueron corriendo a dar las nuevas a sus discípulos. Y mientras iban a dar las nuevas a sus discípulos,* [9]*He aquí, Jesús les sale al encuentro, diciendo: Salve. Y ellas se llegaron y abrazaron sus pies, y le adoraron.* [10]*Entonces Jesús les dice: No temáis: id, dad las nuevas a mis hermanos, para que vayan a Galilea, y allí me verán."*

Después de esto, Cristo apareció a sus discípulos en diferentes formas y ocasiones. Según lo que nos dice Mateo en su narración de los hechos, los once discípulos se fueron a Galilea, al monte donde Jesús les había ordenado. Y como le vieron, le adoraron: mas algunos dudaban. Y llegando Jesús, les habló, diciendo: Toda potestad me es dada en el cielo y en la tierra. [51](Mt. 28: 16-18).

Antes de continuar con las citas de los diferentes fragmentos del relato, quiero aclarar que también en el caso de la resurrección de Jesucristo, como en el de su martirio y muerte, algunos de los escritores narran hechos o detalles que otros no mencionan. Es por ello que en esta ocasión tomaré también parte de la descripción de más de un libro de las Sagradas Escrituras, con el fin de que nuestro estudio resulte más enriquecido, aunque parte de algunas historias se repitan. Lucas nos ofrece los datos recopilados en su investigación de los hechos, donde expone que, estando sus discípulos reunidos dando testimonio de cómo el Señor se les había aparecido, entre tanto que ellos hablaban estas cosas, él se puso en medio, y les dijo: Paz a vosotros. Entonces ellos espantados y asombrados, pensaban que veían espíritu. Mas él les dice: ¿Por qué estáis turbados, y suben pensamientos a vuestros corazones? Mirad mis manos y mis pies, que yo mismo soy: palpad, y ved; que el espíritu ni tiene carne ni huesos, como veis que yo tengo. Y diciendo esto, les mostró las manos y los pies. Y **no** creyéndolo aún ellos de gozo, y maravillados, le dijo: ¿Tenéis aquí algo de comer? Entonces ellos le presentaron parte de un pez asado y un panal de miel. Y él tomó, y comió delante de ellos. Y les dijo: Estas son las palabras que os hablé, estando aún con vosotros: que era necesario que se cumpliesen todas las cosas que están escritas de mí en la ley de Moisés, y en los profetas, y en los salmos. Entonces les abrió el sentido, para que entendiesen las Escrituras; Y les dijo: Así está escrito, y así fue necesario que el Cristo padeciese, y resucitase de los muertos al tercer día; Y que se predicase en su nombre el arrepentimiento y la remisión de pecados en todas las naciones, comenzando de Jerusalem. Y vosotros sois testigos de estas cosas. [51](Lc. 24: 35-48).

Reflexionemos con los siguientes pasajes, según el relato del apóstol San Juan:

[51] *Jn. 20: 19-21, 24-29:* [19]*"Y como fue tarde aquel día, el primero de la semana, y estando las puertas cerradas donde los discípulos estaban juntos por miedo de los judíos, <u>vino Jesús, y púsose en medio, y díjoles: Paz a vosotros.</u>* [20]*<u>Y como hubo dicho esto, mostróles las manos y el costado. Y los discípulos se gozaron viendo al Señor.</u>* [21]*Entonces les dijo Jesús otra vez: Paz a vosotros; como me envió el Padre, así también yo os envío.* [24]*Empero Tomás, uno de los doce, que se dice el Dídimo, no estaba con ellos cuando Jesús vino.* [25]*Dijéronle pues los otros discípulos: Al Señor hemos visto. Y él les dijo: Si no viere en sus manos la señal de los clavos, y*

metiere mi dedo en el lugar de los clavos, y metiere mi mano en su costado, no creeré. ²⁶Y ocho días después, estaban otra vez sus discípulos dentro, y con ellos Tomás. <u>Vino Jesús, las puertas cerradas, y púsose en medio, y dijo: Paz a vosotros.</u> ²⁷<u>Luego dice a Tomás: Mete tu dedo aquí, y ve mis manos: y alarga acá tu mano, y métela en mi costado: y no seas incrédulo, sino fiel.</u> ²⁸Entonces <u>Tomás respondió, y díjole: ¡Señor mío, y Dios mío!</u> ²⁹Dícele Jesús: Porque me has visto, Tomás, creíste: bienaventurados los que no vieron y creyeron."

En esta dimensión de su relato el apóstol Juan nos cuenta los acontecimientos vividos donde nos dice que, después se manifestó Jesús otra vez a sus discípulos en la mar de Tiberias, de esta manera: Estaban juntos Simón Pedro y Tomás, llamado el Dídimo, y Natanael, el que era de Caná de Galilea, y los hijos de Zebedeo, y otros dos de sus discípulos. Díceles Simón: A pescar voy. Dícenle: Vamos nosotros también contigo. Fueron y subieron en una barca; y aquella noche no cogieron nada. Y venida la mañana, Jesús se puso a la ribera: mas los discípulos no entendieron que era Jesús. Y díjoles: Mozos, ¿tenéis algo de comer? Respondiéronle: No. Y él les dice: Echad la red a la mano derecha del barco, y hallaréis. Entonces la echaron y no la podían sacar, por la multitud de los peces. Entonces aquel discípulo, al cual amaba Jesús, dijo a Pedro: El Señor es. Y Simón Pedro, como oyó que era el Señor, ciñóse la ropa, porque estaba desnudo, y echóse a la mar. Y los otros discípulos vinieron con el barco trayendo la red de peces (porque no estaba lejos de tierra sino como doscientos codos). Y como descendieron a tierra vieron ascuas puestas, y un pez encima de ellas y pan. Díceles Jesús: Traed de los peces que cogisteis ahora. Subió Simón Pedro, y trajo la red a tierra, llena de grandes peces, ciento cincuenta y tres: y siendo tantos, la red no se rompió. Díceles Jesús: Venid, comed. Y ninguno de los discípulos osaba preguntarle: ¿Tú, quién eres? sabiendo que era el Señor. Viene pues Jesús y toma el pan, y les da; y asimismo del pez. Esta era ya la tercera vez que Jesús se manifestó a sus discípulos, habiendo resucitado de los muertos. Y cuando hubieron comido, Jesús dijo a Simón Pedro: Simón, hijo de Jonás, ¿me amas más que éstos? Dícele: Sí, Señor: tú sabes que te amo. Dícele: Apacienta mis corderos. Vuélvele a decir la segunda vez: Simón, hijo de Jonás, ¿me amas? Respondióle: Sí, Señor: tú sabes que te amo. Dícele: Apacienta mis ovejas. Dícele la tercera vez: Simón, hijo de Jonás, ¿me amas? Entristecióse Pedro de que le dijese la tercera vez: ¿Me amas? y dícele: Señor, tú sabes todas las cosas; tú sabes que te amo. Dícele Jesús: Apacienta mis ovejas. De cierto, de cierto te digo: Cuando eras más mozo, te ceñías, e ibas donde querías; mas cuando ya fueres viejo, extenderás tu mano, y te ceñirá otro, y te llevará a donde no quieras. Y esto dijo, dando a entender con qué muerte había de glorificar a Dios. Y dicho esto, dícele: Sígueme. [51](Jn. 21: 1-19).

Evidentemente, el hecho de la resurrección de Jesucristo constituyó la culminación del acto de la redención del hombre por el Hijo de Dios. Evento este que lo convirtió en vencedor sobre la muerte, dándole plena facultad para resucitar también a todo aquel que en Él creyere, como una confirmación de que ha sido redimido de la sentencia de muerte eterna, para vivir por siempre con Cristo. Por lo cual dijera el mismo Señor, según Jn. 11: 26:

"Y todo aquel que vive y cree en mí, no morirá eternamente"... [51]*(Jn. 11: 26).*

Otros detalles de vital importancia acerca de la resurrección los tomaremos en consideración en el capítulo 7 de este tratado.

DETALLES COMPLEMENTARIOS

Según [51]Mt. 12: 38-40 Jesucristo declaró que estaría en el sepulcro tres días y tres noches. Esta declaración suya fue tomada en cuenta por los príncipes de los sacerdotes y los Fariseos después de su crucifixión según, [51]Mt. 27: 62-66, quienes recordaron que el Señor había dicho que al tercer día resucitaría. Sin embargo, de acuerdo con el relato de los diferentes pasajes citados en relación con su muerte y resurrección no encontramos evidencias que confirmen literalmente que Él estuvo tres días y tres noches en el sepulcro, ni que hubiera resucitado al tercer día conforme a nuestro calendario, aunque tal declaración aparezca reiteradamente en la narración. No obstante, algunos estudiosos han revelado que realmente todo sucedió tal como el Señor lo había declarado. Según los detalles del relato, Él fue crucificado el día correspondiente a la pascua de Jehová. Y en [51]Levítico 23: 5-8 dice que la pascua debía celebrarse el día 14 del mes primero que le llamaban el mes del Abib. Y el día siguiente que es el 15 debía ser considerado siempre como día de santa convocación, de reposo o sábado pascual, que podía coincidir con cualquier día de la semana, en la que había también un sábado correspondiente al séptimo día. Además de ello, a los siete días después del primer sábado pascual, o sea el 22 del mismo mes, tenía que ser día de reposo llamado igualmente sábado. Por lo que se asume que ese día 14 en que Cristo fue crucificado, era un miércoles y al siguiente día era el gran día del sábado pascual que coincidía con el jueves, luego vino el viernes y el sábado correspondiente al séptimo día de la semana. De manera que Cristo fue crucificado el miércoles y sepultado al rayar el sol y estuvo en el sepulcro desde esa noche hasta ponerse el sol del sábado, por lo cual, cuando las mujeres fueron al sepulcro al amanecer del domingo, se encontraron conque ya Él había resucitado. Esto da la cuenta perfecta de los tres días y las tres noches.

Para una información más detallada, vea el siguiente link: http://bluis.org/MisEscritos/SE%20CONTRADICE%20LA%20BIBLIA.html.

ASCENSIÓN DE JESUCRISTO

La ascensión de Jesucristo al cielo constituye la culminación del éxito de su misión como el Redentor de la humanidad. Esta no debió ser tampoco una alarmante sorpresa para sus discípulos, pues Él lo había manifestado públicamente en diferentes ocasiones, cuando aún andaba con ellos, antes de morir. Al respecto consideremos lo que nos dicen los pasajes bíblicos siguientes:

Hablando con los fariseos: [51]*Jn. 7: 33, 34:* [33]*"Y Jesús dijo: Aún un poco de tiempo estaré con vosotros, é iré al que me envió.* [34]*Me buscaréis, y no me hallaréis; y donde yo estaré, vosotros no podréis venir."*

Hablando con sus discípulos: [51]*Jn. 16: 4-7:* [4]*"Mas os he dicho esto, para que cuando aquella hora viniere, os acordéis que yo os lo había dicho. Esto empero no os lo dije al principio, porque yo estaba con vosotros.* [5]*Mas ahora voy al que me envió; y ninguno de vosotros me pregunta: ¿Adónde vas?* [6]*Antes, porque os he hablado estas cosas, tristeza ha henchido vuestro corazón.* [7]*Empero yo os digo la verdad: Os es necesario que yo vaya: porque si yo no fuese, el Consolador no vendría a vosotros; mas si yo fuere, os le enviaré."*

[51]*Jn. 14: 1-3:* [1]*"No se turbe vuestro corazón: creéis en Dios, creed también en mí.* [2]*En la casa de mi Padre muchas moradas hay: de otra manera os lo hubiera dicho: voy, pues, a preparar lugar para vosotros.* [3]*Y si me fuere, y os aparejare lugar, vendré otra vez, y os tomaré a mí mismo: para que donde yo estoy, vosotros también estéis."*

Respondiendo al pontífice: [51]*Mt. 26: 63, 64:* [63]*..."Respondiendo el pontífice, le dijo: Te conjuro por el Dios viviente, que nos digas si eres tú el Cristo, Hijo de Dios. Jesús le dijo: Tú lo has dicho: y aun os digo, que desde ahora habéis de ver al Hijo del hombre sentado a la diestra de la potencia de Dios, y que viene en las nubes del cielo."*

Hablando con Nicodemo: [51]*Jn. 3: 14, 15:* [14]*"Y como Moisés levantó la serpiente en el desierto, así es necesario que el Hijo del hombre sea levantado;* [15]*Para que todo aquel que en él creyere, no se pierda, sino que tenga vida eterna."*

Cuando Moisés levantó la serpiente de metal sobre el asta de la bandera en el desierto, toda persona que miraba a ella, al ser mordida por las serpientes ardientes vivía, o sea, era salva de la herida y los efectos mortales del veneno que estas les transmitían. Véase [51]Nm. 21: 5-9. De igual manera, Cristo fue levantado al cielo. Y todo aquel que mire hacia Él en plena certidumbre de fe, será sano de la herida y los efectos mortales causados por el pecado y tendrá vida eterna. Él está sentado a la diestra del Padre para interceder constantemente por todos aquellos, que queriéndose liberar del pecado, claman con sinceridad confiando plenamente en las palabras del autor del libro A los Hebreos según [51]He. 4: 14, 15 donde declara que, teniendo un gran Pontífice, que penetró los cielos, Jesús el Hijo de Dios, retengamos nuestra profesión. Porque no tenemos un Pontífice que no se pueda compadecer de nuestras flaquezas; mas tentado en todo según nuestra semejanza, pero sin pecado. Y concluyendo el tema, en lo delante de su deliberación dice: Por lo cual puede también salvar eternamente a los que por él se allegan a Dios, viviendo siempre para interceder por ellos. [51](He. 7: 25).

En correspondencia, el apóstol Pablo, posible autor del libro citado, se dirige a la Iglesia de los romanos con una interrogante a la que él mismo le da una satisfactoria respuesta: ¿Quién es el que condenará? Cristo es el que murió; mas aún, el que también resucitó, quien además está a la diestra de Dios, el que también intercede por nosotros. [51](Ro. 8: 34).

Esta es una de las razones poderosas que justifica la ascensión de nuestro Señor Jesucristo al cielo, donde fue a ocupar nuevamente la posición que tenía antes, junto al Padre. Ahora con un mayor grado de gloria y majestad, intercediendo con Dios por nosotros hasta el día de su venida.

Con relación a su ascensión, las Sagradas Escrituras narran lo siguiente:

[51]*Hch. 1: 9-11:* [9]*"Y habiendo dicho estas cosas, viéndolo ellos, fue alzado; y una nube le recibió y le quitó de sus ojos.* [10]*Y estando con los ojos puestos en el cielo, entre tanto que él iba, he aquí dos varones se pusieron junto a ellos en vestidos blancos;* [11]*Los cuales también les dijeron: Varones galileos, ¿qué estáis mirando al cielo? este mismo Jesús que ha sido tomado desde vosotros arriba en el cielo, así vendrá como le habéis visto ir al cielo."*

Capítulo 6

Profecías mesiánicas

CUMPLIDAS EN CRISTO JESÚS

Introducción: Este es otro de los temas de vital importancia, implícito en los fundamentos de la fe cristiana. Antes de entrar en detalles concretos quiero dar una breve explicación acerca de las profecías.

Profecía: Este término es aplicado a los discursos verbales o escritos de un profeta. El profeta es un proclamador del enunciado divino, o sea, es uno que anuncia el mensaje que Dios le ha revelado a él personalmente.

Los mensajes proféticos conocidos en la Santa Biblia encierran, generalmente, amonestaciones, represiones y enseñanzas de carácter moral, de parte de Dios para su pueblo. Principalmente cuando este se desviaba de los principios doctrinales que le habían sido legados por el mismo Señor. Pero las profecías contienen además, una característica muy singular conocida como vaticinio, que consiste en predicciones de acontecimientos futuros. Estos enunciados de las profecías bíblicas constituyen una clara advertencia de las cosas que Dios va a hacer o de las que va a permitir que sucedan, a causa del pecado y desvío de su pueblo. Aunque en algunos casos se debe al pecado de una o varias naciones determinadas o de la mayor parte de la humanidad. La mayoría de ellas incluyen un claro sentido de juicio y castigo, sin embargo, suelen concluir regularmente con un mensaje de esperanza, restauración y paz, como los que contienen las profecías mesiánicas y otras.

Muchas de estas profecías abarcaron un período corto de tiempo, en el cual tuvieron su exacto cumplimiento, interviniendo tanto en el destino político, como en los demás órdenes de la vida de la humanidad o de una parte de ella. Mientras que otras abarcan un período mucho más prolongado, extendiéndose hasta el tiempo en que Dios ha de poner fin a todas las cosas mediante la destrucción de este mundo.

Para una mejor comprensión acerca de las profecías bíblicas, será menester someterse a la lectura y consideración de cada uno de los libros proféticos de la Santa Biblia. Además de un estudio acerca de las que ya han sido cumplidas, con pruebas históricas en relación con el pueblo de Israel. El propósito de este estudio es solamente que nuestros lectores tengan una noción de lo que son las profecías, y cómo las referentes al Mesías tuvieron su exacto cumplimiento en la persona de Cristo Jesús, tal como se cumplirán las relacionadas con su segundo advenimiento.

Según leímos en [51]Lc. 24: 44, en el capítulo anterior, el Señor Jesús, después de haber resucitado apareció a sus discípulos y les habló diciendo:

"Y él les dijo: Estas son las palabras que os hablé, estando aún con vosotros: que era necesario que se cumpliesen todas las cosas que están escritas de mí en la ley de Moisés, y en los profetas, y en los salmos." [51]*(Lc. 24: 44).*

Debo aclarar que los judíos le llaman "la ley de Moisés" al contenido del Pentateuco (los cinco primeros libros de la Santa Biblia), los cuales, según su propia tradición fueron escritos por Moisés.

Profecías mesiánicas contenidas en la ley: Aunque la ley de Moisés no habla del Cristo con tanta claridad como lo hacen algunos de los profetas posteriores, sin embargo, es evidente que en determinados casos se refiere a Él, según lo declara el mismo Señor en el pasaje citado; lo cual confirman también los escritos bíblicos de algunos de los apóstoles. Al respecto consideremos las palabras referidas por Dios a Abraham según el siguiente pasaje:

[51]*Gn. 22: 15-18:* [15]*"Y llamó el ángel de Jehová a Abraham segunda vez desde el cielo,* [16]*Y dijo: Por mí mismo he jurado, dice Jehová, que por cuanto has hecho esto, y no me has rehusado tu hijo, tu único;* [17]*Bendiciendo te bendeciré, y multiplicando multiplicaré tu simiente como las estrellas del cielo, y como la arena que está a la orilla del mar; y tu simiente poseerá las puertas de sus enemigos:* [18]En tu simiente serán benditas todas las gentes de la tierra, por cuanto obedeciste a mi voz.*"*

Esta promesa de Dios a Abraham: "En tu simiente serán benditas todas las gentes de la tierra". Según la interpretación del apóstol Pablo se cumplió en Cristo Jesús. Al respecto veamos el pasaje de referencia:

[51]*Ga. 3: 16: "A Abraham fueron hechas las promesas, y a su simiente. No dice: Y a las simientes, como de muchos; sino como de uno: Y a tu simiente, la cual es Cristo."*

Otras predicciones en el libro de la ley acerca del Cristo son las que se reflejan en los pasajes siguientes:

[51]*Gn. 49: 10: "No será quitado el cetro de Judá, Y el legislador de entre sus pies, Hasta que venga Shiloh; Y a él se congregarán los pueblos."*
[51]*Nm. 24: 17: "Verélo, mas no ahora: Lo miraré, mas no de cerca: Saldrá ESTRELLA de Jacob, Y levantaráse cetro de Israel"...*

Aunque existen varias profecías en la ley, que se le atribuyen al Cristo, solo he querido exponer algunas de las que parecen ser más claras.

Otras profecías mesiánicas: Los profetas posteriores a la ley también nos hablaron del Cristo, aunque en términos más claros, cuyas profecías se cumplieron en la persona de Jesús, según lo confirman los pasajes bíblicos expuestos a continuación:

[51]*Is. 7: 14: "Por tanto el mismo Señor os dará señal: He aquí que la virgen concebirá, y parirá un hijo, y llamará su nombre Emmanuel."*
[51]*Lc. 1: 30, 31:* [30]*"Entonces el ángel dijo: María, no temas, porque has hallado gracia cerca de Dios.* [31]*Y he aquí, concebirás en tu seno, y parirás un hijo, y llamarás su nombre Jesús."*

Al comparar estos dos pasajes, obtendremos perfecta evidencia del cumplimiento de esta profecía en la persona de Cristo Jesús. El término Emmanuel significa: con nosotros Dios, y el término hebreo yehosúa del cual se deriva "Jesús" significa: Jehová salva. Ambos significados cumplen el mismo objetivo, Dios, representado en la persona de Jesucristo, el Hijo, estuvo entre los hombres precisamente para salvarlos.

Consideremos ahora la profecía de Miqueas:

[51]*Mi. 5: 2: "Mas tú, Bethlehem Ephrata, pequeña para ser en los millares de Judá, de ti me saldrá el que será Señor en Israel; y sus salidas son desde el principio, desde los días del siglo."*

Mateo nos confirma el cumplimento de esta profecía a través de su narración acerca del nacimiento de Cristo. En sus detalles de los acontecimientos dice que, como fue nacido Jesús en Bethlehem de Judea en días del rey Herodes, he aquí unos magos vinieron del oriente a Jerusalem, diciendo: ¿Dónde está el Rey de los judíos, que ha nacido? porque su estrella hemos visto en el oriente, y venimos a adorarle. Y oyendo esto el rey Herodes, se turbó, y toda Jerusalem con él. Y convocados todos los príncipes de los sacerdotes, y los escribas del pueblo, les preguntó dónde había de nacer el Cristo. Y ellos le dijeron: En Bethlehem de Judea; porque así está escrito por el profeta: Y tú Bethlehem, de tierra de Judá, no eres muy pequeña entre los príncipes de Judá; Porque de ti saldrá un guiador, que apacentará a mi pueblo Israel. [51](Mt. 2: 1-6).

Al comparar estos dos citas bíblicas, una tomado directamente del Antiguo Testamento y la otro citad por Mateo en su propio libro, podemos darnos cuenta de que aunque el contenido trata del mismo asunto, las palabras sin embargo, son diferentes. Esto se debe a que los escritores del Nuevo Testamento cuando citaban algún pasaje del Antiguo, no lo tomaban directamente del texto original hebreo, sino de la Septuaginta, versión griega del Antiguo Testamento que usaban los cristianos primitivos por ser el idioma que predominaba en la literatura de su época.

Consideremos también las predicciones del profeta Zacarías:

[51]*Zac. 9: 9: "Alégrate mucho, hija de Sión; da voces de júbilo, hija de Jerusalem: he aquí, tu rey vendrá a ti, justo y salvador, humilde, y cabalgando sobre un asno, así sobre un pollino hijo de asna."*

Al confrontar el pasaje anterior con La narración del apóstol Juan, podremos obtener evidencias palpables del cumplimiento de esta profecía, en la vida y persona de Cristo Jesús. El Apóstol nos dice que, mucha gente que había venido a la fiesta, como oyeron que Jesús venía a Jerusalem, tomaron ramos de palmas, y salieron a recibirle, y clamaban ¡Hosanna, Bendito el que viene en el nombre del Señor, el Rey de Israel! Y halló Jesús un asnillo, y se sentó sobre él, como está escrito: No temas, hija de Sión he aquí tu Rey viene, sentado sobre un pollino de asna. Estas cosas, según el escritor, no las entendieron sus discípulos de primero empero cuando Jesús fue glorificado, entonces se acordaron de que todo esto estaba escrito acerca de él, y que le hicieron estas cosas. [51](Jn. 12: 12-16).

Consideremos además el siguiente pasaje bíblico:

[51]*Is. 53: 4, 5:* [4]*"Ciertamente llevó él nuestras enfermedades, y sufrió nuestros dolores; y nosotros le tuvimos por azotado, por herido de Dios y abatido.* [5]*Mas él herido fue por nuestras rebeliones, molido por nuestros pecados: el castigo de nuestra paz sobre él; y por su llaga fuimos nosotros curados."*

Compárese este pasaje leído con el que aparece a continuación:

[51]*Mt. 8: 14-17:* [14]*"Y vino Jesús a casa de Pedro, y vió a su sue-gra echada en cama, y con fiebre.* [15]*Y tocó su mano, y la fiebre la dejó: y ella se levantó, y les servía.* [16]*Y como fue ya tarde, trajeron a él muchos endemoniados; y echó los demonios con la palabra, y sanó a todos los enfermos;* [17]*Para que se cumpliese lo que fue dicho por el profeta Isaías, que dijo: Él mismo tomó nuestras en-fermedades, y llevó nuestras dolencias."*

Además de ello, el profeta Isaías, haciendo nuevamente alusión al Mesías Sufriente, dijo: Por tanto yo le daré parte con los gran-des, y con los fuertes repartirá despojos; por cuanto derramó su vida hasta la muerte, y fue contado con los perversos, habiendo él llevado el pecado de muchos, y orado por los transgresores. [51](Is. 53: 12).

Examinemos también el cumplimiento de las predicciones ante-riores con la declaración del evangelista San Marcos:

[51]*Mr. 15: 27, 28:* [27]*"Y crucificaron con él dos ladrones: uno a su derecha, y el otro a su izquierda.* [28]*Y se cumplió la Escritura, que dice: Y con los inicuos fue contado."*

Observemos el cumplimiento del siguiente pasaje profético en la vida y actividades de Cristo Jesús durante su período ministerial:

[51]*Is. 61: 1, 2:* [1]*"EL espíritu del Señor Jehová es sobre mí, por-que me ungió Jehová; hame enviado a predicar buenas nuevas a los abatidos, a vendar a los quebrantados de corazón, a publicar libertad a los cautivos, y a los presos abertura de la cárcel;* [2]*A promulgar año de la buena voluntad de Jehová, y día de venganza del Dios nuestro; a consolar a todos los enlutados."*

Con relación al pasaje anterior, Lucas nos dice que Jesús vino a Nazaret, donde había sido criado; y entró, conforme a su costumbre, el día del sábado en la sinagoga, y se levantó a leer. Y fuéle dado el libro del profeta Isaías; y como abrió el libro, halló el lugar donde estaba escrito: El Espíritu del Señor es sobre mí, por cuanto me ha ungido para dar buenas nuevas a los pobres; me ha enviado para sanar a los quebrantados de corazón; para pregonar a los cautivos libertad, y a los ciegos vista; para poner en libertad a los quebrantados: para predicar el año agradable del Señor. Y rollando el libro, lo dio al ministro, y sentóse: y los ojos de todos en la sinagoga estaban fijos en él. Y comenzó a decirles: Hoy se ha cumplido esta Escritura en vuestros oídos. [51](Lc. 4: 16-21).

Mateo confirma lo dicho por Lucas en la cita anterior, según lo declara el pasaje siguiente:

[51]*Mt. 12: 17, 18:* [17]*"Para que se cumpliese lo que estaba dicho por el profeta Isaías, que dijo:* [18]*He aquí mi siervo, al cual he escogido; Mi amado, en el cual se agrada mi alma: Pondré mi Espíritu sobre él, Y a los gentiles anunciará juicio."*

Con relación a las diferentes profecías mesiánicas, contenidas en el libro de Isaías, es evidente que todas ellas se cumplieron en la vida y obras de Cristo Jesús, con grandes demostraciones de su procedencia divina, según lo confirman los escritores del Nuevo Testamento en el pasaje de referencia.

Veamos ahora los siguientes pasajes proféticos referentes al Mesías, contenidos en el libro de los salmos:

[51]*Sal. 41: 9: "Aun el hombre de mi paz, en quien yo confiaba, el que de mi pan comía, Alzó contra mí el calcañar."*

Verifique este pasaje leído con el siguiente:

[51]*Jn. 13: 18, 19:* [18]*"No hablo de todos vosotros: yo sé los que he elegido: mas para que se cumpla la Escritura: El que come pan*

conmigo, levantó contra mí su calcañar. [19]Desde ahora os lo digo antes que se haga, para que cuando se hiciere, creáis que yo soy."

Las palabras contenidas en este pasaje fueron expresadas por nuestro Señor Jesucristo refiriéndose a Judas, el que lo entregó.

Veamos ahora el pasaje siguiente y asociémoslo con la cita que exponemos a continuación:

[51]*Sal. 22: 18: "Partieron entre sí mis vestidos, Y sobre mi ropa echaron suertes."*

Según el relato de Mateo descrito en [51]Mt. 27: 35, dice que, después que le hubieron crucificado, se repartieron sus vestidos, echando suertes: para que se cumpliese lo que fue dicho por el profeta: Se repartieron mis vestidos, y sobre mi ropa echaron suertes.

Compárense también los siguientes pasajes bíblicos:

[51]*Sal. 69: 21: "Pusiéronme además hiel por comida, Y en mi sed me dieron a beber vinagre."*
[51]*Mt. 27: 33, 34: [33]"Y como llegaron al lugar que se llama Gólgotha, que es dicho, El lugar de la calavera, [34]Le dieron a beber vinagre mezclado con hiel; y gustando, no quiso beberlo."*

Confrontemos estas dos citas, relacionadas también con las profecías salmódicas acerca del Mesías:

[51]*Sal. 16: 10: "Porque no dejarás mi alma en el sepulcro; Ni permitirás que tu santo vea corrupción."*

Según la interpretación del apóstol Pablo, acerca de esta profecía referente al Mesías, die que, habiéndose cumplido todas las cosas que de él estaban escritas, quitándolo del madero, lo pusieron en el sepulcro. Mas Dios le levantó de los muertos. Y él fue visto por muchos días de los que habían subido juntamente con él de Galilea a Jerusalem, los cuales son sus testigos al pueblo y afirma que por eso dice también en otro lugar de las Escrituras: No permitirás que tu Santo vea corrupción. Porque a la verdad David, habiendo servido en su edad a la voluntad de Dios, durmió, y fue juntado con sus padres, y vio corrupción. Mas aquel que Dios levantó, no vio corrupción. [51](Hch. 13: 29-31, 35-37).

Este salmo de contenido profético fue escrito por David, rey de Israel. El apóstol Pablo declara que el salmista se refiere al Cristo en quien se cumplieron estas profecías.

Comparemos ahora las dos últimas citas bíblicas comprendidas en este tema relacionado con las profecías mesiánicas:

[51]*Zac. 12: 10: "Y derramaré sobre la casa de David, y sobre los moradores de Jerusalem, espíritu de gracia y de oración; y mirarán a mí, a quien traspasaron, y harán llanto sobre él, como llanto sobre unigénito, afligiéndose sobre él como quien se aflige sobre primogénito."*

El apóstol Juan hace referencia al cumplimiento de esta profecía según [51]Jn. 19: 32-37 y declara que, vinieron los soldados, y quebraron las piernas al primero, y asimismo al otro que había sido crucificado con él. Mas cuando vinieron a Jesús, como le vieron ya muerto, no le quebraron las piernas: empero uno de los soldados le abrió el costado con una lanza, y luego salió sangre y agua. Y afirma que el que lo vio, da testimonio, y su testimonio es verdadero: y él sabe que dice verdad, para que vosotros también creáis. Porque estas cosas fueron hechas para que se cumpliese la Escritura: Hueso no quebrantaréis de él. Y concluye su relato diciendo: Y también otra Escritura dice: Mirarán al que traspasaron.

De esta manera, hemos podido comprobar a través de nuestro estudio, cómo las profecías mesiánicas referidas cientos de años antes de nuestra era, se cumplieron en la persona de Cristo Jesús. De igual modo se han cumplido, se están cumpliendo y habrán de cumplirse todas las demás profecías bíblicas, muchas de las cuales fueron pronunciadas por el Señor Jesucristo y otras por los santos profetas, en relación con el fin y destrucción de este mundo. Entre estas aparece como el suceso culminante, el segundo advenimiento de Jesucristo, confirmado por los ángeles en el acto de la ascensión. Veamos lo que nos dice el pasaje siguiente:

[51]*Hch. 1: 9-11:* [9]*"Y habiendo dicho estas cosas, viéndolo ellos, fue alzado; y una nube le recibió y le quitó de sus ojos.* [10]*Y estando con los ojos puestos en el cielo, entre tanto que él iba, he aquí dos varones se pusieron junto a ellos en vestidos blancos;* [11]*Los cuales también les dijeron: Varones galileos, ¿qué estáis mirando al cielo? este mismo Jesús que ha sido tomado desde vosotros arriba en el cielo, <u>así vendrá como le habéis visto ir al cielo</u>."*

Además de estos detalles, debemos tener en cuenta algunas características fundamentales que según las Sagradas Escrituras habrían de identificar a la persona del Mesías:

1. Debía ser de la simiente de Abraham, según la profecía analizada en [51]Gn. 22: 15-18 y confirmada por el apóstol Pablo, según [51]Ga. 3: 16.

2. Debía ser de la tribu de Judá, según la profecía analizada en [51]Gn. 49: 10.

3. Debía ser descendiente de Isai según la profecía de [51]Isaías 11: 1-5. Y debido a su misión como el Mesías reinante debía ser del linaje de David tal como lo confirma el mismo Cristo, según [51]Apocalipsis 22: 16.

4. Basado en el estudio de la profecía de [51]Daniel 9: 26, al Mesías le quitarían la vida antes que se llevara a efecto la destrucción del segundo templo en el cual sabemos que Él entró y enseñó en diversas ocasiones y además profetizó su destrucción, cumplida en el año 70 d. C.

UNIDAD III

Capítulo 7

Acontecimientos del fin

SEGUNDO ADVENIMIENTO DE JESUCRISTO

Introducción al tema: El segundo advenimiento de Jesucristo a la tierra ha sido considerado como el evento de mayor prominencia que tendrá lugar en la inauguración del "Día del Señor."

El Día del Señor es uno de los temas de mayor relevancia en relación con el estudio de la escatología. Que consiste en una parte de la teología y de la filosofía, que se ocupa de los últimos acontecimientos en la historia del mundo o el destino final de la raza humana, usualmente denominado como el fin del mundo. Está relacionada con la expectación de los acontecimientos concernientes al Mesías. Este es uno de los tópicos de mayor renombre, no solo entre los predicadores actuales, sino también entre los profetas de la antigüedad. La finalidad de cuyas profecías, así como el de las demás enseñanzas morales de la Santa Biblia, va dirigido hacia ese día. Será el tiempo en que Dios habrá de poner fin a todas las cosas de este mundo para establecer un reino nuevo. Donde impere la santidad y prevalezcan el amor, la justicia y la felicidad para siempre. En relación con algunas predicciones hacerca de este gran día, veamos lo que nos dicen los pasajes bíblicos siguientes:

[51]*Mal. 4: 1-3:* [1]*"Porque he aquí, viene el día ardiente como un horno; y todos los soberbios, y todos los que hacen maldad, serán estopa; y aquel día que vendrá, los abrasará, ha dicho Jehová de los ejércitos, el cual no les dejará ni raíz ni rama.* [2]*Mas a vosotros los que teméis mi nombre, nacerá el Sol de justicia, y en sus alas traerá salud: y saldréis, y saltaréis como becerros de la manada.*

³Y hollaréis a los malos, los cuales serán ceniza bajo las plantas de vuestros pies, en el día que yo hago, ha dicho Jehová de los ejércitos."
⁵¹Is. 2: 11, 12, 18, 19: ¹¹"La altivez de los ojos del hombre será abatida, y la soberbia de los hombres será humillada; y Jehová solo será ensalzado en aquel día. ¹²Porque día de Jehová de los ejércitos vendrá sobre todo soberbio y altivo, y sobre todo ensalzado; y será abatido: ¹⁸Y quitará totalmente los ídolos. ¹⁹Y meteránse en las cavernas de las peñas, y en las aberturas de la tierra, por la presencia espantosa de Jehová, y por el resplandor de su majestad, cuando se levantare él para herir la tierra."

Asi también en el ⁵¹capiitulo 13 versiculos 9-13, nos dice el mismo profeta: He aquí el día de Jehová viene, crudo, y de saña y ardor de ira, para tornar la tierra en soledad, y raer de ella sus pecadores. Por lo cual las estrellas de los cielos y sus luceros no derramarán su lumbre; y el sol se oscurecerá en naciendo, y la luna no echará su resplandor. Y visitaré la maldad sobre el mundo, y sobre los impíos su iniquidad; y haré que cese la arrogancia de los soberbios, y abatiré la altivez de los fuertes. Haré más precioso que el oro fino al varón, y más que el oro de Ophir al hombre. Porque haré estremecer los cielos, y la tierra se moverá de su lugar, en la indignación de Jehová de los ejércitos, y en el día de la ira de su furor.

También Sofonías nos dice en su profecía, que el día grande de Jehová, está cercano y muy presuroso; y exclama con tono de dolor: voz amarga del día de Jehová; gritará allí el valiente. Día de ira aquel día, día de angustia y de aprieto, día de alboroto y de asolamiento, día de tiniebla y de oscuridad, día de nublado y de entenebrecimiento, Día de trompeta y de algazara, sobre las ciudades fuertes, y sobre las altas torres. Y atribularé los hombres, y andarán como ciegos, porque pecaron contra Jehová: y la sangre de ellos será derramada como polvo, y su carne como estiércol. Ni su plata ni su oro podrá librarlos en el día de la ira de Jehová; pues toda la tierra será consumida con fuego de su celo: porque ciertamente consumación apresurada hará con todos los moradores de la tierra. [51](Sof. 1: 14-18).

Veamos ahora la advertencia del apóstol Pedro:

[51]*2Pe. 3: 10: "Mas el día del Señor vendrá como ladrón en la noche; en el cual los cielos pasarán con grande estruendo, y los elementos ardiendo serán deshechos, y la tierra y las obras que en ella están serán quemadas."*

El término "día", a través de todo el Antiguo Testamento, es traducido del [2]hebreo יום [yom] que significa: día, fecha, tiempo de vida, año. Cuando en el Nuevo Testamento se hace referencia a dicho evento, no podemos ignorar el trasfondo del concepto hebreo al respecto, aunque el término griego usado para ello sea carente de la misma aplicación. Es por ello que se ha definido según estudios de la teología, que el Día de Jehová o Día del Señor se refiere a una determinada fecha, que ha de comprender un período de tiempo indefinido, en el cual se llevarán a efecto una serie de eventos que se han descrito en el orden siguiente:

a) eventos que le preceden.

b) eventos que lo inauguran.

c) eventos que intervienen en él.

d) eventos que lo clausuran.

Entre los eventos que le preceden, está comprendida la gran catástrofe astronómica predicha por nuestro Señor Jesucristo. Tal como lo podremos apreciar en el desarrollo del tema.

Entre los hechos de su inauguración, están relacionados el segundo advenimiento de Jesucristo a la tierra, la resurrección y ascensión de los fieles difuntos, seguida de la transformación y ascensión de los cristianos vivientes.

Entre los acontecimientos que intervienen en él está relacionado el milenio con todas las actividades que le conciernen.

Entre los episodios que lo clausuran están relacionados el juicio final y el acto en que Jesucristo, el Hijo, entregará el reino a Dios, el Padre y los salvados pasarán a poseer definitivamente y para siempre el hogar de nuestra eterna morada.

SU ADVENIMIENTO

Este tema se describe generalmente en el Nuevo Testamento, bajo el concepto de la parusía, del [1]griego παρουσία [parousía]: Estar presente, asistir. Aceptado también como venida o llegada, al hacer referencia al advenimiento glorioso de Jesucristo al final de los tiempos.

El segundo advenimiento de Jesucristo a la tierra es el evento de mayor expectativa comprendido entre los elementos de la fe cristiana, el cual, así como las profecías mesiánicas, habrá de tener su exacto cumplimiento, tal como se lo confirmaron los ángeles a sus discípulos en el preciso momento de su ascensión al cielo.

Al tratar acerca de este tema, no debemos pasar por alto el hecho de que, de acuerdo con lo que revelan las Santas Escrituras, la mayoría de los teólogos hacen alusión a la existencia de dos acontecimientos relacionados con su segunda venida. Mientras que otros lo percibimos como un solo suceso en dos fases inmediatas. El primer acontecimiento está relacionado con la ascensión de los fieles o el arrebatamiento. Mientras que el segundo se refiere al establecimiento del Reino Mesiánico.

Acerca del primer acontecimiento veamos lo que nos dicen los pasajes bíblicos siguientes:

[51]*1Ts. 4: 16, 17: [16]Porque el mismo Señor con aclamación, con voz de arcángel, y con trompeta de Dios, descenderá del cielo; y los muertos en Cristo resucitarán primero: [17]Luego nosotros, los que vivimos, los que quedamos, juntamente con ellos seremos arrebatados en las nubes a recibir al Señor en el aire, y así estaremos siempre con el Señor. [18]Por tanto, consolaos los unos a los otros en estas palabras."*

Reflexionamos ahora en la descripción de Lucas acerca del segundo advenimiento de Jesucristo el Mesías: Os digo que en aquella noche estarán dos en una cama; el uno será tomado, y el otro será dejado. Dos mujeres estarán moliendo juntas: la una será tomada, y la otra dejada. Dos estarán en el campo; el uno será tomado, y el otro dejado. [51](Lc. 17: 34-36).

Esta última cita bíblica ha dado lugar a un concepto doctrinal acerca del arrebatamiento, conocido como "el rapto". Pero debido a la carencia de fundamento bíblico en relación con dicha doctrina, nosotros **no** lo trataremos como tal, sino simplemente como la ascensión de los fieles. Entendemos que a eso sencillamente se refieren los pasajes citados. No precisamente a un secuestro oculto de la Iglesia. Las Escrituras declaran, según [51]Mt. 24: 30, 31, que cuando Él venga en las nubes del cielo, será visto de todas las tribus de la tierra y enviará a sus ángeles con gran voz de trompeta para juntar a sus escogidos de los cuatro vientos de la Tierra. Y según [51]Apo. 1: 7, dice que todo ojo le verá. De manera que, si en dicho evento se han de poner de manifiesto tales características, entonces no se puede admitir la posibilidad de un rapto oculto de los fieles.

[46]La doctrina del „rapto" no la enseñó la Iglesia primitiva, ni la de los primeros siglos, tampoco la enseñaron los reformadores del siglo XVI. Esta fue concebida por los teólogos católicos romanos de la orden Jesuita: Francisco Ribera y Emanuel Lacunza. Fue creída y propagada por Edward Irving, John Nelson Darby, C. I.

Scofield, D. L. Moody y finalmente por las Asambleas de Dios y los pentecostales en general. No fue, sino hasta mediados de los 1800 que hubiese un grupo significativo de creyentes alrededor del mundo esperando el „rapto"de la iglesia previo a un período de siete años de tribulación.

El segundo acontecimiento, como dijera antes, está relacionado con el tema acerca del Mesías reinante, según [51]Zc. 14: 3, 4, 5, 11:

[3]*"Después saldrá Jehová, y peleará con aquellas gentes, como peleó el día de la batalla.* [4]*Y afirmaránse sus pies en aquel día sobre el monte de las Olivas, que está en frente de Jerusalem a la parte de oriente: y el monte de las Olivas, se partirá por medio de sí hacia el oriente y hacia el occidente, haciendo un muy grande valle; y la mitad del monte se apartará hacia el norte, y la otra mitad hacia el mediodía.* [5]*Y huiréis al valle de los montes; porque el valle de los montes llegará hasta Hasal; y huiréis de la manera que huisteis por causa del terremoto en los días de Uzzías, rey de Judá: y vendrá Jehová mi Dios, y con él todos los santos.* [11]*Y morarán en ella, y nunca más será anatema: sino que será Jerusalem habitada confiadamente."* [51]*(Zc. 14: 3, 4, 5, 11).*

Este pasaje, según la exégesis más conocida, se refiere a Dios el Hijo de, el cual reinará literalmente desde Jerusalem, sobre todas las naciones, y las regirá con vara de hierro. En este período de tiempo los fieles también estaremos reinando con Cristo, según su propia promesa expresada en [51]Apo. 2: 26, 27, donde dice:

[26]*"Y al que hubiere vencido, y hubiere guardado mis obras hasta el fin, yo le daré potestad sobre las gentes;* [27]*Y las regirá con vara de hierro, y serán quebrantados como vaso de alfarero, como también yo he recibido de mi Padre:"* [51]*(Apo. 2: 26, 27).*

A partir de la evidencia de estos dos sucesos relacionados con su segúnda venida, de acuerdo con los pasajes citados según [51]Mt. 24: 30, 31 y Zc. 14: 3, 4, 5, 11, los exponentes del oscuro concepto del rapto, basados en diferentes profecías han especulado la existencia de un período de tiempo intermedio, entre la ascensión de los fieles y el segundo suceso. Atribuido por la mayoría de los teólogos al inicio de la instauración del Reino milenial de Jesucristo en la tierra. Mientras que aquellos que lo vemos como un solo acontecimiento en dos fases consecutivas creemos, según los pasajes citados, que cuando Él venga en las nubes será visto de todas las tribus de la tierra, y que todo ojo le verá. Por lo cual, desde el Monte de las Olivas también le estarán viendo mientras que sus escogidos asciendan a encontrarse con Él en las nubes. Es lógico asumir, que acto seguido descienda con sus santos millares de nuevos integrantes de su Reino, asentando sus pies sobre el Monte de las Olivas para venir a ejercer su justicia divina y poner a todos sus enemigos debajo de sus pies.

En [51]1Ts. 4: 17 dice que recibiremos al Señor en el aire y que así estaremos siempre con el Señor. Es importante entender que no se trata de que vayamos a estar siempre en el aire con el Señor. Cuando lo que quiere decir en realidad es que habiendo ocurrido los hechos tal como se narran, a partir de ese momento estaremos para siempre con el Señor. No precisamente en el aire, sino donde Él decida llevarnos, donde quiera que esté establecido su Reino glorioso.

El segundo advenimiento de Cristo constituye una promesa suya para su Iglesia. Al respecto consideremos el siguiente pasaje de las Escrituras:

[51]*Jn. 14: 2, 3:* *[2]"En la casa de mi Padre muchas moradas hay: de otra manera os lo hubiera dicho: voy, pues, a preparar lugar para vosotros. [3]Y si me fuere, y os aparejare lugar,* **vendré otra vez***, y os tomaré a mí mismo: para que donde yo estoy, vosotros también estéis."*

Este será un acontecimiento que tomará desprevenida a una gran parte de la humanidad, pero no por falta de advertencia, sino por su desacato al evangelio de Jesucristo y su obstinación a una vida de pecado.

Los diferentes fenómenos naturales, sociales y políticos de la actualidad, predichos por Jesucristo como señales que precederían a su segunda venida, nos hablan en nuestro tiempo en un lenguaje muy claro, señalándonos que tal acontecimiento está a las puertas. Es por ello que no quiero tratar acerca de este tema, sin antes hacer referencia a las citas bíblicas que contienen estas predicciones de nuestro Señor, en las cuales se hace énfasis en la gran catástrofe astronómica, como el suceso natural culminante de estas señales escatológicas. Según su declaración profética en relación con los tiempos próximos a su venida, tal como lo decribe Mateo en su relato según [51]Mt. 24: 4-8, 11-14 y 29-31, el Señor Jesús, les advirtió a sus discípulos: Mirad que nadie os engañe. Porque vendrán muchos en mi nombre, diciendo: Yo soy el Cristo; y a muchos engañarán. Y oiréis guerras, y rumores de guerras: mirad que no os turbéis; porque es menester que todo esto acontezca; mas aún no es el fin. Porque se levantará nación contra nación, y reino contra reino; y habrá pestilencias, y hambres, y terremotos por los lugares. Y todas estas cosas, principios de dolores. Y muchos falsos profetas se levantarán y engañarán a muchos. Y por haberse multiplicado la maldad, la caridad de muchos se resfriará. Mas el que perseverare hasta el fin, éste será salvo. Y será predicado este evangelio del reino en todo el mundo, por testimonio a todos los gentiles; y entonces vendrá el fin. Y luego después de la aflicción de aquellos días, el sol se obscurecerá, y la luna no dará su lumbre, y las estrellas caerán del cielo, y las virtudes de los cielos serán conmovidas. Y entonces se mostrará la señal del Hijo del hombre en el cielo, y lamentarán todas las tribus de la tierra; y verán al Hijo del hombre que vendrá sobre las nubes del cielo, con grande poder y gloria. Y enviará sus ángeles con gran voz de trompeta, y juntarán sus escogidos de los cuatro vientos, de un cabo del cielo hasta el otro. Luego confirmó el Señor todas estas predicciones diciendo: El cielo y la tierra pasarán, mas mis palabras no pasarán. Empero del día y la hora nadie sabe, ni aun los ángeles de los cielos, sino mi Padre solo. [51](Mt. 24: 35, 36).

Si tenemos en cuenta algunos de los fenómenos naturales más recientes, encontraremos lo nunca antes visto. Los siguientes son algunos de los datos recopilados: [42]un tsunami en Tailandia en 2004 dejó una cifra de 230, 000 muertos; otro tsunami en Japón, en 2011 dejo 15, 845 muertos; en el terremoto de Haití, en 2010 hubo 220, 000 muertos; el huracán Katrina en los Estados Unidos de América, en 2005 dejó 1, 836 muertos. Evidentemente, varios fenómenos catastróficos más, que han agravado esta situación para la humanidad han sido publicados después de estos. Y ¿qué decir de las pestilencias o enfermedades contagiosas como [52]la gripe española (influenza virus A subtipo H1N1); 1918-1919 que dejó un récord de **50 a 100 millones** de víctimas? Además de ello, otras epidemias recientes como el VIH-SIDA: según [53]ONUSIDA, esta epidemia ha alcanzado una cifra de alrededor de **39 millones** de muertes hasta la actualidad. De igual manera, el Corona Virus y otras tantas, han causado centenares de miles de muertos.

El cumplimiento de lo predicho por Jesucristo en estos pasajes se hace evidente además, en los constantes conflictos bélicos de la actualidad, la intensificación del terrorismo, la violencia y la extorsión en gran parte del mundo. Por otro lado, la corrupción moral en nuestros días ha llegado a un nivel tan degradante como en los tiempos de Sodoma y Gomorra, tal como lo predijera el Hijo de Dios, aun después de que su evangelio y la enseñanza de su santa doctrina se haya predicado en todo el mundo. Por lo cual, a diferencia de su primera manifestación y participación entre los hombres, Jesucristo, en su segundo advenimiento, no aparecerá ya como aquel Cristo manso y sufriente, quien fue víctima del escarnio, la burla y el menosprecio. Según lo declara su Santa Palabra, su segundo advenimiento será con poder y gran gloria para juzgar a cada uno según hayan sido sus obras. Consideremos lo que dicen los pasajes siguientes:

[51]*Mr. 8: 38:* "*Porque el que se avergonzare de mí y de mis palabras en esta generación adulterina y pecadora, el Hijo del hombre se avergonzará también de él, cuando vendrá en la gloria de su Padre con los santos ángeles.*"

[51]*Mt. 16: 27:* "*Porque el Hijo del hombre vendrá en la gloria de su Padre con sus ángeles, y entonces pagará a cada uno conforme a sus obras.*"

En la descripción de su revelación apocalíptica, el apóstol Juan declara diciendo: Y miré cuando él abrió el sexto sello, y he aquí fue hecho un gran terremoto; y el sol se puso negro como un saco de cilicio, y la luna se puso toda como sangre; Y las estrellas del cielo cayeron sobre la tierra, como la higuera echa sus higos cuando es movida de gran viento. Y el cielo se apartó como un libro que es envuelto; y todo monte y las islas fueron movidas de sus lugares. Y los reyes de la tierra, y los príncipes, y los ricos, y los capitanes, y los fuertes, y todo siervo y todo libre, se escondieron en las cuevas y entre las peñas de los montes, Y decían a los montes y a las peñas: Caed sobre nosotros, y escondednos de la cara de aquel que está sentado sobre el trono, y de la ira del Cordero: Porque el gran día de su ira es venido; ¿Y quién podrá estar firme? [51](Ap. 6: 12-17).

Aunque para los pecadores impenitentes, la segunda venida de Jesucristo ha de resultar sobremanera terrible, según lo demuestra la última de estas citas bíblicas, es evidente también, según lo declara su Santa Palabra, que para los fieles cristianos será un día de júbilo, de gran alegría y felicidad. Por cuanto experimentarán el gozo perfecto y eterno que les proporcionará el Señor por haber creído en Él, por haberlo aceptado como su Salvador y por haberse mantenido fieles a los principios de su divina voluntad.

RESURRECCIÓN DE LOS MUERTOS
Y TRANSFORMACIÓN DE LOS VIVOS

El tema de la resurrección de los muertos es conocida bíblicamente desde los tiempos del Antiguo Testamento. Consideremos al respecto lo que nos dicen los pasajes siguientes:

[51]*Is. 26: 19: "Tus muertos vivirán; junto con mi cuerpo muerto resucitarán. ¡Despertad y cantad, moradores del polvo! porque tu rocío, cual rocío de hortalizas; y la tierra echará los muertos."*
[51]*Dn. 12: 2, 3:* [2]*"Y muchos de los que duermen en el polvo de la tierra serán despertados, unos para vida eterna, y otros para vergüenza y confusión perpetua.* [3]*Y los entendidos resplandecerán como el resplandor del firmamento; y los que enseñan a justicia la multitud, como las estrellas a perpetua eternidad."*

Jesucristo es el autor de la resurrección: Veamos lo que dicen las Escrituras, según [51]*Jn. 11: 23-26:* [23]*"Dícele Jesús: Resucitará tu hermano.* [24]*Marta le dice: Yo sé que resucitará en la resurrección en el día postrero.* [25]*Dícele Jesús: Yo soy la resurrección y la vida: el que cree en mí, aunque esté muerto, vivirá.* [26]*Y todo aquel que vive y cree en mí, no morirá eternamente"*...

En otro detalle de su relato, el Apóstol confirma el mismo concepto expresado por el Señor Jesús cuando expuso: De cierto, de cierto os digo: Vendrá hora, y ahora es, cuando los muertos oirán la voz del Hijo de Dios: y los que oyeren vivirán. No os maravilléis de esto; porque vendrá hora, cuando todos los que están en los sepulcros oirán su voz; y los que hicieron bien, saldrán a resurrección de vida; mas los que hicieron mal, a resurrección de condenación. [51](Jn. 5: 25, 28, 29).

Las palabras referidas por Cristo en estas citas de las Escrituras, dan por confirmado que la vida del ser humano **no** termina en este mundo, que el hombre no muere para siempre como las bestias. El

Señor ha establecido que el resultado final de la redención sea la resurrección y la vida eterna en gloria. Así como dicen las Escrituras en [51]1Co. 15: 22:

> *"Porque así como en Adam todos mueren, <u>así también en Cristo todos serán vivificados.</u>"*

El cuerpo de nuestra resurrección: Consideremos lo que nos dicen al respecto los siguientes pasajes bíblicos:

[51]*1Co. 15: 35-38, 42-50:* [35]*"Mas dirá alguno: ¿Cómo resucitarán los muertos? ¿Con qué cuerpo vendrán?* [36]*Necio, lo que tú siembras no se vivifica, si no muriere antes.* [37]*Y lo que siembras, no siembras el cuerpo que ha de salir, sino el grano desnudo, acaso de trigo, o de otro grano:* [38]*Mas Dios le da el cuerpo como quiso, y a cada simiente su propio cuerpo.* [42]<u>*Así también es la resurrección de los muertos: Se siembra en corrupción, se levantará en incorrupción;*</u> [43]<u>*Se siembra en vergüenza, se levantará en gloria; se siembra en flaqueza, se levantará en potencia;*</u> [44]<u>*Se siembra cuerpo animal, resucitará espiritual cuerpo.*</u> *Hay cuerpo animal, y hay cuerpo espiritual.* [45]*Así también está escrito: Fue hecho el primer hombre Adam en ánima viviente; el postrer Adam en espíritu vivificante.* [46]*Mas lo espiritual no es primero, sino lo animal; luego lo espiritual.* [47]*El primer hombre, es de la tierra, terreno: el segundo hombre, que es el Señor, es del cielo.* [48]*Cual el terreno, tales también los terrenos; y cual el celestial, tales también los celestiales.* [49]<u>*Y como trajimos la imagen del terreno, **traeremos también la imagen del celestial.***</u> [50]*Esto empero digo, hermanos: que la carne y la sangre no pueden heredar el reino de Dios; ni la corrupción hereda la incorrupción."*

El apóstol Pablo concluye su deliberación acerca del tema, según [51]1Co. 15: 53, 54 diciendo que, es menester que esto corruptible sea vestido de incorrupción, y esto mortal sea vestido de inmortalidad.

Y cuando esto corruptible fuere vestido de incorrupción, y esto mortal fuere vestido de inmortalidad, entonces se efectuará la palabra que está escrita: Sorbida es la muerte con victoria. Mientras que, en su carta a los filipenses, le da un matiz de mayor realce y belleza, con su sabia y elocuente declaración: Mas nuestra vivienda es en los cielos; de donde también esperamos al Salvador, al Señor Jesucristo; el cual transformará el cuerpo de nuestra bajeza, para ser semejantes al cuerpo de su gloria, por la operación con la cual puede sujetar también a sí todas las cosas. [51](Fil. 3: 20, 21).

La explicación del Apóstol ultimada en estas citas bíblicas, está lo suficiente clara como para no necesitar de más especulación. Según su exégesis, en la resurrección se levantará el alma en un cuerpo espiritual, semejante al de Jesucristo en su ascensión. Aunque mantenga su naturaleza humana, pero transformada por los efectos de la incorrupción y la inmortalidad. Un cuerpo que no estará sujeto a los efectos producidos por el pecado en la humanidad como el envejecimiento, las enfermedades, el dolor, la tristeza, la ansiedad, el sufrimiento y las pasiones carnales. Sino que experimentará eternamente, en la máxima escala de perfección, el gozo y la felicidad que solo Dios puede proporcionar.

Transformación de los vivos: Las Sagradas Escrituras nos declaran que en la venida del Señor no todos habremos muerto, sino que la vida en la tierra estará sujeta a su curso normal, por lo menos hasta ese día. ¿Qué sucederá entonces con los cristianos que vivan en esa época? Tomemos en consideración lo que nos declara al respecto el apóstol Pablo, en su primera epístola a la Iglesia de los corintios según [51]1Co. 15: 51, 52, donde les declara un misterio: Todos ciertamente no dormiremos, mas todos seremos transformados, en un momento, en un abrir de ojo, a la final trompeta; porque será tocada la trompeta, y los muertos serán levantados sin corrupción, y nosotros seremos transformados.

Asimismo en su primera epístola a la Iglesia de Tesalónica, el Apóstol les declara: Por lo cual, os decimos esto en palabra del Señor: que nosotros que vivimos, que habremos quedado hasta la venida del Señor, no seremos delanteros a los que durmieron. Porque el mismo Señor con aclamación, con voz de arcángel, y con trompeta de Dios, descenderá del cielo; y los muertos en Cristo resucitarán primero: Luego nosotros, los que vivimos, los que quedamos, juntamente con ellos seremos arrebatados en las nubes a recibir al Señor en el aire, y así estaremos siempre con el Señor. Por tanto, consolaos los unos a los otros en estas palabras. [51](1Ts. 4: 15-18).

Estas citas bíblicas, además de ofrecernos una clara información acerca de la transformación de los cristianos vivientes, nos dan a entender que la resurrección de los muertos se llevará a efecto en dos fases: los primeros en resucitar serán los fieles difuntos, que seguidos de los vivientes transformados, ascenderán con Cristo y reinarán con Él. Mientras que los otros muertos no resucitarán hasta que hayan pasado mil años. Al respecto reflexionemos sobre lo que dicen las Escrituras:

[51]*Ap.* **20: 4-6:** *[4]"Y vi tronos, y se sentaron sobre ellos, y les fue dado juicio; y vi las almas de los degollados por el testimonio de Jesús, y por la palabra de Dios, y que no habían adorado la bestia, ni a su imagen, y que no recibieron la señal en sus frentes, ni en sus manos, y vivieron y reinaron con Cristo mil años; [5]Mas los otros muertos no tornaron a vivir hasta que sean cumplidos mil años. Esta es la primera resurrección. [6]Bienaventurado y santo el que tiene parte en la primera resurrección; la segunda muerte no tiene potestad en éstos; antes serán sacerdotes de Dios y de Cristo, y reinarán con él mil años."*

LUGAR Y ESTADO INTERMEDIOS DEL ALMA

Este tema ha sido objeto de mucho interés para los estudiantes bíblicos de todos los tiempos.

Al iniciar nuestro estudio no podemos dejar de tomar en cuenta el concepto teológico de la Tricotomía. En él se concibe que nuestro ser está constituido por tres factores principales: espíritu, alma y cuerpo. Meditemos en torno a lo que dicen las Escrituras:

[51]*1Ts. 5: 23: "Y el Dios de paz os santifique en todo; para que vuestro espíritu y alma y cuerpo sea guardado entero sin reprensión para la venida de nuestro Señor Jesucristo."*

El pasaje bíblico que aparece a continuación nos da a entender también con toda claridad, que el ser humano está constituido por estos tres factores:

[51]*He. 4: 12: "Porque la palabra de Dios es viva y eficaz, y más penetrante que toda espada de dos filos: y que alcanza hasta partir el alma, y aun el espíritu, y las coyunturas y tuétanos, y discierne los pensamientos y las intenciones del corazón."*

La experiencia misma nos enseña que cuando la persona muere, el cuerpo vuelve a la tierra como dicen las Escrituras:

[51]*Gn. 3: 19: "En el sudor de tu rostro comerás el pan hasta que vuelvas a la tierra; porque de ella fuiste tomado: pues polvo eres, y al polvo serás tornado."*

Acerca del espíritu, las Escrituras dicen que va a Dios que lo dio. Al respecto veamos el pasaje siguiente:

[51]*Ec. 12: 6, 7: [6]"Antes que la cadena de plata se quiebre, y se rompa el cuenco de oro... [7]Y el polvo se torne a la tierra, como era, y el espíritu se vuelva a Dios que lo dio."*

Ahora bien, acerca del alma las Escrituras no dan detalles tan claros y precisos al respecto. Es por ello que este tema ha sido causa de mucha especulación por parte de cristianos de todas las épocas.

Entre los aspectos que han sido causa de mayores controversias tomaremos en consideración el lugar y estado intermedios del alma.

Ya sabemos según los estudios realizados en este tratado, que el destino final del alma de los fieles cristianos ha de ser de eterna felicidad en el reino de los cielos. Y aunque todavía no hemos considerado el tema del juicio final, debo anticipar que el destino final previsto para los pecadores impenitentes será el infierno de fuego, según lo comprobaremos en la ilustración del mismo.

Ahora bien, los especuladores se preguntan cuál será el lugar y el estado del alma en el intermedio de tiempo de la muerte a la resurrección. Esto ha dado lugar a diversas interpretaciones, entre las cuales consideraremos las más conocidas.

El paraíso: Según datosprovistos por el [10]Nuevo Diccionario Bíblico Certeza, el concepto de paraíso en el Antiguo Testamento, estaba relacionado con un jardín muy hermoso, un lugar de recreación donde se podía disfrutar de cierto grado de felicidad. Este concepto estaba asociado con el Huerto o Jardín del Edén y según el pensamiento hebreo posterior, los judíos creían que el paraíso existía en sus propios días, pero oculto. Este era el lugar al que fueron llevadas las almas de los patriarcas, las personas elegidas y las justas. Según estudios de la teología, su existencia se concebía en algún lugar subterráneo. Mientras que para el alma de los pecadores impenitentes, creían que existía un lugar subterráneo también, pero con características totalmente diferentes, en el cual debían estar en un estado de sufrimiento y penalidad hasta el día del juicio final.

Muchos cristianos de la actualidad atribuyen a esta creencia la parábola del Señor Jesús acerca del rico y Lázaro según [51]Lc. 16: 19-31. Sabemos que las parábolas consisten en la narración de un hecho imaginario, que marcha paralelo con la realidad. Y evidentemente, la ilustración señala los hechos en una época en que todavía no se había llevado a efecto el juicio final, debido a que había seres vivientes sobre la tierra y la ley de Moisés y los profetas se mantenían vigentes para ellos. Todo lo cual indica que el lugar y las condiciones en que se encontraban Abraham y el mendigo, no son otras sino el lugar y estado intermedios del alma, mejor conocido por los primeros cristianos como "el paraíso". De igual manera, las palabras referidas al ladrón en la cruz, según Lc. 23: 39-43 y la referencia que hace el apóstol Pedro en [51]1P. 3: 18-20; 4: 5, 6 se le atribuyen a este concepto. La expresión referida por Cristo al ladrón se traduce en el original griego de la manera siguiente: "Y dijo le: En verdad te digo, hoy conmigo estarás en el paraíso." A diferencia de cómo lo exponen algunos, que varían la interpretación según su propio criterio forzando las Escrituras, simplemente porque no creen en la existencia del paraíso.

Los católicos, sin embargo, profesan la doctrina del purgatorio. En el Concilio de Trento se declaró que después de la remisión de la culpa y la pena eterna, queda un reato de pena temporal. Si no se ha satisfecho en esta vida debe compensarse en el purgatorio. Las oraciones y buenas obras de los vivos son útiles a los difuntos para aliviar y abreviar sus penas. El sacrificio de la misa es propiciatorio y aprovecha a los vivos lo mismo que a los difuntos en el purgatorio. Véase artículo "Purgatorio" en el [25]Diccionario de Ciencias Eclesiásticas.

De acuerdo con este artículo y con lo que profesan los creyentes en esa doctrina, los que hayan compensado el reato de penas en vida, mediante buenas obras, no tendrán que pasar por el purgatorio, sino que irán directo a la presencia de Dios; y asimismo podrán gozar de dicho privilegio, los difuntos que hayan alcanzado liberarse del reato de penas mediante la ayuda de las misas ofrecidas por los vivos. Pero el alma de los pecadores que no hayan logrado dicha liberación, vagará en penas en el proceso del purgatorio durante ese intermedio de tiempo.

La mayor parte de los cristianos evangélicos, sin embargo, no creen en la doctrina del purgatorio, aunque sí en que el alma de los fieles al morir asciende de inmediato a la presencia de Dios, donde gozan de cierto grado de felicidad. Pero esta idea también está en desacuerdo con las Sagradas Escrituras según se puede apreciar en la segunda epístola del apóstol Pablo a Timoteo, donde le advierte que evite profanas y vanas parlerías; porque muy adelante irán en la impiedad. Y la palabra de ellos carcomerá como gangrena: de los cuales es Himeneo y Fileto; que se han descaminado de la verdad, diciendo que la resurrección es ya hecha, y trastornan la fe de algunos. [51](2Ti. 2: 16-18).

Otros, sin embargo, tienen la tendencia a creer que tanto el alma de los fieles como la de los pecadores mueren junto con el cuerpo, y permanece en el sepulcro o en el lugar del fallecimiento hasta el día de la resurrección. Mientras que algunos no creen que el alma muere, sino que permanece en estado de inconsciencia, exenta de actividad hasta que resucite en el día final.

Con respecto a las diferentes ideas acerca del lugar y estado intermedios del alma, los estudiantes deben ser muy cuidadosos para no caer en errores de interpretación.

Es lógico entender, de acuerdo con las Escrituras, que si todos los que están en los sepulcros al oír la voz del Señor han de resucitar, según leímos en los pasajes de [51]Jn. 5: 25, 28, 29, entonces el lugar intermedio del alma no debe ser en el cielo junto a Dios. Porque si las almas de los fieles difuntos estuvieran en el cielo, tendrían que descender entonces de nuevo a los sepulcros para resucitar cuando Cristo venga. Tal concepto parece estar fuera de lógica. Pues en ese caso no habría necesidad de resurrección para los fieles.

Con respecto a la idea del alma, si muere o no, sabemos que esta es un factor espiritual, y por ende, inmaterial. Por lo tanto, no debe morir de igual manera que el cuerpo. Sin embargo, es posible admitir que muere si se acepta el concepto de un eminente teólogo que dice que la muerte consiste en la falta de relación con el medio que nos rodea.

Por eso las Escrituras dicen, según [51]Ec. 9: 5, 6, que los muertos nada saben porque después de la muerte no existe ningún tipo de relación con esta vida.

Sabemos que hay varias referencias en las Sagradas Escrituras para darle crédito a la hipótesis de la mortalidad del alma. Pero existen otras tantas, que se pueden tomar igualmente como punto de apoyo para avalar la hipótesis de su inmortalidad. Véanse algunos detalles en apéndice, al final del tema.

No obstante, al tratarse de una cuestión en la que de ninguna manera podremos llegar a un acuerdo unánime y convincente, no debe ser el objeto de nuestra preocupación el hecho de si el alma muere o no, si va a estar en el cielo, en el sepulcro o en otro lugar, hasta el día de la resurrección. El motivo de nuestra preocupación debe ser más bien morir siendo fieles a Cristo, para que podamos vivir con Él, según dicen las Escrituras en el pasaje siguiente:

[51]*Ro. 6: 8: "Y si morimos con Cristo, creemos que también viviremos con él."*

APÉNDICE

Importantes detalles acerca del alma: De todo lo que se dice del alma en relación con lo que creían los hebreos y lo que pensaban los griegos, así como las diversas traducciones que se le da al término hebreo respectivo, lo más claro y convincente que se pueda encontrar está basado en las palabras de nuestro Señor Jesucristo según el pasaje de [51]Mt. 10: 28 donde dice:

"Y no temáis a los que matan el cuerpo, más al alma no pueden matar: temed antes a aquel que puede destruir el alma y el cuerpo en el infierno." [51]*(Mt. 10: 28).*

Veamos ahora el mismo pasaje según el texto griego:

[(16)] [28]καὶ μὴ φοβεῖσθε ἀπὸ τῶν ἀποκτεννόντων τὸ [3]**σῶμα**, τὴν δὲ [2]**ψυχὴν** μὴ δυναμένων ἀποκτεῖναι· φοβεῖσθε δὲ μᾶλλον τὸν δυνάμενον καὶ [2]**ψυχὴν** καὶ [3]**σῶμα** ἀπολέσαι ἐν γεέννῃ.

Según la información tomada del [1]Diccionario Griego-Español del Nuevo Testamento, el término griego del cual es traducido cuerpo, en este pasaje es el siguiente:

[3]σῶμα: cuerpo, cadáver, realidad física; (pl.) esclavos Mt. 5: 29, 30; 6: 22 (x2), 23, 25 (x2); 10: 28 (x2)...

Asimismo, el vocablo del cual se traduce alma, las dos veces que se menciona en el mismo pasaje es el que sigue:

[2]ψυχή: alma, vida, persona, sí mismo, ser viviente Mt. 2: 20; 6: 25 (x2); 10: 28 (x2)...

El uso de estas terminologías se puede evidenciar con perfecta claridad en los caracteres del texto griego provisto. Sin embargo, el término griego del cual se traduce espíritu, según otras porciones del Nuevo Testamento, es el siguiente:

[1]πνεῦμα: soplo, viento, espíritu, Espíritu, fantasma.

El uso de esta palabra es evidentemente claro en el pasaje de Mt. 27: 50:

"Más Jesús, habiendo otra vez exclamado con grande voz, dió el espíritu." [51]*(Mt. 27: 50).*

Veamos ahora el texto griego:

(16) [50]ὃ δὲ ᾽Ιησοῦς πάλιν κράξας φωνῇ μεγάλῃ ἀφῆκεν τὸ [1]πνεῦμα.

Estos dos pasajes constituyen una confirmación de la alusión hecha por el apóstol Pablo en [51]1Tes. 5: 23. Nótese que he enumerado los términos griegos: espíritu con el ([1]), alma con el ([2]) y cuerpo con el (^{3}), para que los estudiantes los puedan identificar con relativa facilidad. Veamos ahora lo que nos dice el pasaje de referencia:

^{23} *"Y el Dios de paz os santifique en todo; para que vuestro espíritu y alma y cuerpo sea guardado entero sin reprensión para la venida de nuestro Señor Jesucristo."* ^{51}*(1Tes. 5: 23).*

Observemos ahora el texto griego:

$^{(16)}$Αὐτὸς δὲ ὁ θεὸς τῆς εἰρήνης ἁγιάσαι ὑμᾶς ὁλοτελεῖς, καὶ ὁλόκληρον ὑμῶν τὸ ^{1}**πνεῦμα** καὶ ἡ ^{2}**ψυχὴ** καὶ τὸ ^{3}**σῶμα** ἀμέμπτως ἐν τῇ παρουσίᾳ τοῦ κυρίου ἡμῶν Ἰησοῦ Χριστοῦ τηρηθείη.

Según la declaración de estos pasajes el concepto de cuerpo, alma y espíritu está claramente definido. En ellos se pone de manifiesto que al cuerpo se le puede dar muerte, pero al alma no. Y aunque en el mismo pasaje dice que Dios la puede destruir, especialistas en el idioma griego, dicen que el término ἀπολέσαι [apolésai], del cual se traduce el verbo destruir, no significa jamás aniquilar, sino arruinar.

No obstante, reitero lo dicho inicialmente: Esta ha sido solo una exposición de la atribución mayoistaria de los cristianos contemporáneos con respecto al paraíso, concebido como el lugar y estado intermedios del alma para los fieles creyentes. La misma es de libre aceptación sin ninguna pretensión de carácter polémico contra la línea de pensamientos de ninguna iglesia o individuo. Como dijera un sabio, solo una mente educada puede entender un pensamiento diferente al suyo sin necesidad de aceptarlo.

ACERCA DEL MILENIO

Se le llama milenio a un período de mil años, bíblicamente seña-lado, en el cual los fieles cristianos habrán de reinar inicialmente con Cristo.

Este tema ha sido también causa de diferentes interpretaciones por parte de los cristianos de todas las épocas.

Según [43]el autor de un categórico tratado acerca del mismo, de donde tomé los datos iniciales acerca de este estudio, los intér-pretes de los siglos II y III entendieron los "mil años" literalmente, pero señala que posteriormente Orígenes y Agustín lo espiritua-lizaron y enseñaron que el milenio empezó con la resurrección de Cristo y que se prolonga a toda la época de la Iglesia.

Como resultado de estas diferentes interpretaciones, han surgido varias tendencias entre las cuales se conocen como principales el Premilenarismo, que basa su concepto del milenio como un acon-tecimiento literal, que tendrá lugar inmediatamente después de la venida de Cristo.

Este período comenzará a partir del momento mismo en que el Señor aparezca en las nubes de gloria para levantar a su Iglesia. Según se puede apreciar en la exposición de las Santas Escrituras, el milenio precederá a la resurrección de los muertos no cristianos y al juicio final, o sea, será un período de tiempo comprendido entre la primera y la segunda resurrección, mientras que el Diablo estará atado. Al respecto consideremos lo que nos dice el pasaje siguiente:

[51]*Ap. 20: 1-7: [1]"Y vi un ángel descender del cielo, que tenía la llave del abismo, y una grande cadena en su mano. [2]Y prendió al dragón, aquella serpiente antigua, que es Diablo y Satanás, y le ató por mil años; [3]Y arrojólo al abismo, y le encerró, y selló sobre él, porque no engañe más a las naciones, hasta que mil años sean cumplidos: y después de esto es necesario que sea desatado un poco de tiempo. [4]Y vi tronos, y se sentaron sobre ellos, y les fue dado juicio; y vi las almas de los degollados por el testimonio de*

*Jesús, y por la palabra de Dios, y que no habían adorado la bestia, ni a su imagen, y que no recibieron la señal en sus frentes, ni en sus manos, y vivieron **y reinaron con Cristo mil años**. ⁵Mas los otros muertos no tornaron a vivir hasta que sean cumplidos mil años. Esta es la primera resurrección. ⁶Bienaventurado y santo el que tiene parte en la primera resurrección; la segunda muerte no tiene potestad en éstos; antes serán sacerdotes de Dios y de Cristo, y reinarán con él mil años. ⁷Y cuando los mil años fueren cumplidos, Satanás será suelto de su prisión."*

Tenemos además el Posmilenarismo, que basa su concepto del milenio como un acontecimiento que se está llevando a efecto en el período actual y declara que la venida de Cristo tendrá lugar después de dicho período.

Está en existencia también el Amilenarismo, que se basa en el concepto de que el milenio no es un acontecimiento literal, sino de carácter simbólico y que se extiende a todo el período de la Iglesia desde su inicio hasta la venida de Cristo. De de estas tendencias se derivan diferentes interpretaciones, como las citadas por el *obispo ¹¹Ventura Luis en su Página Web, cuya declaración expondré con mis propias palabras. El detalla que los premilenaristas consideran que la segunda venida de Cristo será un suceso anterior al milenio, y afirman que cuando Cristo vuelva los muertos resucitarán, los creyentes que aún vivan serán transformados, y todos los fieles reinarán con Cristo por mil años. Según algunos premilenaristas, Cristo, con los santos, reinará personal y directamente en esta tierra. en la cual establecerá un gobierno de justicia, paz y felicidad, pero donde todavía habrá muerte y personas que no aman a Dios. Según otros, durante el milenio todos los salvados estarán en el cielo con Cristo; mientras tanto la tierra estará desolada, y en ella estarán todos los impíos, pero todos muertos. De acuerdo con esta interpretación, la atadura de Satanás, por mil años, será su imposibilidad de actuar durante ese tiempo, ya que él y sus demonios están confinados a la tierra, y en ésta no habrá a quien seguir engañando.

Después, cuando al cabo de los mil años resuciten los impíos para ser juzgados, Satanás volverá a actuar sobre ellos, y eso representa el fin de su atadura.

Evidentemente, en su referencia acerca del premilenarismo, nuestro Obispo menciona dos tendencias diferentes. Con relación a la primera dice: "Según algunos premilenaristas, Cristo, con los santos, reinará personal y directamente en esta tierra"... Referente a la segunda de ellas dice: "Según otros, durante el milenio todos los salvados estarán en el cielo con Cristo"...

Tomemos en consideración en primer lugar, la segunda tendencia y analicemos cada detalle paso a paso, en el mismo orden en que se encuentran expuestos.

Primer paso: "Según otros, durante el milenio todos los salvados estarán en el cielo con Cristo".

Esta creencia está basada en los pasajes siguientes:

[51]*1Ts. 4: 16, 17:* [16]*"Porque el mismo Señor con aclamación, con voz de arcángel, y con trompeta de Dios, descenderá del cielo; y los muertos en Cristo resucitarán primero.* [17]*Luego nosotros, los que vivimos, los que quedamos, juntamente con ellos seremos arrebatados en las nubes a recibir al Señor en el aire, y así estaremos siempre con el Señor."*

Segundo paso: "Mientras tanto la tierra estará desolada, y en ella estarán todos los impíos, pero todos muertos".

Este concepto está basado en las citas bíblicas que expondremos a continuación:

[51]*2Ts. 1: 7-9:* [7]*"Y a vosotros, que sois atribulados, dar reposo con nosotros, cuando se manifestará el Señor Jesús del cielo con los ángeles de su potencia,* [8]*En llama de fuego, para dar el pago a*

los que no conocieron a Dios, ni obedecen al evangelio de nuestro Señor Jesucristo; [9]*Los cuales serán castigados de eterna perdición por la presencia del Señor, y por la gloria de su potencia."*

El apóstol Pablo nos dice en la misma epístola, según [51]2Ts. 2: 8, que entonces será manifestado aquel inicuo, al cual el Señor matará con el espíritu de su boca, y destruirá con el resplandor de su venida. Además de ello, según el relato de Lucas, nuestro Señor Jesucristo declaró que así como fue en los días de Noé, será también en los días del Hijo del hombre. Comían, bebían, los hombres tomaban mujeres, y las mujeres maridos; hasta el día que entró Noé en el arca, y vino el diluvio, y destruyó a todos. De la misma manera que aconteció en los días de Lot: comían, bebían, compraban, vendían, plantaban, edificaban. Mas el día que Lot salió de Sodoma, llovió del cielo fuego y azufre, y destruyó a todos: Como esto será el día en que el Hijo del hombre se manifestará. [51](Lc. 17: 26-30).

Según el concepto de esta tendencia, estas referencias bíblicas indican que Cristo, en su segunda venida, destruirá a todos los impíos de la tierra. Por lo cual, dice el detalle expuesto por nuestro Obispo: "De acuerdo con esta interpretación, la atadura de Satanás, por mil años, será su imposibilidad de actuar durante ese tiempo, ya que él y sus demonios están confinados a la tierra, y en ésta no habrá a quien seguir engañando".

Sin embargo, nótese en primer lugar, que en la conclusión del pasaje citado según [51]2Ts. 1: 7-9 dice lo siguiente: "Los cuales serán castigados de eterna perdición por la presencia del Señor, y por la gloria de su potencia."

Si tenemos en cuenta que el castigo eterno será aplicado en el juicio final, entonces es evidente que la sentencia señalada en este pasaje no se llevará a efecto en el momento mismo de la venida de Cristo. Aunque es obvio que en el momento de su aplicación han de ejercer tanto la presencia del Señor como el poder de su gloria.

En segundo lugar, nótese que la cita hecha con referencia [51]2Ts. 2: 8, no alude de ninguna manera a la totalidad de los pecadores, sino a cierto inicuo al cual el Señor matará con el espíritu de su boca y destruirá con el resplandor de su venida.

En tercer lugar, según [51]Lc. 17: 26-30 parece evidente que el mismo día que entró Noé en el arca, vino el diluvio y destruyó a todos. Igual sucedió con la destrucción de Sodoma y Gomorra. Pero referente a la sentencia pronunciada por nuestro Señor: Como esto será "el día" en que el Hijo del hombre se manifestará; no olvide que el Señor Jesús estaba haciendo uso de los principios bíblicos registrados en hebreo en el cual la palabra יוֹם [yom] es traducida según su aplicación como: día, fecha, tiempo de vida, año.

Ya sabemos que El día del Señor, según estudiamos en el tema del Segundo advenimiento de Jesucristo, **no** se refiere a un día literal. Sino a una determinada fecha que ha de comprender un período de tiempo indefinido. Por lo cual, es obvio que el concepto de la destrucción de los pecadores no alude de manera absoluta al momento mismo de su venida, sino al tiempo establecido para ello dentro de ese ciclo indefinido, que debe tener lugar lógicamente, en la conclusión del juicio final.

Por último, como una confirmación indiscutible de que los impíos no serán destruidos en el acto mismo de su venida, veamos lo que nos dice el mismo Señor según los siguientes pasajes de las Escrituras:

[51]*Lc. 17: 34-36:* [34]*"Os digo que en aquella noche estarán dos en una cama; el uno será tomado, y el otro será dejado.* [35]*Dos mujeres estarán moliendo juntas: la una será tomada, y la otra dejada.* [36]*Dos estarán en el campo; el uno será tomado, y el otro dejado."*

Nótese que en este pasaje el Señor declara que en su venida se darán casos en que haya dos personas juntas y una será tomada mientras que la otra, **no** dice que será destruida o muerta, sino dejada.

Tercer paso: "Después, cuando al cabo de los mil años resuciten los impíos para ser juzgados, Satanás volverá a actuar sobre ellos, y eso representa el fin de su atadura".

Veamos al respecto el pasaje siguiente:

[51]*Ap. 20: 7-10:* [7]*"Y cuando los mil años fueren cumplidos, Satanás será suelto de su prisión,* [8]*Y saldrá para engañar las naciones que están sobre los cuatro ángulos de la tierra, a Gog y a Magog, a fin de congregarlos para la batalla; el número de los cuales es como la arena del mar.* [9]*Y subieron sobre la anchura de la tierra, y circundaron el campo de los santos, y la ciudad amada: y de Dios descendió fuego del cielo, y los devoró.* [10]*Y el diablo que los engañaba, fue lanzado en el lago de fuego y azufre, donde está la bestia y el falso profeta; y serán atormentados día y noche para siempre jamás."*

Los detalles relacionados con este pasaje y el concepto emitido en este último **paso,** los analizaremos en el desarrollo del estudio acerca de la primera tendencia expuesta a continuación.

Estos han sido los detalles obtenidos con respecto a las interpretaciones de esta **segunda** tendencia premilenarista. No tenemos una mayor información expuesta por nuestro Obispo, ni por alguno de sus contemporáneos que pueda acreditar una explicación más extensa que revele todas las evidencias de su fundamento. No obstante, es fundamental tener en cuenta que esta es la concepción doctrinal de varias Iglesias cristianas acerca del milenio, incluida Nuestra Iglesia y nadie podrá lograr, bajo ninguna circunstancia, que estos creyentes cambien su postura teológica.

Veamos ahora una exposición conceptual de la primera tendencia, igualmente premilenarista, señalada por nuestro Obispo. De ella tenemos detalles algo más extensos, los cuales debo exponer solo a manera de información y con carácter de imparcialidad como en el caso de la segunda tendencia relacionada, para que los estudiantes puedan hacer libremente su propia evaluación de cada una de ellas.

Esta primera tendencia referida es conocida como el Premilenarismo Histórico, y considerada como la más antigua por la mayoría de los eruditos bíblicos de la actualidad. La misma sostiene que este período del reinado de Cristo, será en forma literal a partir del momento mismo de su aparición en las nubes de gloria, como un acto sucesivo e inmediato al levantamiento de su Iglesia santa. Dicha tendencia sostiene la **hipótesis** de que este reinado milenial de Jesucristo se ha de llevar a efecto en la actual ciudad de Jerusalem en Palestina.

La referencia hecha por nuestro Obispo en su Página Web hacerca de esta tendencia dice lo siguiente: Según algunos premilenaristas, Cristo, con los santos, reinará personal y directamente en esta tierra, en la cual establecerá un gobierno de justicia, paz y felicidad, pero donde todavía habrá muerte y personas que no aman a Dios.

Una de las bases bíblicas iniciales para esta creencia está fundamentada en el pasaje de [51]Ap. 20: 6-7, donde dice:

*"Bienaventurado y santo el que tiene parte en la primera resurrección; la segunda muerte no tiene potestad en éstos; antes serán **sacerdotes** de Dios y de Cristo, y reinarán con él mil años. [7]Y cuando los mil años fueren cumplidos, Satanás será suelto de su prisión."* [51]*(Ap. 20: 6-7).*

El argumento relacionado con este pasaje bíblico sostiene que para que haya una función sacerdotal, tienen que existir por lógica seres humanos por quienes interceder, los cuales han de vivir, no en otro lugar, sino en esta misma tierra. Veamos ahora la declaración del pasaje siguiente:

[51]***Apo. 2: 26, 27:*** [26]*"Y al que hubiere vencido, y hubiere guardado mis obras hasta el fin, yo le daré potestad sobre las gentes;*

[27]Y las regirá con vara de hierro, y serán quebrantados como vaso de alfarero, como también yo he recibido de mi Padre:"

De igual manera, en este caso la autoridad y el poder que se nos conferirá a los que hayamos sido fieles hasta el fin, tendrán que ser ejercidos sobre naciones constituidas por seres vivientes, lo cual no tiene lugar posible en otra época de la historia, sino precisamente durante el milenio.

Otro de sus argumentos está basado en la declaración de [51]Ap. 20: 1-3, 7-9 citado en el **tercer paso** del análisis de la segunda tendencia, el cual tomaremos en consideración en este caso. En este pasaje, nos dice el autor del libro: Y vi un ángel descender del cielo, que tenía la llave del abismo, y una grande cadena en su mano. Y prendió al dragón, aquella serpiente antigua, que es Diablo y Satanás, y le ató por mil años; y arrojólo al abismo, y le encerró, y selló sobre él, **porque no engañe más a las naciones,** hasta que mil años sean cumplidos: y después de esto es necesario que sea desatado un poco de tiempo. Y cuando los mil años fueren cumplidos, Satanás será suelto de su prisión, y saldrá para engañar las naciones que están sobre los cuatro ángulos de la tierra, a Gog y a Magog, a fin de congregarlos para la batalla; el número de los cuales es como la arena del mar. Y subieron sobre la anchura de la tierra, y circundaron el campo de los santos, y la ciudad amada: y de Dios descendió fuego del cielo, y los devoró.

Esta cita bíblica ofrece claras evidencias de que Satanás **no** será confinado precisamente a esta tierra durante esos mil años, sino **al abismo**. Será encerrado bajo llave y sellado para que no engañe más a las naciones. Se deduce lógicamente, que de no haber seres vivientes sobre la tierra, tampoco habría naciones a quienes el Diablo pudiera seguir engañando. Por lo que no hubiese sido necesario que un ángel lo atara con cadenas, lo arrojara al abismo en calidad de encarcelado y sellara sobre él. Los versículos del 7-9 declaran también, que cuando los mil años fueren cumplidos, Satanás será suelto de su prisión, y **saldrá** para engañar a las naciones. Ahora bien, ¿a qué naciones saldría a engañar el enemigo de Dios, si no hubiese habitantes sobre la tierra? "Y circundaron el campo de los santos y la ciudad amada." ¿Cuál ciudad amada será esa, sino la ciudad misma de Jerusalem y el campo de los santos donde estará establecido el Reino Milenial, según la hipótesis expuesta por esta primera tendencia premilenarista?

Entiéndase que si los impíos resucitados son las naciones que el diablo saldrá a engañar y congregar para la batalla circundando el campo de los santos, entonces aquellos a quienes devorará el fuego del cielo de parte de Dios, será a los mismos impíos resucitados, los cuales morirían por segunda vez y tendrían que resucitar nuevamente, para poder comparecer en el juicio final. Tal concepto carece tanto de lógica, como de fundamento bíblico, ello daría lugar a una tercera resurrección a la cual no se hace referencia en niguna parte de las Escrituras.

Eminentes escritores de la literatura cristiana declaran que la idea de un milenio bajo el reinado de Cristo en la tierra formó parte importante de la teología de los tres primeros siglos del cristianismo. Afirman que así creían los santos cristianos de la antigüedad, no solamente Papías de Hierápolis, también Justino Mártir, Policarpo, el insigne Ireneo de Lyon y una incontable nube de testigos de los primeros siglos. Y sostienen que era el concepto de la sucesión apostólica, ya que todos los primeros obispos cristianos eran milenaristas.

[43]El fundamento de esta idea gravita, además, en que la mayoría de los eruditos bíblicos de nuestros tiempos están de acuerdo en que las profecías mesiánicas reflejan dos características o facetas diferentes en cuanto a la misión conferida al Mesías y sus relaciones con la humanidad. La primera característica es la del Cristo doliente, manso y humilde, que dio su vida en rescate por la humanidad para redimirla de su condición de pecado y establecer el plan de la salvación por gracia.

Esta faceta de dichas profecías se cumplió a plenitud en la persona de Jesucristo, desde su nacimiento hasta su muerte, según lo comprobamos en el capítulo 7 de este tratado.

La otra faceta de estas refleja a un Mesías reinante, un Rey de reyes y Señor de señores, que gobernará desde el trono de David sobre el pueblo de Israel y las demás naciones del mundo, las que regirá con vara de hierro.

Su reinado, sin embargo, se describe como un gobierno de justicia, paz y seguridad absolutas. No existirá el pecado ni la impiedad y por ende reinará también la felicidad. Al respecto consideremos lo que dicen los pasajes siguientes:

[51]*Is. 9: 6, 7:* [6]*"Porque un niño nos es nacido, hijo nos es dado; y el principado sobre su hombro: y llamaráse su nombre Admirable, Consejero, Dios fuerte, Padre eterno, Príncipe de paz.* [7]*Lo dilatado de su imperio y la paz no tendrán término, sobre el trono de David, y sobre su reino, disponiéndolo y confirmándolo en juicio y en justicia desde ahora para siempre. El celo de Jehová de los ejércitos hará esto."*

[51]*Lc. 1: 32, 33:* [32]*"Este será grande, y será llamado Hijo del Altísimo: y le dará el Señor Dios **el trono de David** su padre:* [33]*Y reinará en la casa de Jacob **por siempre**; y de su reino no habrá fin."*

La estrecha relación y el gran parecido de las predicciones de Isaías con relación al Mesías de Israel y las promesas del ángel Gabriel a María con relación a Jesús de Nazaret, en estos dos pasajes, tal como lo comenta [43]nuestro autor de referencia, revelan con gran claridad que Jesucristo es el Mesías prometido. Veamos además la corroboración de algunos pasajes, tanto del Antiguo Testamento como del Nuevo referente al Mesías y el acontecer durante su reinado universal:

[51]*Is. 11. 1-10:* [1]*"Y SALDRÁ una vara **del tronco de Isaí, y un vástago retoñará de sus raíces.** [2]Y reposará sobre él el espíritu de Jehová; espíritu de sabiduría y de inteligencia, espíritu de consejo y de fortaleza, espíritu de conocimiento y de temor de Jehová. [3]Y haréle entender diligente en el temor de Jehová. No juzgará según*

la vista de sus ojos, ni argüirá por lo que oyeren sus oídos; ⁴Sino que juzgará con justicia a los pobres, y argüirá con equidad por los mansos de la tierra: y herirá la tierra con la vara de su boca, y con el espíritu de sus labios matará al impío. ⁵Y será la justicia cinto de sus lomos, y la fidelidad ceñidor de sus riñones. ⁶Morará el lobo con el cordero, y el tigre con el cabrito se acostará: el becerro y el león y la bestia doméstica andarán juntos, y un niño los pastoreará. ⁷La vaca y la osa pacerán, sus crías se echarán juntas; y el león como el buey comerá paja. ⁸Y el niño de teta se entretendrá sobre la cueva del áspid, y el recién destetado extenderá su mano sobre la caverna del basilisco. ⁹No harán mal ni dañarán en todo mi santo monte; porque la tierra será llena del conocimiento de Jehová, como cubren la mar las aguas. ¹⁰Y acontecerá en aquel tiempo que la raíz de Isaí, la cual estará puesta por pendón a los pueblos, será buscada de las gentes; y su holganza será gloria."

[51]***Ap. 22: 16:*** *"Yo Jesús he enviado mi ángel para daros testimonio de estas cosas en las iglesias. **Yo soy la raíz y el linaje de David,** la estrella resplandeciente, y de la mañana."*

Lucas nos relata la profecía del sacerdote Zacarías, padre de Juan el Bautista, quien lleno del Espíritu Santo expresó: Bendito el Señor Dios de Israel, que ha visitado y hecho redención a su pueblo, y nos alzó un cuerno de salvación en la casa de David su siervo, como habló por boca de sus santos profetas que fueron desde el principio: Salvación de nuestros enemigos, y de mano de todos los que nos aborrecieron; para hacer misericordia con nuestros padres, acordándose de su santo pacto; del juramento que hizo a Abraham nuestro padre, que nos había de dar, que sin temor librados de nuestros enemigos, le serviríamos, en santidad y en justicia delante de él, todos los días nuestros. [51](Lc. 1. 68-75).

[51]***Jer. 23: 5, 6:*** *⁵"He aquí que vienen los días, dice Jehová, y despertaré a David renuevo justo, y reinará Rey, el cual será dichoso, y hará juicio y justicia en la tierra. ⁶En sus días será salvo Judá, e Israel habitará confiado: y este será su nombre que le llamarán: JEHOVÁ, JUSTICIA NUESTRA."*

También el profeta Miqueas, según [51]Mi. 4: 1-4, revela su visionario mensaje diciendo que, acontecerá en los postreros tiempos, que el monte de la casa de Jehová será constituido por cabecera de montes, y más alto que los collados, y correrán a él pueblos. Y vendrán muchas gentes, y dirán: Venid, y subamos al monte de Jehová, y a la casa del Dios de Jacob; y enseñaránnos en sus camino, y andaremos por sus veredas: porque de Sión saldrá la ley, y de Jerusalem la palabra de Jehová. Y juzgará entre muchos pueblos, y corregirá fuertes gentes hasta muy lejos: y martillarán sus espadas para azadones, y sus lanzas para hoces: no alzará espada gente contra gente, ni más se ensayarán para la guerra. Y cada uno se sentará debajo de su vid y debajo de su higuera, y no habrá quien amedrente: porque la boca de Jehová de los ejércitos lo ha hablado.

[51]*Ap. 19. 11-16: [11]"Y vi el cielo abierto; y he aquí un caballo blanco, y el que estaba sentado sobre él, era llamado Fiel y Verdadero, el cual con justicia juzga y pelea. [12]Y sus ojos eran como llama de fuego, y había en su cabeza muchas diademas; y tenía un nombre escrito que ninguno entendía sino él mismo. [13]Y estaba vestido de una ropa teñida en sangre: y su nombre es llamado EL VERBO DE DIOS. [14]Y los ejércitos que están en el cielo le seguían en caballos blancos, vestidos de lino finísimo, blanco y limpio. [15]Y de su boca sale una espada aguda, para herir con ella las gentes: y él los regirá con vara de hierro; y él pisa el lagar del vino del furor, y de la ira del Dios Todopoderoso. [16]Y en su vestidura y en su muslo tiene escrito un nombre: REY DE REYES Y SEÑOR DE SEÑORES."*

El profeta Zacarías, refiriéndose a Dios el Hijo, según lo interpreta la teología cristiana, nos dice que después saldrá Jehová, y afirmará sus pies en aquel día sobre el monte de las Olivas, que está en frente de Jerusalem a la parte de oriente: y el monte de las Olivas, se partirá por medio de sí hacia el oriente y hacia el occidente, haciendo un muy grande valle; y la mitad del monte se apartará hacia el norte, y la otra mitad hacia el mediodía. [5]Y huiréis al valle de los montes; porque el valle de los montes llegará hasta Hasal; y huiréis de la manera que huisteis por causa del terremoto en los días de Uzzías, rey de Judá: y vendrá Jehová mi Dios, y con él todos los santos. [11]Y morarán en ella, y nunca más será anatema: sino que será Jerusalem habitada confiadamente. [51](Zc. 14: 4, 5, 11).

[51]*1Co. 15: 22-25:* [22]*"Porque así como en Adam todos mueren, así también en Cristo todos serán vivificados.* [23]*Mas cada uno en su orden: Cristo las primicias; luego los que son de Cristo, en su venida.* [24]*<u>Luego el fin; cuando entregará el reino a Dios y al padre, cuando habrá quitado todo imperio, y toda potencia y potestad.</u>* [25]*<u>Porque es menester que él reine hasta poner a todos sus enemigos debajo de sus pies."</u>*

Evidentemente, esta faceta mesiánica **no** se cumplió en la vida de Jesucristo durante el período de su ministerio, ni se ha cumplido hasta ahora. De acuerdo con el pasaje citado en Is. 11: 1-10, y la confirmación del mismo Señor en Ap. 22: 16, podemos creer con plena certeza de fe que será Él quien salvará al pueblo de Israel de la opresión de todos sus enemigos. Se ha concluido que no existe otro espacio aceptable en el tiempo, en el cual podamos ubicar el cumplimiento de esta faceta, sino en el milenio.

Según esta tendencia, la vida seguirá su curso normal sobre la tierra, el Diablo estará atado y no podrá inducir a los seres humanos al pecado ni a las atrocidades. Mientras que Dios, a través del reinado universal de Jesucristo, habrá de demostrar a la humanidad que su Reino es perfecto en toda su magnitud.

No obstante, reitero lo dicho inicialmente: que esta ha sido solo una exposición de la hipótesis conceptual de una tendencia pre-milenarista, acerca del reinado milenial de Jesucristo. Expuesta solo a manera de información para que los estudiantes obtengan un conocimiento más amplio acerca del tema.

EL JUICIO FINAL

Este será el evento de mayor repercusión y de más graves efectos, que dará conclusión a los sucesos escatológicos reflejados en las declaraciones de las Sagradas Escrituras. Será un día fatal y eternamente lamentable para los pecadores impenitentes. Dios los traerá a juicio por todos los crímenes, injusticias e inmoralidades cometidas o simplemente por su actitud indiferente al llamamiento divino, del arrepentimiento de los pecados y a la aceptación del plan de salvación provisto por gracia mediante el sacrificio expiatorio de Jesucristo por la redención de la humanidad.

Este será el evento en que Cristo aparecerá como juez de todo el universo para poner de manifiesto la justicia divina y dar a cada uno la debida retribución, según hayan sido sus obras. Será un día de recompensas y castigos. Pues así lo declara su Santa Palabra según el pasaje siguiente:

[51]*1Ts. 1: 6-10:* [6]*"Porque es justo para con Dios pagar con tribulación a los que os atribulan;* [7]*Y a vosotros, que sois atribulados, dar reposo con nosotros, cuando se manifestará el Señor Jesús del cielo con los ángeles de su potencia,* [8]*En llama de fuego, para dar el pago a los que no conocieron a Dios, <u>ni obedecen al evangelio de nuestro Señor Jesucristo;</u>* [9]*<u>Los cuales serán castigados de eterna perdición por la presencia del Señor, y por la gloria de su potencia,</u>* [10]*<u>Cuando viniere para ser glorificado en sus santos, y a hacerse admirable en aquel día en todos los que creyeron".</u>*

El juicio final ha sido uno de los temas sobre el cual han hecho énfasis casi todos los profetas de la antigüedad. Pero las Sagradas Escrituras lo revelan en términos mejor definidos a partir de las enseñanzas de Jesucristo. Este es descrito como: "el juicio eterno," "el juicio del infierno," "el día del juicio" o simplemente como "el juicio."

Consideremos algunos ejemplos relacionados con el tema de referencia:

[51]He. 6: 1, 2: [1]"Por tanto, dejando la palabra del comienzo en la doctrina de Cristo, vamos adelante a la perfección; no echando otra vez el fundamento del arrepentimiento de obras muertas, y de la fe en Dios, [2]De la doctrina de bautismos, y de la imposición de manos, y de la resurrección de los muertos, y del juicio eterno."

[51]Mt. 23: 31-33: [31]"Así que, testimonio dais a vosotros mismos, que sois hijos de aquellos que mataron a los profetas. [32]¡Vosotros también henchid la medida de vuestros padres! [33]¡Serpientes, generación de víboras! ¿cómo evitaréis el juicio del infierno?"

[51]Mt. 10: 15: "De cierto os digo, que el castigo será más tolerable a la tierra de los de Sodoma y de los de Gomorra en el día del juicio, que a aquella ciudad."

[51]He. 9: 27: "Y de la manera que está establecido a los hombres que mueran una vez, y después el juicio."

El juicio final fue ilustrado por Jesucristo, según lo expresa Mateo en su narrativa. Según [51]Mt. 25: 31-46 el Señor declara que cuando el Hijo del hombre venga en su gloria, y todos los santos ángeles con él, entonces se sentará sobre su trono. Y serán reunidas delante de él todas las gentes: y los apartará los unos de los otros, como aparta el pastor las ovejas de los cabritos. Y pondrá las ovejas a su derecha, y los cabritos a la izquierda. Entonces el Rey dirá a los que estarán a su derecha: Venid, benditos de mi Padre, heredad el reino preparado para vosotros desde la fundación del mundo. Porque tuve hambre, y me disteis de comer; tuve sed, y me disteis de beber; fui huésped, y me recogisteis; Desnudo, y me cubristeis; enfermo, y me visitasteis; estuve en la cárcel, y vinisteis a mí. Entonces los justos le responderán, diciendo: Señor, ¿cuándo te vimos hambriento, y te sustentamos? ¿o sediento, y te dimos de beber? ¿Y cuándo te vimos huésped, y te recogimos? ¿o desnudo, y te cubrimos? ¿O cuándo te vimos enfermo, o en la cárcel, y vinimos a ti? Y respondiendo el Rey, les dirá: De cierto os digo que en cuanto lo hicisteis a uno de estos mis hermanos pequeñitos, a mí lo hicisteis. Entonces dirá también a los que estarán a la izquierda:

Apartaos de mí, malditos, al fuego eterno preparado para el diablo y para sus ángeles. Porque tuve hambre, y no me disteis de comer; tuve sed, y no me disteis de beber; fui huésped, y no me recogísteis; desnudo, y no me cubristeis; enfermo, y en la cárcel, y no me visitasteis. Entonces también ellos le responderán, diciendo: Señor, ¿cuándo te vimos hambriento, o sediento, o huésped, o desnudo, o enfermo, o en la cárcel, y no te servimos? Entonces les responderá, diciendo: De cierto os digo que en cuanto no lo hicisteis a uno de estos pequeñitos, ni a mí lo hicisteis. E irán éstos al tormento eterno, y los justos a la vida eterna.

Este pasaje constituye una advertencia para aquellos que se muestran indiferentes a las necesidades y desgracias de sus semejantes. Indicándonos que el castigo divino será no solo para los que hicieron lo malo, sino también para aquellos que no hayan puesto en práctica las buenas obras requeridas por el Señor, según las circunstancias expresadas. Pues tanto un comportamiento como el otro, son tomados en cuenta como pecado y son definidos por los teólogos, como dijera antes, como pecado de omisión y pecado de comisión. Los pecados de omisión son aquellos que cometemos cuando dejamos de hacer lo justo o lo bueno; mientras que los de comisión son los que ejecutamos cuando obramos injustamente o con maldad, con lo cual se viola siempre alguno de los mandamientos divinos.

Este pasaje ofrece evidencias además de que en el juicio final serán sentenciados el Diablo y sus ángeles, y que los pecadores impenitentes tendrán, como ellos, el mismo lugar de castigo. Al respecto consideremos otro pasaje de las Escrituras:

[51]*2Pe. 2: 4-7, 9, 10:* [4]*"Porque si Dios no perdonó a los ángeles que habían pecado, sino que habiéndolos despeñado en el infierno con cadenas de oscuridad, los entregó para ser reservados al juicio,* [5]*Y si no perdonó al mundo viejo, mas guardó a Noé, pregonero de justicia, con otras siete personas, trayendo el diluvio sobre el mundo de malvados,* [6]*Y si condenó por destrucción las*

ciudades de Sodoma y de Gomorra, tornándolas en ceniza, y po-
niéndolas por ejemplo a los que habían de vivir sin temor y
reverencia de Dios, ⁷Y libró al justo Lot, acosado por la nefanda
conducta de los malvados, ⁹Sabe el Señor librar de tentación a los
píos, y reservar a los injustos para ser atormentados en el día del
juicio, ¹⁰Y principalmente a aquellos que, siguiendo la carne, andan
en concupiscencia e inmundicia"...

Este pasaje bíblico, además de tratar acerca del juicio que espera a los ángeles caídos, así como a los pecadores impenitentes,
nos proporciona una información acerca de los diferentes medios
que Dios ha usado a través de la historia de la humanidad, para
castigar a los malvados. Según se puede apreciar en el estudio de
las Sagradas Escrituras, Dios castigó al Diablo y a los ángeles
que con él se rebelaron, arrojándolos al abismo y encerrándolos en
cadenas de oscuridad hasta el día del juicio. El mundo antiguo lo
hizo perecer por medio del Diluvio Universal, por causa de su
depravación; a los habitantes de Sodoma y Gomorra los consumió
con fuego y azufre por la misma causa; y para los que conocen la
historia bíblica, quiero especificar que a los cananeos los ajustició
Dios a través de su pueblo escogido, quien los destruyó a filo de
espada por causa de su gran corrupción. Todas estas personas fueron víctimas de un juicio temporal, para los cuales está preparada
también la sentencia de condenación eterna, según las declaraciones de las mismas Escrituras. Ahora bien, ¿qué habremos de
esperar para aquellos que en la actualidad practican una conducta
tan depravada o peor que aquellas personas? Para ellos, si no se
arrepienten de su perversa conducta y se acogen a la gracia divina,
la única alternativa será recibir la sentencia dispuesta para el día
del juicio final. Al respecto consideremos lo que dicen las Sagradas
Escrituras:

⁵¹*Ap. 21: 8: "Mas a los temerosos e incrédulos, a los abomina-*
bles y homicidas, a los fornicarios y hechiceros, y a los idólatras, y
a todos los mentirosos, su parte será en el lago ardiendo con fuego
y azufre, que es la muerte segunda."

Para concluir con nuestro estudio acerca del tema de referencia, tomemos en consideración una más de las declaraciones del apóstol Juan según la revelación apocalíptica que le fue mostrada. El nos dice: Y cuando los mil años fueren cumplidos, Satanás será suelto de su prisión, y saldrá para engañar las naciones que están sobre los cuatro ángulos de la tierra, a Gog y a Magog, a fin de congregarlos para la batalla; el número de los cuales es como la arena del mar. Y subieron sobre la anchura de la tierra, y circundaron el campo de los santos, y la ciudad amada: y de Dios descendió fuego del cielo, y los devoró. Y el diablo que los engañaba, fue lanzado en el lago de fuego y azufre, donde está la bestia y el falso profeta; y serán atormentados día y noche para siempre jamás. Y vi los muertos, grandes y pequeños, que estaban delante de Dios; y los libros fueron abiertos: y otro libro fue abierto, el cual es de la vida: y fueron juzgados los muertos por las cosas que estaban escritas en los libros, según sus obras. Y el mar dio los muertos que estaban en él; y la muerte y el infierno (abismo) dieron los muertos que estaban en ellos; y fue hecho juicio de cada uno según sus obras. Y el que no fue hallado escrito en el libro de la vida, fue lanzado en el lago de fuego. [51](Ap. 20: 7-10, 12, 13, 15).

Jesucristo entrega el Reino a Dios, el Padre: Según se puede deducir de las palabras expresadas por el apóstol Pablo, la última de todas las actividades comprendidas en esta serie de eventos, habrá de consistir en que Jesucristo, el Hijo, habiendo cumplido la segunda faceta profética de su misión como el Mesías prometido, hará entrega de su reinado a Dios, el Padre. Al respecto veamos lo que nos dice el pasaje bíblico siguiente:

[51]*1Co. 15: 24, 25:* [24]*"Luego el fin; cuando entregará el reino a Dios y al Padre, cuando habrá quitado todo imperio, y toda potencia y potestad.* [25]*Porque es menester que él reine hasta poner a todos sus enemigos debajo de sus pies."*

EL HOGAR DE NUESTRA ETERNA MORADA

Una vez cumplido el período del milenio, en el que Cristo reine los mil años respectivos con sus escogidos, habiendo sometido a todos los reinos del mundo bajo su potestad y haya entregado el reino a Dios, el Padre. Después de concluido el acto del juicio final, sus escogidos pasarán entonces a poseer las moradas eternas que Él fue a preparar para su Iglesia santa, cuando ascendió al cielo. Ahora bien, sería muy importante que tuviéramos una idea lo más clara posible acerca de esas moradas celestiales, pues muchos pasajes bíblicos hacen alusión al reino de los cielos como el lugar de nuestra eterna morada, sin darnos una idea de cómo será el lugar o qué características tendrá. Como consecuencia de ello muchos creyentes se imaginan la existencia de ese reino y de la vida eterna, sencillamente sobre el manto o bóveda celeste que se percibe a simple vista. Sin embargo, otros pasajes nos hablan en términos más concretos y demostrativos, refiriéndose a ese bello lugar:

[51]*Fil. 3: 20, 21:* [20]*"Mas nuestra vivienda es en los cielos; de donde también esperamos al Salvador, al Señor Jesucristo;* [21]*El cual transformará el cuerpo de nuestra bajeza, para ser semejantes al cuerpo de su gloria, por la operación con la cual puede sujetar también a sí todas las cosas."*

[51]*He. 11: 8, 10, 14-16:* [8]*"Por fe Abraham, siendo llamado, obedeció para salir al lugar que había de recibir por heredad; y salió sin saber dónde iba.* [10]*Porque esperaba ciudad con fundamentos, el artífice y hacedor de la cual es Dios.* [14]*Porque los que esto dicen, claramente dan a entender que buscan una patria.* [15]*Que si se acordaran de aquella de donde salieron, cierto tenían tiempo para volverse:* [16]*Empero deseaban la mejor, es a saber, la celestial; por lo cual Dios no se avergüenza de llamarse Dios de ellos: porque les había aparejado ciudad."*

Veamos ahora, cuan bello relato nos regala nuestro visionario apóstol, acerca de su hermosa revelación según [51]Ap. 21: 1-6, 10-23, donde nos describe un magistral panorama diciendo que, vio un cielo nuevo, y una tierra nueva: porque el primer cielo y la primera tierra se fueron, y el mar ya no es. Y yo Juan vi la santa ciudad, Jerusalem nueva, que descendía del cielo, de Dios, dispuesta como una esposa ataviada para su marido. Y oí una gran voz del cielo que decía: He aquí el tabernáculo de Dios con los hombres, y morará con ellos; y ellos serán su pueblo, y el mismo Dios será su Dios con ellos. Y limpiará Dios toda lágrima de los ojos de ellos; y la muerte no será más; y no habrá más llanto, ni clamor, ni dolor; porque las primeras cosas son pasadas. Y el que estaba sentado en el trono dijo: He aquí, yo hago nuevas todas las cosas. Y me dijo: Escribe; porque estas palabras son fieles y verdaderas. Y díjome: Hecho es. Yo soy el Alpha y la Omega, el principio y el fin. Al que tuviere sed, yo le daré de la fuente del agua de vida gratuitamente. Y llevóme en Espíritu a un grande y alto monte, y me mostró la grande ciudad santa de Jerusalem, que descendía del cielo de Dios, teniendo la claridad de Dios: y su luz era semejante a una piedra preciosísima, como piedra de jaspe, resplandeciente como cristal. Y tenía un muro grande y alto con doce puertas; y en las puertas, doce ángeles, y nombres escritos, que son los de las doce tribus de los hijos de Israel. Al oriente tres puertas; al norte tres puertas; al mediodía tres puertas; al poniente tres puertas. Y el muro de la ciudad tenía doce fundamentos, y en ellos los doce nombres de los doce apóstoles del Cordero. Y el que hablaba conmigo, tenía una medida de una caña de oro para medir la ciudad, y sus puertas, y su muro. Y la ciudad está situada y puesta en cuadro, y su largura es tanta como su anchura: y él midió la ciudad con la caña, doce mil estadios: la largura y la altura y la anchura de ella son iguales. Y midió su muro, ciento cuarenta y cuatro codos, de medida de hombre, la cual es del ángel. Y el material de su muro era de jaspe: mas la ciudad era de oro puro, semejante al vidrio limpio. Y los fundamentos del muro de la ciudad estaban adornados de toda piedra preciosa. El primer fundamento era jaspe; el segundo, zafiro; el tercero, calcedonia; el cuarto, esmeralda; El quinto, sardónica; el sexto, sardio; el séptimo, crisólito; el octavo, berilo; el nono, topacio; el décimo, crisopraso; el undécimo, jacinto; el duodécimo, amatista. Y las doce puertas eran doce perlas, en cada una, una; cada puerta era de una perla. Y la plaza de la ciudad era de oro puro como vidrio trasparente. Y no vi en ella templo; porque el Señor Dios Todopoderoso es el templo de ella, y el Cordero. Y la ciudad no tenía necesidad de sol, ni de luna, para que resplandezcan en ella: porque la claridad de Dios la iluminó, y el Cordero era su lumbrera.

Estas descripciones bíblicas nos permiten entender con toda claridad, que el hogar de la eterna morada para los salvados ha de ser la santa ciudad, la Jerusalem nueva, que descenderá con el nuevo cielo y la nueva tierra para ser tomada en posesión de los salvados. En este lugar está establecido el Reino de Dios, donde habremos de morar según lo declaran los versículos leídos, en [51]Ap. 21: 1-3; y de acuerdo con la promesa de Jesús referida en [51]Jn. 14: 1-3. El manto o bóveda celeste que se percibe a simple vista, sabemos que no es más que un falso reflejo óptico, debido al alcance limitado de nuestra percepción visual, que no alcanza a traspasar los límites de nuestra galaxia. De lo que sí podemos estar seguros es de la existencia de la **expansión,** a la cual Dios llamó **cielos,** según [51]Génesis 1: 8; en la que puso el sol, la luna y las estrellas, según los versículos 16 y 17 del contexto. Cuando la Biblia hace alusión al cielo o a los cielos, se está refiriendo al espacio sideral, contenido por una infinidad de galaxias. Y cuando el apóstol Juan declara haber visto un **cielo nuevo** y una tierra nueva, bien puede interpretarse que él estaba viendo una nueva galaxia, donde está establecido el Reino de Dios. Un lugar sublime, maravilloso y superior al que vivimos actualmente. Un lugar donde **no** es posible morar sino con una naturaleza transformada por los efectos de la incorrupción y la inmortalidad, la cual alcanzaremos los redimidos por Jesucristo en su segundo advenimiento. Un lugar donde según el apóstol Pablo, "cosas que ojo no vio, ni oreja oyó, ni han subido en corazón de hombre, son las que Dios ha preparado para aquellos que le aman".

Algunos cristianos, basados en pasajes bíblicos como Is. 11. 6-9 y otros, afirman que el hogar de nuestra eterna morada ha de ser en esta misma tierra y bajo este mismo cielo, pero evidentemente estos pasajes solo hacen alusión a la estancia del Reino de Dios en la tierra durante el período milenario, por cuanto las Sagradas Escrituras declaran que esta tierra y este cielo serán destruidos y huirán de la presencia de Dios. Al respecto consideremos lo que dicen los pasajes siguientes:

[51]*2Pe. 3: 10, 12, 13:* [10]*"Mas el día del Señor vendrá como ladrón en la noche; en el cual los cielos pasarán con grande estruendo, y los elementos ardiendo serán deshechos, y la tierra y las obras que en ella están serán quemadas.* [12]*Esperando y apresurándoos para la venida del día de Dios, en el cual los cielos siendo encendidos serán deshechos, y los elementos siendo abrasados se fundirán.* [13]*Bien que esperamos cielos nuevos y tierra nueva, según sus promesas, en los cuales mora la justicia."*

[51]*Ap. 20: 11: "Y vi un gran trono blanco y al que estaba sentado sobre él, de delante del cual huyó la tierra y el cielo; y no fue hallado el lugar de ellos."*

[51]*Ap. 21: 1: "Y vi un cielo nuevo, y una tierra nueva: porque el primer cielo y la primera tierra se fueron, y el mar ya no es."*

Asi concluimos este relevante tema con una de las más hermosas reflexiones cristianas, expresada en las siguientes palabras:

"Antes que pase mucho tiempo, tú y yo participaremos en una gloriosa celebración de victoria. En esa ocasión nos encontraremos en el mar de vidrio, frente a las murallas de la nueva Jerusalem, la ciudad santa de Dios. Las puertas de perlas se abrirán de par en par para que pase el ejército de los salvados encabezado por Jesús. Tú y yo tendremos derecho de entrar en la ciudad celestial gracias a lo que sucedió en la cruz del Calvario hace más de dos mil años, cuando Jesús sufrió la muerte por nuestros pecados."

"Y los entendidos resplandecerán como el resplandor del firmamento; y los que enseñan a justicia la multitud, como las estrellas a perpetua eternidad." [51]*(Dn. 12: 3).*

UNIDAD IV

Capítulo 8

Antiguo y nuevo pactos

Introducción: Con relación a estos dos pactos de Dios con el hombre, consideremos lo que dicen las Sagradas Escrituras:

[51]*He. 8: 8, 9, 13:* [8]*"Porque reprendiéndolos dice: He aquí vienen días, dice el Señor, <u>Y consumaré para con la casa de Israel y para con la casa de Judá un nuevo pacto;</u> [9]No como el pacto que hice con sus padres, El día que los tomé por la mano para sacarlos de la tierra de Egipto: Porque ellos no permanecieron en mi pacto, Y yo los menosprecié, dice el Señor. [13]<u>Diciendo, Nuevo pacto, dio por viejo al **primero;</u>** y lo que es dado por viejo y se envejece, cerca está de desvanecerse."*

La apreciación de un panorama completo de las Sagradas Escrituras, nos permite entender que el Antiguo Pacto de Dios con el hombre, constituyó un período transitorio de revelación teológica de vital importancia, que preparó el camino para conducirnos hacia el verdadero objetivo divino, que consistía en el Nuevo Pacto. Sin la existencia del antiguo, a la humanidad le hubiera sido muy difícil asimilar la manifestación del nuevo, por cuanto en aquel están asentadas todas las bases de carácter moral y religioso, además de una serie de declaraciones proféticas y de simbolismos rituales, tratados en teología como la tipología del Nuevo Pacto, que nos hablan con toda claridad del porvenir de este último y que en su totalidad dieron lugar al establecimiento del mismo. Por lo que este puede ser considerado como una sucesión lógica del pacto antiguo. Ahora bien, teniendo en cuenta la existencia de estos dos pactos y habiendo entendido que solo el nuevo permanece vigente en su totalidad, tomaremos en consideración los distintos aspectos comprendidos en cada uno de ellos, para que podamos apreciar cuáles son sus diferencias y poder obtener así una convicción legítima hacerca de las leyes que fueron abolidas y cuáles permanecen vigentes para el cristianismo. Porque cuando un pacto, testamento o acuerdo, es cambiado por otro, no siempre se eliminan todos los elementos o componentes del mismo, sino que en cuantiosos casos, algunos de estos pasan a formar parte del nuevo acuerdo, aunque bajo determinadas variantes.

Es por ello, que para establecer si un determinado aspecto comprendido en el Antiguo Pacto tiene vigencia o **no** en el Nuevo, es necesario que se haga alusión al mismo de forma clara y determinante, en las Escrituras del Nuevo Testamento o en auténticos datos históricos comprendidos en el período de la Iglesia primitiva.

ANTIGUO PACTO

El Antiguo Pacto consistía en una serie de alianzas de Dios con el pueblo hebreo. Su objetivo principal se fundamentaba en la promesa de vida eterna, de parte del Ser Supremo. Esta se podía lograr bajo la condición de una vida de santidad lograda mediante una estricta obediencia a una serie de leyes dadas por Dios mismo, entre ellas los Diez Mandamientos, escritos en tablas de piedra con su santo dedo. Este pacto comprendía un medio de redención temporal de los pecados, mediante el sacrificio y la sangre derramada de corderos, machos cabríos y becerros. Lo que contribuía además a la reconciliación del hombre con Dios y ayudarlo a mantener su estado de santidad en una mejor escala. El mismo comprendía además, otros aspectos en los cuales Dios hizo alianza con su pueblo, entre los que se encuentran el orden sacerdotal y la circuncisión.

NUEVO PACTO

El Nuevo Pacto consiste en la promesa de vida eterna dada por Dios al hombre. La cual le es ofrecida por gracia mediante el sacrificio y la sangre derramada de Jesucristo, el Hijo, para la redención y el perdón de los pecados de toda la humanidad.

La condición para obtener esta promesa de vida eterna bajo este nuevo pacto, consiste en acogerse al plan de la salvación por gracia y mantener una vida de santidad, mediante la fe, el arrepentimiento y la regeneración. Incluye además, la fiel observancia de los santos mandamientos escritos, **no** en tablas de piedra, sino en el corazón y en el alma de los creyentes, según lo podremos confirmar en los temas correspondientes.

Para que podamos entender mejor las diferencias entre estos dos pactos consideraremos cada aspecto, paso a paso, de acuerdo con las Sagradas Escrituras. Teniendo en cuenta que los temas principales que enmarcan sus variantes son los siguientes:

Si ponemos la debida atención al pasaje leído, nos daremos cuenta que el mismo hace referencia a personas que presentarían una serie de errores doctrinales que se pueden enumerar según las características siguientes:

1. Sacrificios por el pecado.

2. Leyes y mandamientos.

3. Pacto sacerdotal.

4. La circuncisión.

Cada uno de ellos lo trataremos como un tema en particular y aunque las leyes y mandamientos aparecen ocupando el segundo lugar, no obstante, lo dejaremos como el último asunto a tratar en este capítulo. Por cuanto es el tema de mayor complejidad relacionado con las diferencias que enmarcan estos dos pactos de Dios con los hombres.

SACRIFICIOS POR EL PECADO

Aunque el asunto de los sacrificios de animales comprendidos en el Antiguo Pacto, como un medio de redención temporal de los pecados, lo tratamos detalladamente en temas anteriores, no obstante, en este caso tomaremos en consideración las referencias más esenciales relacionados con el mismo. [51]En Lv. 6: 1-4, 6, 7 declara que, Jehová habló a Moisés, y le dijo: Cuando una persona pecare, e hiciere prevaricación contra Jehová, y negare a su prójimo lo encomendado, o dejado en su mano, o bien robare, o calumniare a su prójimo; o sea que hallando lo perdido, después lo negare, y jurare en falso, en alguna de todas aquellas cosas en que suele pecar el hombre: Entonces será que, puesto habrá pecado y ofendido, restituirá aquello que robó, o por el daño de la calumnia, o el depósito que se le encomendó, o lo perdido que halló, y por su expiación traerá a Jehová un carnero sin tacha de los rebaños, conforme a tu estimación, al sacerdote para la expiación; y el sacerdote hará expiación por él delante de Jehová, y obtendrá perdón de cualquiera de todas las cosas en que suele ofender.

En otra porción del mismo libro, Moisés describe el orden de los detalles dados por Dios en relación con estos sacrificios de animales, donde hace alusión acerca de los sacrificios por la culpa, además de los que se hacían por el pecado, y le ordena degollar el cordero en el lugar donde degüellan la víctima por el pecado y el holocausto, en el lugar del santuario. Y dice que, como la víctima por el pecado, así también la víctima por la culpa es del sacerdote: es cosa muy sagrada. Tomará el sacerdote de la sangre de la víctima por la culpa, y pondrá el sacerdote sobre la ternilla de la oreja derecha del que se purifica, y sobre el pulgar de su mano derecha, y sobre el pulgar de su pie derecho. [51](Lv. 14: 13, 14).

Otros sacrificios por el pecado semejantes a estos, se realizaban una vez al año por todo el pueblo, según estudiamos en el tema referido.

326

El derramamiento de la sangre ejercía una función esencial en estos casos. Recordemos que según [51]Éx. 24: 8 Moisés tomó la sangre, y roció sobre el pueblo, y dijo: He aquí la sangre de la alianza que Jehová ha hecho con vosotros sobre todas estas cosas. Y en [51]He. 9: 22, el autor del libro confirma el mismo concepto, diciendo que casi todo es purificado según la ley con sangre; y sin derramamiento de sangre no se hace remisión.

Es evidente, según lo demuestran las Sagradas Escrituras, que el medio de redención temporal de los pecados, comprendido en el Antiguo Pacto, prefiguraba el sacrificio de Cristo, quien es el Cordero de Dios, según lo declaran los pasajes de [51]Jn. 1: 29, 36, 37; 1Pe. 1: 19, 20 y Ap. 5: 12.

Antes de entrar en detalles del siguiente paso, debo aclarar, como lo hice en temas anteriores, que ninguno de estos sacrificios relacionados con el Antiguo Pacto redimía pecados como el adulterio, la fornicación, el homicidio y otros, por los cuales el culpable debía morir irremisiblemente, hasta que el Cristo murió en lugar suyo Ver [51]Hch. 13: 39. Por eso dice la Escritura que tomaremos en consideración en el próximo paso: "Porque la sangre de los toros y de los machos cabríos no puede quitar los pecados."

Ahora bien, después de haber apreciado a través de estos pasajes bíblicos lo fundamental acerca del medio de redención de los pecados según el Antiguo Pacto, tomaremos en consideración este aspecto según el **Nuevo Pacto**. Veamos lo que dicen los siguientes pasajes de las Escrituras:

[51]*He. 10: 4-6, 9-14: [4]"Porque la sangre de los toros y de los machos cabríos no puede quitar los pecados. [5]Por lo cual, entrando en el mundo, dice: Sacrificio y presente no quisiste; Mas me apropiaste cuerpo: [6]Holocaustos y expiaciones por el pecado no te agradaron. [9]Entonces dijo: Heme aquí para que haga, oh Dios, tu voluntad. Quita lo primero, para establecer lo postrero. [10]En la cual voluntad somos santificados por la ofrenda del cuerpo de Jesucristo hecha una sola vez. [11]Así que, todo sacerdote se presenta cada día ministrando y ofreciendo muchas veces los mismos*

sacrificios, que nunca pueden quitar los pecados: [12]*Pero éste, habiendo ofrecido por los pecados un solo sacrificio para siempre, está sentado a la diestra de Dios,* [13]*Esperando lo que resta, hasta que sus enemigos sean puestos por estrado de sus pies.* [14]*Porque con una sola ofrenda hizo perfectos para siempre a los santificados."*

[51]*Mt. 26: 27, 28:* [27]*"Y tomando el vaso, y hechas gracias, les dio, diciendo: Bebed de él todos;* [28]*Porque esto es mi sangre **del nuevo pacto**, la cual es derramada por muchos para remisión de los pecados."*

Este último pasaje de las Escrituras relacionado con el Nuevo Pacto, hace clara referencia al sacrificio de Cristo en la cruz del Calvario, donde derramó su sangre para la expiación de nuestros pecados, según los pasajes bíblicos de 1Jn. 1: 7; Ef. 1: 7 y Ro. 5: 9.

Veamos ahora lo que nos dice el pasaje siguiente:

[51]*Jn. 14: 6:* ...*"Yo soy el camino, y la verdad, y la vida: nadie viene al Padre, sino por mí."*

Estas palabras del Señor Jesucristo: "Nadie viene al Padre, sino por mí", además de la declaración hecha en [51]Mt. 21: 42-44 con [51]Hch. 4: 11, 12, dejan bien claro el concepto de que a partir de entonces, la única posibilidad que tendría el ser humano para allegarse a Dios, sería a través de Él, quien había venido para establecer los principios de un nuevo pacto mediante su sacrificio y su sangre derramada en la cruz del Calvario. Muy a pesar de que los dirigentes del sistema religioso judío, lejos de entenderlo así, no solo lo rechazaron sino que lo condujeron hasta el martirio mismo, dando lugar así a la consumación del acto de la redención y al establecimiento de la fe cristiana como la religión oficial instituida por designio divino.

PACTO SACERDOTAL

Con respecto a la promesa del sacerdocio perpetuo comprendido en el Antiguo Pacto, consideremos lo que dicen las Escrituras:

[51]*Dt. 31: 9: "Y escribió Moisés esta ley, y dióla a los sacerdotes, hijos de Leví, que llevaban el arca del pacto de Jehová, y a todos los ancianos de Israel."*

[51]*Ex. 40: 13-15:* [13]*"Y harás vestir a Aarón las vestiduras sagradas, y lo ungirás, y lo consagrarás, para que sea mi sacerdote.* [14]*Después harás llegar sus hijos, y les vestirás las túnicas:* [15]*Y los ungirás como ungiste a su padre, y serán mis sacerdotes: y será que su unción les servirá por sacerdocio perpetuo por sus generaciones."*

En el libro de Números, según [51]Nm. 25: 11-13 Dios hace un reconocimiento con promesa a un descendiente del sacerdote Aron, diciendo que, Phinees, hijo de Eleazar, hijo de Aarón el sacerdote, habia hecho tornar mi furor de los hijos de Israel, llevado de celo entre ellos: por lo cual yo no he consumido en mi celo a los hijos de Israel. Por tanto diles: He aquí yo establezco mi pacto de paz con él; y tendrá él, y su simiente después de él, el pacto del sacerdocio perpetuo; por cuanto tuvo celo por su Dios, é hizo expiación por los hijos de Israel.

[51]*Mal. 2: 4, 5:* [4]*"Y sabréis que yo os envié este mandamiento, para que fuese mi pacto con Leví, ha dicho Jehová de los ejércitos.* [5]*Mi pacto fue con él de vida y de paz, las cuales cosas yo le di por el temor; porque me temió; y delante de mi nombre estuvo humillado."*

Aarón y Phinees eran descendientes de Leví, para cuya tribu fue dada esta promesa del sacerdocio asignado con carácter permanente, según el Antiguo Pacto, tal como lo pudimos apreciar en los pasajes leídos.

Ahora bien, después de haber considerado lo que declaran las Sagradas Escrituras con relación a la promesa del sacerdocio según el Antiguo Pacto, veamos lo que nos dicen en el Nuevo Pacto:

[51]*He. 7: 14*: *"Porque notorio es que el Señor nuestro nació de la tribu de Judá, sobre cuya tribu nada habló Moisés tocante al sacerdocio."*

No obstante a la realidad que nos revela este pasaje de las Escrituras, consideremos lo que dice el siguiente:

[51]*Sal. 110: 4*: *"Juró Jehová, y no se arrepentirá: <u>Tú eres sacerdote para siempre, **Según el orden de Melchîsedech**</u>."*

Según la interpretación dada acerca de este pasaje por el autor del libro A los Hebreos, que yo atribuyo al apóstol Pablo, el sacerdocio conferido al Cristo, **no** fue sin juramento, porque los otros cierto sin juramento fueron hechos sacerdotes; mas este, con juramento por el que le dijo: Juró el Señor, y no se arrepentirá: Tú eres sacerdote eternamente, según el orden de Melchîsedech: Tanto de mejor testamento es hecho fiador Jesús. Y los otros cierto fueron muchos sacerdotes, en cuanto por la muerte no podían permanecer. Mas este, por cuanto permanece para siempre, tiene un sacerdocio inmutable. Por lo cual puede también salvar éternamente a los que por él se allegan a Dios, viviendo siempre para interceder por ellos. Porque tal pontífice nos convenía: santo, inocente, limpio, apartado de los pecadores, y hecho más sublime que los cielos; que no tiene necesidad cada día, como los otros sacerdotes, de ofrecer primero sacrificios por sus pecados, y luego por los del pueblo: porque esto lo hizo una sola vez, ofreciéndose a sí mismo. Porque la ley constituye sacerdotes a hombres flacos; mas la palabra del juramento, después de la ley, constituye al Hijo, hecho perfecto para siempre. [51](He. 7: 20-28).

LA CIRCUNCISIÓN

Con respecto a la circuncisión y el Antiguo Pacto, Dios hizo una alianza con Abraham, según el relato de [51]Gn. 17: 10-12, 14 diciendo: Este será mi pacto, que guardaréis entre mí y vosotros y tu simiente después de ti: será circuncidado todo varón de entre vosotros. Circuncidaréis, pues, la carne de vuestro prepucio, y será por señal del pacto entre mí y vosotros. Y de edad de ocho días será circuncidado todo varón entre vosotros por vuestras generaciones: el nacido en casa, y el comprado a dinero de cualquier extranjero, que no fuere de tu simiente. Y el varón incircunciso que no hubiere circuncidado la carne de su prepucio, aquella persona será borrada de su pueblo; ha violado mi pacto.

Veamos ahora lo que nos dice literalmente el siguiente pasaje de las Escrituras:

[51]*Gn. 21: 4 "Y circuncidó Abraham a su hijo Isaac de ocho días, como Dios le había mandado."*

Sin embargo, en relación con el Nuevo Pacto las Escrituras dicen lo siguiente:

[51]*Dt. 30: 6: "Y circuncidará Jehová tu Dios **tu corazón, y el corazón** de tu simiente, para que ames a Jehová tu Dios con todo tu corazón y con toda tu alma, a fin de que tú vivas."*
[51]*Ro. 2: 28, 29:* [28]*"Porque no es judío el que lo es en manifiesto; ni la circuncisión es la que es en manifiesto en la carne:* [29]*Mas es judío el que lo es en lo interior; y la circuncisión es la **del corazón**, en espíritu, no en letra; la alabanza del cual no es de los hombres, sino de Dios."*
[51]*Ga. 6: 15: "Porque en Cristo Jesús, ni la circuncisión vale nada, ni la incircuncisión, sino **la nueva criatura**."*
[51]*1Co. 7: 19: "La circuncisión **nada es**, y la incircuncisión nada es; sino **la observancia de los mandamientos de Dios**."*

331

Estos pasajes hacen constante referencia a la circuncisión del corazón. Ahora bien, ¿en qué consiste esta forma de circuncisión? Meditemos sobre lo que nos dicen las Escrituras:

[51]*Mt. 15: 19, 20:* [19]*"Porque del corazón salen los malos pensamientos, muertes, adulterios, fornicaciones, hurtos, falsos testimonios, blasfemias.* [20]*Estas cosas son las que contaminan al hombre".*
[51]*Col. 2: 11, 12:* [11]*"En el cual también sois circuncidados de circuncisión no hecha con manos, con el despojamiento del cuerpo de los pecados de la carne, en la circuncisión de Cristo;* [12]*Sepultados juntamente con él en el bautismo, en el cual también resucitasteis con él, por la fe de la operación de Dios que le levantó de los muertos."*

Estos pasajes nos permiten entender con toda claridad, que la circuncisión del corazón consiste en el despojamiento de los malos pensamientos y sentimientos de pecado que surgen en él. Esto se logra mediante la obra regeneradora del Espíritu Santo en el creyente que ha muerto al pecado y resucitado a una nueva vida al unísono con Cristo, mediante el bautismo.

De manera que la señal del Antiguo Pacto era la circuncisión hecha en la carne. Mientras que ahora es evidente, de acuerdo con los últimos pasajes leídos, que esta señal según el Nuevo Pacto consiste en **la nueva criatura** nacida del agua y del Espíritu Santo, con un corazón despojado de todo sentimiento pecaminoso.

LEYES Y MANDAMIENTOS

Con el estudio de este trascendental tema le damos paso a un segundo aspecto de legislación bíblica igualmente de alta apreciación teológica. Con respecto a las leyes y mandamientos contenidos en el Antiguo Pacto reflexionemos lo que dicen los pasajes bíblicos siguientes:

[51]*Ex. 24: 12:* "*Entonces Jehová dijo a Moisés: Sube a mí al monte, y espera allá, y te daré tablas de piedra, y la ley, y mandamientos que he escrito para enseñarlos.*"

[51]*Dt. 4: 13:* "*Y él os anunció su pacto, el cual os mandó poner por obra, las diez palabras; y escribiólas en dos tablas de piedra.*"

[51]*Dt. 9: 9, 10:* [9]"*Cuando yo subí al monte para recibir las tablas de piedra, las tablas del pacto que Jehová hizo con vosotros, estuve entonces en el monte cuarenta días y cuarenta noches, sin comer pan ni beber agua.* [10]*Y dióme Jehová las dos tablas de piedra escritas con el dedo de Dios; y en ellas estaba escrito conforme a todas las palabras que os habló Jehová en el monte de en medio del fuego, el día de la asamblea.*"

[51]*Ex. 19: 5:* "*Ahora pues, si diereis oído a mi voz, y guardareis mi pacto, vosotros seréis mi especial tesoro sobre todos los pueblos; porque mía es toda la tierra.*"

Estos mandamientos comprendidos en el Antiguo Pacto son los mismos que estudiamos detalladamente en el capítulo 5 de este tratado.

Esta ley es de carácter moral, relativa a la conducta en sentido general, tanto en nuestras relaciones con Dios como con nuestros semejantes. La misma encierra los principios morales y religiosos más elevados y puros que la sociedad humana haya conocido. Por lo cual debe ser conferible al cristianismo universal, por cuanto las Escrituras del Nuevo Testamento así lo declaran.

Ahora bien, con respecto a estos mandamientos y su relación con el **Nuevo Pacto**, las Escrituras dicen lo siguiente:

[51]*Jr. 31: 33, 34:* [33]"*Mas éste es el pacto que haré con la casa de Israel después de aquellos días, dice Jehová: Daré mi ley en sus entrañas, y escribiréla **en sus corazones**; y seré yo a ellos por Dios, y ellos me serán por pueblo.* [34]*Y no enseñará más ninguno a su prójimo, ni ninguno a su hermano, diciendo: Conoce a Jehová:*

porque todos me conocerán, desde el más pequeño de ellos hasta el más grande, dice Jehová: porque perdonaré la maldad de ellos, y no me acordaré más de su pecado. "

[51]*Jr. 32: 40:* "*Y haré con ellos pacto eterno, que no tornaré atrás de hacerles bien, y pondré mi temor en el corazón de ellos, para que no se aparten de mí.*"

Razonemos la confirmación de estos pasajes en el Nuevo Testamento, según [51]He. 8: 8-13 donde el autor del libro hace alusión a la profecía de Jeremías, en la que reprendiendo Dios a Israel, dice el profeta: He aquí vienen días, dice el Señor, Y consumaré para con la casa de Israel y para con la casa de Judá un nuevo pacto; no como el pacto que hice con sus padres el día que los tomé por la mano para sacarlos de la tierra de Egipto: Porque ellos no permanecieron en mi pacto, y yo los menosprecié, dice el Señor. Por lo cual, este es el pacto que ordenaré a la casa de Israel, Después de aquellos días, dice el Señor: Daré mis leyes en el alma de ellos, y sobre el corazón de ellos las escribiré; y seré a ellos por Dios, y ellos me serán a mí por pueblo. Y ninguno enseñará a su prójimo, ni ninguno a su hermano, diciendo: Conoce al Señor: porque todos me conocerán, desde el menor de ellos hasta el mayor. Porque seré propicio a sus injusticias, y de sus pecados y de sus iniquidades no me acordaré más. El autor concluye exponiendo que al decir nuevo pacto, dio por viejo al primero; y lo que es dado por viejo y se envejece, cerca está de desvanecerse.

Estas citas bíblicas revelan con perfecta claridad que los santos mandamientos **no** fueron abolidos con el Antiguo Pacto, sino que pasaron a formar parte del Nuevo, aunque con alguna variante en el método de su aplicación. Esta variante consiste en la determinación de Dios de escribir estos preceptos **no** en tablas de piedra como lo hizo primeramente, sino en el corazón y en el alma de los creyentes.

La prueba más evidente que podamos encontrar para convencernos de la vigencia de estos mandamientos en el Nuevo Pacto consiste en el reiterado señalamiento de las Escrituras del Nuevo Testamento, con respecto a la observancia de los mismos. Por lo que es evidente, que los mandamientos de Dios no han perdido el efecto de su vigencia, sino que son confirmados en el Nuevo Pacto bajo la legislación de una dispensación perfecta. Porque bajo la antigua dispensación, estos solo constituían una ley externa para mostrar el pecado, prevenir al hombre de él y condenarlo en caso de transgresión. Por eso el apóstol Pablo, según [51]2Co. 3: 6-9, le llama "el ministerio de muerte" y "el ministerio de condenación". Porque bajo aquella dispensación, la violación de cualquiera de la mayoría de estos mandamientos implicaba irremisiblemente la pena de muerte. Véanse algunos ejemplos al respecto, en [51]Lv. 20: 8-10; Ex. 21: 12-17; 35: 2, 3; Dt. 13: 6-11. Se sabe que existían alrededor de 35 transgresiones de la ley en las que se aplicaba la pena capital.

Según el Nuevo Pacto los efectos de **la gracia** divina nos hacen libres de aquella terrible situación, pues Cristo murió en lugar de los trasgresores, mientras que los santos mandamientos estarán impresos en los sentimientos y en la conciencia de los creyentes. El temor de Dios será puesto en sus corazones por el Espíritu Santo, y Él les ayudará a sentir un profundo amor por su observancia, tal como se expresara el salmista diciendo:

[51]*Sal. 119: 97, 103, 104:* [97]*"¡Cuánto amo yo tu ley! Todo el día es ella mi meditación.* [103]*¡Cuán dulces son a mi paladar tus palabras! Más que la miel a mi boca.* [104]*De tus mandamientos he adquirido inteligencia: Por tanto he aborrecido todo camino de mentira."*

No obstante, un detalle esencial que necesitamos tomar en cuenta en este estudio consiste en que en las Escrituras del Nuevo Testamento se hace mención de "la ley" refiriéndose de forma generalizada al conjunto de las leyes bíblicas contenidas en el

Pentateuco, sin hacer referencia específica a aquella que concierne al tema correspondiente. Sin embargo, es claramente razonable que cuando la mención es hecha en sentido calificativo se está refiriendo a las leyes vigentes, principalmente las de carácter moral como los mandamientos de Dios. Mientras que si la mención es hecha en sentido de descalificación, se está refiriendo a las leyes de carácter ritual, las cuales quedaron sin efecto por tratarse de leyes temporales sustituidas por el sacrificio de Jesucristo.

Este es el caso de la mención hecha por el apóstol Pablo, según a la declaración de los pasajes que expondremos a continuación, en los que hace alusión a la ley bajo los términos de una compleja exégesis, aplicada en su deliberación acerca de la ley y la gracia. De manera que parece indicar que la observancia de los mandamientos de Dios no tiene vigencia para los cristianos. Como ejemplo de ellos veamos los siguientes:

[51]*Ro. 7: 6: "Mas ahora estamos libres de la ley, habiendo muerto a aquella en la cual estábamos detenidos, para que sirvamos en novedad de espíritu, y no en vejez de letra."*

[51]*Ro. 10: 4: "Porque el fin de la ley es Cristo, para justicia a todo aquel que cree."*

[51]*Ga. 2: 16: "Sabiendo que el hombre no es justificado por las obras de la ley, sino por la fe de Jesucristo, nosotros también hemos creído en Jesucristo, para que fuésemos justificados por la fe de Cristo, y no por las obras de la ley; por cuanto por las obras de la ley ninguna carne será justificada".*

En este caso, es evidente que la mención hecha acerca de "la ley", en sentido de descalificación o invalidez, se refiere sin lugar a dudas al aspecto ritual de la misma. Por lo cual, cuando usted se encuentre con pasajes como estos y otros semejantes, para evitar las confusiones o dudas que le puedan causar la complejidad de su interpretación, vea los pasajes que se reflejan a continuación, los cuales nos proveen una exégesis sencillamente clara y completamente lógica, aplicada igualmente por el apóstol Pablo:

[51]*Ro. 3: 31:* *"¿Luego deshacemos la ley por la fe?* *En ninguna* *manera; antes establecemos la ley".*

[51]*Ro. 6: 14, 15:* [14]*"Porque el pecado no se enseñoreará de* *vosotros; pues no estáis bajo la ley, sino bajo la gracia.* [15]*¿Pues* *qué? ¿Pecaremos, porque no estamos bajo de la ley, sino bajo de* *la gracia? En ninguna manera".*

[51]*Ro. 6: 12, 13:* [12]*"No reine, pues, el pecado en vuestro cuerpo* *mortal, para que le obedezcáis en sus concupiscencias;* [13]*Ni tam-* *poco presentéis vuestros miembros al pecado por instrumentos de* *iniquidad; antes presentaos a Dios como vivos de los muertos, y* *vuestros miembros a Dios por instrumentos de justicia".*

[51]*1Ti. 1: 9-11:* [9]*"Conociendo esto, que la ley no es puesta para* *el justo, sino para los injustos y para los desobedientes, para los* *impíos y pecadores, para los malos y profanos, para los parricidas* *y matricidas, para los homicidas,* [10]*Para los fornicarios, para los* *sodomitas, para los ladrones de hombres, para los mentirosos y* *perjuros, y si hay alguna otra cosa contraria a la sana doctrina;* [11]*Según el evangelio de la gloria del Dios bendito, el cual a mí me* *ha sido encargado."*

En estos últimos pasajes citados, así como en los tres anteriores, se pone de manifiesto la forma generalizada que el apóstol Pablo usa para referirse a la ley, sin hacer mención específicamente de aquella que concierne al tema de referencia, tal como lo expusimos anteriormente.

No obstante, es evidentemente claro, que cuando el Apóstol dice que **no** estamos bajo la ley se refiere precisamente al aspecto ritual de la misma. Por otro lado, si no podemos pecar, aun estando bajo la gracia y **no** bajo la ley, entonces lógicamente hay que guardar los mandamientos de Dios para poderse mantener apartados del pecado.

Nótese que en el último de estos pasajes, el apóstol Pablo declara que la ley no es puesta para el justo, sino para los injustos y desobedientes. Evidentemente, quiere decir que nosotros los creyentes en Cristo Jesús, somos justos porque hemos sido justificados por la fe en Él. Por lo tanto, ya no somos estimados como injustos y desobedientes, ni como impíos y pecadores, según la relación descrita en ese pasaje porque ahora andamos conforme a la santa doctrina, según el evangelio de la gloria del Dios bendito que a Pablo le había sido encargado. El cual ha llegado hasta nosotros a través de los escritos sagrados. Entre sus enseñanzas se hace claro énfasis en la observancia de los mandamientos de Dios. Por ende, podemos asumir que la mención hecha acerca de la ley, en este caso, se refiere al aspecto moral de la misma. Esta forma parte esencial de las normas de conducta de toda persona que ha creído en Jesucristo y su corazón ha sido renovado por la obra gloriosa del Espíritu Santo.

Ahora bien, en cuanto a la observancia de los mandamientos de Dios, señalada en el Nuevo Testamento, existen varias referencias que tomaremos en consideración. Entre ellas tenemos la respuesta de Cristo al Joven rico según [51]Mt. 19: 17 donde a su interrogante, el Señor le dijo: ...y si quieres entrar en la vida, guarda los mandamientos. Así también en [51]Jn. 14: 15, 21 Él expresó: Si me amáis, guardad mis mandamientos; el que tiene mis mandamientos, y los guarda, aquél es el que me ama; y el que me ama, será amado de mi Padre, y yo le amaré, y me manifestaré a él. Además, en [51]Jn. 15: 10 el Señor indicó: Si guardareis mis mandamientos, estaréis en mi amor; como yo también he guardado los mandamientos de mi Padre, y estoy en su amor.

El apóstol Pablo nos dice [51]1Cor. 7: 19 que la circuncisión nada es, y la incircuncisión nada es; sino la observancia de los mandamientos de Dios.

El apóstol Pedro nos dice en [51]2Pe. 2: 21que mejor les hubiera sido no haber conocido el camino de la justicia, que después de haberlo conocido, tornase atrás del santo mandamiento que les fue dado.

El apóstol Juan dice en [51]1Jn. 2: 3, 4: En esto sabemos que nosotros le hemos conocido, si guardamos sus mandamientos. El que dice, yo le he conocido, y no guarda sus mandamientos, el tal es mentiroso, y no hay verdad en él. Y en [51]1Jn. 5: 2, 3 dice: En esto conocemos que amamos a los hijos de Dios, cuando amamos a Dios, y guardamos sus mandamientos. Porque este es el amor de Dios, que guardemos sus mandamientos; y sus mandamientos no son penosos.

Así también en el libro de Apocalipsis, según [51]Apo. 12: 17, dice que el dragón fue airado contra la mujer; y se fue a hacer guerra contra los otros de la simiente de ella, los cuales guardan los mandamientos de Dios, y tienen el testimonio de Jesucristo. Y en [51]Apo.14: 12, declara diciendo: A aquí está la paciencia de los santos, los que guardan los mandamientos de Dios, y la fe de Jesús.

Para concluir, según [51]Apo. 22: 14 declara bienaventurados a los que guardan sus mandamientos, para que su potencia sea en el árbol de la vida, y que entren por las puertas en la ciudad.

Además del señalamiento reflejado en algunos de estos pasajes, con respecto a la observancia de los mandamientos de Dios, pueden apreciarse otros aspectos esenciales que tomaremos en consideración. Uno de ellos consiste en que el que guarda los mandamientos de Dios es el que lo ama. Estas declaraciones revelan con perfecta claridad, que la observancia de los mandamientos divinos es el fruto evidente del amor a Dios.

Otro de los aspectos fundamentales reflejado en estos pasajes bíblicos consiste en la evidencia de un grupo existente, compuesto obviamente por la totalidad de los salvados, los cuales guardan los mandamientos de Dios contiguamente a la fe de Jesús.

Acerca de las demás leyes es evidente que mientras algunas de ellas han perdido totalmente el efecto de su vigencia con el Nuevo Pacto, otras sin embargo, son aplicables al cristianismo.

Para una mejor comprensión acerca de ello, será necesario entrar en consideración de algunos detalles de carácter histórico, social y cultural, con el respaldo de las Sagradas Escrituras.

Está históricamente probado, que desde tiempos muy antiguos, las diferentes sociedades humanas: tribus, naciones, reinos, etc. han creado sus propias leyes por las cuales se han regido en los diferentes órdenes de la vida, como el moral, el social y en algunos casos el religioso. Entre estas leyes se conocen el famoso Código de Hammurabi, las leyes romanas, las egipcias y otras. El pueblo hebreo, elegido por Dios como pueblo suyo, tuvo su origen entre los caldeos y cananeos, alcanzando una formación cultural más elevada entre los egipcios. No obstante, siendo el pueblo elegido, por tratarse de la descendencia de Abraham, Dios lo liberó de la esclavitud de Egipto y lo convirtió en una nación independiente. Ahora necesitaban tener sus propias leyes por las cuales regirse. Debido a ello, siendo Dios su único Rey, en su sabiduría infinita les promulgó una serie de leyes de acuerdo con los principios de su voluntad divina, las cuales los conducirían por el camino de la justicia y de la verdad. La mayoría de ellas se encuentran coleccionadas en los capítulos 20 al 23 de Éxodo y Levítico capítulos 11, 13, 14 y 23, entre otras. Para un mayor enriquecimiento de conocimiento de este tema, el estudiante debe leer todos los capítulos contenidos en esta sugerencia, como complemento esencial de este estudio. De manera que, Moisés el legislador de dicho pueblo, además de haber recibido de Dios los Santos Mandamientos escritos en dos tablas de piedra, escribió también las demás leyes en un libro por separado. Veamos lo que nos dice al respecto el siguiente pasaje bíblico:

[51]*Ex. 24: 4, 7:* [4]*"Y Moisés escribió todas las palabras de Jehová, y levantándose de mañana edificó un altar al pie del monte, y doce columnas, según las doce tribus de Israel.* [7]*Y tomó el libro de la alianza, y leyó a oídos del pueblo, el cual dijo: Haremos todas las cosas que Jehová ha dicho, y obedeceremos."*

Según el [30]doctor Willmington, estas leyes se dividen en tres códigos principales, aceptados por la mayoría de los cristianos:

1. **Código moral:** Este comprende los Diez Mandamientos, conocidos también como el Decálogo divino. [El mismo incluye todo lo relacionado con los demás aspectos morales contenidos en la ley].

2. **Código espiritual:** Esta sección incluye las siete fiestas judías y las cinco ofrendas levíticas, todas las cuales prefiguran a Cristo y su completa redención. [En la misma están contenidas las leyes rituales y ceremoniales].

3. **Código social:** Este abarca aquellas leyes o normas que regulaban en Israel la higiene o sanidad pública, la alimentación y otras.

Ya hemos comprobado la vigencia del código moral o de los Diez Mandamientos para el cristianismo, según el Nuevo Pacto. Por lo cual, para nuestra comodidad en el estudio de esta serie de leyes, procederemos a considerar el código social, antes de entrar en consideración del espiritual.

Además de las regulaciones de la sanidad pública y de la alimentación, mejor conocidas como leyes sanitarias o de salubridad, es evidente que el código social bíblico comprende también, leyes civiles y criminales.

En cuanto al legado relacionado con las leyes criminales y civiles, dadas bíblicamente a la nación de Israel, es lógico que estas no sean aplicables al cristianismo, el cual es de carácter universal. Las mismas eran leyes específicas para dicho pueblo. Las otras naciones ya tenían sus leyes decretadas por sus propios legisladores, por las cuales tienen que regirse obligatoriamente todos sus ciudadanos.

Mientras que es inconcebible que se le permita a solo un grupo de personas, sustituir las leyes naturales de un país determinado por otras diferentes de ellas.

Con relación a las leyes sanitarias o de salubridad pública, especialmente las relativas al cuidado del contagio de la lepra y de otras enfermedades transmisibles, estas tampoco tienen aplicación al cristianismo universal. Cada pueblo tiene sus propios medios establecidos para controlar esta situación y no es necesario establecer otros. En lo relativo a la ley de salubridad alimenticia descrita en el capítulo 11 de Levítico, la gran mayoría de las Iglesias cristianas, apoyadas en la declaración de varios pasajes del Nuevo Testamento y en el hecho de que en el mismo no se refleja literalmente escrito en forma clara y consistente la vigencia de su observancia, la consideran abolida.

Sin embargo, algunas de las Iglesias más conservadoras sostienen la convicción de que esta debe ser aplicable al cristianismo universal, por cuanto es una práctica sana, que no interfiere con las leyes de ningún país, ni afecta en lo absoluto al resto de la sociedad. Por el contrario, es favorable para la salud y diferencia al pueblo de Dios como santo, limpio y puro, libre de contaminación, aun en el orden alimenticio.

Ahora bien, con respecto al código espiritual será necesario entender que entre las cinco ofrendas levíticas están comprendidas las leyes rituales. Sabemos que todas ellas quedaron sin efecto con el Nuevo Pacto, por cuanto prefiguraban a Cristo y fueron sustituidas por su sacrificio en la cruz, donde se inmoló a sí mismo para redimirnos de nuestra condición pecaminosa.

Con respecto a las fiestas judías comprendidas también en el código espiritual el [30]doctor Willmington declara que estas, según sus efectos simbólicos, se refieren unas a la conmemoración de las creaciones de Dios, mientras que otras prefiguraban a Cristo y su obra redentora. La mayoría de los teólogos cristianos sostienen que las mismas, según el reflejo de las Sagradas Escrituras, habiendo sido ordenadas por Dios al pueblo hebreo se celebraban en fechas específicas en conmemoración de diferentes acontecimientos relacionados absolutamente con dicho pueblo. Por lo cual asumen que estas no tienen nada que ver con el cristianismo universal aplicado a los gentiles. Los judíos convertidos al cristianismo, sin embargo, están en todo su derecho de continuar con la celebración de estas fiestas de carácter conmemorativo, pues ellos siguen siendo hebreos por naturaleza. Así también los cristianos de cualquier otra nacionalidad que quieran confraternizar con los judíos convertidos a Cristo, y deseen celebrar dichas fiestas están en plena libertad de hacerlo, al menos si para ello se unen a cualquier congregación, grupo o familia de los judíos mesiánicos. Pero señalan que dichas celebraciones deben ser consideradas desde el punto de vista conmemorativo solamente, por cuanto, según lo dan a entender las Escrituras en [51]Col. 2: 13, 14, 16, las mismas no parecen tener aplicación requerida para el plan de la salvación según el Nuevo Pacto.

No obstante, la mayoría de los observadores de estas festividades alegan que su acatamiento es esencial para todo creyente cristiano, debido a que su *simbolismo no se ha cumplido en su totalidad, sino hasta el segundo advenimiento de Jesucristo.

Sin embargo, un detalle resaltante reflejado en [51]Is. 1: 14, es la declaración de Dios a través del profeta en su dolorosa exclamación: "Vuestras lunas nuevas y vuestras solemnidades tiene aborrecidas mi alma: me son gravosas; cansado estoy de llevarlas." Véase además, [51]Amós 5: 20-24, donde se repite la misma queja de parte de Dios, con respecto a los sacrificios de animales y a las fiestas solemnes. Evidentemente, Dios nunca se ha manifestado en tales términos con relación a la observancia de leyes o mandamientos que no sean de carácter temporal como las leyes rituales, sus actividades ceremoniales y festivas.

En relación con el tema, el apóstol Pablo se dirige a los gentiles convertidos al evangelio diciendo:

"Y a vosotros, estando muertos en pecados y en la incircunci-
sión de vuestra carne, os vivificó juntamente con él, perdonándoos
todos los pecados. [14]*Rayendo la cédula de los ritos que nos era*
contraria, que era contra nosotros, quitándola de en medio y en-
clavándola en la cruz; [16]*Por tanto, nadie os juzgue en comida, o en*
bebida, o en parte de día de fiesta, o de nueva luna, o de sábados".
[51]*(Col. 2: 13, 14, 16).*

Este es uno de los pasajes del Nuevo Testamento, en el cual se
apoyan la mayoría de los cristianos para alegar que tanto la observancia del sábado, como la ley de salubridad alimenticia quedaron
sin efecto para el cristianismo.

Los cristianos observadores de dichos mandamientos, sin embargo, sostienen que según la exégesis de los traductores de este
pasaje, Cristo anuló con su muerte los mandamientos en orden a
ritos, o sea, dejó sin efecto aquellas ordenanzas que comprendían
el sacrificio de animales para la remisión temporal de los pecados,
con sus respectivos rituales lo cual era símbolo de su sacrificio en
la Cruz. Por tal razón, el Apóstol se expresa en su Epístola a los
hebreos diciendo:

[51]*He. 9: 8-10:* [8]*"Dando en esto a entender el Espíritu Santo,*
que aun no estaba descubierto el camino para el santuario, entre
tanto que el primer tabernáculo estuviese en pie. [9]*Lo cual era fi-*
gura de aquel tiempo presente, en el cual se ofrecían presentes y
sacrificios que no podían hacer perfecto, cuanto a la conciencia,
al que servía con ellos; [10]*Consistiendo sólo en* **viandas y en be-**
bidas, *y en diversos lavamientos, y ordenanzas acerca de la carne,*
impuestas hasta el tiempo de la corrección."

Es cierto según [51]Lv. 23: 1-3, que el sábado tradicional correspondiente al séptimo día, aparece relacionado entre las fiestas
solemnes o solemnidades de Jehová, en las cuales se debía hacer
santa convocación con todo el contenido ceremonial consiguiente.

Pero nótese que esta **no** es una festividad que esté simbólicamente relacionada con el sacrificio de nuestro Redentor. Tampoco era una festividad de carácter conmemorativo relacionada absolutamente con el pueblo hebreo, sino en homenaje a la creación del universo. Por lo cual, se asume que su celebración debe ser de carácter permanente en honor a Dios y sus actividades creativas, como lo más grandioso que el ser humano pueda conmemorar. En ellas se encuentra el origen de la vida y de todas las maravillas de su creación divina.

El criterio de los teólogos más conservadores, por ende, es que los sábados referidos por el Apóstol en el pasaje referido a los colosenses son los comprendidos en las festividades judías, descritas en [51]Lv. 23: 23, 24, 39. Estos eran sábados rituales, los cuales podían coincidir con cualquier día de la semana, según se puede apreciar en estas citas y que nada tienen que ver con el reposo del séptimo día, señalado en los Diez Mandamientos. Pues estos últimos **no** están comprendidos en el código espiritual que contiene las festividades judías, así como las leyes rituales y ceremoniales aplicadas a las ofrendas levíticas, sino en el código moral de Dios.

Los cristianos de tendencia conservadora alegan que este pasaje a los colosenses, hace alusión además a comidas y bebidas que nada tienen que ver con la ley de salubridad alimenticia descrita en el capítulo 11 de Levítico, sino con aquellas actividades de carácter festivo y ceremonial señaladas en [51]He. 9: 8-10. Nótese que el versículo 10 **de este** pasaje dice claramente: consistiendo solo en **viandas y en bebidas,** y en diversos lavamientos, y ordenanzas acerca de la carne, impuestas hasta el tiempo de la corrección. Cuyo tiempo fue establecido por el sacrificio de Cristo en la cruz, con el cual quedaron anuladas tales prácticas rituales y ceremoniales. Mientras que el versículo 14 del pasaje a los colosenses dice claramente: ..."Rayendo la cédula de los ritos que nos era contraria"... Si estos pasajes no hicieran esas menciones con tanta claridad, habría que admitir sin lugar a dudas, que el apóstol Pablo se estaba refiriendo tanto al sábado del séptimo día, como a los alimentos cotidianos. Pero lo cierto es que la frase referida, en cada uno de ellos, marca la diferencia. Evidentemente, la ley referente a los animales limpios e inmundos tampoco tiene nada que ver con las leyes rituales, contenidas en el código espiritual, sino con las leyes sanitarias o de salubridad comprendidas en el código social. Este aspecto de la ley al cual se refirió el apóstol Pablo en su declaración a los colosenses, está relacionado con lo que dicen las Escrituras en los siguientes pasajes:

[51]*He. 7: 19: "Porque nada perfeccionó la ley; mas hízolo la introducción de mejor esperanza, por la cual nos acercamos a Dios."*
[51]*Ro. 10: 4: "Porque el fin de la ley es Cristo, para justicia a todo aquel que cree."*

La expresión referida en este pasaje: "el fin de la ley", quiere decir: la finalidad de la ley, del [1]griego τέλος [télos]: fin, final, término, finalidad, tributo. O sea, que la finalidad de esta ley era llevarnos o conducirnos a Cristo. Ya hemos comentado, que estas leyes rituales y ceremoniales eran solo de carácter temporal hasta que se manifestara el Cristo, el Elegido, el Cordero de Dios.

Conclusión: Es evidente que los cambios más resaltantes reflejados en el Nuevo Pacto con relación al Antiguo, consistieron en dos grandes transiciones que se basan en lo siguiente:

1. **Un nuevo orden sacerdotal:** Un sacerdocio inmutable, según el orden de Melchîsedech, asignado a un descendiente de la tribu de Judá, en lugar de la tribu de Leví.

2. **Un cambio necesario en la ley según** [51]**He. 7: 12:**

   a) Un solo sacrificio para siempre, por el pecado, mediante la inmolación del Hijo de Dios en la cruz del Calvario, con el cual hizo perfectos para siempre a los santificados en lugar de muchos sacrificios de animales que no podían hacer perfecto al hombre. Instituyendo así la salvación por gracia, sin necesidad de la observancia de las leyes rituales, ni de sus prácticas relativas.

b) La circuncisión del corazón mediante el despojamiento de los malos pensamientos y sentimientos de pecado, por los efectos de la obra regeneradora del Espíritu Santo, en lugar de la circuncisión física o carnal.

c) La aplicación de los mandamientos divinos escritos en el corazón del hombre, igualmente mediante la obra renovadora del Espíritu Santo, en lugar de leyes de carácter externo, escritas en tablas de piedra.

d) En lugar de la muerte irremisible por la transgresión de ciertos mandamientos, quedó establecido el indulto del trasgresor arrepentido, habiendo muerto el Hijo de Dios en lugar suyo.

Evidentemente, estos cambios eran necesarios en la ley tal como lo declara [51]He. 7: 12. Por lo cual el apóstol Pablo se refirió en ocasiones a la misma, en sentido de descalificación. Según lo hemos podido apreciar en algunos de los pasajes leídos, dando a entender con ello que el aspecto ritual que la caracterizaba no constituía el plan perfecto para el hombre. Por ello fueron necesarios los cambios señalados, preconcebidos por Dios desde la eternidad misma.

No obstante, hay un detalle muy importante que aclarar aquí y es que estos cambios fueron absolutamente predeterminados por Dios y revelados en su Santa Palabra, tal como lo hemos podido comprobar a través de este estudio. Por lo cual, lo único que faltaba era que los dirigentes del judaísmo, establecido por Dios como la religión de prevalencia oficial, hubieran creído en el Nazareno y lo hubieran aceptado como el Mesías prometido, para que hubieran podido entender y aceptar también los cambios que dieron lugar al establecimiento del Nuevo Pacto. De haber ocurrido así, el judaísmo hubiera seguido siendo la religión oficial prevalente bajo un nuevo método litúrgico. Pero debido a que ellos como dirigentes, teniendo el poder y la autoridad sobre la religión no creyeron en el Nazareno, ni lo aceptaron como el Mesías, no pudieron entender ni aceptar tampoco los cambios ocurridos. Y teniendo la máxima autoridad religiosa, desecharon y persiguieron severamente a los que habían creído en el Hijo de Dios. Debido a ello, el judaísmo quedó lógicamente sin efecto como religión oficial. Tal como les dijo Cristo en [51]Mt. 21: 43: "Por tanto os digo, que el Reino de Dios será quitado de vosotros, y será dado a gente que haga los frutos de él." Por lo que todos los deberes y responsabilidades que debieron aceptar ellos, de ministrar el evangelio del Nuevo Pacto a la humanidad, los asumió la Iglesia cristiana. Por lo cual, la misma ha sido reconocida como la religión de prevalencia oficial, establecida por Dios según sus propios designios.

Pero esto no quiere decir, de ninguna manera, que Dios haya desechado a Israel [51](Ro. 11: 1-5). Ellos perdieron el derecho de seguir ejerciendo el sacerdocio, por cuanto el aspecto ritual de la ley quedó sin efecto por ser de carácter temporal hasta que llegara el tiempo determinado para la manifestación del Mesías descendiente de Israel. Su doctrina, sin embargo, está fundamentada en las enseñanzas del judaísmo, y aunque la administración de la misma haya pasado a la responsabilidad de la Iglesia, no quiere decir que lo primero haya sido desechado completamente para establecer una religión totalmente diferente. Excepto los aspectos considerados en este estudio, y algún detalle de carácter ritual que no hayamos tomado en cuenta en nuestro análisis del tema, todo lo demás se mantiene igual. La actitud de aquellos que no lo tomen de esa manera debe ser vista como una violación de los principios establecidos por el Divino Creador. Fuera de lo dicho, lo único que podemos aceptar son las variantes en el nombre y el título dado al Mesías, y a sus seguidores, únicamente por conceptos de traducción y transliteración de los nombres. Y en caso de cualquier duda, la sugerencia dada desde el inicio de este tratado, es recurrir al texto en el idioma original que es la única fuente infalible de la Palabra de Dios. Esto, a pesar de que las versiones en otros idiomas hayan heredado los efectos de la inspiración divina, pero como había dicho antes, solo cuando estas se ajusten fielmente al texto original.

Capítulo 9

Pasos a seguir para ser salvos

CREER EN JESUCRISTO Y ACEPTARLO COMO NUESTRO SALVADOR

Al iniciar el análisis de este relevante tema, el primer concepto que debemos tener en cuenta es que la salvación nos es ofrecida totalmente por gracia. Según la definición del [21]Diccionario de la Lengua Española, la gracia consiste en un don o favor que se hace sin merecimiento particular, concesión gratuita. Mientras que en su aplicación a la fe cristiana se define como favor sobrenatural y gratuito que Dios concede al hombre para ponerlo en el camino de la salvación.

Tal como se puede apreciar en esta definición, así como en el caso de "su misericordia", se dice también que la gracia de Dios es "un don inmerecido". La diferencia consiste, según el concepto de algunos teólogos, en que la misericordia toma al hombre como pecador arrepentido o en estado de penitencia; mientras que la gracia lo toma estando en sus delitos y pecados, bajo la condición de culpable.

Este vocablo es traducido del término [1]griego χάρις [cáris]: gracia, don, benevolencia, amor, gratitud.

Podemos asumir con verdadero acierto, que toda la grandeza de la bondad de Dios y la magnitud de su gran amor y su inmensa misericordia, se convinieron para dar lugar a la manifestación de su gracia divina. Proceder suyo que **no** se llevó a efecto como un simple acto de su bondad, sino bajo el costo del sacrificio, la sangre, el dolor y la muerte de su unigénito Hijo.

Tal como lo expusimos en temas anteriores, nuestra redención era absolutamente necesaria para que pudiéramos quedar libres de la sentencia de condenación eterna, bajo la cual se encontraba toda la humanidad a causa de nuestra condición de pecado. Esto fue posible únicamente, mediante el sacrificio expiatorio del Hijo de Dios, logrado a través de la manifestación gloriosa de la gracia divina, tal como lo confirman los siguientes pasajes de las Escrituras:

[51]*Ro. 5: 21:* *"Para que, de la manera que el pecado reinó para muerte, así también la gracia reine por la justicia para vida eterna por Jesucristo Señor nuestro."*

[51]*Ef. 2: 8, 9:* [8]*"Porque por gracia sois salvos por la fe; y esto no de vosotros, pues es don de Dios:* [9]*No por obras, para que nadie se gloríe".*

[51]*2Tim. 1: 8-10:* ...[8]*"según la virtud de Dios,* [9]*Que nos salvó y llamó con vocación santa, no conforme a nuestras obras, mas según el intento suyo y gracia, la cual nos es dada en Cristo Jesús antes de los tiempos de los siglos,* [10]*Mas ahora es manifestada por la aparición de nuestro Salvador Jesucristo, el cual quitó la muerte, y sacó a la luz la vida y la inmortalidad por el evangelio".*

Según la información que nos ofrecen los dos últimos de estos pasajes, es evidente que la manifestación de la gracia se llevó a efecto sin tener en cuenta nuestras obras, las cuales no interfieren ni aportan ningún mérito ante su inmensurable y poderosa acción. Quiere decir, que la gracia salvadora **no** se puso de manifiesto por las buenas obras que hubiese hecho la humanidad. Todo lo contrario, el pecado y las malas obras de los hombres contribuyeron notablemente a la emisión de este don divino. Sin embargo, es evidente también que los efectos mismos de esta maravillosa virtud, cuando nos acogemos a ella producen en nosotros la práctica de las buenas obras. Al respecto veamos lo que nos dicen los siguientes pasajes de las Escrituras:

[51]*Ef. 2: 4, 5, 8-10:* [4]*"Empero Dios, que es rico en misericordia, por su mucho amor con que nos amó,* [5]*Aun estando nosotros muertos en pecados, nos dio vida juntamente con Cristo; por gracia sois salvos;* [8]*Porque por gracia sois salvos por la fe; y esto no de vosotros, pues es don de Dios:* [9]*No por obras, para que nadie se gloríe.* [10]*Porque somos hechura suya, criados en Cristo Jesús para buenas obras, las cuales Dios preparó para que anduviésemos en ellas."*

En su carta a Tito, el apóstol Pablo le dice, incluyéndose él entre los convertidos, que ellos también eran necios en otro tiempo, rebeldes, extraviados, sirviendo a concupiscencias y deleites diversos, viviendo en malicia y en envidia, aborrecibles, aborreciendo los unos a los otros. Pero enfatiza en su deliberación diciendo: Mas cuando se manifestó la bondad de Dios nuestro Salvador, y su amor para con los hombres, No por obras de justicia que nosotros habíamos hecho, mas por su misericordia nos salvó, por el lavacro de la regeneración, y de la renovación del Espíritu Santo, el cual derramó en nosotros abundantemente por Jesucristo nuestro Salvador, para que, justificados por su gracia, seamos hecho herederos según la esperanza de la vida eterna. Palabra fiel, y estas cosas quiero que afirmes, para que los que creen a Dios procuren gobernarse en buenas obras. Estas cosas son buenas y útiles a los hombres. [51](Tit. 3: 3-8).

Veamos otra delación del apóstol Pablo a Tito, referente a la gracia y las buenas obras:

[51]*Tit. 2: 11-14:* [11]*"Porque la gracia de Dios que trae salvación a todos los hombres, se manifestó,* [12]*Enseñándonos que, renunciando a la impiedad y a los deseos mundanos, vivamos en este siglo templada, y justa, y píamente,* [13]*Esperando aquella esperanza bienaventurada, y la manifestación gloriosa del gran Dios y Salvador nuestro Jesucristo.* [14]*Que se dió a sí mismo por nosotros para redimirnos de toda iniquidad, y limpiar para sí un pueblo propio, celoso de buenas obras".*

Después de las evidencias obtenidas en estos pasajes respecto a la relación de la gracia con las buenas obras, continuaremos con nuestro estudio, tomando en consideración el concepto de la teología. Según el cual, conforme a las declaraciones de las Sagradas Escrituras, el proceso de la salvación incluye varios factores fundamentales, de los cuales estudiaremos en primer orden: la fe, el arrepentimiento y la regeneración, la cual es considerada también como renovación o nuevo nacimiento; mientras que los otros factores son: santificación, justificación y adopción.

Un detalle muy curioso y de mucha validez consiste en que la observancia de los mandamientos de Dios, tiene un vínculo directo y prominente con cada uno de estos factores relacionados con la salvación por gracia. Todo lo cual podremos comprobar en el desarrollo del tema.

Según este concepto, la mayoría de estos efectos se producen regularmente de forma simultánea, aunque algunos como la regeneración y la santificación, aun después de haber realizado su obra en la persona, pueden mantener un carácter de acción continua, dirigiéndola hacia un estado de perfeccionamiento durante toda su vida. No obstante, cuando el individuo logra experimentar la fe requerida, que en este caso se refiere a la fe salvadora, basada en el concepto "creer", el mismo procede al arrepentimiento de sus pecados porque ya los efectos de la regeneración han comenzado a obrar en su corazón y como resultado consecuente de ello se produce la santificación. Todo lo cual indica una serie de acciones entrelazadas, las cuales son el resultado de los efectos de la gracia divina. Lo que nos proporciona claras evidencias además, de que en el proceso de salvación por gracia, intervienen la actividad proveedora de Dios el Padre, el acto de la redención por Jesucristo el Hijo, y la actividad regeneradora del Espíritu Santo.

Otro detalle muy importante de lo cual debemos estar bien convencidos, es que la gracia salvadora se pone de manifiesto en dos fases esenciales. La primera fase está relacionada obviamente, con los efectos de la redención, mientras que la segunda está en perfecta correspondencia con los efectos de la conversión, y ambas se complementan entre sí para que el plan de salvación pueda tener efectividad en los seres humanos.

Según las conclusiones de la teología, la mayoría de estos elementos tienen efectos divinos y humanos, por cuanto la efectividad de cada uno de ellos se logra en primer lugar por la intervención de la gracia divina a través de la obra regeneradora del Espíritu Santo en el corazón del individuo. No obstante, para su complementación se requiere también de la aceptación y la voluntad humana, sin lo cual estos acontecimientos no se pueden llevar a cabo. La justificación y la adopción sin embargo, dependen únicamente de Dios, aunque sus resultados están íntimamente vinculados con los demás factores relacionados.

Factor fe: La fe, como dijimos anteriormente, está basada en el concepto "creer". Tal concepción tiene su fundamento en varios pasajes de las Escrituras del Nuevo Testamento. Como ejemplo de ello veamos lo que nos dice el siguiente:

[51]*Jn. 3: 16, 17, 36:* [16]*"Porque de tal manera amó Dios al mundo, que ha dado a su Hijo unigénito, <u>para que todo aquel que en él cree, no se pierda, mas tenga vida eterna.</u> [17]Porque no envió Dios a su Hijo al mundo para que condene al mundo, mas para que el mundo sea salvo por él. [36]<u>El que cree en el Hijo, tiene vida eterna;</u> mas el que es incrédulo al Hijo, <u>no verá la vida, sino que la ira de Dios está sobre él."</u>*

Evidentemente, este es uno de los factores que mayores implicaciones tiene entre los demás. Es fundamental creer para poder asimilar los demás elementos citados con referencia a la salvación. Veamos ahora el ejemplo del carcelero de Filipos según el siguiente pasaje de las Escrituras:

[51]Hch. 16: 29-33: "Él entonces pidiendo luz, entró dentro, y temblando, derribóse a los pies de Pablo y de Silas; [30]Y sacándolos fuera, les dice: Señores, ¿qué es menester que yo haga para ser salvo? [31]Y ellos dijeron: <u>Cree en el Señor Jesucristo</u>, y serás salvo tú, y tu casa. [32]Y le hablaron la palabra del Señor, y a todos los que estaban en su casa. [33]Y tomándolos en aquella misma hora de la noche, les lavó los azotes; y se bautizó luego él, y todos los suyos."

Según las definiciones dadas en el [1]<u>Diccionario Griego-Español</u> para la expresión creer dice: πιστεύω [pisteúw]: creer, tener fe, confiar. Y según las evidencias que nos proporciona el [16]<u>Nuevo Testamento Griego</u>, los términos usados en los dos últimos pasajes citados, entre otros tantos, para la frase "creer en Jesucristo", son: πιστεύω εἰς *pisteúwn eis+:"creer a", "creer en".

Por lo cual, tener fe o creer en Jesucristo implica dos aspectos fundamentales. Uno está basado en el hecho de dar por cierto todo lo que las Sagradas Escrituras declaran referente a su persona divina. El otro consiste en creerle a Él. Evidentemente, cuando uno cree en una persona, confía y tiene fe en ella, dando por cierto todo lo que esta dice. Así es necesario creer en el Señor Jesucristo. Esto implica creer en sus promesas y en su santa doctrina demostrándolo mediante la práctica de una obediencia incondicional a la misma para que podamos ser salvos, tal como lo declaran las Escrituras en [51]He. 5: 9, donde dice: "Y consumado, vino a ser causa de eterna salud a todos los que le obedecen".

Ahora bien, para creer en la doctrina de Jesucristo es fundamental conocer los componentes básicos de la misma. Pero debido a que en este caso no podemos hacer una exposición completa de tales conceptos, nos limitaremos a citar solo algunos de los ejemplos más sobresalientes relacionados con ella. No obstante, dicha exposición usted la puede encontrar extensivamente representada en el contenido total del capítulo 10 de este tratado.

Veamos ahora algunos de los aspectos más importantes de la doctrina de Jesucristo, en los cuales necesitamos creer:

El que cree en Jesucristo debe dar por cierto lo que Él dijo, según, [51]Jn. 3: 16: "Porque de tal manera amó Dios al mundo, que ha dado a su Hijo unigénito, para que todo aquel que en él cree, no se pierda, mas tenga vida eterna."

El que cree en Jesucristo debe dar por cierto además lo que Él dijo, según [51]Jn. 14: 6: "Yo soy el camino, y la verdad, y la vida: nadie viene al Padre, sino por mí".

El que cree en Él debe dar por cierto también su declaración hecha según [51]Jn. 11: 25, 26: Dícele Jesús: "Yo soy la resurrección y la vida: el que cree en mí, aunque esté muerto, vivirá. Y todo aquel que vive y cree en mí, no morirá eternamente."

El que cree en Jesucristo debe dar por cierto lo que Él dijo, según [51]Mr. 16: 16: "El que creyere y fuere bautizado, será salvo; mas el que no creyere, será condenado."

Igualmente debe creer en lo que le dijo a Nicodemo según [51]Jn. 3: 5: "De cierto, de cierto te digo, que el que no naciere de agua y del Espíritu, no puede entrar en el reino de Dios."

Debe creer además lo que Él dijo, según [51]Jn. 14: 21: "El que tiene mis mandamientos, y los guarda, aquel es el que me ama"…

De igual manera debe creer en lo que le dijo al joven rico, según [51]Mt. 19: 17: …"Y si quieres entrar en la vida, guarda los mandamientos".

Nótese que estas dos últimas referencias constituyen una confirmación acerca del vínculo directo y prominente que tiene la observancia de los mandamientos de Dios con la salvación por gracia. Es un medio a través del cual le demostramos no solo que lo amamos, sino también que realmente hemos creído en lo que Él dijo al respecto.

Asimismo debe creer, sin lugar a dudas, lo que el Señor dijo acerca del camino cristiano según [51]Mateo, 7: 14, 15: "Porque ancha es la puerta y espacioso el camino que lleva a perdición, y muchos son los que entran por ella. Porque estrecha es la puerta, y angosto el camino que lleva a la vida, y pocos son los que la hallan".

Igualmente, debe creer todo lo que Él dijo acerca del **perdón,** según [51]Mt. 6:14, 15, donde dice: "Porque si perdonareis a los hombres sus ofensas, os perdonará también a vosotros vuestro Padre celestial. Mas si no perdonareis a los hombres sus ofensas, tampoco vuestro Padre os perdonará vuestras ofensas".

El que cree en Jesucristo tiene que dar por cierto igualmente todo lo que Él dijo referente a amar al prójimo y otros tantos aspectos comprendidos en su santa doctrina, los cuales se pueden apreciar claramente en la exposición de las Escrituras del Nuevo Testamento, tal como lo veremos en el próximo capítulo. Es necesario creer además, en todas las encomiendas de los apóstoles de la Iglesia, por cuanto ellos fueron los primeros pregoneros de las enseñanzas del Divino Maestro. Y según lo que reflejan sus propias palabras, es evidente que no basta solo creer en su existencia y en su función como Salvador nuestro, sino tomar en cuenta también los pasos a seguir, según sus propias indicaciones, para conducirse debidamente por el camino cristiano, sentirse amparado bajo la gracia divina y mantener plena seguridad de su salvación.

Creer en Jesucristo implica creer que Él es el Hijo de Dios, el Mesías prometido y Redentor de la humanidad. Estar conscientes de que nosotros somos pecadores y que la retribución de nuestros pecados había de ser la condenación eterna, pero su sacrificio y su sangre derramada en la cruz del Calvario nos limpian de todo pecado y nos salvan de la condenación, para darnos vida eterna en gloria.

Creer además, que Él vive y que está sentado a la diestra de Dios, el Padre, intercediendo por nosotros. Creer que así como Él resucitó de los muertos, tiene poder absoluto para resucitarnos a nosotros también y darnos salvación y vida eterna, según sus propias palabras expresadas en [51]Jn. 5: 25, 28, 29.

Concluimos, por lo tanto, con el concepto de que todo lo que el Señor Jesucristo dijo y lo que dicen las Escrituras acerca de Él es necesario creerlo. Asimismo, es preciso hacer todo lo que Él nos ha mandado a realizar a través de su Santa Palabra para mantener una conducta de santidad, apartados de todo pecado. De otra manera **no** habremos creído en Él, ni en sus promesas divinas y la nuestra sería una fe muerta y vendríamos a ser semejantes a los demonios que creen y tiemblan, según [51]Stg. 2: 19.

No basta creer solamente, sino demostrar con nuestros hechos que verdaderamente hemos creído lo que profesamos. Al respecto véase [51]Stg. 2: 14-26.

El arrepentimiento: Este concepto, tomado desde el punto de vista de la teología cristiana, se refiere al hecho de desistir con carácter resuelto y definitivo de la actitud de rebeldía y desobediencia contra Dios, catalogada como pecado, el cual se define a la vez como transgresión de la ley de Dios. Por lo cual, es obvio que el arrepentimiento incluye ineludiblemente la observancia de los mandamientos de Dios, en el sentido más abarcante de la palabra. Todo lo cual evidencia su vínculo directo y prominente con dicho factor, así como en el caso de la fe. Pero tal proceder o sentir del arrepentimiento no se logra en este caso por la fuerza o la imposición, sino como ya hemos dicho, por el obrar maravilloso de Dios en el corazón de la persona, y solo se necesita ser sensible y obediente. Acerca de este tema hicimos un estudio detallado en el capítulo 5, bajo el título: "Dios recibe al penitente", donde citamos los pasajes bíblicos concernientes a la doctrina del arrepentimiento, según [51]Ez. 18: 21-23; 33: 11; Mt. 3: 1, 2, 8, 9; 4: 17; Mr. 1: 14, 15 y Hch. 17: 30, 31. Su lectura debe ser tomada en consideración nuevamente como parte del análisis de este tema. Retomando el tema concluimos, que ya la observancia de los mandamientos divinos no se debe precisamente al hecho de que estos son parte esencial de la ley de Dios, ni tampoco por miedo al castigo, sino como el salmista que se expresó diciendo, según [51]Sal. 119: 97, 103-104: "¡Cuánto amo yo tu ley! Todo el día es ella mi meditación. ¡Cuán dulces son a mi paladar tus palabras! Más que la miel a mi boca. De tus mandamientos he adquirido inteligencia: por tanto he aborrecido todo camino de mentira". Pues los mandamientos de Dios no son el reflejo de un carácter represivo y dictador, sino una maravillosa expresión de su amor divino para proteger nuestros derechos, nuestra felicidad y nuestra vida.

Regeneración o nuevo nacimiento: La mayoría de los teólogos cristianos están de acuerdo en que la regeneración, tratada también como renovación o nuevo nacimiento, tiene su principio o efectos primarios aun antes del bautismo de agua, mediante la obra regeneradora del Espíritu Santo en el corazón de la persona, cuyos efectos son los que abren su corazón y sus sentidos espirituales para creer en el mensaje del evangelio y en Jesucristo como su Salvador.

Este concepto tiene su fundamento en las palabras de nuestro Señor, dirigidas a sus discípulos, según el siguiente pasaje de las Escrituras:

[51]*Jn. 14: 15-17:* [15]*"Si me amáis, guardad mis mandamientos;* [16]*Y yo rogaré al Padre, y os dará otro Consolador, para que esté con vosotros para siempre:* [17]*Al Espíritu de verdad, al cual el mundo no puede recibir, porque no le ve, ni le conoce: Mas vosotros le conocéis; <u>porque está con vosotros,</u> y será en vosotros."*

La expresión referida por nuestro Señor: "Está con vosotros", según la exégesis más conocida alude justamente a esa maravillosa actividad del Espíritu Santo entre las personas que escuchan el mensaje del evangelio, que oran o leen las Sagradas Escrituras, aunque todavía no hayan aceptado a Jesucristo como su Salvador.

Es muy importante entender que cuando los efectos de la renovación tienen lugar en la mente y el corazón del individuo, este cambia su proceder y su comportamiento humano en forma tan radical que si antes robaba, ya no lo hace; si era homicida, deja de serlo; si cometía adulterio, ya no; igualmente, si era mentiroso, calumniador o cualquiera que fuera su mal comportamiento social, su cambio tiene que ser notable porque de otra manera, ¿cuáles serían las evidencias de su renovación? Ahora bien, nótese que cuando la persona deja de robar, matar, adulterar, calumniar y demás, automáticamente está guardando los mandamientos de Dios.

Por lo cual, es evidente que la observancia de los mismos tiene también un vínculo directo y prominente con la regeneración o nuevo nacimiento.

A través de esta maravillosa obra del Espíritu Santo, en nuestras vidas se lleva a efecto el propósito divino relacionado en las Santas Escrituras, según el pasaje siguiente:

[51]*He. 10: 16:* *"Y este es el pacto que haré con ellos Después de aquellos días, dice el Señor: Daré mis leyes en sus corazones, Y en sus almas las escribiré."*

Tomemos en consideración ahora las palabras del Señor Jesús referidas a Nicodemo:

[51]*Jn. 3: 3-6:* [3]*"Respondió Jesús, y díjole: De cierto, de cierto te digo, que el que no naciere otra vez, no puede ver el reino de Dios.* [4]*Dícele Nicodemo: ¿Cómo puede el hombre nacer siendo viejo? ¿puede entrar otra vez en el vientre de su madre, y nacer?* [5]*Respondió Jesús: De cierto, de cierto te digo, que el que no naciere de agua y del Espíritu, no puede entrar en el reino de Dios.* [6]*Lo que es nacido de la carne, carne es; y lo que es nacido del Espíritu, espíritu es."*

Evidentemente, este pasaje se refiere con toda claridad tanto al bautismo de agua, como al bautismo del Espíritu Santo en el creyente, los cuales son considerados como elementos esenciales del nuevo nacimiento. Según los que hemos disfrutado de la gloriosa manifestación del bautismo del Espíritu Santo en nuestras vidas, es bajo los efectos de esa influencia divina cuando se experimenta la culminación y la sublimidad del nuevo nacimiento.

La santificación: El factor santificación lo tomaremos en cuenta más detalladamente en el capítulo 10 bajo el tema titulado "La Santidad". No obstante, en este caso haremos una exposición en forma resumida para una complementación generalizada del tema.

La santidad atribuida al hombre significa separación o apartamiento de la vida común para consagrarse y dedicarse al servicio de Dios. Este concepto se basa en dejar de compartir con la conducta inmoral y depravada de los pecadores para vivir una vida de pureza moral mediante un verdadero sometimiento a los principios de la voluntad de Dios, expresados en sus santos mandamientos. Por lo que la santidad, según lo declaran las Escrituras en [51]Ro. 6: 22, se entiende también como separación o libertad del pecado. Esto indica claramente que la observancia de los mandamientos de Dios tiene un vínculo directo y prominente también con la santidad, como uno de los factores esenciales que intervienen en la salvación por gracia.

De manera que, aunque la salvación es por gracia, si no guardamos los mandamientos de Dios hacemos nula la fe, el arrepentimiento, la renovación y la santificación. Y por lo tanto, los demás elementos relacionados con el proceso de la salvación no pueden tener efectividad en nosotros.

La justificación: La doctrina de la justificación por la fe la expondremos en una forma breve, pero del todo satisfactoria y convincente, de acuerdo al carácter elemental de este tratado.

Según el concepto de la teología cristiana basado en las declaraciones de las Sagradas Escrituras, una vez que la persona ha creído en Jesucristo y lo ha aceptado como su Salvador mediante la fe, poniendo en práctica su arrepentimiento, dando evidencias con ello de una renovación en su corazón, mediante la obra de la regeneración o nuevo nacimiento, al individuo les son perdonados sus pecados por los efectos del sacrificio expiatorio de Jesucristo, convirtiéndose así en justo mediante la justicia de su Salvador, viniendo a ser de esa manera justificado por Dios. Ver [51]2Co. 5: 21.

Como una confirmación de lo dicho, según Gálatas, 3: 6 y 7, Abraham fue justificado por la fe, por cuanto creyó a Dios, lo cual demostró mediante la obediencia a su mandato divino, dando evidencia con ello de que había creído firmemente en sus promesas y en sus facultades como el único Dios verdadero y Todopoderoso. Por eso, según [51]Ro. 4: 9, le fue contada la fe por justicia.

Así también dicen las Escrituras, según [51]Gálatas, 2: 16, que el hombre no es justificado por las obras de la ley, sino por la fe en Jesucristo.

Ahora bien, ¿en qué consistió la fe de Abraham? En que creyó a Dios. De igual manera, la fe que justifica al cristiano, es el hecho de creer en Jesucristo con todas las implicaciones comprendidas en este concepto, especialmente la aceptación y el sometimiento incondicional a su voluntad divina, según lo hemos expuesto en el análisis de este estudio. Tal como lo hizo Abraham, aunque las Escrituras del Antiguo Testamento no lo declaren en forma literal. No obstante, se asume con todo el sentido de la lógica que igual que los creyentes cristianos de hoy día, estuvo fuertemente influenciado también por los efectos de la renovación del Espíritu Santo en su vida. Lo que lo conducía permanentemente a la recuperación de la imagen moral de Dios, con la que fue creado el hombre al principio, para lo cual solo necesitó, así como nosotros, ser sensible y obediente.

Adopción: Como resultado consecuente de todo lo dicho en relación con los demás factores comprendidos en el proceso de la salvación, el creyente pasa a ser automáticamente adoptado por Dios como hijo, según lo declaran las Escrituras en [51]Efesios 1: 5. Según [51]Ga. 4: 5 Dios envió su Hijo para que redimiese a los que estaban debajo de la ley, a fin de que recibiésemos la adopción de hijos. Por lo cual dice su Santa Palabra en [51]2Co. 6: 18: "Y seré a vosotros Padre, Y vosotros me seréis a mí hijos e hijas, dice el Señor Todopoderoso." Es por ello que según [51]Ro. 8: 23, nosotros gemimos dentro de nosotros mismos esperando la adopción. Porque según [51]Ro. 8: 15, hemos recibido el espíritu de adopción, por el cual clamamos, Abba, Padre. Es muy importante tener en cuenta que la adopción nos otorga el derecho de disfrutar de todos los privilegios correspondientes a los hijos de Dios, pero de igual manera nos corresponde cumplir con todos nuestros deberes y responsabilidades como tales.

Evidentemente, esta adopción la recibimos por la fe en Jesucristo, por cuanto hemos creído en sus promesas divinas, por los efectos de la renovación del Espíritu Santo en nuestros corazones. Por lo cual hemos logrado también el arrepentimiento de nuestros pecados y alcanzado además la santificación en nuestras vidas, por ello somos también justificados y finalmente adoptados como hijos de Dios, todo ello por los efectos gloriosos de la gracia divina, mediante la cual somos salvos.

EL BAUTISMO DE AGUA

Después de haber creído en el Señor Jesucristo y haberlo aceptado como nuestro Salvador con plena certeza de fe, haciendo uso práctico del arrepentimiento el paso inmediato a seguir es el bautismo, como lo hizo el carcelero de Filipos y todos los suyos, según el pasaje citado en el tema anterior; pues así lo ordenó el mismo Señor a sus discípulos. Al respecto consideremos el siguiente pasaje de las Escrituras:

[51]*Mr. 16: 14-16:* [14]*"Finalmente se apareció a los once mismos, estando sentados a la mesa, y censuróles su incredulidad y dureza de corazón, que no hubiesen creído a los que le habían visto resucitado.* [15]*Y les dijo: Id por todo el mundo; predicad el evangelio a toda criatura.* [16]*El que **creyere** y fuere bautizado, será salvo; mas **el que no creyere**, será condenado."*

Según datos procedentes de auténticas fuentes históricas, antes de que Juan el Bautista iniciara su ministerio como precursor de Jesucristo y pregonero de su advenimiento, ya el bautismo de agua era practicado por los judíos como un medio de purificación de los pecados, en el proceso de iniciación de los prosélitos al judaísmo. No obstante, en las Sagradas Escrituras es conocido a partir de su aplicación por el Bautista. Consideremos al respecto lo que dice el pasaje siguiente:

[51]*Mr.* **1: 4, 5, 7, 8:** [4]*"Bautizaba Juan en el desierto, y predicaba el bautismo **de arrepentimiento** para remisión de pecados.* [5]*Y salía a él toda la provincia de Judea, y los de Jerusalem; y eran todos bautizados por él en el río de Jordán, confesando sus pecados.* [7]*Y predicaba, diciendo: Viene tras mí el que es más poderoso que yo, al cual no soy digno de desatar encorvado la correa de sus zapatos.* [8]*Yo a la verdad os he bautizado con agua; mas él os bautizará con Espíritu Santo."*

Jesucristo nos dio el ejemplo: El Señor Jesucristo no solo recomendó el bautismo como una regla para los demás sino que Él mismo, siendo el Hijo de Dios, quiso ser bautizado también para darnos ejemplo en todo lo que Él quiere que hagamos. Consideremos lo que dice el siguiente pasaje bíblico:

[51]*Mt.* **3: 13-17:** [13]*"Entonces Jesús vino de Galilea a Juan al Jordán, para ser bautizado de él.* [14]*Mas Juan lo resistía mucho, diciendo: Yo he menester ser bautizado de ti, ¿y tú vienes a mí?* [15]*Empero respondiendo Jesús le dijo: Deja ahora; porque así nos conviene cumplir toda justicia. Entonces le dejó.* [16]*Y Jesús, después que fue bautizado, subió luego del agua; y he aquí los cielos le fueron abiertos, y vió al Espíritu de Dios que descendía como paloma y venía sobre él.* [17]*Y he aquí una voz de los cielos que decía: Este es mi Hijo amado, en el cual tengo contentamiento."*

La Iglesia primitiva cumplió fielmente con esta ordenanza del Señor Jesús, según lo prueba el siguiente pasaje bíblico:

[51]*Hch.* **2: 37, 38:** [37]*"Entonces oído esto, fueron compungidos de corazón, y dijeron a Pedro y a los otros apóstoles: Varones hermanos, ¿qué haremos?* [38]*Y Pedro les dice: Arrepentíos, y bautícese cada uno de vosotros en el nombre de Jesucristo para perdón de los pecados; y recibiréis el don del Espíritu Santo."*

Este pasaje enseña además, que el bautismo debe tomarse bajo la convicción de un genuino arrepentimiento, para obtener de Dios el perdón de los pecados, o sea, para que el mismo pueda tener verdadera efectividad en el individuo, este debe haber logrado con antelación el arrepentimiento de sus pecados.

El bautismo es un acto simbólico: El mismo simboliza muerte al pecado y resurrección a una nueva vida. Al respecto veamos lo que nos dicen los siguientes pasajes bíblicos:

[51]*Ro. 6: 3-6:* [3]*"¿O no sabéis que todos los que somos bautizados en Cristo Jesús, somos bautizados en su muerte?* [4]*Porque somos sepultados juntamente con él a muerte por el bautismo; para que como Cristo resucitó de los muertos por la gloria del Padre, así también nosotros andemos en novedad de vida.* [5]*Porque si fuimos plantados juntamente con él a la semejanza de su muerte, así también lo seremos a la de su resurrección.* [6]*Sabiendo esto, que nuestro viejo hombre juntamente fue crucificado con él, para que el cuerpo del pecado sea deshecho, a fin de que no sirvamos más al pecado."*

[51]*Col. 2: 12:* *"Sepultados juntamente con él en el bautismo, en el cual también resucitasteis con él, por la fe de la operación de Dios que le levantó de los muertos."*

Obviamente, estos pasajes bíblicos podrán ser mejor entendidos por aquellas personas que hayan presenciado literalmente el acto del bautismo por inmersión. El ministro que ejerce esa función, sumerge a la persona en el agua, de tal forma que simboliza claramente que está siendo sepultada. Y al levantarla de las aguas simula que se levanta de la tumba.

Tal como Cristo fue sepultado y resucitó a una nueva vida, así también la persona es sepultada simbólicamente en las aguas del bautismo, donde son dejados todos los pecados pasados con el viejo hombre, para levantarse como una nueva criatura, que comienza una nueva vida en todos los aspectos del orden moral, según las recomendaciones del apóstol Pablo en [51]Ro. 6: 11-13, donde dice:

"Así también vosotros, pensad que de cierto estáis muertos al pecado, mas vivos a Dios en Cristo Jesús Señor nuestro. [12]No reine, pues, el pecado en vuestro cuerpo mortal, para que le obedezcáis en sus concupiscencias; [13]Ni tampoco presentéis vuestros miembros al pecado por instrumento de iniquidad; antes presentaos a Dios como vivos de los muertos, y vuestros miembros a Dios por instrumentos de justicia". [51](*Ro. 6: 11-13*).

Forma bautismal: La definición dada en el [1]Diccionario Griego-Español para la palabra bautizar dice: lavar, bautizar. El verbo lavar, en este caso, se refiere a lavar el cuerpo o bañarlo, en el sentido específico de la purificación. Mientras que el [23]Diccionario Etimológico nos ofrece una mayor aclaración según la siguiente definición: bautizar (v.) c.1300, del francés antiguo batisier (11c.), del latín baptizare, del griego baptizein "sumergir, inmersión en agua."

Esta definición le da un carácter de mayor autenticidad al concepto de que la forma bautismal reconocida bíblicamente, tal como la administrara Juan el Bautista es por inmersión. Al respecto tomemos en consideración lo que nos dicen los siguientes pasajes de las Escrituras:

[51]*Mr. 1: 5:* *"Y salía a él toda la provincia de Judea, y los de Jerusalem; y eran todos bautizados por él **en el río** de Jordán, confesando sus pecados."*
[51]*Mt. 3: 16:* *"Y Jesús, después que fue bautizado, **subió luego del agua**; y he aquí los cielos le fueron abiertos, y vió al Espíritu de Dios que descendía como paloma, y venía sobre él."*

La idea que con mayor claridad nos proporcionan estos pasajes bíblicos es que la forma original del bautismo es por inmersión. La misma consiste en el sumergimiento total de la persona en el agua, de donde es levantada inmediatamente para ser aceptada como un nuevo integrante de la Iglesia de Jesucristo. Estas aguas, según se puede apreciar en los pasajes leídos, eran aguas corrientes del río Jordán o de cualquier otro.

No obstante, la historia del cristianismo arroja a la luz el hecho de que algunos de los dirigentes de la Iglesia en siglos posteriores, debido a las circunstancias, degeneraron en la idea de adoptar otras formas diferentes para el bautismo, como por ejemplo, el bautismo por aspersión, el cual consiste solamente en el rociamiento de agua sobre la persona. Esta forma de bautismo ha llegado a tomar un carácter tan ligero y superficial, que no merece atribuirle relación alguna con la verdadera forma bautismal del principio.

La forma más aceptada entre estas variantes, por diferir muy poco de la original, consiste en un depósito de agua, que en la actualidad pudiera ser una fuente con aguas corrientes o no, donde la persona puede ser bautizada por inmersión, en forma semejante a la primitiva.

EL BAUTISMO DEL ESPÍRITU SANTO

El bautismo del Espíritu Santo constituye un sello en el creyente para el día de la redención. Con este concepto iniciamos la última fase de nuestro estudio referente a la pneumatología, que como ya habíamos dicho, en nuestro caso, consiste en el estudio acerca del Espíritu Santo. Con respecto a la concepción inicial expresada consideremos lo que dicen las Sagradas Escrituras:

[51]*Ef. 4: 30: "Y no contristéis al Espíritu Santo de Dios, con el cual estáis sellados para el día de la redención."*

Aunque he querido iniciar nuestro estudio haciendo referencia a este importante concepto doctrinal, no obstante, los detalles acerca del mismo los tomaremos en consideración al final del tema.

Acerca de este sagrado bautismo las Escrituras dicen lo siguiente:

[51]*Mr. 1: 4, 7, 8: [4]"Bautizaba Juan en el desierto, y predicaba el bautismo del arrepentimiento para remisión de pecados. [7]Y predicaba, diciendo: Viene tras mí el que es más poderoso que yo, al cual no soy digno de desatar encorvado la correa de sus zapatos.*

⁸Yo a la verdad os he bautizado con agua; mas él os bautizará con Espíritu Santo."
⁵¹*Jn. 1: 32, 33:* *³²"Y Juan dio testimonio, diciendo: Vi al Espíritu que descendía del cielo como paloma, y reposó sobre él. ³³Y yo no le conocía; mas el que me envió a bautizar con agua, aquél me dijo: Sobre quien vieres descender el Espíritu, y que reposa sobre él, éste es el que bautiza con Espíritu Santo."*

Jesucristo habló en términos claros y explícitos a sus discípulos acerca de la promesa del Espíritu Santo. Al respecto consideremos los siguientes pasajes de las Escrituras:

⁵¹*Jn. 14: 15-17, 25, 26:* *¹⁵"Si me amáis, guardad mis mandamientos; ¹⁶Y yo rogaré al Padre, y os dará otro Consolador, para que esté con vosotros para siempre: ¹⁷Al Espíritu de verdad, al cual el mundo no puede recibir, porque no le ve, ni le conoce: Mas vosotros le conocéis; porque está con vosotros, y será en vosotros. ²⁵Estas cosas os he hablado estando con vosotros. ²⁶Mas el Consolador, el Espíritu Santo, al cual el Padre enviará en mi nombre, él os enseñará todas las cosas, y os recordará todas las cosas que os he dicho."*

En otra ocasión, según el relato del mismo apóstol en ⁵¹Jn. 15: 26 el Señor Jesús les dijo: Empero cuando viniere el Consolador, el cual yo os enviaré del Padre, el Espíritu de verdad, el cual procede del Padre, él dará testimonio de mí. Y luego les corroboró el mensaje diciendo: Pero cuando viniere aquel Espíritu de verdad, él os guiará a toda verdad; porque no hablará de sí mismo, sino que hablará todo lo que oyere, y os hará saber las cosas que han de venir. Él me glorificará: porque tomará de lo mío, y os lo hará saber. Todo lo que tiene el Padre, mío es: por eso dije que tomará de lo mío, y os lo hará saber. ⁵¹(Jn. 16: 13-15).

Consideremos además, los pasajes siguientes:

[51]*Mt. 10: 19, 20:* [19]*"Mas cuando os entregaren, no os apuréis por cómo o qué hablaréis; porque en aquella hora os será dado qué habéis de hablar.* [20]*Porque no sois vosotros los que habláis, sino el Espíritu de vuestro Padre que habla en vosotros."*

[51]*Hch. 1: 4, 5:* [4]*"Y estando juntos, les mandó que no se fuesen de Jerusalem, sino que esperasen la promesa del Padre, que oísteis, dijo, de mí.* [5]*Porque Juan a la verdad bautizó con agua, mas vosotros seréis bautizados con el Espíritu Santo no muchos días después de estos."*

Jesucristo mismo, después de haber sido bautizado en el agua, recibió también el bautismo del Espíritu Santo. Al respecto consideremos lo que dicen los siguientes pasajes de las Escrituras:

[51]*Mt. 3: 16, 17:* [16]*"Y Jesús, después que fue bautizando, subió luego del agua; y he aquí los cielos le fueron abiertos, y vió al Espíritu de Dios que descendía como paloma, y venía sobre él.* [17]*Y he aquí una voz de los cielos que decía: Este es mi Hijo amado, en el cual tengo contentamiento."*

[51]*Mt. 12: 17, 18:* [17]*"Para que se cumpliese lo que estaba dicho por el profeta Isaías, que dijo:* [18]*He aquí mi siervo, al cual he escogido; Mi amado, en el cual se agrada mi alma: Pondré mi Espíritu sobre él, Y a los gentiles anunciará juicio."*

En otro pasaje de las Escrituras dice también:

"El Espíritu del Señor es sobre mí, Por cuanto me ha ungido para dar buenas nuevas a los pobres: Me ha enviado para sanar a los quebrantados de corazón; Para pregonar a los cautivos libertad, Y a los ciegos vista; Para poner en libertad a los quebrantados: [19]*Para predicar el año agradable del Señor."* [51]*(Lc. 4: 18, 19).*

Quiero advertir a los estudiantes que algunos cristianos, basados en este pasaje que hace referencia al bautismo de Cristo, alegan que toda persona al recibir el bautismo de agua, recibe el Espíritu Santo de manera similar a como lo recibió el Señor. Sabemos que esta idea no tiene fundamento sólido en las Escrituras, por cuanto es evidente que ni los discípulos, ni otros grupos de la Iglesia cristiana lo recibieron en tal forma, sino posteriormente. Consideremos pues lo que dicen las Escrituras en cuanto al cumplimiento de esta promesa en la Iglesia primitiva:

[51]*Hch. 1: 4: "Y estando juntos, les mandó que no se fuesen de Jerusalem, <u>sino que esperasen la promesa del Padre, que oísteis, dijo, de mí.</u>"*

[51]*Hch. 2: 1-4: "Y como se cumplieron los días del Pentecostés, estaban todos unánimes juntos; [2]Y de repente vino un estruendo del cielo como de un viento recio que corría, el cual inchió toda la casa donde estaban sentados; [3]Y se les aparecieron lenguas repartidas, como de fuego, que se asentó sobre cada uno de ellos. [4]<u>Y fueron todos llenos del Espíritu Santo, y comenzaron a hablar en otras lenguas, como el Espíritu les daba que hablasen.</u>"*

Este es un relato, fascínate: Según la descripción del autor del libro, basado [51]Hch. 2: 5-18 seguido al pasaje citado, dice que entonces moraban en Jerusalem judíos, varones religiosos, de todas las naciones bajo el cielo. Y hecho este estruendo, juntóse la multitud; y estaban confusos, porque cada uno les oía hablar en su propia lengua. Y estaban atónitos y maravillados, diciendo: He aquí ¿no son galileos todos estos que hablan? ¿Cómo, pues, les oímos nosotros hablar cada uno en nuestra lengua en que somos nacidos? Partos y medos, y elamitas, y los que habitamos en Mesopotamia, en Judea y en Capadocia, en el Ponto y en Asia. Cretenses y árabes, les oímos hablar en nuestras lenguas las maravillas de Dios. Y estaban todos atónitos y perplejos, diciendo los unos a los otros: ¿Qué quiere decir esto? Mas otros burlándose, decían: Que están llenos de mosto. Entonces Pedro, poniéndose en pie con los once, alzó su voz, y hablóles diciendo: Varones judíos, y todos los que habitáis en Jerusalem, esto os sea notorio, y oíd mis palabras. Porque éstos no están borrachos, como vosotros pensáis, siendo la hora tercia del día; mas esto es lo que fue dicho por el profeta Joel: Y será en los postreros días, dice Dios, derramaré de mi Espíritu sobre toda carne, y vuestros hijos y vuestras hijas profetizarán; y vuestros mancebos verán visiones, y vuestros viejos soñarán sueños: Y de cierto sobre mis siervos y sobre mis siervas en aquellos días, derramaré de mi Espíritu, y profetizarán.

Es muy importante tener en cuenta además de la profecía de Joel citada por el apóstol Pedro, que el bautismo o derramamiento del Espíritu Santo iniciado en la época del Nuevo Testamento fue predicho también por los profetas Isaías y Ezequiel, según [51]Is. 32: 15; 44: 3 y [51]Ez. 39: 29. No obstante, [51]Joel 2: 28, 29 lo describe en términos más explícitos. Pues según lo que reflejan las Escrituras, en la época del Antiguo Testamento, el Espíritu Santo era limitado principalmente a los profetas, ancianos, jueces, reyes y otras personas muy privilegiadas. Sin embargo, en la profecía de Joel se pone de manifiesto la declaración de un derramamiento del Espíritu Santo sobre todo su pueblo, incluyendo aun a los siervos y las siervas. Donde se refleja además una clara imparcialidad con respecto a las edades entre jóvenes y ancianos sobre los cuales se derramaría el Espíritu, ejerciendo en ellos algunas de sus funciones a través de sueños y visiones. Dos medios muy singulares y bien conocidos entre sus manifestaciones a los profetas. Aunque la profecía dice que el Espíritu sería derramado sobre toda carne, es evidente que esto se refiere **no** a toda la humanidad, sino a todos los creyentes, según lo expresado por nuestro Señor Jesucristo en [51]Jn. 14: 17, donde habla acerca del Espíritu Santo diciendo que el mundo no lo puede recibir porque no le ve, ni le conoce. Sin embargo, el contexto del pasaje deja claro el concepto de que su manifestación sería entre los creyentes fieles; y en este caso, para todas las escalas sociales, sin distinción de razas ni de ninguna otra índole, según lo que reflejan las Escrituras del Nuevo Testamento, acerca de esta gloriosa verdad. Continuemos ahora nuestra consideración acerca de lo que dicen las Escrituras con referencia al cumplimiento de esta promesa en la Iglesia primitiva:

[51]*Hch. 10 44, 45:* [44]*"Estando aún hablando Pedro estas palabras, el Espíritu Santo cayó sobre todos los que oían el sermón.* [45]*Y se espantaron los fieles que eran de la circuncisión, que habían venido con Pedro, de que también sobre los Gentiles se derramase el don del Espíritu Santo."*

[51]*Hch. 11: 16: "Entonces me acordé del dicho del Señor, como dijo: Juan ciertamente bautizó en agua; mas vosotros seréis bautizados en Espíritu Santo."*

[51]*Hch. 8: 14-17:* [14]*"Y los apóstoles que estaban en Jerusalem, habiendo oído que Samaria había recibido la palabra de Dios, les enviaron a Pedro y a Juan:* [15]*Los cuales venidos, oraron por ellos, para que recibiesen el Espíritu Santo;* [16]*(Porque aún no había descendido sobre ninguno de ellos, mas solamente eran bautizados en el nombre de Jesús.)* [17]*Entonces les impusieron las manos, y recibieron el Espíritu Santo."*

En otra porción del relato del libro de Los Hechos, dice que entre tanto que Apolos estaba en Corintio, Pablo, andadas las regiones superiores, vino a Éfeso, y hallando ciertos discípulos, díjoles: ¿Habéis recibido el Espíritu Santo después que creísteis? Y ellos le dijeron: Antes ni aun hemos oído si hay Espíritu Santo. Entonces dijo: ¿En qué pues sois bautizados? Y ellos dijeron: En el bautismo de Juan. Y dijo Pablo: Juan bautizó con bautismo de arrepentimiento, diciendo al pueblo que creyesen en el que había de venir después de él, es a saber, en Jesús el Cristo. Y cuando hubieron oído esto, fueron bautizados en el nombre del Señor Jesús. Y habiéndoles impuesto Pablo las manos, vino sobre ellos el Espíritu Santo; y hablaban en lenguas, y profetizaban. [51](Hch. 19: 1-6).

A manera de conclusión de este hermoso detalle, veamos lo que nos dicen las Escrituras en el pasaje siguiente:

[51]*Hch. 13: 52:* *"Y los discípulos estaban llenos de gozo, y del Espíritu Santo."*

Funciones del Espíritu Santo en la vida del creyente: La consideración de las diferentes citas bíblicas en relación con la promesa del Espíritu Santo, conferida por Jesús a sus discípulos, nos permite entender que el Espíritu Santo tiene funciones muy objetivas que cumplir en la vida del creyente que lo ha recibido mediante su santo bautismo.

Según las expresiones del mismo Señor en estos pasajes bíblicos, el Espíritu Santo consuela al creyente, por cuanto Él le llama: **el Consolador.** Otra de sus funciones es enseñar y recordarle al creyente, todo lo que Cristo dijo a sus discípulos, lo cual está escrito en la Santa Biblia para nosotros también.

Él nos guía a toda verdad, quiere decir que el Espíritu Santo no nos engaña ni nos confunde en ningún aspecto de la vida, y principalmente en guiarnos al verdadero Dios y al cumplimiento de su divina voluntad. Por lo cual, tampoco nos induce al fraude ni a la mentira, ni a hacer algo que perjudique a nuestros semejantes o que vaya en contra de los principios morales establecidos por el Divino Creador. Además, el Espíritu Santo nos hace saber todas las cosas que han de venir, como dijo el Señor: "Tomará de lo mío y os lo hará saber." O sea, nos hará saber mediante mensajes proféticos las cosas que Dios quiere comunicarle a su Iglesia. Lo cual se logra mediante revelaciones, sueños, éxtasis y otras manifestaciones del Espíritu, a través de la experiencia personal. Véase [51]Nm. 12: 6; Job. 33: 14, 15; Jl. 2: 28; Mt. 2: 12; Hch. 8: 26; 10: 3; 16: 9; 2Ped. 1: 21.

El Espíritu Santo hablará también por el creyente, cuando este sea llevado ante las autoridades por causa del evangelio de Jesucristo, o sea, será Él quien pondrá en nuestra mente y en nuestra boca la palabra que hemos de hablar en esos momentos. Además de ello, el Espíritu Santo suele **intervenir** en las actividades de los siervos de Dios para orientarlos de acuerdo a la voluntad de Dios. Al respecto consideremos algunos ejemplos según los siguientes pasajes de las Escrituras:

[51]*Hch. 13: 1-4:* [1]*"Había entonces en la iglesia que estaba en Antioquía, profetas y doctores: Bernabé, y Simón el que se llama Niger, y Lucio Sireneo, y Manahén, que había sido criado con Herodes el tetrarca, y Saulo.* [2]*Ministrando pues éstos al Señor, y ayunando, dijo el Espíritu Santo: Apartadme a Bernabé y a Saulo para la obra para la cual los he llamado.* [3]*Entonces habiendo ayunado y orado, y puesto las manos encima de ellos, despidié-ronlos.* [4]*Y ellos, enviados así por el Espíritu Santo, descendieron a Seleucia: y de allí navegaron a Cipro."*

En otra ocasión, el ángel de Señor habló a Felipe, diciendo: Levántate y ve hacia el mediodía, al camino que desciende de Jerusalem a Gaza, el cual es desierto. Entonces él se levantó, y fue: y he aquí un etíope, eunuco, gobernador de Candace, reina de los etíopes, el cual era puesto sobre todos sus tesoros, y había venido a adorar a Jerusalem, se volvía sentado en su carro, y leyendo el profeta Isaías. Y el Espíritu dijo a Felipe: Llégate, y júntate a este carro. Y acudiendo Felipe, le oyó que leía el profeta Isaías, y dijo: Mas ¿entiendes lo que lees? Y él dijo: ¿Y cómo podré, si alguno no me enseñare? Y rogó a Felipe que subiese, y se sentase con él. Entonces Felipe, abriendo su boca, y comenzando desde esta escri-tura, le anunció el evangelio de Jesús. [51](Hch. 8: 26-31, 35).

El Espíritu Santo le habló también a Pedro, consideremos lo que nos dice el pasaje siguiente:

[51]*Hch. 10: 19-21:* [19]*"Y estando Pedro pensando en la visión, le dijo el Espíritu: He aquí, tres hombres te buscan.* [20]*Levántate, pues, y desciende, y no dudes ir con ellos; porque yo los he enviado.* [21]*Entonces Pedro, descendiendo a los hombres que eran enviados por Cornelio, dijo: He aquí, yo soy el que buscáis: ¿cuál es la causa por la que habéis venido?"*

DONES DEL ESPÍRITU SANTO

Otra de las funciones objetivas del Espíritu Santo en el creyente es la de facultarlo con diferentes dones espirituales. Consideremos lo que nos dice el siguiente pasaje de las Escrituras:

[51]*1Co. 12: 1, 4-11:* [1]*"Y acerca de los dones espirituales, no quiero, hermanos, que ignoréis.* [4]*Empero hay repartimiento de dones; <u>mas el mismo Espíritu es.</u>* [5]*Y hay repartimiento de ministerios; <u>mas el mismo Señor es.</u>* [6]*Y hay repartimiento de operaciones; <u>mas el mismo Dios es el que obra todas las cosas en todos.</u>* [7]*Empero a cada uno le es dada <u>manifestación **del Espíritu** para provecho.</u>* [8]*Porque a la verdad, a éste es dada <u>por el Espíritu palabra de sabiduría;</u> a otro, palabra de ciencia <u>según el mismo Espíritu,</u>* [9]*A otro, fe <u>por el mismo Espíritu,</u> a otro, dones de <u>sanidades por el mismo Espíritu;</u>* [10]*A otro, operaciones de milagros, y a otro, profecía, y a otro, discreción de espíritus, y a otro, géneros de lenguas; y a otro, interpretación de lenguas.* [11]*<u>Mas todas estas cosas obra uno y **el mismo Espíritu**, repartiendo particularmente a cada uno como quiere.</u>"*

Según la declaración de este pasaje, el Espíritu Santo reparte estos dones entre los creyentes fieles. La experiencia también nos dice que el cristiano que ha recibido la promesa del Espíritu Santo, aunque no posea alguno de estos dones en particular pudiera ser usado en un determinado momento, con la facultad de cualquiera de ellos. Pero todo parece indicar que el que no haya recibido su santo bautismo, no podrá poseer tampoco ninguno de estos dones.

La función principal del Espíritu Santo en la vida del cristiano, tal como aparece expuesto al inicio de este tema, consiste en sellar al creyente para el día de la redención. Al respecto consideremos nuevamente el pasaje de referencia:

[51]*Ef. 4: 30:* *"<u>Y no contristéis al Espíritu Santo de Dios,</u> con el cual estáis sellados para el día de la redención."*

Evidentemente, la inmunidad que le ofrece este sello al creyente puede ser de carácter permanente o solamente temporal, en dependencia de su propio comportamiento. Ya que el mismo se puede mantener únicamente mediante una vida de santidad, en fiel obediencia a los principios de la voluntad de Dios. Es muy importante tener bien claro el concepto de que el Espíritu Santo no mora con el pecado, pues la santidad implica libertad de pecado, según lo hemos comprobado repetitivamente a través de las Escrituras. Y de acuerdo con este concepto, cuando se le da entrada al pecado, ineludiblemente se anulan los efectos de la santidad, con lo cual se invalida también la función del sello del Espíritu Santo en el individuo. Por eso dice la primera parte del versículo citado: "No contristéis al Espíritu Santo." Al respecto consideremos lo que nos dicen otros pasajes de las Escrituras:

[51]*1Ti. 4: 14:* "*No descuides el don que está en ti, que te es dado por profecía con la imposición de las manos del presbiterio.*"
[51]*1Ts. 5: 19:* "*No apaguéis el Espíritu.*"
[51]*2Ti. 1: 6:* "*Por lo cual te aconsejo que despiertes el **don de Dios, que está en ti por la imposición de mis manos.***"

Mucho pudiera abundar en relación con el cuidado que necesita tener el cristiano, para conservar la bendición de la promesa del Espíritu Santo en su vida, así como sobre las diferentes actividades de este agente divino en la vida de los creyentes. Pero quiero concluir al respecto recordando a los estudiantes que el bautismo del Espíritu Santo en el creyente es considerado como un elemento esencial del nuevo nacimiento.

Capítulo 10

Normas de conducta para el cristiano

Introducción: El contenido de la serie de temas comprendidos en este capítulo sumado al anterior, enfocan un panorama prácticamente completo de los principios y fundamentos de la fe y de la doctrina cristiana, aplicados a una serie de normas de conducta y de reglas morales, establecidas para el comportamiento individual y colectivo de los creyentes en el proceso de la salvación. Este panorama tiene su fundamento en las palabras referidas por el Señor Jesús a sus discípulos, según la siguiente declaración de las Sagradas Escrituras:

[51]*Mr. 16: 15: "Y les dijo: Id por todo el mundo; predicad el evangelio a toda criatura."*
[51]*Mt. 28: 20: "<u>Enseñándoles que guarden todas las cosas que os he mandado</u>: y he aquí, que yo estoy con vosotros todos los días, hasta el fin del mundo. Amén."*

En este caso debo aclarar, que muchos eruditos bíblicos alegan que estos pasajes citados no aparecen en los fragmentos existentes de los manuscritos más antiguos, sin embargo, es innegable que el Señor envió a Pedro según [51]Hch. 10: 19-21, a predicarle a Cornelio y a los suyos. Envió también a Felipe, según [51]Hch. 8: 26-31, 35, a enseñarle del evangelio al eunuco etíope. Y además de otros discípulos que realizaron esta actividad, el apóstol Pablo y Bernabé fueron enviados igualmente por el Espíritu Santo, según [51]Hch. 13: 1-4, a llevar el evangelio a los gentiles. Todo lo cual constituye una clara evidencia de que tal misión formaba parte de los propósitos divinos. Tal como lo declara el apóstol Pablo, según [51]1Ti. 2: 3 y 4 donde dice que Dios nuestro Salvador quiere que todos los hombres sean salvos y que vengan al conocimiento de la verdad. Es por ello que en este capítulo tomaremos en consideración toda esa serie de enseñanzas, ya que las mismas constituyen un importante complemento de los requisitos intimados para la santidad, los cuales tienen su origen en los principios de la voluntad de Dios, expresados por la mayoría de los profetas, confirmado además por el mismo Jesús y por los apóstoles de la Iglesia sucesiva. De manera que una vez que la persona haya creído en Jesucristo y lo haya aceptado como su Salvador habiendo recibido el bautismo de agua y la unción del Espíritu Santo, además de haber sido instruido con el complemento de dichas enseñanzas, pase automáticamente a formar parte de una nueva sociedad. La sociedad de los redimidos por Jesucristo, los cuales han sido iluminados por el glorioso evangelio de salvación. Por lo cual, iniciaremos nuestro estudio respectivo a las normas de conducta para el cristiano, tomando en consideración en primer lugar, el tema de la santidad.

LA SANTIDAD

La santidad es el aspecto de mayor relevancia relacionado con las normas de conducta sugeridas para el cristiano. Ella comprende en sí misma todas las prácticas de obediencia e integridad del creyente fiel y consagrado.

La santidad atribuida al hombre, como habíamos dicho anteriormente, significa separación o apartamiento de la vida común para consagrarse y dedicarse al servicio de Dios. Pero ser santo no significa precisamente una separación literal o física del resto de la sociedad, sino dejar de compartir definitivamente con sus costumbres y comportamientos moralmente corrompidos y sus prácticas depravadas y pecaminosas. Ser santo significa tener un carácter diferente al del hombre ordinario, revelado a través de una vida de pureza moral, mediante un verdadero sometimiento a los principios de la voluntad de Dios expresados en sus santos mandamientos.

Según la declaración de las Escrituras en [51]Ro. 6: 22, la santidad se entiende también como separación o libertad del pecado. Esta forma de conducta obedece claramente a la obra de regeneración del Espíritu Santo en el corazón del individuo, por cuanto la santidad proviene de Dios, quien es infinitamente santo. Pero obviamente, Él no limita esta preciosa virtud a sí mismo, sino que demanda del hombre, hecho a su imagen y semejanza, que viva también una vida de santidad. Exigencia divina que hace con gran especialidad a todos aquellos que Él les ha concedido el privilegio de ser llamados: "sus hijos", sellados con el bautismo de su Espíritu Santo, logrando así el nivel más relevante de la santificación. Cuyo status debemos mantener mediante una apropiada conducta. Pues así como en el caso de la regeneración, también la santificación, aun después de haber realizado su obra en la persona, mantiene un carácter de acción continua, dirigiéndola hacia un estado de perfección durante toda su vida. Todo lo cual indica claramente, que la santidad no es un proceso que llega a su límite en un determinado acontecimiento o período de tiempo, sino que dura toda la vida. Por lo que el Santísimo Creador, nos hace un constante llamado a la búsqueda de la santidad con la que el hombre fue creado al principio, la cual perdió a partir del pecado original. Este llamamiento divino se refleja claramente en el siguiente pasaje de las Escrituras:

[51]*1P. 1: 16:* "*Porque escrito está: Sed santos, porque yo soy santo*".

Veamos además otros pasajes de las Escrituras en los que se hace énfasis en una vida de santidad para los creyentes.

[51]*Lv. 20: 26:* "*Habéis, pues, de serme santos, porque yo Jehová soy santo, y os he apartado de los pueblos, para que seáis míos*".
[51]*Lc. 1: 74, 75:* [74]"*Que sin temor librados de nuestros enemigos, Le serviríamos* [75]*En santidad y en justicia delante de él, todos los días nuestros.*"

[51]Ef. 1: 4: *"Según nos escogió en él antes de la fundación del mundo, para que fuésemos santos y sin mancha delante de él en amor."*
[51]Ef. 5: 3, 4: *[3]"Pero fornicación y toda inmundicia, o avaricia, ni aun se nombre entre vosotros, como conviene a santos; [4]Ni palabras torpes"...*

En su carta a los Colosenses según [51]Col. 1: 21, 22 también el apóstol Pablo hace referencia al maravilloso don de la santidad diciendo: A vosotros también, que erais en otro tiempo extraños y enemigos de ánimo en malas obras, ahora empero os ha reconciliado en el cuerpo de su carne por medio de muerte, para haceros santos, y sin mancha, e irreprensibles delante de él.

De la misma forma, les escribe a todos los que están en Roma, según [51]Ro. 1: 7 donde los trata como amados de Dios, llamados santos. Y les dice: Gracia y paz tengáis de Dios nuestro Padre, y del Señor Jesucristo. Y en [51]Ro. 6: 19 les hace una sabia sugerencia: Humana cosa digo, por la flaqueza de vuestra carne: que como para iniquidad presentasteis vuestros miembros a servir a la inmundicia y a la iniquidad, así ahora para santidad presentéis vuestros miembros a servir a la justicia.

De igual manera, se dirige a Tito según [51]Tit. 2: 13-15 donde le dice que, Adam fue formado el primero, después Eva; y Adam no fue engañado, sino la mujer, siendo seducida, vino a ser envuelta en transgresión: empero se salvará engendrando hijos, si permaneciere en la fe y caridad y santidad, con modestia.

El autor del libro A los Hebreos nos emite también un hermoso mensaje: Seguid la paz con todos, y la santidad, sin la cual nadie verá al Señor. [51](He. 12: 14).

Cada uno de los temas que tomaremos en consideración en el resto de este capítulo constituye un importante complemento de las normas de conducta requeridas para la santidad.

EL REPOSO DEL SÁBADO
¿UN MANDAMIENTO VIGENTE?

Según las evidencias que se pueden apreciar, la mayoría de las Iglesias cristianas han excluido de sus prácticas doctrina les la observancia del cuarto mandamiento contenido en el Decálogo Divino. Las razones de su exclusión, según lo exponen muchos de estos creyentes, se deben simplemente a los siguientes detalles escriturales: El apóstol Pablo lo dio por abolido, según [51]Col. 2: 13, 14, 16. Jesucristo hizo obras significativas en ese día y se declaró Señor del sábado según [51]Mt. 12: 1-13. Manifestó también, con respecto al sábado: Mi Padre hasta ahora obra y yo obro: [51]Jn. 5: 16-18. Dijo además, que el sábado fue hecho por causa del hombre y no el hombre por causa del sábado: [51]Mr. 2: 27.

No obstante, la minoría de los cristianos más conservadores, mantenemos firme nuestra convicción de que dicho mandamiento no ha perdido el efecto de su vigencia para el cristianismo. Lo que nos proponemos demostrar a través de razonables argumentos y consistentes detalles históricos y exegéticos los cuales tomaremos en consideración en el desarrollo de este tema. Para ello he tenido a bien comenzar con una lógica interrogante: ¿será el reposo del sábado un mandamiento realmente vigente para los cristianos?

La cuestión acerca de la vigencia del cuarto mandamiento en el Decálogo de la ley divina ha sido causa de confusión e inseguridad para muchos cristianos, principalmente después del siglo IV de nuestra era.

Es por ello, que habiendo tratado en temas anteriores acerca de la confirmación de la observancia de los mandamientos de Dios en el Nuevo Testamento, he visto la necesidad de realizar un estudio que nos pueda ayudar a comprender mejor en qué consiste tal confusión con respecto a dicho mandamiento.

Lo primero que necesitamos tener en cuenta es que en ninguno de los relatos de la historia del cristianismo, ni de la historia antigua, se ha logrado encontrar algún antecedente que confirme que la

Iglesia cristiana hubiese decidido la anulación de la observancia del sábado o que hubiese hecho dejación definitiva de dicho mandamiento, antes del siglo IV de nuestra era. Pues aunque existen evidencias de que para la mitad del siglo segundo algunas Iglesias de las regiones occidentales del Imperio romano, habían cambiado sus servicios de adoración para el domingo, y que tuvieron además la tendencia de hacer dejación de la observancia del sábado. Esto fue, sin embargo, un hecho de carácter parcial solamente, dirigido por la reacción al surgimiento de fuertes sentimientos antijudíos, por lo cual decidieron distinguirse de ellos.

No obstante, la historia recoge que a partir del siglo IV con la ascensión de Constantino el Grande al trono como emperador de Roma, los cristianos comenzaron una nueva etapa en la historia de su vida religiosa habiendo cesado todas sus persecuciones. Tal fue la acogida que tuvo el cristianismo por parte del Imperio romano en esa época que el mismo Emperador llegó a tomar parte directa y acreditada en los asuntos administrativos de la Iglesia, así como en cuestiones del culto y la adoración.

Esto trajo como consecuencia que siendo Constantino pagano (que adoraba a otros dioses), introdujera en la Iglesia una serie de costumbres que han venido a quedar como una mancha imborrable en la historia del cristianismo. Entre estas herejías admitidas por los líderes de la Iglesia en aquella época están comprendidas la transgresión del primero y segundo mandamientos de Dios, mediante la adoración de ídolos y la confección de imágenes. Herejías estas, que habiendo tenido su inicio en dicha época, fueron cobrando cada vez mayor aceptación entre los líderes eclesiásticos, hasta llegar a ser oficialmente reconocidas como parte de la liturgia de la Iglesia en siglos posteriores.

La historia relata además, que Constantino instituyó el día de reposo de los cristianos. ¿Qué sucede con esto? ¿Por qué el Emperador habría de instituir un día de reposo para los cristianos, si estos tenían su propio día de reposo establecido desde el principio de su formación religiosa? Veamos al respecto los pasajes bíblicos siguientes:

^{51}Lc. 23: 54-56: ^{54}"Y era día de la víspera de la pascua; y estaba para rayar el sábado. ^{55}Y las mujeres que con él habían venido de Galilea, siguieron también, y vieron el sepulcro, y cómo fue puesto su cuerpo. ^{56}Y vueltas, aparejaron drogas aromáticas y ungüentos; y reposaron el sábado, conforme al mandamiento."

^{51}He. 4: 9-11: ^{9}"Por tanto, queda un reposo para el pueblo de Dios. ^{10}Porque el que ha entrado en su reposo, también él ha reposado de sus obras, como Dios de las suyas. ^{11}Procuremos pues de entrar en aquel reposo; que ninguno caiga en semejante ejemplo de desobediencia".

Algunos creyentes alegan, con todo el sentido de la lógica, que el hecho de que los discípulos de Cristo reposaran el sábado, según el caso citado en el primero de estos pasajes, se debe a que todavía ellos se regían por las normas establecidas en la ley judaica, por cuanto aun no estaban bajo la dispensación de la Iglesia cristiana. Sin embargo, el hecho de que ellos lo hayan observado, es también una prueba evidente de que Cristo no les había enseñado en ningún momento que **no** fuera necesario hacerlo.

La expresión referida en el versículo 9 del último de estos pasajes: "queda un reposo para el pueblo de Dios", se traduce literalmente: "Queda un reposo <u>sabático</u>" para el pueblo de Dios. Por lo cual el apóstol Pablo estaba orientando a la Iglesia, para que mantuvieran la observancia de dicho reposo y así ninguno cayera en ejemplo de desobediencia. Véase reposo sabático en apéndice al final del tema.

No obstante, a partir del siglo IV como dijera antes, la situación de la Iglesia comenzó a tomar un curso diferente.

Constantino, a pesar de su gran simpatía por la misma y de la influencia que ejercía sobre ella, no era ni siquiera un legítimo cristiano. Pues la historia del cristianismo relata que él no fue ni siquiera bautizado, sino hasta encontrarse en su lecho de muerte. Su bautismo fue llevado a cabo por el obispo arriano Eusebio de Nicomedia. Hasta entonces fue solo un catecúmeno, o sea, que recibía clases de catequística ^{21}(clases doctrinales a través de la enseñanza memorística y en forma de preguntas y respuestas). Por lo que tanto él, como los demás practicantes paganos que la Iglesia había aceptado en las filas del cristianismo con el arrastre de sus viejas creencias, eran adoradores del sol, cuyo día específico para rendirle culto era el domingo. Esta terminoligía procede del latín "dominicus dies", que significa día del señor. Para ello debemos tener en cuenta que los paganos le llamaban señor, al **dios sol**. Una de las claras evidencias que tenemos de ello, es que en inglés a este día se le llama "Sunday" que significa **día del sol**. Vea **detalles** al final del tema.

Es evidente que el emperador Constantino, debido a su gran simpatía por el cristianismo quería hacer de la Iglesia cristiana el centro de atracción de las demás religiones del Imperio, pero sin que fuera un obstáculo para aquellos paganos que no estaban dispuestos a renunciar a sus antiguos ritos religiosos. Esta es una posible razón por la que este, queriendo mantener además la admiración y el apoyo del paganismo, introdujera en la Iglesia la observancia del domingo, promulgando un edicto en el que mandaba que todos los jueces, los habitantes de la ciudad, mercaderes y artesanos descansasen el venerable día del sol, el domingo. Pero que los labradores atendiesen con plena libertad el cultivo de los campos.

[26]Según los anales, este edicto fue promulgado el 7 de marzo de 321 d. C. También la [12]Enciclopedia Ilustrada de Historia de la Iglesia, por Samuel Vila y Darío A. Santamaría, en su página 61, dice lo siguiente:

"Por esta época ya Constantino había abierto las puertas a los cristianos para ascender a los más altos cargos de la administración: consulado, prefectura de Roma y prefectura de Pretorio. Entonces se estableció el domingo como día obligatorio de reposo en todo el Imperio y los cristianos cambiaron desde el sábado al día siguiente el horario de sus cultos."

Este dictamen, según la descripción de una reconocida escritora de la [29]literatura cristiana, fue asimilado por la Iglesia, la cual proclamó el domingo día de fiesta en honor a la resurrección de Cristo.

En este día se celebraban servicios religiosos, no obstante, era considerado día de recreo y se seguía guardando piadosamente el sábado. De esta manera, según el comentario de su relato, el día del sol fue reverenciado por los paganos y honrado por los cristianos.

No obstante, como dice un [35]gran escritor en su obra, al citar este detalle histórico, el decreto de Constantino fue solo la marca del principio de una larga, aunque intermitente serie de decretos imperiales en defensa del descanso dominical.

Veamos ahora el primero de los decretos de la ley dominical de un concilio cristiano, llevado a efecto aproximadamente 16 años después del veredicto de Constantino en el 321 d. C.

[13]"Los cristianos no judaizarán ni estarán ociosos en el día sábado (en el original: "sabbato"), sino que trabajarán en ese día, pero el día del Señor, especialmente honrarán y siendo cristianos no trabajarán si es posible en ese día. Si se encuentran judaizando serán excomulgados de Cristo."

Evidentemente, según estos dos importantes datos históricos, el gran emperador Constantino I promulgó la primera legislación civil que propició el inicio del cambio del reposo del sábado para el domingo. Mientras que fue la Iglesia misma quien decretó 16 años más tarde, la primera legislación conciliar en el Concilio de Laodicea, con un carácter aún más agresivo y radicalista.

Leamos a continuación, el siguiente dato histórico relacionado con las disposiciones referentes al cambio del sábado para el domingo, por parte de la Iglesia:

[14]"Todos los elementos en absoluto que fueron ordenados para el sábado (bíblico), nosotros lo hemos transferido al día del Señor, siendo más autoritario, más respetado y primero en rango, y más honorable que el sábado judaico."

El siguiente dato histórico dice:

[15]"Aproximadamente en 590 D. C., el Papa Gregorio, en una carta al pueblo Romano, denunció como profetas del Anticristo a aquellos que mantenían que no se debía hacer trabajo en el día séptimo."

Después de esto, continúa diciendo el comentario del relato histórico:

[29]En los siglos siguientes, la persecución a los creyentes del sábado bíblico se intensificó hasta que muy pocos quedaron vivos. Cuando la reforma comenzó, el verdadero sábado era casi desconocido.

Fue así como a medida que transcurrieron los siglos la influencia del paganismo fue cobrando mayor fuerza dentro de la Iglesia y el interés por la observancia del sábado se llegó a extinguir casi del todo, mientras que el domingo iba cobrando un carácter cada vez más sagrado. No obstante, según concluye el [29]comentario acerca de este detalle histórico, siempre ha existido un remanente de cristianos que se han mantenido fieles a la observancia del sábado y a los demás principios de la doctrina, hasta los días actuales.

Nótese que no fue precisamente en el período de la Iglesia del primer siglo, sino hasta mediados del siglo segundo, como dijera anteriormente, cuando la misma comenzó a dirigir de manera parcial sus servicios de adoración hacia el domingo, hasta haber alcanzado un carácter generalizado en el siglo cuarto d. C. Pero no basado en conceptos doctrinales legítimos, sino como una reacción de sus fuertes sentimientos antijudíos y finalmente por el sometimiento a un edicto imperial dirigido por la incontenible pujanza de una enorme influencia pagana.

Tal como es conocido, la religión cristiana tiene su fundamento y procedencia en el judaísmo del cual se deriva. A diferencia de las diversas religiones paganas, esencialmente los adoradores del dios sol, que ofrecían sus servicios religiosos el domingo, la religión judía lo hacía el sábado, por orientación directa de Dios. Por lo cual, la Iglesia cristiana continuó su misma línea en ese día, plenamente consciente de que si la indicación de Dios había sido dirigida a la observancia del sábado, esa debía ser entonces la opción correcta, no la del paganismo, cuyas prácticas son reprobadas y aborrecidas por el Supremo Creador, el Dios de los judíos, pero también de los cristianos. Según datos históricos, en esa misma época, la Iglesia obedeciendo a la influencia del paganismo con el cual se había contaminado, comenzó a admitir la presencia de ídolos en sus templos, con el pretexto de que eran la representación de santos cristianos. Mientras que los evangélicos protestantes nunca han aceptado tal herejía entre sus concepciones doctrinales.

Ahora bien, pregúnteselo usted mismo, ¿No está incluida en la misma categoría la dejación de la observancia del sábado por el domingo? Nótese que en este caso se hace evidente la violación de dos mandamientos del Decálogo Divino, escritos con el dedo de Dios. Si la mayoría de los cristianos protestantes aceptan estos cambios acerca del sábado hechos por la Iglesia en aquella época, ¿por qué no aceptan entonces otros tantos cambios realizados, por los cuales se dio el proceso de la reforma y la separación?

Veamos ahora lo que nos dice el siguiente pasaje bíblico:

"Y a vosotros, estando muertos en pecados y en la incircuncisión de vuestra carne, os vivificó juntamente con él, perdonándoos todos los pecados. [14]Rayendo la cédula de los ritos que nos era contraria, que era contra nosotros, quitándola de en medio y enclavándola en la cruz; [16]Por tanto, nadie os juzgue en comida, o en bebida, o en parte de día de fiesta, o de nueva luna, o de sábados." [51]*(Col. 2: 13, 14, 16).*

En este caso vamos a repetir parte de la explicación expuesta en el capítulo 8 de este tratado, en nuestro estudio acerca de la vigencia de las leyes y mandamientos según el Antiguo y Nuevo Pactos. Como dijera en el tema alusivo, los sábados referidos aquí son los comprendidos en las festividades judías, relacionadas en [51]Lv. 23: 23, 24, 39. Nótese que estos eran sábados rituales que podían coincidir con cualquier día de la semana según se puede apreciar en el pasaje de referencia y que nada tienen que ver con el séptimo día de la semana, señalado en los Diez Mandamientos.

Téngase en cuenta que el versículo 14 de nuestro pasaje dice claramente:

..."Rayendo la cédula de los ritos que nos era contraria"... Si este pasaje no hiciera esa mención con tanta claridad, habría que admitir sin lugar a dudas que el Apóstol se estaba refiriendo al sábado del séptimo día de la semana, pero lo cierto es que la frase referida **marca la diferencia.**

Después de haber realizado nuestro análisis concerniente a este pasaje, procederemos a considerar las demás citas bíblica relacionadas al inicio de este tema, referentes a las actividades del Señor Jesús en el día del sábado, en las cuales se apoyan la mayoría de los creyentes cristianos para afirmar que Cristo abolió este mandamiento divino:

[51]*Mt. 12: 1-8: [1]"En aquel tiempo iba Jesús por los sembrados en sábado; y sus discípulos tenían hambre, y comenzaron a recoger espigas, y a comer. [2]Y viéndolo los Fariseos, le dijeron: He aquí tus discípulos hacen lo que no es lícito hacer en sábado. [3]Y él les dijo: ¿No habéis leído qué hizo David, teniendo él hambre y los que con él estaban: [4]Cómo entró en la casa de Dios, y comió los panes de la proposición, que no le era lícito comer, ni a los que estaban con él, sino a solos los sacerdotes? [5]O ¿no habéis leído en la ley, que los sábados en el templo los sacerdotes profanan el sábado, y son sin culpa? [6]Pues os digo que uno mayor que el templo está aquí. [7]Mas si supieseis qué es: Misericordia quiero y no sacrificio, no condenaríais a los inocentes: [8]Porque Señor es del sábado el Hijo del hombre".*

Mateo continúa el relato, en este capítulo de su libro, según [51]Mt. 12: 10-13 diciendo que, había allí uno que tenía una mano seca: y le preguntaron: ¿Es lícito curar en sábado? por acusarle. Y él les dijo: ¿Qué hombre habrá de vosotros, que tenga una oveja, y si cayere ésta en una fosa en sábado, no le eche mano, y la levante? Pues, ¿cuánto más vale un hombre que una oveja? Así que, lícito es en los sábados **hacer bien**. Entonces dijo a aquel hombre: Extiende tu mano. Y él la extendió, y fue restituida sana como la otra.

Veamos ahora lo que nos dice el apóstol Juan:

[51]*Jn.* **5:** *16-18:* [16]*"Y por esta causa los judíos perseguían a Jesús, y procuraban matarle, **porque hacía estas cosas en sábado.** [17]Y Jesús les respondió: **Mi Padre hasta ahora obra, y yo obro.** [18]Entonces, por tanto, más procuraban los judíos matarle, porque no sólo quebrantaba el sábado, sino que también a su Padre llamaba Dios, haciéndose igual a Dios."*

[51]*Mr.* **2:27:** *"También les dijo: El sábado por causa del hombre es hecho; no el hombre por causa del sábado."*

Veamos además, otros pasajes relacionados con las actividades de Jesucristo en el día del sábado:

[51]*Mr.* **3: 1-5:** [1]*"Y otra vez entró en la sinagoga; y había allí un hombre que tenía una mano seca. [2]Y le asechaban si en sábado le sanaría, para acusarle. [3]Entonces dijo al hombre que tenía la mano seca: Levántate en medio. [4]Y les dice: ¿Es lícito hacer bien en sábado, o hacer mal? ¿salvar la vida, ó quitarla? Mas ellos callaban; [5]Y mirándolos alrededor con enojo, condoliéndose de la ceguedad de su corazón, dice al hombre: Extiende tu mano. Y la extendió, y su mano fue restituída sana."*

El apóstol Juan retoma su lugar nuevamente en la descripción del relato según [51]Jn. 7: 21-23 para decirnos que, Jesús respondiendo les dijo: Una obra hice, y todos os maravilláis. Cierto, Moisés os dio la circuncisión (no porque sea de Moisés, mas de los padres); y en sábado circuncidáis al hombre. Si recibe el hombre la circuncisión en sábado, para que la ley de Moisés no sea quebrantada, ¿os enojáis conmigo porque en sábado hice sano todo un hombre?"

*⁵¹Lc. **13: 10-17:** ¹⁰"Y enseñaba en una sinagoga en sábado. ¹¹Y he aquí una mujer que tenía espíritu de enfermedad dieciocho años, y andaba agobiada, que en ninguna manera se podía enhestar. ¹²Y como Jesús la vió, llamóla, y díjole: Mujer, libre eres de tu enfermedad. ¹³Y puso las manos sobre ella; y luego se enderezó, y glorificaba a Dios. ¹⁴Y respondiendo el príncipe de la sinagoga, enojado de que Jesús hubiese curado en sábado, dijo a la compañía: Seis días hay en que es necesario obrar: en estos, pues, venid y sed curados, y no en día de sábado. ¹⁵Entonces el Señor le respondió, y dijo: Hipócrita, cada uno de vosotros ¿no desata en sábado su buey o su asno del pesebre, y lo lleva a beber? ¹⁶Y a esta hija de Abraham, que he aquí Satanás la había ligado dieciocho años, ¿no convino desatarla de esta ligadura en día de sábado? ¹⁷Y diciendo estas cosas se avergonzaban todos sus adversarios"...*

Lucas prosigue su relato en el siguiente capítulo de su libro, según ⁵¹Lc. 14: 1-6 y nos dice que, entrando en casa de un príncipe de los Fariseos en sábado a comer pan, ellos le acechaban. Y he aquí un hombre hidrópico estaba delante de él. Y respondiendo Jesús, habló a los doctores de la ley y a los Fariseos, diciendo: ¿Es lícito sanar en sábado? Y ellos callaron. Entonces él tomándole, le sanó, y despidióle. Y respondiendo a ellos dijo: ¿El asno ó el buey de cuál de vosotros caerá en algún pozo, y no lo sacará luego en día de sábado? Y no le podían replicar a estas cosas.

Para hacer un análisis concluyente como resultado de la consideración de estas citas bíblicas será necesario tener en cuenta los siguientes aspectos: en primer lugar, quiero poner en conocimiento de los estudiantes que no estén bien relacionados con el estudio de las Sagradas Escrituras que antes del establecimiento de la religión cristiana, era el pueblo judío, quien por designio de Dios administraba la única religión acreditada por Él. Pero ya en aquella época la habían agravado al extremo con las añadiduras de sus propias tradiciones. Estas consistían en una serie de reglas y normas establecidas por los intérpretes de la Ley, acerca de cómo observar los mandamientos y demás preceptos divinos. Todo lo cual había hecho muy rigurosa la observancia de la religión, convirtiéndola así en una carga tan pesada que nadie la podía llevar. Según auténticos detalles históricos, estas regulaciones tuvieron su origen en la época de los jueces, y en el tiempo de Cristo eran conducidas por dos escuelas, una representada por Hilel y la otra por Shamai. Se afirma que para esa fecha existían no menos de tres mil ordenanzas relacionadas con las regulaciones acerca de la observancia de la ley. Mientras que sus dirigentes ni con un dedo la tocaban, según les dijera el mismo Señor. Véase [51]Lc. 11: 46. Fue en aquella época precisamente cuando Dios envió al Cristo para poner todas las cosas en orden, para enderezar el camino recto del Señor que estos habían torcido.

En segundo lugar, se deja ver claramente que a pesar de lo riguroso que estos dirigentes religiosos habían hecho la observancia del santo sábado, no obstante, se admitían algunas salvedades. Una de estas consistía en que en el templo los sacerdotes profanaban el sábado y eran sin culpa. Esto se debía a que en el día del sábado en el templo se mataban animales y se sacrificaban al fuego. Además, se amasaba la flor de harina para hacer tortas, y se asume que se realizarían algunas otras actividades necesarias, mientras que el fuego se mantenía encendido todo el día. Todo esto se hacía por orden divina. Véase [51]Nm. 28: 8-10.

En el día del sábado era admitido también circuncidar a los niños que cumplieran los ocho días de nacidos para obedecer la ley, la cual exigía que todo niño varón fuera circuncidado a esa edad, según [51]Gn. 17: 10-12, 14. De acuerdo a lo señalado por el mismo Jesús, tal como lo reflejamos anteriormente.

Además de esto, según la expresión de Jesús, quien conocía muy bien aquella gente, era admitido sacar la oveja, el asno o el buey del pozo, si alguno de estos se caía en el día del sábado. Es seguro que esta actividad implicaba un trabajo algo riguroso, por cuanto los pozos en Palestina eran probablemente profundos, y había que usar medios trabajosos para sacar la oveja caída, ¡cuánto más, si se trataba de un buey o de un asno! También ellos desataban estos animales domésticos y lo mudaban de lugar o lo llevaban a beber agua en el día del sábado. Según otros escritos judíos como la Mishná, se conoce que ellos realizaban otras actividades en este día, las cuales se consideraban permitidas.

Los sacerdotes judíos, los ancianos, los escribas o doctores de la ley y los Fariseos, figuraban entre las máximas autoridades de la religión judía. Los Fariseos representaban un grupo o partido religioso judío de gran influencia en los tiempos de Cristo, formado por judíos religiosos de alto rango o por simples judíos fieles. Estos se caracterizaban por una estricta observancia de la ley, con un extremado énfasis en la pureza ritual, la observancia del sábado y el pago de los diezmos. Ellos acusaban a Jesús de permitirles a sus discípulos actividades tan sencillas como recoger algunas espigas para comer en el día del sábado. Nótese que no lo hacían con el fin de cargar para sus casas, ni siquiera para llevarlas y comerlas en lo adelante del camino, sino que las comían en el mismo lugar donde las recogían. Las demás acusaciones que se le hacían eran por sanar a personas enfermas mediante la operación del divino milagro. Estas actividades resultaban mucho más sencillas que sacar una oveja, un asno o un buey de un pozo. Mientras que la diferencia de los resultados era de un valor incomparable.

Jesucristo, el Hijo de Dios, la segunda persona de la Trinidad Divina, en unanimidad con el Padre y el Espíritu Santo, había instituido el día del reposo desde el principio de la creación. Por eso se expresó diciendo: "Porque Señor es del sábado el Hijo del hombre" (Jesucristo). ¿Quién mejor que Él entonces, podía saber en cuáles circunstancias, y hasta qué límites era permitido actuar en ese día? Aquellas gentes no entendían estas cosas, pero muchos de nosotros sí las hemos entendido, por su gracia y por su misericordia. Y por lo tanto, juzgamos que el día del reposo, conocido tradicionalmente como el séptimo día de la semana, debe ser observado de la misma manera que lo observó nuestro Señor Jesucristo, y que en él se pueden realizar las mismas actividades que el Señor realizó y las que reconoció permitidas.

El Señor Jesús, según [51]Jn. 5: 17 se expresó diciendo: "Mi Padre hasta ahora obra, y yo obro."

El reflejo transparente que revelan las Escrituras acerca de la vida y actividades de Jesucristo, nos permite entender con toda claridad lo que Él quiso decir cuando refirió estas palabras. No se puede probar que Jesucristo hubiese hecho alguna otra obra en el día del sábado, más que las relacionadas en los pasajes citados, a lo cual se refería en este caso.

No obstante, algunos han traducido esta expresión de nuestro Señor de manera que pueda confundir a los nuevos estudiantes de la Biblia, expresándola de la manera siguiente: "Mi Padre hasta ahora trabaja y yo trabajo".

Bien sabemos que durante el período de su ministerio Jesucristo no trabajaba, sino que realizaba la obra correspondiente a su profesión mesiánica. Y aunque trabajar siempre implica la realización de alguna obra, no siempre el hecho de realizar una obra implica un trabajo y mucho menos al tratarse de las obras milagrosas de nuestro Señor o de la predicación de su glorioso evangelio.

Según la información extraída del [1]Diccionario Griego–Español del Nuevo Testamento y del texto en el idioma original griego, la palabra de la cual se traduce "obra" y "obro", en este pasaje es ἐργάζομαι [ergázomai], que significa: trabajar, obrar, efectuar, hacer, llevar a cabo, ocuparse. Ver evidencias en apéndice al final del tema.

Ahora bien, analizándolo por usted mismo se dará cuenta que de todas estas acciones relacionadas, la menos apropiada para las actividades de Jesucristo en el día del sábado es trabajar. Por lo que tal traducción debe ser considerada, solo como aquella que lleva implícita la idea de la tendencia propia del traductor.

Reiteramos que según la declaración del pasaje de [51]Lc. 23: 54-56, citado al inicio de este tema, los discípulos de Cristo observaron el reposo del sábado, aun después de su muerte, por lo que es evidente que el Señor no les declaró en ningún momento la supuesta invalidez de este mandamiento.

Para concluir con este tema, tomaremos en consideración las palabras de Santiago, según el pasaje siguiente:

[51]*Stg. 2: 10, 11: [10]"Porque cualquiera que hubiere guardado toda la ley, y ofendiere en un punto, es hecho culpado de todos. [11]Porque el que dijo: No cometerás adulterio, también ha dicho: No matarás. Ahora bien, si no hubieres cometido adulterio, pero hubieres matado, ya eres hecho transgresor de la ley."*

Es evidente que el gran siervo de Dios, haciendo referencia a dos de los mandamientos del Decálogo Divino, pone un ejemplo que puede ser aplicable a cualquiera de los Diez Mandamientos. Concluimos, por lo tanto, con la concepción de que el reposo del sábado es un mandamiento **vigente**. Vea testimonio de confirmación por *revelación divina acerca del tema.

APÉNDICE

"REPOSO SABÁTICO"

Con relación al reposo sabático referido en [51]Hebreos, 4: 9, veamos lo que dice este mismo versículo, en el [6]Nuevo Testamento Interlineal Griego-Español, una versión de traducción literal, respaldada con fidedignas notas lingüísticas:

[9]ara   apoleipetai   **sabbatismo**"   tw   law   tou
Por tanto,   queda   un reposo sabático   para   el pueblo   ---

qeou.
de Dios.

Veamos ahora lo que nos dice el ¹Diccionario Griego–Español del Nuevo Testamento:

κατάπαυσις descanso, reposo Hch. 7: 49; Hb 3: 11, 18; 4: 1, 3 (x2), 5, 10, 11.

σαββατισμός reposo (sabático) Hb. 4: 9.

TEXTO GRIEGO

⁽¹⁶⁾⁹ ἄρα ἀπολείπεται **σαββατισμὸς** τῷ λαῷ τοῦ θεοῦ.

Mi Padre hasta ahora obra, y yo obro: Antigua Versión Reina-Valera, revisión 1909:

⁵¹*Jn. 5: 17:* "Y Jesús les respondió: Mi Padre hasta ahora obra, y yo obro."

Mi Padre hasta ahora trabaja, y yo trabajo: Versión Reina-Valera, revisión 1995:

Jn. 5: 17: "Jesús les respondió: —Mi Padre hasta ahora trabaja, y yo trabajo."(R-V. 95)

Leamos ahora lo que nos dice el ¹Diccionario Griego–Español del Nuevo Testamento:

ἐργάζομαι trabajar, obrar, efectuar, hacer, llevar a cabo, ocuparse Mt. 7: 23; 21: 28; 25: 16; 26: 10; Mc. 14: 6; Lc. 13: 14; Jn. 3: 21; 5: 17 (x2); 6: 27, 28, 30; 9: 4 (x2) Hch. 10: 35; 13: 41; 18: 3; Ro. 2: 10; 4: 4, 5; 13: 10; 1Co. 4: 12; 9: 6, 13; 16: 10; 2Co. 7: 10. ...

TEXTO GRIEGO

⁽¹⁶⁾¹⁷ Ο δὲ [ʾΙησοῦς¼ ἀπεκρίνατο αὐτοῖς· ὁ πατήρ μου ἕως ἄρτι **ἐργάζεται** καγὼ **ἐργάζομαι**.

Téngase en cuenta cuántas acciones se pueden traducir de la palabra ἐργάζομαι [ergázomai], y cuál de esas acciones se hace más apropiada a las actividades de Jesucristo en sábado. Lo cual nos permitirá darnos cuenta de la tendencia de los traductores modernos a reflejar en las versiones sus propias ideas, o las que por alguna razón sean de la preferencia de la mayoría.

Detalles: Conozca auténticos detalles históricos acerca del origen pagano del *dios sol, sus leyendas y rituales religiosos.

DEJAR LAS OBRAS DE LA CARNE Y BUSCAR LOS FRUTOS DEL ESPÍRITU

Para que se pueda comprender mejor el objetivo de este importante tema, será necesario tomar en consideración las palabras del apóstol Pablo, según el siguiente pasaje de las Escrituras:

[51]*2Co. 5: 17: "De modo que si alguno está en Cristo, nueva criatura es: las cosas viejas pasaron; he aquí todas son hechas nuevas."*

Partiendo de este concepto, tendremos en cuenta que las obras de la carne son conforme a la vieja criatura (el hombre pecador); sin embargo, los frutos del Espíritu son afines con la nueva criatura en Cristo Jesús.

En cuanto a las obras de la carne y los frutos del Espíritu consideremos lo que nos dicen los siguientes pasajes de las Sagradas Escrituras:

[51]*Ga. 5: 16, 19-26: "Digo pues: Andad en el Espíritu, y no satisfagáis la concupiscencia de la carne.* [19]*"Y manifiestas son las obras de la carne, que son: adulterio, fornicación, inmundicia, disolución,* [20]*Idolatría, hechicerías, enemistades, pleitos, celos, iras,*

contiendas, disensiones, herejías, [21]Envidias, homicidios, borra-
cheras, banqueteos y cosas semejantes a éstas: de las cuales os
denuncio, como ya os he anunciado, que los que hacen tales cosas
no heredarán el reino de Dios. [22]Mas el fruto del Espíritu es: cari-
dad, gozo, paz, tolerancia, benignidad, bondad, fe, [23]Mansedum-
bre, templanza: contra tales cosas no hay ley. [24]Porque los que
son de Cristo, han crucificado la carne con los afectos y con-
cupiscencias. [25]Si vivimos en el Espíritu, andemos también en el
Espíritu. [26]No seamos codiciosos de vana gloria, irritando los unos
a los otros, envidiándose los unos a los otros."

Reflexionemos con las recomendaciones del apóstol Pablo en
otras de sus epístolas, referente a las obras de la carne y los frutos
del Espíritu. A la Iglesia de los romanos les dice según [51]Ro. 8: 1,
7, 12, 13 que, ahora ninguna condenación hay para los que están en
Cristo Jesús, los que no andan conforme a la carne, mas conforme
al espíritu. Por cuanto la intención de la carne es enemistad contra
Dios; porque no se sujeta a la ley de Dios, ni tampoco puede. Así
que, hermanos, deudores somos, dice el Apóstol, no a la carne,
para que vivamos conforme a la carne: Porque si viviereis conforme a la carne, moriréis; mas si por el espíritu mortificáis las obras
de la carne, viviréis.

De igual manera, se dirige a los creyentes de la Iglesia en Éfeso
según [51]Ef. 5: 9, 10 para decirles que, el fruto del Espíritu es en toda
bondad, y justicia, y verdad; probando lo que es agradable al Señor.

Creo de vital importancia señalar que la mayoría de las obras de
la carne relacionadas en estos pasajes, han sido y continuarán
siendo objeto de nuestra observación a través de varios de los
temas presentados en este tratado. Por lo cual quiero hacer énfasis,
en esta ocasión, acerca de algunas de estas obras referidas, como
son: las enemistades, los pleitos, las iras, las contiendas y las
dicensiones. Cuando estas obras de la carne se exteriorizan en
cualquier persona, destruyen completamente los buenos efectos

de su conducta y opacan los sanos principios de su reputación, trayéndole por consecuencia serios problemas y resultados muy negativos. De hecho algunos cristianos tenemos serias dificultades en la observancia de esta norma de conducta. Pues aunque no seamos capaces de causarle daño, ni de ofender intencionalmente a ninguno de nuestros semejantes, sin embargo, cuando se violan nuestros derechos o se nos causa perjuicios u ofensas deliberadas, por lo general reaccionamos con una actitud tan defensiva, que algunos solemos convertirnos en agraviantes a un nivel de mayor severidad que aquellos que nos ofendieron. Pero esta lamentable actitud, además de afectar nuestras relaciones con Dios, destruye también en nosotros la imagen de todos los buenos principios que nos enseña la Doctrina Cristiana.

Debido a tales razones, el cristiano debe evitar por todos los medios posibles las manifestaciones de estas obras de la carne y seguir las sugerencias de nuestro Señor Jesucristo, el cual nos ha dejado instrucciones precisas al respecto, según la declaración del siguiente pasaje bíblico:

[51]*Mt. 5: 38-41:* [38]*"Oísteis que fue dicho a los antiguos: Ojo por ojo, y diente por diente.* [39]*Mas yo os digo: No resistáis al mal; antes a cualquiera que te hiriere en tu mejilla diestra, vuélvele también la otra;* [40]*Y al que quisiere ponerte a pleito y tomarte tu ropa, déjale también la capa;* [41]*Y a cualquiera que te cargare por una milla, ve con él dos."*

En el libro de Proverbios encontramos también un sabio consejo que corrobora esta recomendación dada por el Señor, para ayudarnos a evitar los pleitos y las contiendas. Al respecto veamos lo que dicen las Sagradas Escrituras:

[51]*Pr. 15: 1: "La blanda respuesta **quita la ira**: Mas la palabra áspera hace subir el furor."*

El apóstol Pablo nos hace también la siguiente recomendación:

[51]*Ef. 4: 31:* *"Toda amargura, y enojo, e ira, y voces, y maledicencia sea quitada de vosotros, y **toda malicia**."*

La forma más eficiente que el cristiano pueda encontrar para hacerle resistencia a estas obras o manifestaciones de la carne será buscando el auxilio de Dios mediante el ayuno y la oración, para que pueda ser bendecido con los frutos del Espíritu, especialmente el de la mansedumbre, conforme a la recomendación de nuestro Señor Jesucristo en el siguiente pasaje de las Escrituras:

[51]*Mt. 11: 29:* *"Llevad mi yugo sobre vosotros, y aprended de mí, que soy manso y humilde de corazón; y **hallaréis descanso para vuestras almas**."*

Debido a que el tema considerado así lo amerita, quiero hacer énfasis en que la práctica del ayuno y la oración, ofrecidos a Dios en forma sincera y genuina, son dos de las actitudes que con mayor efectividad le permiten al ser humano obtener el auxilio divino, en cualquier circunstancia. La enseñanza acerca de la oración la estudiamos detalladamente en el capítulo 1 de este tratado. Por lo que solo me resta decir que el ayuno puesto en práctica junto con la oración, ha sido el arma más poderosa usada por muchos personajes de la historia bíblica, que lograron el éxito en medio de grandes conflictos, y la victoria del bien sobre el mal en circunstancias muy difíciles. Como ejemplo de ellos vamos los siguientes relatos:

Moisés: [51]*Dt. 9: 9, 10:* [9]*"Cuando yo subí al monte para recibir las tablas de piedra, las tablas del pacto que Jehová hizo con vosotros, estuve entonces en el monte cuarenta días y cuarenta noches, sin comer pan ni beber agua. [10]Y dióme Jehová las dos tablas de piedra escritas con el dedo de Dios"...*

Acab: [51]*1Ry. 21: 27-29:* [27]*"Y acaeció cuando Achâb oyó estas palabras, que rasgó sus vestidos, y puso saco sobre su carne, y ayunó, y durmió en saco, y anduvo humillado.* [28]*Entonces fué palabra de Jehová a Elías Thisbita, diciendo:* [29]*¿No has visto como Achâb se ha humillado delante de mí? Pues por cuanto se ha humillado delante de mí, no traeré el mal en sus días: en los días de su hijo traeré el mal sobre su casa."*

El rey Josafat: Consideremos ahora el caso del este rey según el relato de [51]2Cro. 20: 2-6, 14-17 cuando los mensajeros acudieron, y le dieron aviso diciendo: Contra ti viene una grande multitud de la otra parte de la mar, y de la Siria; y he aquí ellos están en Hasasóntamar, que es Engedi. Entonces él tuvo temor, y puso Josaphat su rostro para consultar a Jehová, e hizo pregonar ayuno a todo Judá. Y juntáronse los de Judá para pedir socorro á Jehová: y también de todas las ciudades de Judá vinieron a pedir a Jehová. Púsose entonces Josaphat en pie en la reunión de Judá y de Jerusalem, en la casa de Jehová, delante del atrio nuevo dijo: Jehová Dios de nuestros padres, ¿no eres tú Dios en los cielos, y te enseñoreas en todos los reinos de las Gentes? ¿no está en tu mano tal fuerza y potencia, que no hay quien te resista? Y estaba allí Jahaziel hijo de Zachârías, hijo de Benaías, hijo de Jeiel, hijo de Mathanías, Levita de los hijos de Asaph, sobre el cual vino el espíritu de Jehová en medio de la reunión; y dijo: Oid, Judá todo, y vosotros moradores de Jerusalem, y tú, rey Josaphat. Jehová os dice así: No temáis ni os amedrentéis delante de esta tan grande multitud; porque no es vuestra la guerra, sino de Dios. Mañana descenderéis contra ellos: he aquí que ellos subirán por la cuesta de Sis, y los hallaréis junto al arroyo, antes del desierto de Jeruel. No habrá para qué vosotros peleéis en este caso: paraos, estad quedos, y ved la salud de Jehová con vosotros. Oh Judá y Jerusalem, no temáis ni desmayéis; salid mañana contra ellos, que Jehová será con vosotros.

La reina Ester: Esta heroína del pueblo de Dios en la diáspora, al recibir noticias del mal que le querían hacer a su pueblo Israel, según el relato descrito en [51]Est. 4: 15-17 dijo a los mensajeros que respondiesen a Mardochêo: Ve, y junta a todos los Judíos que se hallan en Susán, y ayunad por mí, y no comáis ni bebáis en tres días, noche ni día: yo también con mis doncellas ayunaré igualmente, y así entraré al rey, aunque no sea conforme a la ley; y si perezco, que perezca. Entonces se fue Mardochêo, e hizo conforme a todo lo que le mandó Esther. Según la sucesión del relato descrito en [51]Est. 5: 1-3 aconteció que al tercer día se vistió Esther su vestido real, y púsose en el patio de adentro de la casa del rey, enfrente del aposento del rey: y estaba el rey sentado en su solio regio en el aposento real, enfrente de la puerta del aposento. Y fue que, como vio a la reina Esther que estaba en el patio, ella obtuvo gracia en sus ojos; y el rey extendió a Esther el cetro de oro que tenía en la mano. Entonces se llegó Esther, y tocó la punta del cetro. Y dijo el rey: ¿Qué tienes, reina Esther? ¿y cuál es tu petición? Hasta la mitad del reino, se te dará.

El lector apasionado por la Palabra de Dios, podrá deleitarse en gran manera con la lectura de la narración de este libro en sus cinco capítulos restantes, donde culmina con los resultados del éxito otorgado por el Dios de Israel, de manera brillante y satisfactoria a esta reina hija de su pueblo. Éxito que ha quedado en los registros de la historia secular con tintes de gloria, de fe y de heroísmo, logado mediante la práctica del ayuno y la oración.

Los habitantes de Nínive: *[51]Jn. 3: 4-10: [4]"Y comenzó Jonás a entrar por la ciudad, camino de un día, y pregonaba diciendo: De aquí a cuarenta días Nínive será destruida. [5]Y los hombres de Nínive creyeron a Dios, y pregonaron ayuno, y vistiéronse de sacos desde el mayor de ellos hasta el menor de ellos. [6]Y llegó el negocio hasta el rey de Nínive, y levantóse de su silla, y echó de sí su vestido, y cubrióse de saco, y se sentó sobre ceniza. [7]E hizo pregonar y anunciar en Nínive, por mandado del rey y de sus grandes, diciendo: Hombres y animales, bueyes y ovejas, no gusten cosa* *alguna, no se les dé alimento, ni beban agua:* *⁸Y que se cubran de saco los hombres y los animales, y clamen a Dios fuertemente: y conviértase cada uno de su mal camino, de la rapiña que está en sus manos. ⁹¿Quién sabe si se volverá y arrepentirá Dios, y se apartará del furor de su ira, y no pereceremos? ¹⁰Y vió Dios lo que hicieron, que se convirtieron de su mal camino: y arrepintióse del mal que había dicho les había de hacer, y no lo hizo."*

Jesucristo: ⁵¹***Lc. 4: 1-4:*** *¹"Y JESÚS, lleno del Espíritu Santo, volvió del Jordán, y fué llevado por el Espíritu al desierto. ²Por cuarenta días, y era tentado del diablo. Y no comió cosa en aquellos días: los cuales pasados, tuvo hambre. ³Entonces el diablo le dijo: Si eres Hijo de Dios, di a esta piedra que se haga pan. ⁴Y Jesús respondiéndole, dijo: Escrito está: Que no con pan solo vivirá el hombre, mas con toda palabra de Dios."*

⁵¹***Mr. 9: 29:*** *"Y les dijo: Este género con nada puede salir, sino con oración y ayuno."*

Cornelio: ⁵¹***Hch. 10: 30, 31:*** *³⁰"Entonces Cornelio dijo: Cuatro días ha que a esta hora yo estaba ayuno; y a la hora de nona estando orando en mi casa, he aquí, un varón se puso delante de mí en vestido resplandeciente. ³¹Y dijo: Cornelio, tu oración es oída, y tus limosnas han venido en memoria en la presencia de Dios."*

RECOMENDADO EL AMOR FRATERNAL

La expresión bíblica más generalizada en relación con el amor fraternal la encontramos en las palabras del Señor Jesús, quien después de haberse referido al primero y grande mandamiento relacionado con el amor a Dios expresó:

*"Este es el primero y grande mandamiento. ³⁹Y el segundo es semejante a éste: Amarás a tu prójimo **como a ti mismo**. ⁴⁰De estos dos mandamientos depende toda la ley y los profetas."* ⁵¹***(Mt. 22: 38-40).***

El apóstol Pablo confirma esta idea del amor al prójimo, según el pasaje siguiente:

[51]*Ro. 13: 8-10:* [8]*"No debáis a nadie nada, <u>sino amaros unos a otros</u>; porque el que ama al prójimo, cumplió la ley.* [9]*Porque: No adulterarás; no matarás; no hurtarás; no dirás falso testimonio; no codiciarás: y si hay algún otro mandamiento, en esta sentencia se comprende sumariamente: <u>Amarás a tu prójimo como a ti mismo</u>.* [10]*La caridad no hace mal al prójimo: <u>así que, el cumplimiento de la ley es **la caridad**</u>."*

De acuerdo con este pasaje bíblico, el que ama a su prójimo no mata, no comete adulterio, no hurta, no levanta falso testimonio ni codicia los bienes ajenos; además, debe honrar a sus padres, ya que este es el primer mandamiento relacionado con el amor fraternal.

De esta manera, puede comprenderse mejor la idea expuesta en capítulos anteriores, acerca de cómo es posible amar a nuestro prójimo o semejante como a sí mismo al no hacerles el mal que no queremos para nosotros y tratarlos como quisiéramos que se nos trate. Esto implica varios factores esenciales: que se respeten nuestros derechos, nos atiendan, consideren, valoren y nos traten bien. Este es el verdadero concepto la "regla de oro" sugerida por Cristo según [51]Mt. 7: 12:

Nuestro Señor manifestó:

[51]*Jn. 3: 16: "Porque de tal manera <u>amó</u> Dios al mundo, que ha dado a su Hijo unigénito, para que todo aquel que en él cree, no se pierda, mas tenga vida eterna."*

Es por ello, que habiéndonos amado Dios de tal manera, Él quiere que nosotros también amemos a nuestro prójimo, reflejando así su amor en nuestros corazones. Dios quiere que nosotros nos dejemos usar como instrumentos de su amor para socorrer al necesitado, darle pan al hambriento y consolar al afligido, haciéndolo partícipe también del mensaje de salvación y vida eterna.

Dando así muestras de agradecimiento por la gloriosa manifestación del amor de Dios en nuestras vidas. Por lo cual el Señor dijo a sus discípulos: "De gracia recibisteis, dad de gracia." [51] (Mt. 10: 8). Por tal razón les dijo también:

"Un mandamiento nuevo os doy: Que os améis unos a otros: como os he amado, que también os améis los unos a los otros. [35]En esto conocerán todos que sois mis discípulos, si tuviereis amor los unos con los otros." [51]*(Jn. 13: 34, 35).*

El galardón glorioso y eterno dado por el Señor a aquellos que hicieron obras de amor y compasión, reflejado en [51]Mt. 25: 34-40, según vimos en el tema del juicio final, así como el castigo para aquellos que se mostraron indolentes al dolor y la necesidad de sus prójimos, según los versículos 41-45 del contexto, constituye una relevante evidencia de las exigencias de Dios en relación con el amor fraternal.

Según la parábola del buen samaritano, referida por Jesús en [51]Lc. 10: 30-37, sabemos que nuestro prójimo es aquel que nos hace el bien, sin embargo, Él le dio un sentido de carácter general a este mandamiento al hacer la advertencia siguiente:

[51]*Mt. 5: 43, 44:* [43]*"Oísteis que fue dicho: Amarás a tu prójimo, y aborrecerás a tu enemigo. [44]Mas yo os digo: Amad a vuestros enemigos, bendecid a los que os maldicen, haced bien a los que os aborrecen, y orad por los que os ultrajan y os persiguen."*

Donde existe el verdadero amor fraternal no puede haber odio, rencor, ni sentimientos de venganza, sino un amor incondicional como el de Jesucristo. Al respecto consideremos lo que dicen las Escrituras:

[51]*1Jn. 2: 9-11:* [9]*"El que dice que está en luz, y aborrece a su hermano, el tal aun está en tinieblas todavía. [10]El que ama a su hermano, está en luz, y no hay tropiezo en él. [11]Mas el que aborrece*

a su hermano, está en tinieblas, y anda en tinieblas, y no sabe a donde va; porque las tinieblas le han cegado los ojos."

[51]*1Jn. 3: 14-16:* [14]*"Nosotros sabemos que hemos pasado de muerte a vida, en que amamos a los hermanos. El que no ama a su hermano, está en muerte.* [15]*Cualquiera que aborrece a su hermano, es homicida; y sabéis que ningún homicida tiene vida eterna permaneciente en sí.* [16]*En esto hemos conocido el amor, porque él puso su vida por nosotros: también nosotros debemos poner nuestras vidas por los hermanos."*

Razonemos ahora sobre el siguiente tema relacionado con el amor fraternal, según la cita bíblica siguiente:

[51]*1Co. 13: 13: "Y ahora permanecen la fe, la esperanza, y la caridad, estas tres: empero la mayor de ellas es **la caridad**."*

En esta porción de las Escrituras nos encontramos con el uso de un nuevo término (caridad), para aludir al amor fraternal. [21]El Diccionario de la Lengua Española dice que la caridad en la religión cristiana es una de las tres virtudes teologales. Consiste en amar a Dios sobre todas las cosas y al prójimo como a nosotros mismos. Partiendo de esta definición tomaremos en consideración algunas características del amor (la caridad), según las declaraciones de los pasajes siguientes:

[51]*1Co. 13: 4-8:* [4]*"La caridad es sufrida, es benigna; la caridad no tiene envidia, la caridad no hace sinrazón, no se ensancha;* [5]*No es injuriosa, no busca lo suyo, no se irrita, no piensa el mal;* [6]*No se huelga de la injusticia, mas se huelga de la verdad;* [7]*Todo lo sufre, todo lo cree, todo lo espera, todo lo soporta.* [8]*La caridad nunca deja de ser"...*

[51]*1Co. 13: 1-3:* [1]*"Si yo hablase lenguas humanas y angélicas, y no tengo caridad, vengo a ser como metal que resuena, o símbolo que retiñe.* [2]*Y si tuviese profecía, y entendiese todos los misterios y*

toda ciencia; y si tuviese toda la fe, de tal manera que traspasase los montes, y <u>no tengo caridad, nada soy</u>. [3]*Y si repartiese toda mi hacienda para dar de comer a pobres, y si entregase mi cuerpo para ser quemado, <u>y no tengo caridad, **de nada me sirve**</u>."*

Teniendo en cuenta el carácter fundamental del amor para la vida del cristiano, consideremos la recomendación del apóstol Pablo, según los pasajes bíblicos siguientes:

[51]*Col. 3: 14: "Y sobre todas estas cosas <u>vestíos de caridad</u>, la cual es <u>el vínculo de **la perfección**</u>."*
[51]*Ro. 13: 10: "La caridad no hace mal al prójimo: así que, el cumplimiento de la ley <u>es la caridad</u>."*

La caridad es el primero de los frutos del Espíritu, según lo declaran las Sagradas Escrituras en el siguiente pasaje:

[51]*Ga. 5: 22, 23:* [22]*"Mas el fruto del Espíritu es: <u>caridad</u>, gozo, paz, tolerancia, benignidad, bondad, fe,* [23]*Mansedumbre, templanza: <u>contra tales cosas no hay ley</u>."*

Veamos algunas definiciones de la palabra amor, según el [1]<u>Diccionario Griego–Español del Nuevo Testamento</u>:

φιλαδελφία [filadelfía]: amor fraterno Ro. 12: 10; 1Ts. 4: 9; Hb. 13: 1; 1Pe. 1: 22; 2Pe. 1: 7(x2).

φιλανθρωπία [filantrwpía]: amor por la humanidad, cordialidad Hch. 28: 2; Tit. 3: 4.

φιλία [filía]: amistad, amor St. 4: 4.

αγάπη [ágape]: amor Mt. 24: 12; Lc. 11: 42; Jn. 5: 42; 13: 35; 15: 9, 10; 1Co. 4: 21; 8: 1; 13: 1, 2, 3, 4 (x2)...

[10]El <u>Nuevo Diccionario Bíblico Certeza</u> declara que el término griego más común para todas las formas del amor en el Nuevo Testamento es: agapē, agapaō. Y dice que esta es una de las palabras menos comunes en el griego clásico, donde expresa en las pocas ocasiones en que aparece, esa forma suprema y noble del amor que ve algo infinitamente precioso en su objeto. Y está relacionado con el amor de Dios hacia el hombre, del hombre hacia Dios y a su prójimo.

LA PRÁCTICA DEL PERDÓN
UNA EXIGENCIA DIVINA

Debido a que en capítulos anteriores consideramos el tema del perdón de Dios para los pecadores, mediante la obra redentora de Jesucristo, en esta ocasión nuestro objetivo principal será tratar acerca del perdón que Él demanda de nosotros para con nuestros semejantes. No obstante, haré referencia a ciertos pasajes de las Sagradas Escrituras que declaran que nuestro Creador es un Dios de perdón. Veamos al respecto la expresión del mismo Señor, según el pasaje siguiente:

[51]*Ex. 34: 6, 7:* [6]*"Y pasando Jehová por delante de él, proclamó: Jehová, Jehová, fuerte, misericordioso, y piadoso; tardo para la ira, y grande en benignidad y verdad;* [7]*Que guarda la misericordia en millares, <u>que perdona la iniquidad</u>, <u>la rebelión</u>, y <u>el pecado</u>, y que de ningún modo justificará al malvado"*...

Reflexionemos ahora sobre las palabras del profeta Daniel:

[51]*Dn. 9: 9:* *"De Jehová nuestro Dios es el tener misericordia, y <u>el perdonar</u>, <u>aunque contra él nos hemos rebelado</u>."*

La demostración más palpable del perdón de Dios para el género humano se deja ver a través de la obra redentora por medio de Jesucristo. Consideremos el siguiente pasaje de las Escrituras:

[51]***Col. 2: 13:*** *"Y a vosotros, estando muertos en pecados y en la incircuncisión de vuestra carne, os vivificó juntamente con él, per-donándoos todos los pecados."*

Ahora bien, Dios exige que de la misma manera que Él nos perdonó y nos perdona cada vez que pecamos, si nos arrepentimos, también nosotros nos perdonemos los unos a los otros. Este concepto está bien especificado en la enseñanza de la oración modelo, mejor conocida como "el Padre Nuestro" y en otras enseñanzas de las Sagradas Escrituras. Al respecto veamos lo que dicen los pasajes siguientes:

[51]***Mt. 6: 9, 11, 12:*** [9]*"Vosotros pues, oraréis así: Padre nuestro que estás en los cielos, santificado sea tu nombre.* [11]*Danos hoy nuestro pan cotidiano.* [12]*Y perdónanos nuestras deudas, como tam-bién nosotros perdonamos a nuestros deudores."*
[51]***Mt. 6: 14, 15:*** [14]*"Porque si perdonareis a los hombres sus ofensas, os perdonará también a vosotros vuestro Padre celestial.* [15]*Mas si no perdonareis a los hombres sus ofensas, tampoco vues-tro Padre os perdonará vuestras ofensas."*

En la narración de Mateo, según [51]Mt. 18: 21-35 dice la Escri-tura que llegandose Pedro le dijo: Señor, ¿cuántas veces perdonaré a mi hermano que pecare contra mí? ¿hasta siete? Y Jesús le dijo: No te digo hasta siete, mas aun hasta setenta veces siete. Por lo cual, el reino de los cielos es semejante a un hombre rey, que quiso hacer cuentas con sus siervos. Y comenzando a hacer cuentas, le fue presentado uno que le debía diez mil talentos. Mas a éste, no pudiendo pagar, mandó su señor venderle, y a su mujer e hijos, con todo lo que tenía, y que se le pagase. Entonces aquel siervo, pos-trado, le adoraba, diciendo: Señor, ten paciencia conmigo, y yo te lo pagaré todo. El señor, movido a misericordia de aquel siervo, le soltó y le perdonó la deuda. Y saliendo aquel siervo, halló a uno de sus consiervos, que le debía cien denarios; y trabando de él, le ahogaba, diciendo: Págame lo que debes. Entonces su consiervo, postrándose a sus pies, le rogaba diciendo: Ten paciencia conmigo, y yo te lo pagaré todo. Mas él no quiso; sino fue, y le echó en la cárcel hasta que pagase la deuda. Y viendo sus consiervos lo que pasaba, se entristecieron mucho, y viniendo, declararon a su señor todo lo que había pasado. Entonces llamándole su señor, le dice: Siervo malvado, toda aquella deuda te perdoné, porque me rogaste: ¿No te convenía también a ti tener misericordia de tu consiervo, como también yo tuve misericordia de ti? Entonces su señor, enojado, le entregó a los verdugos, hasta que pagase todo lo que debía. Así también hará con vosotros mi Padre celestial, si no perdonareis de vuestros corazones cada uno a su hermano sus ofensas."

Un detalle significativo en esta ilustración de nuestro Señor, es la gran diferencia de la deuda de <u>diez mil talentos</u> que le fue perdonada a aquel siervo malvado por parte del rey. Según los datos de equivalencia ascendían a una cantidad de 330 millones de gramos de plata, en comparación con el adeudo de cien denarios que este no quiso perdonarle a su consiervo, lo cual es equivalente a solo 390 gramos de plata. Ver detalles al final del tema.

Esto simboliza de manera muy enfática la gran diferencia de la deuda que Dios nos ha perdonado a cada uno de nosotros, solo por su gracia divina, cuando estábamos hundidos en nuestros pecados, en comparación a las ofensas que pueda habernos hecho cualquiera de nuestros semejantes, a quien a veces no estamos dispuestos a perdonar de todo corazón.

Lo más grave del caso reflejado en esta parábola es que aquel rey, enojado por la actitud de su siervo, lo entregó a los verdugos hasta que pagara el último centavo; mientras que nosotros muchas veces nos comportamos como si no le diéramos importancia a la advertencia expresada por nuestro Señor Jesucristo al final de este pasaje, en la que nos dice: "Así también hará con vosotros mi Padre celestial, si no perdonareis de vuestros corazones cada uno a su hermano sus ofensas."

Consideremos ahora los pasajes siguientes:

[51]*Ef. 4: 31, 32:* [31]*"Toda amargura, y enojo, e ira, y voces, y maledicencia sea quitada de vosotros, y toda malicia:* [32]*Antes sed los unos con los otros benignos, misericordiosos,* <u>*perdonándoos los unos a los otros, como también Dios os perdonó en Cristo.*</u>*"*

[51]*Col. 3: 12, 13:* [12]*"Vestíos pues, como escogidos de Dios, santos y amados, de entrañas de misericordia, de benignidad, de humildad, de mansedumbre, de tolerancia;* [13]*Sufriéndoos los unos a los otros, y* <u>*perdonándoos los unos a los otros; si alguno tuviere queja de otro: de la manera que Cristo os perdonó, así también hacedlo vosotros.*</u>*"*

Véanse además, las sugerencias del apóstol Pablo en [51]Ro. 12: 19-21, las cuales son fundamentales para la vida del cristiano.

Para concluir con nuestro tema acerca del perdón, consideremos la recomendación de nuestro Señor Jesucristo, según el siguiente pasaje de las Escrituras:

[51]*Mt. 5: 23-25:* [23]*"Por tanto, si trajeres tu presente al altar, y allí te acordares de que tu hermano tiene algo contra ti,* [24]*Deja allí tu presente delante del altar,* <u>*y vete, vuelve primero en amistad con tu hermano, y entonces ven y ofrece tu presente.*</u> [25]*Concíliate con tu adversario presto, entre tanto que estás con él en el camino; porque no acontezca que el adversario te entregue al juez, y el juez te entregue al alguacil, y seas echado en prisión.*"*

Testimonio del autor: Quiero dar este testimonio como una viva y maravillosa experiencia de las exigencias de Dios acerca del perdón: Alrededor del año 1998 yo recibí una ofensa de parte de un hermano de la Iglesia que me afectó fuertemente, pues todos lo consideraba como un amigo de la familia y aunque después de eso lo seguí tratando, lo hacía solo por prudencia, porque nuestra amistad, para mí, había perdido su verdadero efecto.

Pasaron solo unos meses de aquel incidente, mi hija menor se enfermó con una crisis depresiva que la llevó a un estado tan crítico, que ni los somníferos más fuertes la ayudaban a dormir. Inmediatamente yo oré a Dios por su salud, conforme a lo que nos enseñan las Escrituras, porque en 1981 yo había orado por ella debido a que padecía de ataques de epilepsia por más de cuatro años y se había sanado instantáneamente, hasta el día de hoy por la gracia de Dios. Pero en esta segunda ocasión el Señor no la sanó. Y aunque oré por ella una y otra vez y luego oró también otro hermano de muy buen testimonio, tampoco se sanó. Entonces entendí que algo andaba mal en mis relaciones con Dios. Consulté con una anciana fiel y distinguida de mi Iglesia, a través de la cual yo sabía que el Señor me respondería, aunque ella estaba ajena a mi caso por cuanto vivíamos en diferentes estados del país. Él permitió que ella me viera a través de una significativa revelación, como a un niño hablando con su padre, donde yo le reclamaba porqué Él no escuchaba mis oraciones como antes, ni había sanado a mi hija y Él me dijo: "Porque tú ya no eres con tu hermano como antes, porque en tu corazón no lo has perdonado; así que ve y busca a tu hermano, perdónalo, ámalo y vuelve a ser con él como eras antes, si tú quieres que te sane a tu hija". Y concluyó diciendo: "Y tú tienes la última palabra."

Lo cierto es que inmediatamente busqué a aquel hermano, lo perdoné y nos reconciliamos. Al día siguiente mi hija estaba completamente bien hasta el día de hoy, gracias a Dios.

Apreciado estudiante, tal vez estas palabras resulten demasiado fuertes para algunos, pero la realidad en este caso es solo una, y ella revela el sentir de Dios a través de su Santa Palabra. Y ese sentir es que tenemos que perdonar a nuestros semejantes, cualquiera que sean sus ofensas, de otra manera la resolución divina es que si no lo hacemos, tampoco Él nos va a perdonar nuestras ofensas. De hecho, para algunos resulta difícil tener que perdonar a su ofensor cuantas veces este venga a pedírselo. Pero si a alguno le parece demasiado esto, tenga presente que el Señor le puede exigir como me lo exigió a mí, que aunque el agraviante no venga a pedirle perdón, nosotros tengamos que ir donde él y perdonarlo de manera espontánea.

Yo en lo particular he tenido la maravillosa experiencia de no volver a sentir ni el más mínimo rasgo de rencor o resentimiento por la ofensa pasada.

Aunque evidentemente, este no sea el caso común de un ofensor indolente e indiferente, por cuanto Dios mismo abogó por él, no obstante, cualquiera que sea la situación nosotros debemos estar dispuestos a perdonar de la misma manera que Dios nos perdonó en su Hijo Jesucristo, a través de su sacrificio expiatorio en la cruz del Calvario, únicamente por gracia, sin que aun nosotros hubiésemos dado muestra alguna de arrepentimiento.

Mi sugerencia, por lo tanto, es que nadie permita que el orgullo, el odio o el rencor le impidan el perdón divino y el derecho a una eternidad verdaderamente feliz. ¡Que la gloria sea para Dios!

DETALLES

Según el [1]Diccionario Griego–Español del Nuevo Testamento, el talento del tiempo de Cristo era de 33 kg.= 33,000 gramos de plata; por lo cual, diez mil talentos sería igual a 10, 000 x 33, 000 = 330, 000, 000 (trescientos treinta millones) de gramos de plata.

Sin embargo, un denario en el tiempo de Cristo, según datos de la [17]Enciclopedia Libre Wikipedia, era igual a 3. 9 gramos de plata, por lo cual, 100 denarios, sería igual a 100 x 3. 9 = 390 gramos de plata.

EL CRISTIANO Y LOS VICIOS

Al tratar acerca de un tema como este no lo hago, de ninguna manera, con la pretensión de juzgar a las personas implicadas en los vicios, pues el propósito de la doctrina cristiana no es el de juzgar a las almas, sino el de mostrarles el camino de la salvación y la vida eterna. Mi noble propósito es que el estudiante conozca las razones por las que los cristianos debemos de tratar por todos los medios posibles de mantenernos apartados de los vicios.

Aunque la Biblia no abunda en menciones específicas acerca de los vicios, no obstante, es evidente que estos constituyen un mal hábito, que no es más que el producto de la depravación heredada y de una conducta reprobada por la Palabra de Dios. Consideremos los pasajes siguientes:

[51]*Sal. 10: 4, 5:* [4]*"El malo, por la altivez de su rostro, no busca a Dios: No hay Dios en todos sus pensamientos.* [5]*Sus caminos son viciosos en todo tiempo: Tus juicios los tiene muy lejos de su vista"...*

[51]*Pr. 2: 11-15:* [11]*"El consejo te guardará, Te preservará la inteligencia:* [12]*Para librarte del mal camino, De los hombres que hablan perversidades;* [13]*Que dejan las veredas derechas, Por andar en caminos tenebrosos;* [14]*Que se alegran haciendo mal, Que se huelgan en las perversidades del vicio;* [15]*Cuyas verdades son torcidas, Y torcidos sus caminos."*

[51]*Ef. 4: 21, 22:* [21]*"Si empero lo habéis oído, y habéis sido por él enseñados, como la verdad está en Jesús,* [22]*A que dejéis, cuanto a la pasada manera de vivir, el viejo hombre **que está viciado** conforme a los deseos **de error."***

Es indudable que los vicios han sido un mal creciente para la humanidad, a través de toda su historia.

Los hombres sin el real conocimiento de Dios, de la fe y la esperanza de vida eterna recurren a los míseros placeres que les ofrecen los vicios, tratando inútilmente de encontrar en ellos la felicidad.

El alcohol, el tabaco y las drogas están relacionados entre los peores enemigos extrínsecos del hombre, que le ocasionan grandes perjuicios, tanto en el orden físico y económico como en el aspecto moral.

Por lo general, se conoce de muchas personas que dadas al vicio del alcohol, invierten la mayor parte de su sueldo o ganancias en comprar bebidas, mientras que su familia pasa hambre y necesidad.

Hemos tenido la triste experiencia de ver niños harapientos o simplemente que no tienen un vestido o calzado decente para ponerse o un juguete para entretenerse, mientras que su padre se lo gasta todo en la cantina.

Desdichadamente, a veces sucede que no solo el padre, sino también la madre ha sido presa de las horrendas garras del vicio, trayendo como consecuencia situaciones aún más trágicas para el hogar.

En cuanto al orden moral, sabemos que el vicio del alcohol o a veces el simple uso eventual en forma abusiva de esta sustancia tan dañina, lleva a las personas a convertirse en objeto de la expectación y la burla. Mientras que otras son afectadas por desórdenes morales más graves aún, como el adulterio, la fornicación y en ocasiones hasta el hurto, para poder suplir las exigencias económicas del vicio. Y en muchos de los casos se generan pleitos, enemistades y hasta homicidios.

El consumo excesivo del alcohol puede causar además graves problemas al organismo humano, hasta llevarlo a la enfermedad y a veces hasta la muerte. Pero además de esto, según los datos aportados por las agencias de noticias internacionales de la actualidad, son alarmantes los casos de accidentes automovilísticos causados por personas negligentes conduciendo en estado de embriaguez.

No obstante, lo más grave del caso desde el punto de vista de la fe cristiana es que las Sagradas Escrituras declaran una triste esperanza para los borrachos. Al respecto consideremos lo que nos dice el pasaje siguiente:

[51]*1Co. 6: 9, 10:* [9]*"¿No sabéis que los injustos no poseerán el reino de Dios? No erréis, que **ni** los fornicarios, **ni** los idólatras, **ni** los adúlteros, **ni** los afeminados, **ni** los que se echan con varones,* [10]*Ni los ladrones, **ni** los avaros, **ni los borrachos**, **ni** los maldicientes, **ni** los robadores, heredarán el reino de Dios."*

Además de este pasaje bíblico existen otros en los cuales se deja ver que la relación con este vicio es una conducta fuertemente reprobada por Dios. Veamos al respecto lo que nos dicen los pasajes siguientes:

[51]*Pr. 20: 1: "El vino es escarnecedor, la cerveza alborotadora; Y cualquiera que por ello errare, **no será sabio**."*
[51]*Is. 5: 11: "¡Ay de los que se levantan de mañana para seguir la embriaguez; que se están hasta la noche, hasta que el vino los enciende!"*

En [51]Ro. 13: 13, 14 el apóstol Pablo nos dice que andemos como de día, honestamente: no en glotonerías y borracheras, no en lechos y disoluciones, no en pendencias y envidia: Mas vestíos del Señor Jesucristo, y no hagáis caso de la carne en sus deseos.

A la iglesia de los gálatas les dice según [51]Ga. 5: 19-21 que las obras de la carne, son: adulterio, fornicación, inmundicia, disolución, idolatría, hechicerías, enemistades, pleitos, celos, iras, contiendas, disensiones, herejías, envidias, homicidios, borracheras, banqueteos, y cosas semejantes a estas: de las cuales os denuncio, como ya os he anunciado, que los que hacen tales cosas no heredarán el reino de Dios.

El tabaco es igualmente una sustancia adictiva. Es lamentable ver a personas dominadas por este vicio, que prefieren gastar el único recurso económico que tienen a la mano en dicho producto, aunque no puedan comprar alimentos para ellos o para sus hijos. El vicio los domina en extremo, se convierte en su consumo de preferencia.

Hemos visto a muchas personas que en su juicio cabal, bajo la influencia del vicio del tabaco, viven pidiéndole a los demás, como unos pobres mendigos; mientras que a otros los hemos visto metidos en los depósitos de la basura, frente a una fábrica de cigarros, recogiendo los rastrojos o disimuladamente recogiendo colillas del suelo por no robar, como hacen algunos jóvenes y adultos cuando comienzan a ser dominados por el vicio miserable y no tienen recursos para satisfacerlo.

Esta adicción es además gravemente perjudicial a la salud, y puede producir no solo enfermedades sino aun ocasionar la muerte.

Ahora bien, ¿cuánto pudiéramos decir de las drogas terribles que tienen embargados en el caos y la desgracia a miles y miles de personas?

Aunque otros males pudiera enumerar como causa de los vicios, siempre nos encontraremos con personas que justifican su pobre e inadecuada conducta, y manifiestan que ninguna de estas consecuencias los afecta a ellos. No obstante, aunque fuera cierto, estas personas han servido de ejemplo para que otros se hayan sometido a los vicios y hayan sido alcanzados por tales efectos. Lo cual constituye una razón más para que el cristiano se mantenga apartado de los vicios.

DIVERSIONES MUNDANALES

Al tratar acerca de este tema, como dijera en el caso anterior, no lo hago de ninguna manera con la pretensión de juzgar a las personas que practican las diversiones mundanales, porque el propósito de la doctrina cristiana no es el de juzgar a las almas, sino el de mostrarles el sendero de la salvación y la vida eterna. Mi noble propósito es más bien, que nuestros lectores conozcan las razones por las cuales los cristianos debemos abstenernos de compartir con tales medios de diversión.

Al iniciar nuestro estudio debo aclarar que en las Escrituras del Nuevo Testamento, se usa frecuentemente el término mundo como una referencia a los pecadores en sus costumbres y su reprobada conducta.

Al hacer referencia de las diversiones mundanales, quiero especificar también que toda práctica o deseos impuros propios del mundo, son reprobados por la Palabra de Dios, y el cristiano fiel y verdadero debe estar completamente apartado de esas cosas y de todo tipo de relación que pueda comprometerlo a compartir con **el mundo** en su obstinación a una vida desenfrenada, con relación al pecado. Consideremos lo que nos dicen las Sagradas Escrituras:

[51]*Tit. 2: 12:* "*Enseñándonos que, renunciando a la impiedad y a los deseos mundanos, vivamos en este siglo templada, y justa, y píamente.*"

[51]*Stg. 1: 27:* "*La religión pura y sin mácula delante de Dios y Padre es esta: Visitar los huérfanos y las viudas en sus tribulaciones, y guardarse sin mancha de este mundo.*"

[51]*Stg. 4: 4:* "*Adúlteros y adúlteras, ¿no sabéis que la amistad del mundo es enemistad con Dios? Cualquiera pues que quisiere ser amigo del mundo, se constituye enemigo de Dios.*"

El apóstol Pedro nos habla en su segunda epístola, según [51]2Pe. 1: 4, acerca de las preciosas y grandísimas promesas que nos son dadas, para que por ellas fuésemos hechos participantes de la naturaleza divina, habiendo huido de la corrupción que está **en el mundo** por concupiscencia.

Así también, el apóstol Juan, según [51]1Jn. 2: 14, 15 se dirige a los padres en su epístola, diciéndoles: Os he escrito a vosotros, padres, porque habéis conocido al que es desde el principio. Os he escrito a vosotros, mancebos, porque sois fuertes, y la palabra de Dios mora en vosotros, y habéis vencido al maligno. No améis al mundo, ni las cosas que están en el mundo. Si alguno ama al mundo, el amor del Padre **no** está en él.

Esto no quiere decir de ninguna manera que el cristiano no tenga derecho a divertirse de una forma sana, participando de ciertos festejos, recreos entretenimientos y pasatiempos.

Es indiscutible que las diversiones son un medio a través del cual las personas logran disipar sus penas y sentirse alegres, alcanzando así cierto grado de felicidad temporal.

La felicidad es una exigencia del alma, un requerimiento de la mente humana, una necesidad de cada persona. Esto se debe, según estudios de la teología, a que el ser humano fue creado para ser feliz, no para la desgracia y el sufrimiento y. La mayor evidencia que tenemos de ello consiste en que toda persona tiene por intuición propia, una tendencia constante a la búsqueda de la felicidad. La felicidad que perdió la raza humana a partir del momento en que el hombre pecó contra Dios, nuestro Creador. Él es la fuente de donde emana la felicidad verdadera. Esta felicidad puede ser alcanzada por los seres humanos según sean sus relaciones con Dios.

Debido a estas razones, el cristiano que ha entendido estas cosas y las ha experimentado encuentra esa felicidad a través de Jesucristo, mediante una comunicación íntima y directa con Dios, en oración, la adoración y la alabanza a su Creador; con una vida rendida en obediencia y santidad a Dios, la cual le proporciona la felicidad necesaria para esta vida temporal y una felicidad perfecta y eterna en el reino de los cielos.

Ahora bien, el pecador impenitente no conoce estas cosas, ni las puede experimentar, por cuanto es rebelde y desleal a los principios de la voluntad divina. Por tal razón, ellos tratan de encontrar esa felicidad a través de otros medios: asistiendo a fiestas, bailes, cabarets, cines, teatros, playas públicas, etc. El mal del asunto consiste en que en la mayoría de los casos, el manejo de los vicios y de otras actividades moralmente desordenadas y pecaminosas, tienen una intervención directa y prominente en relación con tales medios de diversión.

Debiera aceptarse que cualquier festejo puede ser lícito y gozar de la aprobación de Dios, siempre que no haya la intervención de actividades reprobadas según su Santa Palabra. De esta manera, suelen los cristianos celebrar sus festejos.

La Santa Biblia hace referencia a hombres y mujeres santos, que practicaban la danza como un medio de adoración a nuestro Creador, pero lo hacían en una forma reverente y ordenada, con todo el cuidado de no ofenderlo.

El baile mundano, sin embargo, tiene características impugnantes a los principios de la voluntad de Dios debido a que, por lo general, se practican en él actividades indecentes que forman parte de una conducta que Él aborrece. Y cuando más ordenado llegara a ser su carácter, siempre se producen entre hombres y mujeres, acercamientos demasiado tentadores, que según lo que declara la experiencia, muchos de los casos suelen tener su fin en el pecado del adulterio o la fornicación. Prácticas inmorales, acerca de las cuales ya hemos visto en capítulos anteriores, los funestos resultados que han traído a la humanidad a través de toda su historia y sabemos además la grave sentencia que espera a todos aquellos que las practiquen deliberadamente.

Así también el cabaret y las discotecas son centros de diversión profanos, donde los actos de inmoralidad son mucho más graves que en las fiestas públicas o familiares.

El cine y el teatro: Estos suelen representar en ocasiones medios de distracción sanos, algunos de carácter instructivo. Sin embargo, por lo general sus presentaciones constituyen una amenaza de destrucción a la moral y los buenos principios de la humanidad. En ellos se perciben constantemente actividades criminales como el homicidio, el hurto, el adulterio, la fornicación, la violencia, el engaño, la traición, el odio y la venganza. Es evidente que estas representaciones ejercen una influencia contagiosa en la mente de la mayoría de sus espectadores, que los incita a ponerlas por práctica en su vida personal. Esto afecta principalmente a los niños y adolescentes, inclinándolos hacia el destino del fracaso definitivo. Es indiscutible además, aunque a muchos no les preocupe, que esta situación afecta tanto a los espectadores del cine público como a los del cine del hogar presentado a través de la televisión.

Son verdaderamente preocupantes los datos ofrecidos por los medios televisivos de los Estados Unidos de América en la década de los años noventa. Los resultados de una auténtica investigación revelaron que el comportamiento violento de tres de cada cuatro norteamericanos, se debía a los efectos negativos producidos por la televisión.

Playas públicas: Las playas, ríos y lagos están comprendidos entre las maravillas de las creaciones de Dios. Su uso para el recreo físico y mental de sus criaturas es de un valor muy apreciado. Pero, lamentablemente los hombres los han convertido en centros de expectación de la desvergüenza y la inmoralidad, por la tendencia del nudismo y el uso extremadamente deshonesto del vestuario.

El mundo no se conforma con el sano deleite que le pueda proporcionar el lugar en sí, ellos demandan de esa práctica libertina, en la que se deleitan deliberadamente mediante la codicia del sexo opuesto y la exhibición de una conducta depravada que los guía a la perdición definitiva.

Acerca de este pervertido comportamiento, nuestro Señor Jesucristo hizo una radical advertencia, según lo expresa el siguiente pasaje bíblico:

[51]**Mt. 5: 28:** *"Mas yo os digo, que cualquiera que mira a una mujer para codiciarla, ya adulteró con ella en su corazón."*

El mundo disfruta estss extremos de su comportamiento, pero el cristiano verdadero no tiene parte ni suerte en esos deleites profanos de las diversiones mundanales. El cristiano debe mantenerse libre de todas esas ataduras, considerando lo que dicen las Sagradas Escrituras acerca de nuestra elección, según la declaración del apóstol Pedro en [51]1Pe. 2: 9, donde expone: "Mas vosotros sois linaje escogido, real sacerdocio, gente santa, pueblo adquirido, para que anunciéis las virtudes de aquel que os ha llamado de las tinieblas a su luz admirable."

IDOLATRÍA, HECHICERÍA, ENCANTAMIENTO Y ADIVINACIÓN

Advertencias: Evidentemente, para cada una de estas prácticas paganas se registra una réproba de alta gravedad en las Sagradas Escrituras. Veamos en primer lugar las del Nuevo Testamento, según los pasajes siguientes:

Idolatría: [51]*Ga. 5: 19-21: [19]"Y manifiestas son las obras de la carne, que son: adulterio, fornicación, inmundicia, disolución, [20]Idolatría, hechicerías, enemistades, pleitos, celos, iras, contiendas, disensiones, herejías, [21]Envidias, homicidios, borracheras, banqueteos y cosas semejantes a éstas: de las cuales os denuncio, como ya os he anunciado, que los que hacen tales cosas no heredarán el reino de Dios."*

[51]*Ef. 5: 5: "Porque sabéis esto, que ningún fornicario, o inmundo, o avaro, que es servidor de ídolos, tiene herencia en el reino de Cristo y de Dios."*

[51]*1Pe. 4: 3: [3]"Porque nos debe bastar que el tiempo pasado de nuestra vida hayamos hecho la voluntad de los Gentiles, cuando conversábamos en lascivias, en concupiscencias, en embriagueces, y en abominables idolatría."*

[51]*Hch. 17: 16: "Y esperándolos Pablo en Atenas, su espíritu se deshacía en él viendo la ciudad dada a idolatría."*

Veamos ahora algunos detalles relacionados con la idolatría en el relato de la primera carta del apóstol Pablo a los corintios, según [51]1Co. 5: 9-11 donde les dice que no se envuelvan con los fornicarios: No absolutamente con los fornicarios de este mundo, o con los avaros, o con los ladrones, o con los idólatras; pues en tal caso os sería menester salir del mundo. Mas ahora os he escrito, que no os envolváis, es a saber, que si alguno llamándose hermano fuere fornicario, o avaro, o idólatra, o maldiciente, o borracho, o ladrón, con el tal ni aun comáis. Además, en 1Co. 6: 9-11 les pregunta que si ellos no saben que los injustos no poseerán el reino de Dios. No erréis, les dice, que ni los fornicarios, ni los idólatras, ni los adúlteros, ni los afeminados, ni los que se echan con varones, ni los ladrones, ni los avaros, ni los borrachos, ni los maldicientes, ni los robadores, heredarán el reino de Dios. Y esto erais algunos: mas ya sois lavados, mas ya sois santificados, mas ya sois justificados en el nombre del Señor Jesús, y por el Espíritu de nuestro Dios.

[51]*Apo. 21: 8: "Mas a los temerosos e incrédulos, a los abominables y homicidas, a los fornicarios y hechiceros, y a los idólatras, y a todos los mentirosos, su parte será en el lago ardiendo con fuego y azufre, que es la muerte segunda."*

[51]*Apo. 22: 15: [15] "Mas los perros estarán fuera, y los hechiceros, y los disolutos, y los homicidas, y los idólatras, y cualquiera que ama y hace mentira."*

[51]*1Co. 10: 14, 15: [14]"Por tanto, amados míos, huid de la idolatría. [15]Como a sabios hablo; juzgad vosotros lo que digo."*

Finalmente, el apóstol Pablo declara una triste y funesta realidad para los idólatras, según el siguiente pasaje:

[51]*1Co. 10: 19-21: [19]"¿Qué pues digo? ¿Que el ídolo es algo? ¿ó que sea algo lo que es sacrificado a los ídolos? [20]Antes digo que lo que los gentiles sacrifican, a los demonios lo sacrifican, y no a Dios: y no querría que vosotros fueseis partícipes con los demonios. [21]No podéis beber la copa del Señor, y la copa de los demonios; no podéis ser partícipes de la mesa del Señor, y de la mesa de los demonios."*

Esta porción bíblica nos lleva a una reflexión realmente preocupante. Es obvio que si el hecho de ofrecer sacrificio a los ídolos, constituye una ofrenda dedicada, **no** a Dios, sino a los demonios, entonces todo lo relacionado con los ídolos, debe estar lógicamente vinculado también con los demonios. Y cualquiera que tenga un ídolo en su hogar o donde quiera que sea, inconscientemente tiene **no** un santo ni mucho menos un dios, sino un demonio.

Ahora bien, los próceres del cristianismo han sido catalogados como santos porque verdaderamente lo fueron, pero lamentablemente algunos cristianos los adoran y otros alegan que ellos solo les piden que intercedan ante Dios por ellos. Sin embargo, su relación con los mismos es por medio de un ídolo.

Por lo tanto, la mayoría de los cristianos nos preguntamos si hay alguna diferencia entre estos y los anteriores a ellos.

Otro de nuestros argumentos es que las Sagradas Escrituras declaran que solo existe un mediador entre Dios y los hombres, Jesucristo. Y nadie está facultado sobre la tierra para determinar que algún otro ser, ya sea celestial o humano, tome el lugar de Cristo como intermediario. ¿Será que los cristianos y demás creyentes que adoran a estos ídolos o que simplemente los tienen como intercesores entre Dios y ellos, están apoyados en una verdad extra bíblica? ¿O será que su trato con estos los lleva ciegamente a una tenebrosa relación con los demonios? ¿Por qué no adorar mejor a Dios en espíritu y en verdad, como dicen las Escrituras, y tomar a Jesucristo como nuestro único intermediario entre Dios y nosotros?

Lo cierto es, que la actitud más sabia que pueda tomar cualquier cristiano es dejarse guiar por las orientaciones de la Santa Biblia, en vez de hacer prevalecer sus criterios personales que le pudieran ocasionar la reprobación definitiva de Dios.

La actitud de reprensión divina hacia la idolatría, se refleja claramente también en las Escrituras del Antiguo Testamento, en las cuales están fundamentados los principios básicos de la doctrina cristiana. Como prueba de ello tenemos la promulgación de los dos primeros mandamientos de Dios, según [51]Ex. 20: 3-6, bien conocidos por nuestros lectores.

Veamos además, otros ejemplos según los pasajes siguientes:

[51]*Hab. 2: 18, 19:* [18]*"¿De qué sirve la escultura que esculpió el que la hizo? ¿la estatua de fundición, que enseña mentira, para que haciendo imágenes mudas <u>confíe el hacedor en su obra</u>?* [19]*¡Ay del que dice al palo: Despiértate; y a la piedra muda: Levántate! ¿Podrá él enseñar? He aquí él está cubierto de oro y plata, y <u>no hay dentro de él espíritu</u>."*

[51]*Sal. 115: 4-9:* [4]*"Sus ídolos son plata y oro, <u>Obra de manos de hombres</u>.* [5]*Tienen boca, mas no hablarán; Tienen ojos, mas no verán;* [6]*Orejas tienen, mas no oirán, Tienen narices, mas no olerán,* [7]*Manos tienen, mas no palparán; Tienen pies, mas no andarán; No hablarán con su garganta.* [8]*<u>Como ellos son los que los hacen; Cualquiera que en ellos confía</u>.* [9]*Oh Israel, <u>confía en Jehová</u>"...*

Hechicerías: En la carta a los gálatas nos encontramos una vez más con las deliberaciones del apóstol Pablo, que en este caso, según [51]Ga. 5: 19-21 lo usamos para resaltar el tema de la hechicería, donde el Apóstol dice que las obras de la carne son: adulterio, fornicación, inmundicia, disolución, idolatría, hechicerías, enemistades, pleitos, celos, iras, contiendas, disensiones, herejías, envidias, homicidios, borracheras, banqueteos y cosas semejantes a éstas: de las cuales os denuncio, como ya os he anunciado, que los que hacen tales cosas no heredarán el reino de Dios.

Tomemos en consideración además, los siguientes cuatro pasajes de las Escrituras, según el libro de Apocalipsis:

[51]*Apo. 9: 21: "Y no se arrepintieron de sus homicidios, ni de sus <u>hechicerías</u>, ni de su fornicación, ni de sus hurtos."*

[51]*Apo. 18: 23: "Y luz de antorcha no alumbrará más en ti; y voz de esposo ni de esposa no será más en ti oída; porque tus mercaderes eran los magnates de la tierra; porque en tus <u>hechicerías</u> todas las gentes han errado."*

[51]*Apo. 21: 8:* *"Mas a los temerosos e incrédulos, a los abominables y homicidas, a los fornicarios y <u>hechiceros</u>, y a los idólatras, y a todos los mentirosos, su parte será en el lago ardiendo con fuego y azufre, que es la muerte segunda."*

[51]*Apo. 22: 15:* [15] *"Mas los perros estarán fuera, y los <u>hechiceros</u>, y los disolutos, y los homicidas, y los idólatras, y cualquiera que ama y hace mentira."*

Encantamientos: [51]*Hch. 13: 8-12:* [7]*"El cual estaba con el procónsul Sergio Paulo, varón prudente. Este, llamando a Bernabé y a Saulo, deseaba oír la palabra de Dios.* [8]*Mas les resistía Elimas <u>el encantador</u> (que así se interpreta su nombre), procurando apartar de la fe al procónsul.* [9]*Entonces Saulo, que también es Pablo, lleno del Espíritu Santo, poniendo en él los ojos,* [10]*Dijo: Oh, lleno de todo engaño y de toda maldad, hijo del diablo, enemigo de toda justicia, ¿no cesarás de trastornar los caminos rectos del Señor?* [11]*Ahora pues, he aquí la mano del Señor es contra ti, y serás ciego, que no veas el sol por tiempo. Y luego cayeron en él obscuridad y tinieblas; y andando alrededor, buscaba quién le condujese por la mano.* [12]*Entonces el procónsul, viendo lo que había sido hecho, creyó, maravillado de la doctrina del Señor."*

Adivinación: [51]*Hch. 16: 16-18:* [16]*"Y aconteció, que yendo nosotros a la oración, una muchacha que tenía espíritu pitónico, nos salió al encuentro, la cual daba grande ganancia a sus amos <u>adivinando</u>.* [17]*Esta, siguiendo a Pablo y a nosotros, daba voces, diciendo: Estos hombres son siervos del Dios Alto, los cuales os anuncian el camino de salud.* [18]*Y esto hacía por muchos días; mas desagradando a Pablo, se volvió y dijo al espíritu: Te mando en el nombre de Jesucristo, que salgas de ella. Y salió en la misma hora."*

La práctica de la hechicería, el encantamiento y la adivinación son también fuertemente reprobadas en las Escrituras del Antiguo Testamento. Según [51]Dt. 18: 9-13 Dios les advierte a los hijos de Israel por medio de Moisés, que cuando hubieren entrado en la tierra que Jehová su Dios les daba, no aprenderían a hacer según las abominaciones de aquellas gentes. No sea hallado en ti quien haga pasar su hijo o hija por el fuego, ni practicante de adivinaciones, ni agorero, ni sortílego, ni hechicero, ni fraguador de encantamientos, ni quien pregunte a pitón, ni mágico, ni quien pregunte a los muertos. Porque es abominación a Jehová cualquiera que hace estas cosas, y por estas abominaciones Jehová tu Dios las echó de delante de ti. Perfecto serás con Jehová tu Dios.

En [51]Lv. 19: 31 le dice que no se vuelvan a los encantadores y a los adivinos: no los consultéis ensuciándoos con ellos: Yo Jehová vuestro Dios. Asimismo en [51]Ex. 22: 18, Dios les ordena diciendo que a la hechicera no dejen que viva.

A través del profeta Malaquías, dios le dice al pueblo de Israel, según [51]Mal. 3: 5: que se allegaría a ellos a juicio; y seré pronto testigo contra los hechiceros y adúlteros, y contra los que juran mentira, y los que detienen el salario del jornalero, de la viuda, y del huérfano; y los que hacen agravio al extranjero, no teniendo temor de mí; dice Jehová de los ejércitos.

EL HOGAR CRISTIANO

El hogar cristiano debe caracterizarse de manera singular entre los demás. En él debe dejarse sentir una influencia palpable de las virtudes que embellecen la vida y la conducta de las personas que lo componen. El ambiente que reine en el hogar deberá influir de manera esencial en el carácter de la familia y en la vida moral y espiritual futura de los niños y adolescentes.

Es evidente que un elevado nivel de cultura en la familia puede influir mucho en beneficio del hogar, pero lo que mayor bendición pueda aportar para la familia es la práctica de una vida regenerada por el evangelio de Jesucristo y la obediencia a la Palabra de Dios.

La Santa Biblia abunda en numerosos consejos y orientaciones que contribuyen de manera especial para nuestro beneficio en todos los aspectos de la vida. Cada uno de ellos debe ser acatado como una orden de parte de Dios para sus hijos, para evitar los graves fracasos que nos trae por consecuencia el hecho de ignorarlos o pasarlos por alto. En lo que respecta al hogar cristiano, consideremos a continuación las diferentes órdenes referidas según los pasajes expuestos:

Orden de Dios para los cónyuges: [51]*1Co. 11: 3: "Mas quiero que sepáis, que Cristo es la cabeza de todo varón; y el varón es la cabeza de la mujer; y Dios la cabeza de Cristo."*

[51]*Ef. 5: 22-24:* [22]*"Las casadas estén sujetas a sus propios maridos, como al Señor.* [23]*Porque el marido es cabeza de la mujer, así como Cristo es cabeza de la iglesia y él es el que da la salud al cuerpo.* [24]*Así que, como la iglesia está sujeta a Cristo, así también las casadas lo estén á sus maridos en todo."*

[51]*Tit. 2: 3-5:* [3]*"Las viejas, asimismo, se distingan en un porte santo; no calumniadoras, no dadas a mucho vino, maestras de honestidad:* [4]*Que enseñen a las mujeres jóvenes a ser prudentes, a que amen a sus maridos, a que amen a sus hijos,* [5]*A ser templadas, castas, que tengan cuidado de la casa, buenas, sujetas a sus maridos; porque la palabra de Dios no sea blasfemada."*

El apóstol Pedro, después de haber hecho su exhortación correspondiente a las esposas, se dirige también a los esposos, según [51]1Pe. 3: 7, diciéndoles: Vosotros maridos, semejantemente, habitad con ellas según ciencia, dando honor a la mujer como a vaso más frágil, y como a herederas juntamente de la gracia de la vida; para que vuestras oraciones no sean impedidas.

En [51]Ef. 5: 25, 28, 33 el apóstol Pablo le dice a los maridos: Amad a vuestras mujeres, así como Cristo amó a la iglesia, y se entregó así mismo por ella. Así también los maridos deben amar a sus mujeres como a sus mismos cuerpos. El que ama a su mujer, a sí mismo se ama. Cada uno empero de vosotros de por sí, ame también a su mujer como a sí mismo; y la mujer reverencie a su marido.

Veamos otra importante recomendación del apóstol Pablo para los cónyuges, según [51]1Co. 7: 4,5 donde nos dice según su deliberación, que la mujer no tiene potestad de su propio cuerpo, sino el marido: y tampoco el marido tiene potestad de su propio cuerpo, sino la mujer. Y les recomienda que, no se defrauden el uno al otro, á no ser por algún tiempo de mutuo consentimiento, para ocuparse en la oración: y volved á juntaros en uno, porque no os tiente Satanás á causa de vuestra incontinencia.

Según la determinación que dan a entender las Sagradas Escrituras en estos pasajes, el hombre es ordenado como la cabeza de la familia, el principal. Su esposa debe estar sujeta a él, amarlo y respetarlo. El hombre, sin embargo, tiene que mantener su dignidad sobre tales privilegios. Debe no solo amar y tratar bien a su esposa, sino también representarla dignamente, honrarla y protegerla en todos los órdenes, socorriendo todas las necesidades del hogar que estén a su alcance. Enalteciendo también su matrimonio y su familia, mediante una conducta intachable.

Orden de Dios para los padres: De igual manera, los padres están en el deber de amar a sus hijos, tratarlos con cariño y con ternura, protegerlos y suplirles todas sus necesidades. Es un deber ineludible de los padres también, educar a sus hijos en el aspecto moral y espiritual, así como en el orden intelectual y laboral. De manera que estos logren llegar a ser útiles, tanto al hogar como a la sociedad.

Con respecto a la orden de Dios emitida para los padres, tomemos en consideración los siguientes pasajes de las Escrituras:

[51]***Col. 3: 21:*** *"Padres, no irritéis a vuestros hijos, porque no se hagan de poco ánimo."*

[51]***Ef. 6: 4:*** *"Y vosotros, padres, no provoquéis a ira a vuestros hijos; sino criadlos en disciplina y amonestación del Señor."*

[51]***Pr. 22: 6:*** *"Instruye al niño en su carrera: Aun cuando fuere viejo no se apartará de ella."*

Es un deber de los padres, además, amonestar y disciplinar a sus hijos, si anduvieran por malos caminos. Al respecto consideremos la actitud de Dios, según el pasaje bíblico siguiente:

[51]*1S. 3: 12, 13:* [12]*"Aquel día yo despertaré contra Eli todas las cosas que he dicho sobre su casa. En comenzando, acabaré también.* [13]*Y mostraréle que yo juzgaré su casa para siempre, por la iniquidad que él sabe;* <u>*porque sus hijos se han envilecido, y él no los ha estorbado.*</u>*"*

Es lamentable que haya padres que no solo toleran la mala conducta de sus hijos, sino que algunos hasta los apoyan y tratan de excusarlos cuando deliberadamente viven engañando a los demás y pisoteando la buena fe de las personas honestas. Y luego no quieren darse cuenta que son ellos los culpables de las consecuencias que sufren sus hijos, cuando se hallan viviendo en condiciones tan indignas y deplorables, social y moralmente como las de los más viles pecadores.

¡Cuidado, padres! porque Dios no puede ser burlado y según el pasaje citado al que trate de encubrir el pecado o la mala conducta de sus hijos, su castigo no se hace esperar.

Orden de Dios para los hijos: Aunque en el comentario del quinto mandamiento contenido en este tratado, aparece la idea en forma más explícita con respecto a este tema, no obstante, trataré nuevamente el asunto como un complemento de gran importancia para el enriquecimiento del mismo.

En relación a la orden de Dios para los hijos, consideremos lo que dicen los siguientes pasajes de las Escrituras:

[51]*Ef. 6: 1-3:* [1]*"*<u>*Hijos, obedeced en el Señor a vuestros padres;*</u> <u>*porque esto es justo.*</u> [2]<u>*Honra a tu padre y a tu madre,*</u> *que es el primer mandamiento con promesa,* [3]***Para que te vaya bien, y seas de larga vida sobre la tierra.*** *"*

[51]*Col. 3: 20: "Hijos, obedeced a vuestros padres en todo; por-que esto agrada al Señor."*

Recordemos siempre que el amor, el respeto y la obediencia son tres características que ineludiblemente debe poseer todo hijo que quiera honrar a sus padres. Es un deber sagrado de los hijos, ade-más cuidar de los padres en su vejez o enfermedad, así como su-plirles sus necesidades si la situación lo llegara a requerir.

Consideremos algunos consejos más de las Sagradas Escrituras, relacionados con la orden de Dios para los hijos:

[51]*1Ti. 5: 4: "Pero si alguna viuda tuviere hijos, o nietos, apren-dan primero a gobernar su casa piadosamente, y a recompensar a sus padres: porque esto es lo honesto y agradable delante de Dios."*

[51]*Pr. 1: 8-10: 8"Oye, hijo mío, la doctrina de tu padre, Y no desprecies la dirección de tu madre: 9Porque adorno de gracia serán a tu cabeza, Y collares a tu cuello. 10Hijo mío, si los peca-dores te quisieran engañar, No consientas."*

[51]*Pr. 23: 22: "Oye a tu padre, a aquel que te engendró; Y cuan-do tu madre envejeciere, no la menosprecies."*

En [51]Pr. 19: 26 dice que el que roba a su padre y ahuyenta a su madre, hijo es avergonzador y deshonrador. También [51]Pr. 20: 20 advierte a los hijos diciendo que, el que maldice a su padre o a su madre, su lámpara será apagada en oscuridad tenebrosa. Así mis-mo, en [51]Pr. 10: 1 declara que, el hijo sabio alegra al padre, el hijo necio es tristeza de su madre.

El hijo sabio es aquel que honra a sus padres, les obedece y acata sus consejos y enseñanzas; mientras que el hijo necio hace todo lo contrario.

LA SANTA COMUNIÓN O CENA DEL SEÑOR

Cuando Dios sacó con mano fuerte a los hijos de Israel de la esclavitud de Egipto, estableció la fiesta de la Pascua de Jehová, en el día 14 del mes del Abib, la cual ellos debían celebrar fielmente cada año en esa misma fecha. En esa celebración, cada familia del pueblo de Dios debía sacrificar un cordero, asarlo y consumirlo, condicionados a una serie de normas especificadas en [51]Éx. 12: 1-40 y 13: 3-10.

Este cordero, según lo demuestran las Sagradas Escrituras, prefiguraba a Cristo quien es el Cordero de Dios que habría de ser inmolado por la humanidad. Véase [51]Jn. 1: 29, 36, 37; 1Pe. 1: 19, 20; Ap. 5: 12.

Fue durante la celebración de esta fiesta, precisamente, alrededor de 1, 490 años después de su institución, cuando Cristo se reunió a cenar por última vez con sus discípulos, donde les dejó el legado de una nueva conmemoración. Al respecto tomemos en consideración lo que nos dice el pasaje bíblico siguiente:

[51]*Mt. 26: 17-20, 26-28.* [17]*"Y el primer día de la fiesta de los panes sin levadura, vinieron los discípulos a Jesús, diciéndole: ¿Dónde quieres que aderecemos para ti para comer la pascua?* [18]*Y él dijo: Id a la ciudad a cierto hombre, y decidle: El Maestro dice: Mi tiempo está cerca; en tu casa haré la pascua con mis discípulos.* [19]*Y los discípulos hicieron como Jesús les mandó, y aderezaron la pascua.* [20]*Y como fué la tarde del día, se sentó a la mesa con los doce.* [26]*Y comiendo ellos, tomó Jesús el pan, y bendijo, y lo partió, y dió a sus discípulos, y dijo: Tomad, comed: esto es mi cuerpo.* [27]*Y tomando el vaso, y hechas gracias, les dio, diciendo: Bebed de él todos;* [28]*Porque esto es mi sangre **del nuevo pacto**, la cual es derramada por muchos para remisión de los pecados."*

Esta nueva celebración legada por nuestro Señor Jesucristo, ha sido llamada por la Iglesia cristiana: La Santa Comunión, Santa Cena o Cena del Señor, denominada además, en los primeros siglos como la Eucaristía, del [1]griego εὐχαριστία [eucaristía]: acción de gracias. La misma llegó a ser considerada como un típico acto de agradecimiento, mediante su celebración se suele hacer recordación de la muerte de Jesucristo, a través de la cual se llevó a efecto el sacrificio expiatorio por el pecado de la humanidad, abriéndonos así la puerta de su gracia divina para salvación y vida eterna.

El acto del Señor Jesús, en el que presenta ante sus discípulos el pan y el vino como símbolo de su cuerpo y su sangre, según el pasaje leído, justifica su discurso en una ocasión anterior a esta, en la que se expresó en términos semejantes según [51]Jn. 6: 48-58 diciendo: Yo soy el pan de vida. Vuestros padres comieron el maná en el desierto, y son muertos. Este es el pan que desciende del cielo, para que el que de él comiere, no muera. Yo soy el pan vivo que he descendido del cielo: si alguno comiere de este pan, vivirá para siempre; y el pan que yo daré es mi carne, la cual yo daré por la vida del mundo. Entonces los judíos contendían entre sí, diciendo: ¿Cómo puede éste darnos su carne a comer? Y Jesús les dijo: De cierto, de cierto os digo: Si no comiereis la carne del Hijo del hombre, y bebiereis su sangre, no tendréis vida en vosotros. El que come mi carne y bebe mi sangre, tiene vida eterna: y yo le resucitaré en el día postrero. Porque mi carne es verdadera comida, y mi sangre es verdadera bebida. El que come mi carne y bebe mi sangre, en mí permanece, y yo en él. Como me envió el Padre viviente, y yo vivo por el Padre, asimismo el que me come, él también vivirá por mí. Este es el pan que descendió del cielo: no como vuestros padres comieron el maná, y son muertos: el que come de este pan, vivirá eternamente.

Esta declaración de nuestro Señor fue definida por la Iglesia del siglo IV y confirmada en el Concilio de Trento, bajo el concepto de la transubstanciación. Consiste en la idea de la conversión del cuerpo y la sangre de Cristo, en el pan y el vino. No obstante, la mayoría de las Iglesias cristianas lo entendemos solo como un acto simbólico.

Ahora bien, con referencia a la institución de la Santa Cena o Cena del Señor, el apóstol Pablo nos dice lo siguiente:

[51]*1Cor. 11: 23-32:* [23]*"Porque yo recibí del Señor lo que también os he enseñado: Que el Señor Jesús, la noche que fué entregado, tomó pan;* [24]*Y habiendo dado gracias, lo partió, y dijo: Tomad, comed: esto es mi cuerpo que por vosotros es partido: haced esto en memoria de mí.* [25]*Asimismo tomó también la copa, después de haber cenado, diciendo: Esta copa es el nuevo pacto en mi sangre: haced esto todas las veces que bebiereis, en memoria de mí.* [26]*Porque todas las veces que comiereis este pan, y bebiereis esta copa, la muerte del Señor anunciáis hasta que venga.* [27]*De manera que, cualquiera que comiere este pan o bebiere esta copa del Señor indignamente, será culpado del cuerpo y de la sangre del Señor.* [28]*Por tanto, pruébese cada uno a sí mismo, y coma así de aquel pan, y beba de aquella copa.* [29]*Porque el que come y bebe indignamente, juicio come y bebe para sí, no discerniendo el cuerpo del Señor.* [30]*Por lo cual hay muchos enfermos y debilitados entre vosotros; y muchos duermen.* [31]*Que si nos examinásemos a nosotros mismos, cierto no seríamos juzgados.* [32]*Mas siendo juzgados, somos castigados del Señor, para que no seamos condenados con el mundo."*

Es un hecho conocido históricamente por las Escrituras que la Iglesia primitiva celebró siempre esta conmemoración de la Cena del Señor.

La mayoría de las Iglesias cristianas más conservadoras celebran todos los años esta santa conmemoración, bajo los mismos conceptos y requisitos declarados por el apóstol Pablo en el pasaje leído, y algunas de ellas lo hacen en la fecha que según nuestro calendario corresponde al día 14 del mes del Abib, o de Nissan, según el calendario hebreo como lo hizo Jesús.

Nota: La Torah (versión hebrea de las Sagradas Escrituras), llama a este mes: "El Primer Mes" (Hodesh HaRishon) y también se refiere a él como "Mes del Abib" (Hodesh Ha'Abib). Debe notarse que no se llama *Mes de Abib*, sino *Mes de EL Abib*. Abib no es el nombre del mes, sino que describe el carácter estacional del mismo [ya que los nombres en hebreo bíblico no llevan artículo definido]. El nombre *Nissan* es un nombre de mes babilónico que Israel aprendió durante su destierro babilónico. Véase el [18]Sitio Web: http://www.caraitas.org/KaraiteKorner/ preguntas_abib.htm.

UN EJEMPLO DE HUMILDAD

Después de terminada la cena con sus discípulos, según el tema anterior, el Señor Jesús hizo un gesto de gran humildad con cada uno de ellos, con lo cual les dejó un maravilloso ejemplo antes de su partida.

Consideremos el siguiente pasaje de las Escrituras:

[51]*Jn. 13: 2-15:* [2]*"Y la cena acabada, como el diablo ya había metido en el corazón de Judas, hijo de Simón Iscariote, que le entregase,* [3]*Sabiendo Jesús que el Padre le había dado todas las cosas en las manos, y que había salido de Dios, y a Dios iba,* [4]*Levántase de la cena, y quítase su ropa, y tomando una toalla, ciñóse.* [5]*Luego puso agua en un lebrillo, y comenzó a lavar los pies de los discípulos, y a limpiarlos con la toalla con que estaba ceñido.* [6]*Entonces vino a Simón Pedro; y Pedro le dice: ¿Señor, tú me lavas los pies?* [7]*Respondió Jesús, y díjole: Lo que yo hago, tú no entiendes ahora; mas lo entenderás después.* [8]*Dícele Pedro: No me lavarás los pies jamás. Respondióle Jesús: Si no te lavare, no tendrás parte conmigo.* [9]*Dícele Simón Pedro: Señor, no sólo mis pies, mas aun las manos y la cabeza.* [10]*Dícele Jesús: El que está lavado, no necesita sino que lave los pies, mas está todo limpio: y vosotros limpios estáis, aunque no todos.* [11]*Porque sabía quién le había de entregar; por eso dijo: No estáis limpios todos.* [12]*Así que, después*

que les hubo lavado los pies, y tomado su ropa, volviéndose a sentar a la mesa, díjoles: ¿Sabéis lo que os he hecho? [13]Vosotros me llamáis, Maestro, y, Señor: y decís bien; porque lo soy. [14]Pues si yo, el Señor y el Maestro, he lavado vuestros pies, vosotros también debéis lavar los pies los unos a los otros. [15]Porque ejemplo os he dado, para que como yo os he hecho, vosotros también hagáis."

La antigua práctica de lavarles los pies a ciertas personas es un hecho circunstancial, bien conocido en el relato bíblico del Antiguo Testamento.

Según los informes que tenemos, el lavamiento de pies era un acto de cortesía y buen recibimiento en aquella época a las buenas amistades y personas distinguidas, debido a las circunstancias en que no existían las carreteras pavimentadas ni el sistema de transportación de nuestros tiempos y la gran mayoría de las personas tenían que andar a pie constantemente y por lo general, recorrer las distancias que fueran necesarias. Y en tales condiciones, cuando no abundaba el polvo, era demasiado el lodo, por lo que normalmente al llegar al lugar de destino lo más que se sufría era de cansancio en los pies. Debido a ello, una buena lavada resultaba muy confortable y era de agradecerse mucho y de valorar el aprecio que se le demostraba con tan generoso gesto. No obstante, se dice que las personas que tenían criados solían asignarle este trabajo al inferior entre ellos por considerarse un trabajo humillante.

Jesucristo, sin embargo, siendo el Maestro y Señor, lejos de tomarlo como un acto de humillación para sí, lo hizo más bien como un gesto de espontaneidad y de profundo amor. Con lo cual, dejaría un significativo y humilde ejemplo de amor fraternal para sus seguidores a través de la historia. Pues si siendo Él Señor y Maestro había lavado los pies a sus discípulos, incluyendo a Judas Iscariote quien sabía muy bien que había de entregarle, ellos también debían estar dispuestos a lavarse los pies, los unos a los otros. No solo en momentos de tan alta emoción como aquel, sino aun en las circunstancias más controversiales, cuando estuvieran gozando de sus rangos como apóstoles de la Iglesia o como obispos, diáconos y pastores. Ellos debían también lavar los pies, no solo a sus familiares y amigos o a sus compañeros de rango, sino aun a los más insignificantes discípulos o integrantes de la Iglesia, aunque por alguna razón no fueran para algunos de ellos de su mayor simpatía.

Asimismo, todo seguidor de la doctrina de Jesucristo, que haya sido iluminado con el glorioso evangelio de salvación, debe estar dispuesto, no solamente a cumplir con humildad este mandato del Señor Jesús, sino que debe hacerlo con un profundo sentido del amor fraternal, aunque en la actualidad esta práctica haya tomado un carácter simplemente simbólico.

En este caso, tambien, la mayoría de las Iglesias cristianas más conservadoras hacen uso práctico de este acto, regularmente después de terminada la celebración de la Santa Cena como lo hizo el mismo Cristo.

ACERCA DEL DIEZMO

Bosquejo: Dios exigió el diezmo de su pueblo escogido para el sustento de los sacerdotes que ministraban la religión, oficialmente establecida por su propia disposición, según el Antiguo Pacto. Pero habiendo quedado tal sacerdocio sin efecto, al ser instituido Jesucristo como único sacerdote para siempre, conforme al orden de Melchîsedech, según el Nuevo Pacto, su Iglesia pasó a representar la religión oficialmente establecida por designio divino. Por lo cual, procedió a asumir todos los derechos y deberes que le son conferidos. Entre ellos, el de recibir el diezmo para el sostenimiento de sus ministros y para el empleo sagrado de su obra en sentido general, aunque en los primeros tres siglos no se hizo alusión al mismo. Vea los detalles en el desarrollo del tema.

Según los detalles bíblicos se conoce como diezmos, la décima parte de los frutos de la tierra, que daban los fieles a los dirigentes de la religión judía, tradicionalmente conocida como el judaísmo.

El diezmo incluía además, la décima parte del ganado, el aceite y el vino que los mismos judíos fabricaban. Este tenía un carácter sagrado y era usado en el templo para el beneficio y alimentación de los que ministraban en él. Al respecto consideremos los pasajes bíblicos siguientes:

[51]*Lv. 27: 30, 32:* [30]*"Y todas las décimas de la tierra, así de la simiente de la tierra como del fruto de los árboles, de Jehová son: es cosa consagrada a Jehová.* [32]*Y toda décima de vacas o de ovejas, de todo lo que pasa bajo la vara, la décima será consagrada a Jehová."*

[51]*Nm. 18: 21, 24:* [21]*"Y he aquí yo he dado a los hijos de Leví todos los diezmos en Israel por heredad, por su ministerio, por cuanto ellos sirven en el ministerio del tabernáculo del testimonio.* [24]*Porque a los levitas he dado por heredad los diezmos de los hijos de Israel, que ofrecerán a Jehová en ofrenda"...*

[51]*Neh. 13: 12:* *"Y todo Judá trajo el diezmo del grano, y del vino y del aceite, a los almacenes."*

La tercera parte de los diezmos: Además de los detalles reflejados en estos pasajes, la ley del diezmo, según [51]Dt. 14: 22-29, estipula que cada año cuando el diezmador fuera a ofrecer sus tributaciones al templo, él y su familia debían regocijarse en la participación de una espléndida cena proveniente de sus propios diezmos, en la que podían disfrutar también del uso de su propio vino, su sidra y de todo lo que deseara su alma. Pero lo más relevante en este pasaje consiste en el hecho de que, cada tercer año estos beneficios en vez de ser llevados al templo, debían quedarse en sus propias poblaciones y ser usados en su totalidad para dar de comer a los extranjeros, los huérfanos, las viudas y a los levitas que vivieran entre ellos. De esta manera el diezmo constituye también una razón de regocijo y de provisión para los pobres que residan dentro del pueblo de Dios.

El diezmo de los diezmos: La mayor evidencia de la naturaleza sagrada de los diezmos, consiste en que la décima parte de estos tenía que ser ofrecida en ofrenda a Dios. Consideremos al respecto lo que dice el siguiente pasaje de las Escrituras:

[51]*Nm. 18: 25-28:* [25]*"Y habló Jehová a Moisés, diciendo:* [26]*Así hablarás a los levitas, y les dirás: Cuando tomareis de los hijos de Israel los diezmos que os he dado de ellos por vuestra heredad, vosotros presentaréis de ellos en ofrenda mecida a Jehová el diezmo de los diezmos.* [27]*Y se os contará vuestra ofrenda como grano de la era, y como acopio del lagar.* [28]*Así ofreceréis también vosotros ofrenda a Jehová de todos vuestros diezmos que hubiereis recibido de los hijos de Israel; y daréis de ellos la ofrenda de Jehová a Aarón el sacerdote."*

Entiéndase que los levitas eran los descendientes de la tribu de Leví, una de las doce tribus que componían el pueblo de Israel. Israel era Jacob, hijo de Isaac, el cual era hijo de Abraham, el elegido de Dios (alrededor de 2060 a. C.), quien recibió grandes promesas divinas. Jacob tuvo doce hijos, cada uno de los cuales fue cabeza de la tribu de sus propios descendientes. Cada una de estas tribus ha llevado siempre el nombre de su propio patriarca. Los descendientes de la tribu de Leví, fueron elegidos por Dios para ministrar en los servicios del templo bajo la administración del sumo sacerdote, el cual era también levita.

Al ser elegidos y consagrados para ministrar en los servicios exclusivos del templo, no tenían tiempo para atender ningún otro negocio, ni les era permitido tampoco. Por esta razón no poseían otra heredad, sino la que Dios mismo les asignó: los diezmos que Él demandaba de su pueblo. No obstante, ellos mismos tenían que diezmar de estos impuestos que recibían y ofrecerlos a Dios en ofrenda. Esto le da un carácter de mayor relevancia al mandamiento y nos proporciona un concepto más elevado del carácter sagrado del mismo.

El aporte de los diezmos para el antiguo sacerdocio judío, es un mandamiento bien especificado en las Escrituras del Antiguo Testamento. El hecho de desobedecerlo acarreaba maldición y ruina, mientras que para los fieles obedientes Dios prometió abundantes bendiciones.

Consideremos al respecto lo que nos dice el profeta Malaquías:

[51]*Mal. 3: 8-12:* [8]*"¿Robará el hombre a Dios? Pues vosotros me habéis robado. Y dijisteis: ¿En qué te hemos robado? Los diezmos y las primicias.* [9]*Malditos sois con maldición, porque vosotros, la nación toda, me habéis robado.* [10]*Traed los diezmos al alfolí, y haya alimento en mi casa; y probadme ahora en esto, dice Jehová de los ejércitos, si no os abriré las ventanas de los cielos, y vaciaré sobre vosotros bendición hasta que sobreabunde.* [11]*Increparé también por vosotros al devorador, y no os corromperá el fruto de la tierra; ni vuestra vid en el campo abortará, dice Jehová de los ejércitos.* [12]*Y todas las gentes os dirán bienaventurados; porque seréis tierra deseable, dice Jehová de los ejércitos."*

Trascendencia del diezmo: Aunque el diezmo se constituyó en un mandamiento de la ley de Dios escrita, no obstante, el mismo tiene una trascendencia de carácter espontáneo entre los patriarcas hebreos. Al respecto consideremos la actitud de Abram y de Jacob, según lo expresan los siguientes pasajes bíblicos:

[51]*Gn. 14: 18-20:* [18]*"Entonces Melchîsedech, rey de Salem, sacó pan y vino; el cual era sacerdote del Dios alto;* [19]*Y bendíjole, y dijo: Bendito sea Abram del Dios alto, poseedor de los cielos y de la tierra;* [20]*Y bendito sea el Dios alto, que entregó tus enemigos en tu mano. Y dióle Abram los diezmos de todo."*

[51]*Gn. 28: 20-22:* [20]*"E hizo Jacob voto, diciendo: Si fuere Dios conmigo, y me guardare en este viaje que voy, y me diere pan para comer y vestido para vestir,* [21]*Y si tornare en paz a casa de mi padre, Jehová será mi Dios,* [22]*Y esta piedra que he puesto por título, será casa de Dios: y de todo lo que me dieres, el diezmo lo he de apartar para ti."*

Jesucristo hizo referencia al diezmo, con carácter de aprobación, por cuanto era un mandamiento de la ley que cumplía un objetivo indispensable para el sacerdocio judío que todavía mantenía su vigencia para los efectos divinos:

[51]*Mt. 23: 23: "¡Ay de vosotros, escribas y Fariseos, hipócritas! porque diezmáis la menta y el eneldo y el comino, y dejasteis lo que es lo más grave de la ley, es a saber, el juicio y la misericordia y la fe: esto era menester hacer, y no dejar lo otro."*

LA IGLESIA CRISTIANA Y EL DIEZMO

En el bosquejo expuesto al inicio del tema, se reflejan claramente las razones que le otorgaron a la Iglesia cristiana el derecho de recibir los diezmos de su feligresía. No obstante, es importante notar que en el período histórico de la Iglesia, comprendido en el relato del Nuevo Testamento, no encontramos rasgo alguno de la práctica de este mandamiento en aquellos primeros años. Según el relato del historiador, predominaba el concepto de que aquel legado era solo para el judaísmo. Pero sabemos que como religión de prevalencia oficial, este había quedado sin efecto, según los designios de Dios para darle su lugar correspondiente a la Iglesia cristiana, a los que habían creído en el nazareno como el Mesías prometido, y enviado por Dios.

Mientras, la experiencia ha puesto claramente al descubierto que toda organización social necesita de ciertos recursos financieros para poder subsistir como tal.

Evidentemente, la Iglesia cristiana por las características de su estructura administrativa es una de las que con mayor necesidad requiere de ello, por lo cual conocemos según el reflejo histórico del Nuevo Testamento, las colectas de las ofrendas de amor para los santos, llevadas a cabo inicialmente por el apóstol Pablo.

Sin embargo, siguiendo los pasos de la historia encontramos que muy pronto los dirigentes de la Iglesia optaron por un sistema más eficiente y mejor organizado, al recordar el antiguo mandato que había dado Dios al pueblo judío, con respecto a los diezmos, el cual tuvieron a bien adoptar comenzando a ponerlo en vigor entre los cristianos.

Ahora bien, ¿cuáles fueron las razones en la que se apoyó a la Iglesia para atribuirse este derecho? ¿A quiénes les había sido conferido el derecho de recibir los diezmos? Lógicamente al sacerdocio judío.

¿Quiénes recibían inicialmente el beneficio de la contribución de los diezmos? Aunque aproximadamente una tercera parte de estos recursos, tal como es de nuestro conocimiento, tenía el objetivo de proveer alimentación para los extranjeros, los huérfanos y las viudas que vivían entre ellos, así como al diezmador y su familia, la mayor parte de ellos, sin embargo, era dedicada a la provisión de todos los que ministraban en el templo, o sea, para el sustento de los representantes y administradores de la religión judía. Un sistema religioso establecido por Dios, como la única religión auténtica, que tenía la misión de darlo a conocer a la humanidad como el Divino Creador en sus relaciones y propósitos de redención para con el hombre. Ellos eran además, los únicos encargados y autorizados para ejercer la reconciliación del hombre con Dios y propiciarle el perdón de los pecados de manera temporal, mediante el sacrificio y la sangre derramada de corderos, machos cabríos y becerros e interceder ante Dios por ellos.

Pero, ¿qué había sucedido con esto? La Iglesia encontró que aunque Dios no había desechado definitivamente al pueblo judío, sin embargo, basados en la declaración del libro A los Hebreos, cuando se hizo el primer intento de la adopción del diezmo en el siglo IV, el sistema religioso administrado por dicho pueblo, hacía ya más de tres siglos que por designio de Dios había quedado sin efecto.

Recordemos que según el estudio realizado acerca del Antiguo y Nuevo Pactos, confirmado en [51]He. 10: 4-6, 9-14, Dios desechó el sistema ritual de sacrificios de animales por el pecado y lo sustituyó por el sacrificio de Jesucristo en la cruz, hecho una sola vez y para siempre. Y según lo que nos declara [51]He. 7: 20, 21, también fue sustituido el sistema sacerdotal, constituyendo al Cristo como sacerdote para siempre, según el orden de Melchîsedech; todo lo cual fue confirmado por el mismo Señor, según [51]Jn. 14: 6, donde dice: "Yo soy el camino, y la verdad, y la vida: nadie viene al Padre, sino por mí". Véase además [51]Mt. 21: 42-44 con [51]Hch. 4: 11, 12, lo cual deja evidentemente claro el concepto referido de que el sistema religioso según el Antiguo Pacto, había quedado sin efecto por designio de Dios y que el cristianismo había pasado a ser la religión oficial establecida y encargada de ministrarles a las almas el mensaje de salvación y enseñarles hacerca del reino de Dios, conforme al concepto adquirido en nuestro estudio acerca del Nuevo Pacto.

Por lo tanto, teniendo en cuenta que Abraham, el padre de la fe, le pagó de manera espontánea los diezmos a Melchîsedech, el cual prefiguraba a Cristo, se asume que los cristianos debían contribuir también de manera espontánea, con el aporte de los diezmos a la Iglesia de Jesucristo, quien es ahora constituido sacerdote para siempre, según el orden de Melchîsedech.

Aunque está comprobado que en el sistema religioso judío establecido según el Atiguo Pacto, había varias sinagogas en existencia en esa época, había sin embargo, un solo templo para sus funciones sacerdotales; mientras que la Iglesia cristiana tenía ya decenas de templos. ¿Cuántos hay en la actualidad?

El sistema religioso judío administraba la religión a varios pueblos con extremas restricciones, mientras que la religión cristiana le era administrada igualmente a varios pueblos, según los designios del Nevo Pacto, con un carácter mucho más extensivo y de mayor aceptación por parte de los inconversos. ¿A cuántos pueblos y personas les es administrada en la actualidad?

¿Cuántos más son los que ministran actualmente la religión cristiana, y cuántos recursos más se necesitan para que la obra se siga expandiendo y el mensaje de salvación y la enseñanza de la Doctrina de Jesucristo se les siga impartiendo a las almas?

En el sistema religioso judío eran mayormente los sacerdotes los que se beneficiaban con las dos terceras partes del diezmo; pero en la Iglesia cristiana, hablando en términos generalizados, el diezmo se utiliza para el sostenimiento de los pastores, ministros, misioneros, estudiantes bíblicos y sus maestros; se ayuda a los pobres, los huérfanos, las viudas, los ancianos; se construyen templos, casas pastorales, asilos para ancianos, orfanatorios y se le ofrecen más beneficios a la humanidad, con el aporte bien administrado de estas finanzas.

Por lo tanto, teniendo en cuenta el mandamiento dado por Dios desde la antigüedad y el carácter sagrado del uso que debe darle la Iglesia a este aporte financiero, la contribución de los diezmos es recomendada como un deber para todos los fieles cristianos. No obstante, como dijera uno de nuestros distinguidos evangelistas, lejos de tomar este mandamiento como una exigencia o imposición de la Iglesia, el diezmo hay que tomarlo como un asunto de fe; así como Abram, para quien no fue necesaria la existencia del mandamiento literalmente escrito, sino que al considerar todo lo que Dios le había permitido obtener de aquel gran botín descrito en el contexto que le precede al pasaje citado, de su propia voluntad dio los diezmos a aquel sacerdote que según las Escrituras, prefiguraba el sacerdocio de Jesucristo.

Así también como Jacob, quien le prometió a Dios que si lo bendecía en aquel viaje, de todo lo que le diera apartaría para Él el diezmo.

Evidentemente, en los capítulos que siguen al pasaje de referencia, se puede apreciar cuántas riquezas le dio Dios a Jacob.

Lo más significativo de todo esto es lo que dice Dios a su pueblo por medio del profeta Malaquías: "Traed los diezmos al alfolí, y haya alimento en mi casa; y probadme ahora en esto, dice Jehová de los ejércitos, si no os abriré las ventanas de los cielos, y vaciaré sobre vosotros bendición hasta que sobreabunde."

ATAVÍO DE LA MUJER CRISTIANA

La mujer cristiana, así como el hombre son llamados a practicar una conducta que haga resaltar ante la sociedad los más elevados principios de moralidad; convirtiéndose en una lumbrera para el resto de la humanidad.

Debido a estas razones, teniendo en cuenta que la mujer tiene tendencias a la vanidad ilusoria de extremarse en el ornato personal, los apóstoles principales de la Iglesia dieron las recomendaciones expuestas en los siguientes pasajes de las Escrituras:

[51]*1Ti. 2: 9, 10:* [9]*"Asimismo también las mujeres, ataviándose en hábito honesto, con vergüenza y modestia; no con cabellos encrespados, u oro, o perlas, o vestidos costosos.* [10]*Sino de buenas obras, como conviene a mujeres que profesan piedad."*

[51]*1Pe. 3: 3, 5:* [3]*"El adorno de las cuales no sea exterior con encrespamiento del cabello, y atavío de oro, ni en compostura de ropas,* [5]*Porque así también se ataviaban en el tiempo antiguo aquellas santas mujeres que esperaban en Dios, **siendo sujetas a sus maridos."***

Entre los aspectos que deben caracterizar el atavío de la mujer cristiana, según el primero de estos pasajes, se denotan tres principales: honestidad, vergüenza y modestia. Estos tres aspectos deben tomarse seriamente en consideración para aplicarlos a las diferentes modas en el vestuario de la mujer cristiana. Cualquier moda en la vestimenta de una mujer piadosa, pudiera ser correcta, si no se violan ninguna de estas tres características.

Los vestidos con escotes muy pronunciados, sin mangas o con mangas abiertas, muy cortos, con aberturas excedidas o muy ajustados al cuerpo; así como los pantalones femeninos, pantalones cortos (shorts), etc. han sido interpretados siempre por las Iglesias más conservadoras, como una violación al vestuario, para la mujer que profesa piedad. Véase [51]Dt. 22: 5.

Las recomendaciones referidas en estos pasajes bíblicos con relación al peinado y los adornos de oro y de perlas, etc. constituyen también una exigencia de la modestia y la honestidad para la mujer cristiana.

Nótese que según lo refleja el versículo 5 del segundo de estos pasajes, los apóstoles están tomando el patrón de conducta de las santas mujeres, que en el tiempo antiguo esperaban en Dios.

Hoy en día, sin embargo, es algo muy común que muchas profesantes cristianas se vistan y complementen su ornato a su mejor parecer, poniendo por excusa que Dios no mira la apariencia externa sino el corazón. Pero lamentablemente no quieren aceptar que Dios **no** está viendo en ellas un corazón conforme a su voluntad divina, sino en rebeldía y desobediencia a las recomendaciones dadas en su Santa Palabra. Al respecto dice un exaltado pensamiento del apóstol Miguel Rodríguez, uno de los directores de Nuestra Iglesia: "La línea de separación entre el mundo y la Iglesia debe estar bien definida y mantenerse inviolable. Las modas y costumbres de esta sociedad caída no pueden ser las nuestras. ¡Cuidado con el amor y el apego a las cosas terrenas que pronto perecerán!"

Otro aspecto muy importante comprendido en el atavío de la mujer cristiana lo encontramos en el siguiente pasaje bíblico:

[51]*1Co. 11: 3-7, 10, 13:* [3]*"Pero quiero que sepáis que Cristo es la cabeza de todo varón, y el varón es la cabeza de la mujer, y Dios la cabeza de Cristo.* [4]*Todo varón que ora o profetiza cubierta la cabeza, afrenta su cabeza.* [5]*Mas toda mujer que ora o profetiza* **no** *cubierta su cabeza, afrenta su cabeza; porque lo mismo es que si se rayese.* [6]*Porque si la mujer no se cubre, trasquílese también: y si es deshonesto a la mujer trasquilarse o raerse, cúbrase.* [7]*Porque el varón* **no** *debe cubrirse la cabeza,* **pues él es imagen y gloria de Dios;** *pero la mujer es gloria del varón.* [10]*Por lo cual la mujer debe tener señal de potestad sobre su cabeza, por causa de los ángeles.* [13]*Juzgad vosotros mismos: ¿es honesto orar la mujer a Dios no cubierta?"*

Según la declaración de las Escrituras en este pasaje, Cristo es la cabeza del hombre, el hombre la cabeza de la mujer y Dios la cabeza de Cristo. Esta declaración se refiere, obviamente, a la cabeza jerárquica: el líder, el guía, el principal.

Así cuando dice que la mujer que ora o profetiza **no** cubierta la cabeza afrenta su cabeza, significa que si ella no se cubre la cabeza para orar o profetizar, afrenta o deshonra a su cabeza jerárquica, que es el varón.

El acierto de esta interpretación se evidencia en el texto del idioma original [1]griego, donde se hace uso de la palabra κεφαλῇ [kefalh], para referirse a la cabeza física, mientras que al referirse a la cabeza jerárquica, se hace uso de la misma palabra, pero con un matiz diferente: κεφαλὴ.

Según la exégesis atribuida por algunos teólogos a este pasaje, la mujer debe cubrirse la cabeza cuando ora o profetiza y esto se debe a que ella es gloria del varón, creada originalmente por causa del hombre y puesta por disposición divina, según [51]Gn. 3: 16, bajo la potestad del mismo, el cual es imagen y gloria de Dios.

Nótese que por lo general, la mujer tiene por intuición propia una tendencia constante a sentirse protegida por el hombre, a saber que puede depender de él en cualquier circunstancia, a ser tratada por él como un vaso frágil o como una delicada flor.

Y regularmente, hasta las mujeres más inteligentes y capaces, prefieren un esposo con características intelectuales que sobrepasen las suyas. Estas son evidencias de que la mujer fue creada por Dios con determinadas características naturales, que además de convertirla en una ayuda idónea para el hombre, le permiten depender de él y por ende sujetarse a la apreciada dignidad de su autoridad conferida por el Divino Creador.

Según lo exponen los teólogos de referencia, el hecho de que la mujer se presente ante Dios con la cabeza cubierta, constituye un símbolo de su aceptación a la predeterminación divina de que ella debe mantenerse bajo la potestad del varón. Por lo cual el versículo 10 de este pasaje dice que ella debe llevar señal de potestad sobre su cabeza, por causa de los ángeles, ya que estos son ministros de Dios y representantes de su reino. Porque la mujer cristiana no es una mujer común. Ella es **un ser especial,** una perla escogida y santificada por Dios para gloria de su santo nombre. Porque Eva, al ser incitada por el tentador, eligió en su libre albedrío comer del fruto prohibido por la presunción de llegar a ser como dioses o igual a Dios. Pero la mujer cristiana, poseyendo también la facultad de libre voluntad, ha elegido espontáneamente y por amor, someterse a la soberanía del Reino Divino. Y al llevar la señal de potestad sobre su cabeza, le está demostrando al enemigo de Dios y de nuestras almas, que la mujer redimida por la sangre de Jesucristo y cubierta por el manto de su gracia divina, ha sido capaz de reconocer el señorío del Supremo Creador y decidirse libremente, por la obediencia a todos sus preceptos divinos. Y algo muy significativo consiste en el hecho de que la mujer cristiana reconozca el privilegio del hombre escogido y santificado por Dios, como el guía o aquel a quien le ha sido conferida autoridad sobre ella, y lejos de verlo como una condición humillante o de desigualdad entre el hombre y la mujer, lo reconoce más bien como un status de alto prestigio y dignidad para sí misma, por su incondicional aceptación de lo predispuesto por Dios.

La práctica del uso del velo por parte de las mujeres que pertenecían al pueblo escogido de Dios, tanto de las casadas como de las solteras, se evidencia en varios pasajes de las Escrituras del Antiguo Testamento, entre los cuales es bien conocido el caso de Rebeca, según [51]Gn. 24: 65; el de [51]Ruth, 3: 15 y otros, acerca de lo cual Pablo tenía un profundo conocimiento; por lo que hace tales declaraciones a la Iglesia de los gentiles, en la que al parecer **no** predominaba este concepto en forma generalizada.

Consideremos ahora detenidamente el siguiente pasaje:

[51]*1Co. 11: 14, 15:* [14]*"La misma naturaleza ¿no os enseña que al hombre sea deshonesto criar cabello?* [15]*Por el contrario, a la mujer criar el cabello le es honroso; porque en lugar de velo le es dado el cabello."*

La interpretación de la mayoría de las Iglesias cristianas de nuestros tiempos acerca de este pasaje, es que el cabello sustituye al velo y que por lo tanto, no es necesario que la mujer se cubra la cabeza, ni siquiera para orar o profetizar.

No obstante, con el liberal objetivo de analizar este tema con un carácter más profundo, para un conocimiento más amplio de los estudiantes, tomaremos en cuenta también, la interpretación de los cristianos más conservadores, según los conceptos expuestos en la siguiente reflexión: Un análisis demasiado superficial acerca de la declaración de este versículo, ha hecho creer a la mayoría de los cristianos de la actualidad que el cabello sustituye al velo. Sin embargo, al comparar dicho versículo con el contexto que le precede, nos encontramos con una **significativa** arbitrariedad, donde se refleja un carácter de inconvergencia con relación a todo lo declarado anteriormente. Por cuanto, primero se denota mucho énfasis en la exigencia de que la mujer debe cubrirse la cabeza cuando ora o profetiza, porque ella es gloria del varón y por lo tanto debe llevar señal de potestad sobre su cabeza por causa de los ángeles. Y dice además, que si la mujer no se cubre la cabeza, le es igual que si se trasquilara o se raspara.

Sin embargo, concluye diciendo que en lugar de velo le es dado el cabello, lo cual indica una aparente tentativa de sustitución del velo por el cabello, y refleja además un carácter de invalidez total, de todo lo declarado anteriormente.

No obstante, al someter nuestro pasaje a un análisis más profundo, encontramos que según la declaración del mismo es evidente que el Apóstol está haciendo énfasis, en este caso, en dos requisitos básicos concernientes al atavío de la mujer cristiana, de los cuales podemos tomar en primer lugar la cabellera larga, la cual le es dada en lugar de velo; y en segundo lugar, su marcada insistencia en que la mujer se cubra la cabeza como señal de potestad. La evidencia de estos detalles nos ofrece los recursos suficientes para la elaboración de un valioso razonamiento catalogado en este caso, como **el argumento lógico,** al cual podemos acogernos como la única alternativa que nos permite despejar la declaración del versículo en cuestión, de manera que deje de constituir un carácter de contradicción y de anulación total de todo lo que se dice en la contextura del mismo.

Este argumento consiste, por lo tanto, en que la mujer además de dejarse el cabello largo, debe cubrirse también la cabeza como señal de potestad, pero no necesariamente con un velo, por cuanto la cabellera larga hace las funciones correspondientes al velo, **excepto** la de mantener su cabeza cubierta, según lo indica el sentido de la lógica a través de la declaración del contenido del tema. Por lo que pudiera admitirse que se trate del uso de cualquier otro método habitualmente apropiado al caso, como el de una pañoleta o algo semejante que le sirva de cobertor.

Este argumento anula el concepto como tal de que el cabello sustituye definitivamente al velo, desde el punto de vista de cobertura para la cabeza de la mujer. Pues el mismo carece tanto de lógica, como de consistencia. Al respecto tomaremos en consideración algunos razonamientos básicos que nos ayudarán a confirmar esta declaración:

Primer razonamiento: Una reflexión acerca del contexto del pasaje en cuestión, nos permite entender con toda claridad, que el autor del texto original, no tuvo la menor intención de indicar que el cabello sustituya al velo desde el punto de vista de cobertura de la cabeza, ya que el sentido de la lógica nos dice que, si el Apóstol hubiese tenido la intención de indicarlo así, él hubiese centrado su mensaje solo en recomendar a la mujer, que no se trasquilara ni se cortara el cabello, por cuanto el mismo le había sido dado en lugar de velo; y no hubiese expuesto nada de lo referido en el resto del contexto con relación a que la mujer debe cubrirse la cabeza cuando ora o profetiza; ni hubiera dicho tampoco, que la misma tiene que llevar señal de potestad sobre su cabeza por causa de los ángeles.

Segundo razonamiento: El sentido de la razón nos indica que para que alguien o algo pueda ser sustituido, aquel o aquello tiene que haber comparecido en existencia ocupando un lugar determinado antes que, aquel o aquello que lo va a sustituir.

De manera que, para aceptar el concepto de que el cabello sustituye definitivamente al velo, este tuvo que haber existido ocupando su lugar sobre la cabeza de la mujer, antes que el Creador le diera el cabello

Tercer razonamiento: Tal como lo expone un [34]ilustre pensador cristiano en su reflexión acerca de este tema, la luz de la razón nos dice además, de acuerdo con el contexto del pasaje, que si el cabello de la mujer ejerciera la función de velo, requerida para ella como cobertura sobre su cabeza, el cabello del hombre debiera ejercer la misma función para él, lo que daría por resultado que el hombre estaría llevando constantemente esa cobertura sobre su cabeza, con lo cual estaría afrentando permanentemente a su cabeza jerárquica, que es Jesucristo. Pero evidentemente eso no es así, por lo que tenemos que concluir con el razonamiento de que si el cabello del hombre no le sirve de cobertura sobre su cabeza, en el caso de la mujer tampoco se puede admitir tal posibilidad.

La convicción que nos proporcionan estos tres razonamientos, además del argumento precedente, es lo suficiente válida y consistente para entender que el cabello no puede sustituir en forma definitiva al velo o cualquier otro método de cobertura de la cabeza para la mujer.

APÉNDICE

Como un complemento de nuestro análisis veamos cómo está expresado el texto de este pasaje en el idioma original según el [6]Nuevo Testamento Interlineal Griego–Español:

[15]γυνη   δὲ ἐὰν κομᾷ   δόξα αὐτῇ ἐστιν;
(la) mujer empero si cabellera lleva, gloria para ella es?;

ὅτι ἡ κόμη ἀντὶ περιβολαίου δέδοται αὐτῇ.
porque la cabellera en lugar de velo   ha sido dada a ella.

Además de ello, en nuestro análisis gramatical del texto en el idioma original nos encontramos con el testimonio que nos ofrecen fidedignas y autorizadas fuentes de información en relación con el mismo, donde se nos da a conocer que el término griego ἀντι [antí], usado para traducir <u>en lugar de</u>, en este pasaje, significa también: "en vez de", "por" y "a causa de".

Veamos al respecto lo que nos dice el [1]<u>Diccionario Griego– Español del Nuevo Testamento</u>:

ἀντι: en vez de, por, a causa de <u>Mt. 2: 22</u>; 5: 38 (x2); 17: 27; 20: 28; Mc. 10: 45; Lc. 1: 20; <u>11: 11</u>; 12: 3; 19: 44; Jn. 1: 16; Hch. 12: 23; Ro. 12: 17; <u>1Co. 11: 15</u>; Ef. 5: 31; 1Ts. 5: 15; 2Ts. 2: 10; Hb. 12: 2, 16; <u>St. 4: 15</u>; 1Pe. 3: 9.

Por lo cual, tomando en cuenta estas evidencias, el texto pudiera estar expresado haciendo uso, **no** únicamente de la frase <u>en lugar de</u>, sino de cualquiera de las demás frases expuestas, tal como se refleja en otras versiones de las Escrituras.

Sin embargo, cualquiera de las formas consideradas que se emplee en la traducción del texto, de igual manera el sentido del mismo sigue indicando que el cabello largo de la mujer realiza las funciones de velo. Por lo cual, la única alternativa posible para despejar esta incertidumbre gramatical, consiste en el argumento lógico expuesto inicialmente.

Resumen: En conclusión, el apóstol Pablo exige en estos pasajes, de forma reiterada, que la mujer se cubra la cabeza para orar o profetizar y dice además que ella tiene que llevar señal de potestad sobre su cabeza. Pero finalmente concluye diciendo que el cabello le es dado en lugar de velo. Esto indica claramente que el cabello ejerce las funciones del velo, <u>excepto</u> la de cobertura de la cabeza y la de señal de potestad, que debe hacerse literalmente mediante el uso de un velo, un pañuelo o algo semejante, apropiado para ello.

No obstante, para que esta práctica tenga resultados realmente válidos para la mujer, es necesario que se haga con el verdadero convencimiento de su significado. Porque la mujer que se cubre la cabeza solo porque su Iglesia se lo exige o porque así se lo han enseñando, pero no está plenamente convencida de las razones de tal requerimiento como lo hemos expuesto en este estudio, los resultados consecuentes según la experiencia que tenemos, en la mayoría de los casos suelen ser fatales. Porque si la mujer ignora voluntariamente la autoridad conferida al hombre como cabeza y guía suya y decide gobernarse a sí misma actuando a su mejor parecer, tomando sus propias decisiones y asumiendo con su actitud el lugar que no le ha sido conferido por Dios, se pone en rebeldía contra la predisposición divina y de nada le vale llevar una simulada señal de potestad que no respalda con su actitud y tal vez no tenga ni la menor idea de su importancia para agradar a nuestro Creador.

El apóstol Pablo, sin embargo, concluyó este tema con las palabras siguientes:

"Con todo eso, si alguno parece ser contencioso, <u>nosotros no tenemos tal costumbre, ni las iglesias de Dios</u>." [51] *(1Co. 11: 16).*

Con respecto al concepto expuesto acerca del pasaje citado según [51]1Co. 11: 10, donde dice que la mujer debe llevar señal de potestad sobre su cabeza por causa de los ángeles, somos muchos los que sostenemos la concepción de que este pasaje se refiere a los ángeles de Dios, ya que estos son ministros suyos y representantes de su reino. Y como dice su Santa Palabra en [51]Sal. 34: 7, el ángel de Jehová acampa alrededor de los que le temen y los defiende. Así también en [51]Hebreos, 1: 14, dice que los ángeles son espíritus administradores, <u>enviados para servir</u> a los que serán herederos de salud. Vea confirmación por *revelación divina acerca del tema.

LEY DE SALUBRIDAD ALIMENTICIA

Esta ley bíblica está relacionada con los animales que Dios creó con fines alimenticios para su pueblo y los que son despreciables con relación a este fin, según las normas del Antiguo Testamento, descritas en Levítico, capítulo 11.

Ahora bien, la primera realidad que necesitamos reconocer al iniciar nuestro estudio es que en el Nuevo Testamento no se refleja en forma clara y consistente la vigencia de su observancia. Pero además de ello, una serie de pasajes bíblicos en las epístolas del apóstol Pablo y otras, han dado lugar al concepto definido por la gran mayoría de las Iglesias cristianas, de que dicha ley no tiene efectos vigentes para el cristianismo y que, por lo tanto, se puede comer de todo. Los pasajes bíblicos de referencia son los siguientes: basados en lo que dijo Cristo, según [51]Mr. 7: 1, 2, 5-8, 14-19 y [51]Mt. 15: 15-20; en lo que le dijo Dios a Pedro, según [51]Hch. 10: 9-16; en lo que le dijo Pablo a la Iglesia de los corintios: [51]1Co. 10: 25-28; a Timoteo: [51]1Ti. 4: 1-5; a la Iglesia de los romanos: [51]Ro. 14: 1-3, 14; y finalmente, a la Iglesia de los colosenses: [51]Col. 2: 13, 14, 16.

Por cuanto sabemos que existen al menos dos tendencias teológicas principales conocidas como los liberales y los conservadores. Una vez que hayamos leídos y analizado estos pasajes, basados en la exegesis de la primera de ellas, hemos de reflexionar también con la interpretación de la segunda tendencia integrada por las iglesias más conservadoras. Estas exponen su propia investigación de cada uno de los pasajes citados, basados en un análisis más profundo mediante evidencias gramaticales con base en el idioma original griego; apoyados además, en el argumento lógico y en otros de reconocida consistencia, todo lo cual tomaremos en consideración en el estudio del tema, con el fin de que nuestros estudiantes adquieran todos los conocimientos referentes al mismo y puedan definir por sí mismos su propia interpretación.

Es cierto que en el Nuevo Testamento no se refleja en forma clara y consistente la vigencia de la observancia de esta ley bíblica, dada en el Antiguo Testamento, según Levítico capítulo 11. Ahora bien, ¿por qué no se refleja ningún detalle que haga clara alusión a la observancia de esta regla de salubridad, en la etapa de la Iglesia del primer siglo? La razón más aceptable consiste en que las leyes bíblicas comprenden dos aspectos fundamentales: el aspecto externo y el interno. El aspecto interno consiste en mandamientos y prohibiciones relacionados con los sentimientos del individuo, como los malos pensamientos, los adulterios, las fornicaciones, los homicidios y otros, según [51]Mr. 7: 21-23, cuyas acciones pueden disimularse, por cuanto no son visibles, ni detectables a la vista humana. Acerca de este aspecto de la ley relacionado estrechamente con la moral, los apóstoles de la Iglesia se encargaron de orientar y amonestar constantemente a la misma, a través de todo el Nuevo Testamento.

El aspecto externo de le ley, sin embargo, está relacionado con aquellos mandamientos y prohibiciones cuya observancia o transgresión se pone claramente de manifiesto, como lo pudiera ser el caso específico de la ley de salubridad alimenticia o la observancia del séptimo día, el cual hemos podido comprobar por auténticos datos históricos, que fue observado por la Iglesia hasta el siglo IV d C. Por lo cual se entiende que los apóstoles no vieron la necesidad de amonestar a la misma, en ninguno de estos legados divinos.

Estas razones justifican nuestro concepto de que, así como los cristianos de la Iglesia primitiva practicaron la observancia del sábado y la abstinencia de sangre y ahogado en su régimen alimenticio, debieron haberse abstenido también del uso de las carnes de animales inmundos. La existencia de una carta encontrada en el Codex Sinaiticus del siglo IV nos ayuda a corroborar este criterio. Vea **Epístola de Bernabé** al final del tema.

Ahora tomaremos en consideración los detalles que nos ofrecen las Sagradas Escrituras, según los pasajes bíblicos siguientes:

[51]*Lv. 11: 1-17:* [1]*"Y habló Jehová a Moisés y a Aarón, diciéndoles:* [2]*Hablad a los hijos de Israel, diciendo: Estos son los animales que comeréis de todos los animales que están sobre la tierra:* [3]*De entre los animales, **todo el de pezuña, y que tiene las pezuñas hendidas, y que rumia,** éste comeréis.* [4]*Estos empero **no comeréis** de los que rumian, y de los que tienen pezuñas: el camello, porque rumia mas no tiene pezuña hendida, habéis de tenerlo por inmundo;* [5]*También el conejo, porque rumia, mas no tiene pezuña, tendréislo por inmundo;* [6]*Asimismo la liebre, porque rumia, mas no tiene pezuña, tendréisla por inmunda;* [7]*También el puerco, porque tiene pezuñas, y es de pezuñas hendidas, mas no rumia, tendréislo por inmundo.* [8]*De la carne de ellos **no comeréis, ni tocaréis su cuerpo muerto:** tendréislos por inmundos.* [9]*Estos comeréis de todas las cosas que están en las aguas: **todas las cosas que tienen aletas y escamas en las aguas del mar, y en los ríos,** aquellas comeréis;* [10]*Mas todas las cosas **que no tienen aletas ni escamas** en la mar y en los ríos, así de todo reptil de agua como de toda cosa viviente que está en las aguas, las tendréis en abominación.* [11]*Os serán, pues, en abominación: **de su carne no comeréis,** y abominaréis sus cuerpos muertos.* [12]*Todo lo que no tuviere aletas y escamas en las aguas, tendréislo en abominación.* [13]*Y de las aves, **éstas tendréis en abominación;** no se comerán, serán abominación: el águila, el quebrantahuesos, el esmerejón,* [14]*El milano, y el buitre según su especie;* [15]*Todo cuervo según su especie;* [16]*El avestruz, y la lechuza, y el laro, y el gavilán según su especie,* [17]*Y el búho, y el somormujo, y el ibis."* (Hay otros).

Según [51]Lv. 11: 20-22 dice que todo reptil alado que anduviere sobre cuatro pies, lo tuvieran en abominación. Empero esto comeréis de todo reptil alado que anda sobre cuatro pies, que tuviere piernas además de sus pies para saltar con ellas sobre la tierra; estos comeréis de ellos: la langosta según su especie, y el langostín según su especie, y el aregol según su especie, y el haghab según su especie. En los versículos 29 y 30 del mismo capítulo, dice: Estos tendréis por inmundos de los reptiles que van arrastrando sobre la tierra: la comadreja, y el ratón, y la rana según su especie, Y el erizo, y el lagarto, y el caracol, y la babosa, y el topo. En los versículos 41, 43 y 44 dice que todo reptil que va arrastrando sobre la tierra, es abominación; no se comerá. No ensuciéis vuestras personas con ningún reptil que anda arrastrando, ni os contaminéis con ellos, ni seáis inmundos por ellos. Pues que yo soy Jehová vuestro Dios, vosotros por tanto os santificaréis, y seréis santos, porque yo soy santo. ...

Así concluye este capítulo con las palabras siguientes:

[51]*Lv. 11: 46, 47:* [46]*"Esta es la ley de los animales, y de las aves, y de todo ser viviente que se mueve en las aguas, y de todo animal que anda arrastrando sobre la tierra;* [47]*Para hacer diferencia entre inmundo y limpio, y entre los animales que se pueden comer y los animales que no se pueden comer."*

El uso de las terminologías **inmundo** y **abominación**, referidas en estos pasajes para calificar a los animales que Dios prohíbe comer, hace sobremanera resaltante el carácter y la gravedad de dicha restricción. El término inmundo, según la definición que nos ofrece el Diccionario de la Lengua Española es usado para significar algo **sucio, repugnante, asqueroso**; así también la palabra abominación aplicada a los diferentes modos del verbo, significa **aversión, aborrecer, detestar**, detalles estos, que usted puede verificar en DATOS, al final del tema. Es evidentemente claro además, según los versículos 41y 43 de estos pasajes, que una cosa puede ser inmunda por naturaleza o simplemente por el hecho de que haya sido contaminada con algo inmundo. No obstante, la expresión más significativa y de mayor solidez contenida en estos pasajes, en relación con dicha prohibición se registra por primera vez en el versículo 44, donde dice: "Vosotros por tanto os santificaréis, y seréis santos, porque yo soy santo." La misma advertencia es confirmada por Dios, por segunda vez en el versículo 45 y por tercera ocasión hablando del mismo tema, en [51]Levítico 20: 25 y 26.

Debido a que la santidad es un aspecto fundamental entre las exigencias de Dios a su pueblo, comprendida tanto en el Antiguo Pacto como en el Nuevo, es **significativo** que una de las primeras demandas bíblicas en la que Él exige de sus escogidos que sean santos así como Él lo es, esté relacionada precisamente con la ley de salubridad alimenticia, de manera triplemente confirmada. Lo que indica con toda claridad que su observancia es un requisito indispensable para la santidad. Por lo cual, para muchos cristianos esto constituye una poderosa razón y un argumento muy valioso para creer que la Iglesia primitiva debió haber cumplido fielmente con dicha demanda, la cual debe extenderse igualmente a los cristianos de todos los tiempos.

Es indudable que cada persona, por intuición propia, hace diferencia entre las cosas que le agradan y las que su psiquis rechaza por naturaleza. Con relación al uso de las carnes de los animales como medio de alimentación, la mayor parte de las personas civilzadas, generalmente, detestan y tienen por asquerosos y repugnantes, animales como el perro, el gato, la culebra, la babosa, la cucaracha, la rana y el ratón, entre otros. Y si alguien por engaño se los hiciera comer, serían capaces de enemistarse gravemente con tal persona. Aunque haya quienes no tengan escrúpulo para alimentarse de algunos de estos animales.

Ahora bien, si nosotros hacemos nuestra propia elección al respecto bajo tales determinaciones, ¿cómo no habríamos de aceptar la elección que ha hecho el Supremo Creador?

No obstante, al usar la imparcialidad en el estudio de las enseñanzas de la Santa Biblia, tomaremos en consideración las ideas expuestas al inicio de este tema por parte de muchos cristianos, que afirman que las Escrituras del Nuevo Testamento dan por abolida la ley de salubridad sobre los alimentos. Para ello llevaremos a cabo nuestro análisis, tomando en cuenta cada uno de los pasajes bíblicos citados inicialmente. Al respecto consideremos lo que dice el primero de ellos:

[51]*Mr. 7: 1, 2, 5-8, 14-16:* *[1]"Y se juntaron a él los Fariseos, y algunos de los escribas, que habían venido de Jerusalem; [2]Los cuales, viendo a algunos de sus discípulos comer pan con manos comunes, es a saber, no lavadas, los condenaban. [5]Y le preguntaron los Fariseos y los escribas: ¿Por qué tus discípulos no andan conforme a la tradición de los ancianos, sino que comen pan con manos comunes? [6]Y respondiendo él, les dijo: Hipócritas, bien profetizó de vosotros Isaías, como está escrito: Este pueblo con los labios me honra, Mas su corazón lejos está de mí. [7]Y en vano me honran, Enseñando como doctrinas mandamientos de hombres.* **[8]*Porque dejando el mandamiento de Dios, tenéis la tradición de los hombres;*** *las lavaduras de los jarros y de los vasos de beber: y hacéis otras muchas cosas semejantes. [14]Y llamando a toda la multitud, les dijo: Oídme todos, y entended: [15]Nada hay fuera del hombre que entre en él, que le pueda contaminar: mas lo que sale de él, aquello es lo que contamina al hombre. [16]Si alguno tiene oídos para oír, oiga.*

Inmediatamente seguido de este acontecimiento, según lo describe Marcos, en [51]Mr. 7: 17-19, dice que apartado de la multitud, habiendo entrado en casa, le preguntaron sus discípulos sobre la parábola referida. Y el Señor les dijo: ¿También vosotros estáis así sin entendímiento? ¿No entendéis que todo lo de fuera que entra en el hobre, no le puede contaminar; porque no entra en su corazón, sino en el vientre, y sale a la secreta? (letrina). *Esto decía,* haciendo limpias todas las viandas."

La clave del tema en este pasaje se encuentra en la expresión: "*Esto decía,* haciendo limpias todas las viandas". En esta expresión se apoyan los que sostienen la teoría de que los cristianos pueden comer de todo.

Evidentemente, la expresión *"esto decía",* es un agrego intercalado en nuestra Versión según la revisión de 1909, porque ni en las ediciones anteriores ni en el texto en el idioma original aparece este enunciado.

Tal como es conocido de los estudiantes de este curso de instrucción bíblica, el Nuevo Testamento se escribió originalmente en griego y al hacer la traducción al Español, a causa de las diferencias entre estos dos idiomas, en algunos casos hay frases que quedan incompletas. Y para que se puedan entender mejor ha sido necesario complementarlas con el agrego lógico de cualquier palabra que sea apropiada al caso, como una preposición, un artículo, un pronombre, un adverbio, etc. La Biblia completa está llena de estas adiciones porque con el Antiguo Testamento sucede lo mismo. Pero estas se pueden identificar fácilmente en nuestra Versión porque están escritas en un modelo de letra diferente, conocido como Itálica.

Este es pues el caso de la expresión *"esto decía"*, en el pasaje de referencia, con la cual el traductor o revisionista, lejos de esclarecer la idea del texto, ha hecho más bien que se preste a confusión para los estudiantes bíblicos que no conocen estos detalles.

Sin embargo, al analizar este pasaje a la luz de otras ediciones anteriores a la de 1909, podemos comprobar que las mismas **no** están adulteradas con la anotación, *esto decía,* por lo que el sentido del texto cambia y deja de prestarse a confusión.

Veamos lo que nos dice en la versión revisada por Cipriano de Valera en 1602, conocida como La Biblia del Cántaro, así como en la revisión posterior llevada a efecto en 1862:

[41]**Edición 1602:** [17]*"Y entrandoše de la compaña en caša, preguntaronle sus Dišcipulos de la parabola. [18]Y dizeles, ¿Anši tambien vošotros šoys šin entendimiento? ¿No entendeys que todo lo de fuera que entra en el hombre, no lo puede contaminar? [19]Porque no entra en su coraçon, šino en el vientre: y šale el hombre a la šecreta, y purga todas las viandas. [20]Mas dezia: que lo que del hombre šale, aquello contamina al hombre."*

[19]**Edición 1862:** [17]*"Y [apartado] de la multitud habiendo entrado en casa, le preguntaron sus discípulos sobre la parábola.* [18]*Y díjoles: ¿También vosotros estáis así sin entendimiento? ¿No entendéis que todo lo de fuera que entra en el hombre, no le puede contaminar?* [19]*Porque no entra en su corazón, sino en el vientre; y sale [el hombre] á la secreta, purgando todas las viandas. "*

El texto procedente de la versión 1602 lo tomamos directamente del Nuevo Testamento digitalizado, gracias a la Página Web: [41]https: //archive.org/details/ReinaValera-1602

Mientras que el texto de la revisión de 1862 fue obtenido de la [19]Página Web: www.valera 1909.com.

La edición de 1862, que es la más próxima a la de 1909, tiene la particularidad de reflejar los referidos agregos lógicos [entre corchetes]. Mientras que la de 1602 no contiene estos ni palabras entre corchetes, en este pasaje. Y ninguna de ambas versiones, incluye la expresión *"esto decía,"* reflejada en la revisión de 1909, por lo que el texto no se presta a confusión.

Ahora bien, comprobemos la autenticidad de estas ediciones en relación con el versículo clave de este pasaje y el texto en el idioma original, según la definición del [6]Nuevo Testamento Interlineal Griego–Español.

Veamos el versículo 19 en el cual se encuentra la clave del tema:

[19]*ὅτι   οὐκ   εἰσπορεύεται   αὐτοῦ   εἰς   τὴν   καρδίαν   ἀλλ   εἰς*
pues   no   entra   de él   en   el   corazón,   sino   en

τὴν   κοιλίαν,   καὶ   εἰς   τὸν   ἀφεδρῶνα   ἐκπορεύεται,
el   vientre   y   a   la   cloaca   marcha,

καθαρίζων   πάντα   τὰ   Βρώματα;
purificando   todos   los   alimentos?

Para continuar con el tema en cuestión, nótese que según la declaración del pasaje de referencia, el Señor no reconoce de ninguna manera que sean purificados todos los animales, sino los alimentos.

Partiendo de este concepto, debemos tener en cuenta que los animales inmundos no estaban comprendidos en el consumo alimenticio de los judíos. Por lo que es obvio que el Señor se estaba refiriendo a alimentos limpios, a los cuales estos por sus tradiciones atribuían impurezas si se tomaban con manos no lavadas.

Para que podamos entender mejor esto, comparemos este pasaje con otro paralelo (que trata del mismo asunto):

[51]*Mt. 15: 15-20:* *"[15]Y respondiendo Pedro, le dijo: Decláranos esta parábola. [16]Y Jesús dijo: ¿Aun también vosotros sois sin entendimiento? [17]¿No entendéis aún, que todo lo que entra en la boca, va al vientre, y es echado en la letrina? [18]Mas lo que sale de la boca, del corazón sale; y esto contamina al hombre. [19]Porque del corazón salen los malos pensamientos, muertes, adulterios, fornicaciones, hurtos, falsos testimonios, blasfemias. [20]Estas cosas son las que contaminan al hombre: que comer con las manos por lavar no contamina al hombre."*

La declaración soportada por Mateo al final de este pasaje, deja claro el concepto emitido por Jesucristo, que todo lo de fuera que entra por la boca del hombre, no le puede contaminar.

Además de estas evidencias, sabemos a través de los escritos del Nuevo Testamento que Jesús fue acusado muchas veces por los Fariseos por traspasar la tradición de los ancianos y por algunas otras cosas, pero en ninguna parte de las Escrituras se le acusa de abrogar la ley de salubridad, declarando limpios a los animales inmundos.

Es lógico deducir, tal como lo comenta nuestro [11]distinguido escritor en su tratado acerca de este tema, que si Jesucristo hubiese declarado limpios todos los animales para el uso alimenticio, Él y sus discípulos los hubieran usado frecuentemente como medio de alimentación. Sin embargo, las Escrituras prueban que esto no era así. Al respecto consideremos el pasaje siguiente:

[51]*Hch. 10: 9-17, 19, 20:* [9]*"Y al día siguiente, yendo ellos de camino, y llegando cerca de la ciudad, Pedro subió a la azotea a orar, cerca de la hora de sexta;* [10]*Y aconteció que le vino una grande hambre, y quiso comer; pero mientras disponían, sobrevínole un éxtasis;* [11]*Y vió el cielo abierto, y que descendía un vaso, como un gran lienzo, que atado de los cuatro cabos era bajado a la tierra;* [12]*En el cual había **de todos los animales cuadrúpedos de la tierra, y reptiles, y aves del cielo.*** [13]*Y le vino una voz: Levántate, Pedro, mata y come.* [14]*Entonces Pedro dijo: Señor, no; porque ninguna cosa **común e inmunda** he comido jamás.* [15]*Y volvió la voz hacia él la segunda vez: Lo que Dios limpió, no llames tú común.* [16]*Y esto fue hecho por tres veces; y el vaso volvió a ser recogido en el cielo.* [17]*Y estando Pedro dudando dentro de sí, qué sería la visión que había visto, he aquí, los hombres que habían sido enviados por Cornelio, que, preguntando por la casa de Simón, llegaron a la puerta.* [19]*Y estando Pedro pensando en la visión, le dijo el Espíritu: He aquí, tres hombres te buscan.* [20]*Levántate, pues, y desciende, y no dudes ir con ellos; porque yo los he enviado."*

Si analizamos las palabras de Pedro: "Señor, no; porque ninguna cosa común e inmunda he comido Jamás"; podremos confirmar lo dicho por nuestro [11]distinguido escritor de referencia, que tal actitud constituye una prueba evidente de que el Señor no había enseñado a sus discípulos a comer carne de animales inmundos. Esto revalida, por lo tanto, que en el pasaje leído según [51]Mr. 7: 14-19, Él no declaró limpios los animales inmundos. De haberlo hecho así, Pedro no hubiese asumido tal actitud, ni hubiese dudado acerca de la visión recibida. Un detalle muy importante en este caso, es que según el pasaje paralelo de [51]Mt. 15: 15-20, fue precisamente Pedro el que le preguntó al Señor acerca de la parábola citada en dicho tema. Por lo que se debe asumir que él estaba plenamente consciente de la verdad declarada por Cristo.

Para entender el significado de este pasaje lo primero que necesitamos tener en cuenta es la declaración que hizo el apóstol Pedro al día siguiente de haber tenido aquella visión, cuando acompañado de los tres hombres que le fueron a buscar llegó a casa de Cornelio. Al respecto consideremos parte del contexto del pasaje leído según la continuidad del relato:

[51]*Hch. 10: 27-29: "Y hablando con él, entró, y halló a muchos que se habían juntado. [28]Y les dijo: Vosotros sabéis que es abominable a un varón judío juntarse o llegarse a extranjero; mas me ha mostrado Dios que a <u>ningún hombre</u> llame común o inmundo; [29]Por lo cual, llamado, he venido sin dudar. Así que pregunto: ¿por qué causa me habéis hecho venir?"*

Es innegable que en las Sagradas Escrituras se usa con mucha frecuencia el sentido figurado para ilustrar las cosas que así lo requieren. Jesucristo lo usó muchas veces para aleccionar sus enseñanzas. El mismo Dios lo utilizó en repetidas ocasiones en las revelaciones dadas a los profetas. Y en esta ocasión lo hace con Pedro, quien conocía muy bien este método usado por nuestro Divino Creador.

Estos detalles nos permiten entender, de acuerdo con la declaración de Pedro en el pasaje citado, que esta visión que el Señor le mostró, constituye una analogía referente a <u>la correspondencia entre el cristiano y los demás seres humanos,</u> con <u>la relación entre el hombre y los animales.</u> ¿En qué consiste esta relación? El hombre tiene los animales principalmente con el objetivo de la alimentación, o sea, para matar y comer. Sin embargo, según lo establecido por Dios, hay animales calificados como inmundos, que no son destinados para la alimentación, es decir, que no son para matar y comer.

Ahora bien, ¿cuál es la <u>correspondencia</u> principal entre el cristiano y los demás seres humanos? Lógicamente debe consistir en comunicarles el evangelio o las buenas nuevas de salvación. Sin embargo, hasta aquel mismo momento a los cristianos, los cuales hasta entonces eran de origen judío, como el caso de Pedro, les era prohibido allegarse a los gentiles los cuales debían ser considerados para ellos, según lo que estaba establecido por Dios, como personas comunes o inmundas y por ende abominables.

De manera que en este caso, los animales simbolizaban a los seres humanos, unos limpios y otros considerados como comunes o inmundos por causa de sus contaminaciones. Y el hecho de matar y comer, simbolizaba la comunicación del evangelio de Jesucristo a las almas, hasta entonces permitido para unos, mientras que para otros no. Per eso ahora el Señor le presenta aquel lienzo lleno de animales de toda clase, tanto limpios como inmundos, los cuales representan, en este caso, a los seres humanos de todas las razas y clases sociales y le dice: mata y come, parafraseando el sentido analógico de la expresión, quiere decir: comunícales el evangelio y deja de considerarlos comunes o inmundos, porque yo los lavé con mi propia sangre derramada en la cruz y ahora todos son limpios.

Por consiguiente, debe entenderse que esta visión del apóstol Pedro no constituye de ninguna manera una prueba de que los animales inmundos hayan sido declarados limpios. Tal concepto se revela además, con perfecta claridad, según el siguiente análisis gramatical: el Señor le dijo a Pedro: "Lo que Dios limpió, no llames tú <u>común</u>." Nótese que Él **no** le dijo en ningún momento: "No lo llames tú inmundo", sino <u>común</u>, cuya traducción viene del [16]griego κοινός [koinós], el cual se puede usar para significar algo inmundo, pero **no** por naturaleza, sino por concepto de contaminación. Mientras que el término que se usa siempre en todo el [16]Nuevo Testamento para traducir inmundo por naturaleza, es ἀκάθαρτος [akázartos], el cual se emplea para referirse a los animales calificados como tal. Vea los datos referidos en apéndice, al final del tema.

Ahora bien, recordemos que en aquel lienzo había de todos los animales **cuadrúpedos de la tierra, reptiles y aves del cielo**. Esta declaración incluye perros, gatos, ratones, culebras, aves de rapiña, etc. ¿Cree usted que Dios haya declarado limpios estos animales para el uso de la alimentación? Evidentemente, el uso del término κοινός empleado por el escritor para referirse a la declaración divina: "Lo que Dios limpió, no llames tú común", descarta toda posibilidad de que Él se haya referido a los animales inmundos. Seguramente usted considera la gran mayoría de ellos como asquerosos, repugnantes y detestables para el uso alimenticio y posiblemente juzgue a quienes coman de sus carnes, como personas sin escrúpulo. Aunque lo cierto es que la mayoría lo hace por falta del conocimiento de la voluntad de Dios al respecto, mientras que otros lo hacen por falta del verdadero concepto de las declaraciones de las Escrituras citadas.

Consideremos ahora el siguiente pasaje correspondiente a nuestro estudio:

[51]*1Co. 10: 25-28:* [25]*"De todo lo que se vende en la carnicería, comed, sin preguntar nada por causa de la conciencia,* [26]*Porque del Señor es la tierra y lo que la hinche.* [27]*Y si algún infiel os llama, y queréis ir, de todo lo que se os pone delante comed, sin preguntar nada por causa de la conciencia.* [28]*Mas si alguien os dijere:* <u>*Esto fue sacrificado a los ídolos:*</u> **<u>no lo comáis</u>**, *por causa de aquel que lo declaró, y por causa de la conciencia: porque del Señor es la tierra y lo que la hinche."*

Un análisis del contenido de este pasaje de los versículos 25 al 27, nos proporciona un reflejo aparentemente claro de que el apóstol Pablo le está declarando a la Iglesia de los corintios, que se puede comer <u>de todo</u> y cito: "De todo lo que se vende en <u>la carnicería</u>, comed, sin preguntar nada por causa de la conciencia, <u>Porque del Señor es la tierra y lo que la hinche</u>. Y luego continúa diciendo según el versículo 27: Y si algún infiel os llama, y queréis ir, de todo lo que se os pone delante comed, <u>sin preguntar nada</u> por causa de la conciencia. Cuando el estudiante o el simple lector llega hasta este punto de estas recomendaciones, lo primero que piensa es que en las carnicerías de Corinto se vendía lo mismo carne de animales limpios igual que de los inmundos; que los infieles, posiblemente no tendrían cuidado en comer carnes inmundas y que por lo tanto, si se puede comer de todo lo que se vende en esas carnicerías y de lo que nos brinden los infieles, entonces no hay que cohibirse de ninguna clase de carne para la alimentación.

Sin embargo, al analizar el versículo 28 que le sigue como parte del texto, este concepto es afectado por un giro drástico e inesperado. Porque lo más lógico que se pudiera esperar afianzados en tal concepto, es que el Apóstol continuara diciendo en el versículo 28: "Mas si alguien os dijere: <u>Esto es carne de animal inmundo</u>: **no lo comáis**, por causa de aquel que lo declaró, y por causa de la conciencia: porque del Señor es la tierra y lo que la hinche." Si el Apóstol se hubiese expresado en estos términos, **no** habría dudas de que se pudiera comer de todo, pese a la conciencia de algunos con respecto a la ley de salubridad alimenticia conocida. Pero lo cierto es que el versículo 28 dice: "Mas si alguien os dijere: <u>Esto fue sacrificado a los ídolos</u>: <u>no lo comáis</u>, por causa de aquel que lo declaró, y por causa de la conciencia: porque del Señor es la tierra y lo que la hinche."

Este versículo refleja con toda claridad que el Apóstol **no** estaba tratando con la Iglesia de los corintios, en este pasaje, acerca de las carnes de animales limpios o inmundos, sino acerca de las carnes sacrificadas a los ídolos. Las cuales eran introducidas en las carnicerías, donde se las vendían al pueblo sin ningún escrúpulo. Y de la misma manera, algunos de los creyentes se alimentaban de ellas, sin remordimiento de conciencia, por lo cual posiblemente eran señalados como infieles; **no** porque comieran carnes inmundas, por cuanto **no** es el detalle al que hace referencia el tema.

El hecho de que el Apóstol diga en este pasaje, que de todo lo que se vende en la carnicería se coma sin preguntar, es un detalle que queda satisfactoriamente aclarado según los datos que nos ofrece el [10]Nuevo Diccionario Bíblico Certeza, bajo el tema titulado "Viandas sacrificadas". Vea detalles en Apéndice al final del tema.

Consideremos ahora la declaración que hace el Apóstol según el pasaje siguiente:

[51]*Ro. 14: 1-3, 14: [1]"Recibid al flaco en la fe, pero no para contiendas de disputas. [2]Porque uno cree que se ha de comer de todas cosas: otro que es débil, come legumbres. [3]El que come, no menosprecie al que no come: y el que no come, no juzgue al que come; porque Dios le ha levantado. [14]Yo sé, y confío en el Señor Jesús, que de suyo nada hay inmundo: mas a aquel que piensa alguna cosa ser inmunda, para él es inmunda."*

Con referencia al tema reflejado en este pasaje, ya sabemos como dijera al inicio de este estudio, y tal como lo hemos seguido confirmando en su desarrollo, que una cosa puede ser inmunda por naturaleza, o simplemente por el hecho de que haya sido contaminada con algo inmundo y que, por lo tanto, sea considerada como sucia, asquerosa o que cause aversión. Este es precisamente el caso del versículo 14 donde la palabra inmundo las tres veces que se menciona, es traducida del término [16]griego κοινός [koinós], que significa común o inmundo, por concepto de contaminación.

En este pasaje, el apóstol Pablo se enfrenta con un caso muy semejante al que afrontó nuestro Señor Jesucristo, según [51]Marcos 7: 1-19, citado inicialmente. Los judíos consideraban que comer sin lavarse las manos contaminaba los alimentos y así el hombre era contaminado por ellos. Por lo que es evidente que, igual que en el caso de los cristianos romanos, se trataba de un problema de escrúpulo extremo el cual les fue reprochado por el Señor.

Por lo tanto, basados en estas evidencias y en un análisis del contexto del pasaje, podemos deducir claramente parafraseando el concepto, que el Apóstol le está diciendo a la Iglesia romana que él está convencido de que nada es inmundo por sí mismo, para fines alimenticios, por el hecho de que haya sido contaminado; sino solo las cosas que lo son por naturaleza, como las que así fueron declaradas por Dios **no** por el hecho de que alguien las considere como tal.

Es lógico asumir, de acuerdo con lo que reflejan estas evidencias, que el Apóstol **no** está haciendo referencia específicamente a comidas procedentes de las carnes de animales inmundos, sino a alimentos considerados como inmundos por el hecho de estar contaminados o por la posibilidad de que hubiesen sido ofrecisos a los ídolos.

Nótese que los primeros tres versículos de nuestro pasaje de referencia reflejan, **no** una diferencia de parecer acerca del uso de animales limpios o inmundos para la alimentación, sino una diferencia de opiniones entre vegetarianos y los que no lo eran. Evidentemente ambos grupos se iban a los extremos, pues unos pensaban que se podía comer de todo, y los otros opinaban que solo se podía comer legumbres, mientras que ninguna de ambas opiniones se ajustaba en lo absoluto a lo predispuesto por Dios en la ley de salubridad alimenticia.

Es del todo lógico, que si el caso referido en este pasaje hubiese estado relacionado con el uso de animales inmundos para la alimentación por parte de algunos hermanos de la Iglesia, el Apóstol se hubiera referido según el versículo 2 diciendo: "Porque uno cree que se ha de comer de todas cosas: otro que es débil, <u>**no** come las carnes de animales que él considera inmundos</u>". Sin embargo, a diferencia de ello en nuestro pasaje dice: "Porque uno cree que se ha de comer de todas cosas: otro que es débil, come <u>legumbres</u>". Quiere decir que estos no comían carne de ninguna clase, ni de animales inmundos, ni de los que Dios había declarado limpios para el uso alimenticio de su pueblo. Lógicamente, si el asunto hubiese estado relacionado con el uso de animales inmundos para la alimentación, los débiles se hubiesen abstenido de consumir esa clase de alimentos, pero no se hubiesen limitado a comer legumbres solamente.

Lo cierto es que, hasta este punto de nuestra investigación no hemos encontrado ninguna declaración consistente de las Sagradas Escrituras, que podamos tomar comoargumento sólido para aceptar que los cristianos puedan comer de todo. No obstante, tomemos en consideración la declaración del siguiente pasaje:

[51] *1Ti. 4: 1-5:* *¹"Empero el Espíritu dice manifiestamente, que en los venideros tiempos algunos apostatarán de la fe, escuchando a espíritus de error y a doctrinas de demonios; ²Que con hipocresía hablarán mentira, teniendo cauterizada la conciencia. ³Que prohibirán casarse, y mandarán abstenerse de las viandas que Dios crió para que con hacimiento de gracias participasen de ellas los fieles, y los que han conocido la verdad. ⁴Porque todo lo que Dios crió es bueno, y nada hay que desechar, tomándose con hacimiento de gracias: ⁵Porque por la palabra de Dios y por la oración es santificado."*

Si ponemos la debida atención al pasaje leído, podremos darnos cuenta que el mismo hace referencia a personas que presentarían una serie de errores doctrinales que se pueden enumerar según las características siguientes:

1. Apostatarán de la fe.

2. Escucharán a espíritus de error y a doctrinas de demonios.

3. Serán hipócritas.

4. Hablarán mentira.

5. Teniendo cauterizada la conciencia, prohibirán casarse.

6. Y por último, para culminar, mandarán a abstenerse de las viandas que Dios crió para que con hacimiento de gracias participasen de ellas los fieles y los que han conocido la verdad.

Nótese que estos apóstatas, a los que se refiere el Apóstol, habían de manifestarse con conceptos doctrinales desconocidos, que nada tienen que ver con ninguna de las disposiciones dadas por Dios en su Santa Palabra, porque de no ser así, no sería tampoco nada nuevo ni digno de mención.

Ahora bien, sabemos que los animales calificados como inmundos, Dios los había prohibido para fines alimenticios, muchos siglos antes de que el apóstol Pablo le hiciera esta advertencia a Timoteo. Por ende, las comidas que habrían de prohibir estas doctrinas **de demonios**, deben ser alimentos verdaderamente limpios y autorizados por la Palabra de Dios.

Es evidente, que estas doctrinas de demonios señaladas por el Apóstol, no tienen nada que ver con la observancia de la ley de salubridad alimenticia, acatada por el pueblo de Dios escogido y santificado por Él.

Es cierto que, la declaración de los versículos 4 y 5 hecha por el Apóstol se presta a confusión. Y nos inclina fácilmente a creer, que de alguna manera está declarando limpios todos los animales para el uso alimenticio. Por cuanto, dice que todo lo que Dios crió es bueno, y nada hay que desechar, tomándose con hacimiento de gracias. Sin embargo, los principios de la lógica nos indican que esta afirmación se refiere específicamente a los alimentos creados por Dios, para que los fieles y los que han conocido la verdad, participen de ellos con hacimiento de gracias según lo expone el versículo 3.

Si aplicamos el argumento lógico partiendo de un análisis imparcial, será fácil comprender que la santificación de los alimentos requiere simplemente de dos condiciones: la primera es la palabra de Dios, y la segunda es la oración. Ahora bien, ¿cómo aplicamos el concepto de "la palabra de Dios"? La única alternativa lógica aceptable, es el señalamiento que le hizo Dios a Adam según [51]Gn. 1: 29 donde lo autoriza a comer de la simiente de toda hierba verde y del fruto de los arboles. Además de la indicación dada a Moisés en Levítico capítulo 11, donde le declara por medio de su propia palabra, cuáles eran los animales seleccionados para el uso alimenticio. El concepto de la oración sin embargo, se evidencia claramente en la costumbre del Señor Jesús de bendecir los alimentos antes de consumirlos y se sabe que fue práctica continua de la Iglesia cristiana también, orar por la bendición de los alimentos.

Nótese, que aquí ejercen dos factores fundamentales para la santificación, y el primado lo tiene la palabra de Dios. De esta manera, los alimentos que vamos a consumir tienen que aparecer como autorizados por la declaración de su palabra para que la oración pueda resultar válida, de otra manera el acto de la santificación **no** puede complementarse y por ende, no tiene efecto en ellos.

En tercer lugar, si le damos prioridad al concepto de que todo es bueno y nada hay que desechar para fines alimenticios, entonces ya nada es inmundo ni abominable, y por ende, nada es asqueroso, repugnante, ni detestable para tal fin. Nada debe causarnos aversión ni aborrecimiento al respecto. Por lo tanto, es obvio que no hay que desechar el cerdo, el conejo, el camarón, la langosta, el perro, el gato, el ratón, el camello, el león, la hiena, el mono, la culebra, la lombriz, la cucaracha, la babosa, las aves de rapiña, ni los animales e insectos en alto grado venenosos. Pero además de ello, esto implicaría que las frutas y vegetales tóxicos o venenosos también son buenos para fines alimenticios, pues todo es bueno y nada hay que desechar según este concepto.

Si esta reflexión resultara inaceptable, entonces hay que aceptar que **no** todo es bueno para fines alimenticios, sino solo aquello que Dios creó para que con hacimiento de gracias participasen de ello los fieles, y los que han conocido la verdad.

Nos preguntamos, si será posible que Dios cambiara de parecer, y lo que aún para muchos de nosotros resulta asqueroso y detestable, para Él ya no lo sea. La observancia de esta regla era indispensable para llevar una vida de santidad, ¿cómo es posible que ya no afecte en lo absoluto este aspecto tan importante en la vida de los hijos de Dios?

¿Por qué entonces, ninguno de los apóstoles declaró en forma literal en las Escrituras del Nuevo Testamento, diciendo que los animales que antes eran inmundos, fuesen limpios ya? Porque realmente la única declaración aparentemente clara, pudo haber sido la revelación que recibió el apóstol Pedro según [51]Hch. 10: 9-16. Sin embargo, las evidencias gramaticales del texto en el idioma original, según vimos en el análisis del pasaje, descarta toda posibilidad de que Dios se haya referido a la purificación de los animales inmundos. Todo lo cual es confirmado por la interpretación del Apóstol al respecto, según [51]Hch. 10: 28, donde dice: "Mas me ha mostrado Dios que a <u>ningún hombre</u> llame común o inmundo". Se supone que si la revelación que recibió Pedro, hubiese sido un mensaje literal, y no en sentido figurado como él lo interpretó, Dios le hubiese repetido la misma u otra similar, a él o a cualquiera de los otros apóstoles de la Iglesia, o a quien Él hubiese querido revelárselo, en un período tan largo como alrededor de treinta años de historia, que recoge el libro de los Hechos después de eso. Además, ¿por qué el apóstol Pablo concluyó este tema en [51]Ro. 14: 22, diciendo: ..."Bienaventurado el que no se condena a sí mismo en lo que aprueba."?

Es cierto que en los escritos del Nuevo Testamento no se refleja ninguna advertencia que indique la observancia de la ley de salubridad alimenticia como lo señala el Antiguo Testamento, a no ser la abstinencia de sangre y de ahogado. Pero es igualmente cierto que no existe tampoco alguna indicación realmente clara y consistente, que nos permita entender que dicha ley no tenga efecto para los cristianos, por cuanto la misma no está comprendida entre las leyes rituales abolidas por Jesucristo en la cruz.

Tal como lo expuse al inicio de este estudio, los principios de la lógica indican que si los cristianos primitivos observaban las normas alimenticias relativas a la sangre y ahogado, según [51]Hch. 15: 20, debieron haber acatado de igual manera las reglas establecidas con referencia a los animales limpios e inmundos, dadas igualmente por Dios, dentro del mismo contenido de leyes y bajo las mismas circunstancias.

Por lo tanto, decidimos que si el hecho de participar de un plato de carne de cerdo o conejo, un enchilado de langostas o camarones, etc. puede afectar el carácter de nuestro estado de santidad, sin la cual nadie verá al Señor, preferimos abstenernos de ello.

Finalmente, si usted me dice que la gracia de Dios lo absuelve, ya sea que coma o que deje de comer, yo no se lo discuto porque el juicio y la misericordia pertenecen únicamente a Dios, quien envió su Hijo al mundo, según [51]Jn. 3: 17 **no** para condenarlo, sino para salvarlo. Sin embargo, según lo que revela este estudio, ninguno de los pasajes considerados constituye una prueba de que la ley de salubridad alimenticia haya quedado sin efecto para los cristianos. Por lo tanto, no olvide las palabras de nuestro Señor Jesucristo, según [51]Mt. 5: 19, donde dice que cualquiera que infringiere uno de los mandamientos de Dios, por muy pequeño que sea, y así enseñare a los hombres, muy pequeño será llamado en el reino de los cielos. Mas, el que los practicare y los enseñare, será llamado grande en el reino de los cielos.

Otras reglas de salubridad alimenticia: Veamos al respecto el pasaje siguiente:

[51]*Hch. 15: 18-20:* *[18]"Conocidas son a Dios desde el siglo todas sus obras. [19]Por lo cual yo juzgo, que los que de los gentiles se conviertan a Dios, no han de ser inquietados; [20]Sino escribirles que se aparten de las contaminaciones de los ídolos, y de fornicación, y de* ahogado, *y de* sangre.*"*

La prohibición de comer sangre y animales ahogados o estrangulados son reglas de salubridad alimenticia que se encuentran en el Antiguo Testamento y están confirmadas en el Nuevo, por lo que han sido aceptadas por la mayoría de los cristianos de todas las épocas. Vea nota referente a la expresión **ahogado** al final del tema.

DATOS

[20]Pequeño Larousse Ilustrado. Edición 1986. Por Ramón García–Pelayo y Gross. En una de sus acepciones, este diccionario dice: Inmundo: Repugnante, sinónimo: Sucio.
[21]Diccionario de la Real Academia Española-Vigésima segunda edición. Inmundo: Sucio y asqueroso.
[20]Pequeño Larousse Ilustrado. Abominar: (Sinónimo: Detestar). Abominable: Que excita aversión.
[21]Diccionario de la Real Academia Española: Abominar: Aborrecer, (tener aversión).

APÉNDICE

[10]Nuevo Diccionario Bíblico Certeza, referente a "VIANDAS SACRIFICADAS":
Aunque por principios de ética y legalidad no puedo reflejar en este tratado una porción satisfactoria del contenido del texto de referencia, no obstante, para una mejor información del lector al respeto, puede ver el diccionario bíblico señalado. De otra manera puede ver una *porción digital del mismo, según la indicación dada en el prólogo referente al asterisco.
[51]**Romanos 14: 14, según el texto griego:** Información proporcionada por el [1]Diccionario Griego–Español y del [16]Nuevo Testamento Griego, con respecto a los términos ἀκάθαρτος y κοινός:

ἀκάθαρτος: impuro Mt. 10: 1; 12: 43; Mc. 1: 23, 26, 27; 3: 11, 30; 5: 2, 8, 13; 6: 7; 7: 25; 9: 25; Lc. 4: 33, 36; 6: 18; 8: 29; 9: 42;...

κοινός: común, impuro, Mc. 7: 2, 5; Hch. 2: 44; 4: 32; 10: 14, 28; 11: 8; Ro. 14: 14 (x3); Tit. 1: 4; Hb. 10: 29; Jud. 1: 3; Ap. 21: 27.

TEXTO GRIEGO

(16) [14]οιδα καὶ πέπεισμαι ἐν κυρίῳ Ἰησοῦ ὅτι οὐδὲν **κοινὸν** δι᾽ ἑαυτοῦ, εἰ μὴ Τῷ λογιζομένῳ τι **κοινὸν** εἰναι, ἐκείνῳ **κοινόν**.

Mediante la lectura de cada una de las referencias citadas, se puede comprobar que la palabra "impuro" (inmundo), en el Nuevo Testamento, se traduce veintinueve veces del término ἀκάθαρτος, y solo cuatro del término κοινόν, tres de las cuales pertenecen a nuestro pasaje de [51]Ro. 14: 14 y una a [51]Hebreos, 10: 29. Las demás veces señaladas para este último es traducida como "común" o profano.

En el [6]Nuevo Testamento Interlineal Griego–Español, una versión de traducción literal, respaldada con fidedignas notas lingüísticas, podemos encontrar además, tres notas en nuestro pasaje de [51]Romanos, 14: 14, una para cada ocasión en que se menciona la palabra "inmundo", donde aclara que la traducción literal es: "común". Veamos las referencias de localización:

Nota 3): página 646 (versículo 14. Inmundo. Lit. común).
Nota 1): página 647 (versículo 14. Inmundo. Lit. común).
Nota 2): página 647 (versículo 14. Inmundo. Lit. común).

Asimismo, el pasaje de [51]Hebreos 10: 29, referido, es traducido en otras versiones como despreciar la sangre de Cristo. Lo que es lo mismo, no apreciar la sangre del Hijo de Dios o tenerla como una sangre "común", no como una sangre redentora y santa, que tiene el poder de limpiar los pecados de la humanidad.

Todo esto indica que la traducción más apropiada para el término κοινόν, en estos casos no debe ser "inmundo, sino "común".

¿IMPURO O INMUNDO?

Es evidente que el término griego ἀκάθαρτος [akázartos] ha sido traducido con el significado de "inmundo", desde las primeras traducciones de la Biblia a nuestro idioma. Sin embargo, en la mayoría de los diccionarios bíblicos modernos no aparece la palabra "inmundo", porque la han sustituido por <u>impuro</u>, tratando de esta manera de darle un sentido de menor gravedad y de mayor ligereza a la vez a la ley de salubridad alimenticia. Pues aunque "impuro" es sinónimo de "inmundo", este último tiene un carácter mucho más significativo y de mayor severidad. Debido a que el Diccionario de la Lengua Española lo define como algo sucio, asqueroso y repugnante.

Mientras que lo impuro, literalmente reconocido, es aplicable simplemente a una sustancia invadida por otras diferentes o por el hecho de haberse mezclado con ellas. Por lo que también es sinónimo de suciedad y aplicable por ejemplo a un caso como el de 51

Marcos 7: 1-20 donde los discípulos comían sin haberse lavado las manos.

No obstante, vale aclarar que una sustancia impura puede ser catalogada como inmunda si su impureza se debe al hecho de haber sido contaminada con algo que la convierta en sucia, asquerosa y detestable, que cause aversión o repugnancia.

Cuando Dios se refiere a los animales inmundos y los prohíbe para el uso alimenticio de su pueblo escogido, no lo hace debido a sus impurezas, porque realmente no son impuros, sino que ante sus ojos son por naturaleza asquerosos y repugnantes para dicho fin, por lo que sus carnes les son abominables, o sea, aborrecibles y detestables, que le causan aversión, de acuerdo con las definiciones dadas en los diccionarios citados.

Alimentos comunes o profanos: De acuerdo con el reflejo que nos proporcionan las Sagradas Escrituras, los alimentos considerados como comunes debían ser aquellos que usaba cualquiera del común de la sociedad o que usaban todos, excepto el pueblo escogido de Dios. Aquellos que habían sido iluminados con el entendimiento glorioso de la verdad y llamados a una vida de santidad.

478

Entre las comidas calificadas como comunes, dentro de los cristianos primitivos, se consideraban las carnes profanadas por haber sido ofrecidas a los ídolos y puestas después a la venta pública. Las carnes de animales limpios tammbien podían ser consideradas como comunes o inmundas, por el hecho de que procedieran de un mismo matadero, donde se sacrificaban animales limpios e inmundos y las mismas personas manipulaban tanto las carnes de unos como la de los otros. También por el hecho de que fueran transportadas juntas a las carnicerías, sin ningún escrúpulo y luego cortadas con el mismo cuchillo. Y no se puede descartar la posibilidad de que en la mayoría de los casos las víctimas no fueran bien desangradas como lo requieren las normas alimenticias de los cristianos. Probablemente algunas de estas circunstancias fueron las que hicieron que algunos de los cristianos de la Iglesia romana se decidieran por comer solo legumbres. Ellos consideraban que todas las carnes estaban contaminadas, a tal extremo que las consideraban inmundas. Por tales razones, es lógico entender que el apóstol Pablo se haya referido precisamente a esta situación en el versículo 20 del mismo capítulo, al declarar que todas las cosas a la verdad son limpias. Pues lamentablemente esta situación nos afecta a todos en la actualidad, y lo que decidimos muchos de nosotros es confiar en que las cosas que Dios declaró limpias y permitidas para el uso alimenticio de su pueblo, por la disposición de su Palabra y por la oración sean santificadas.

Ahogado: Esta palabra es traducida en este pasaje del término griego πνικτός [pniktós]. Veamos lo que nos dice al respecto el [1]Diccionario Griego-Español del Nuevo Testamento:

πνικτός: estrangulado (no desangrado ritualmente) Hch. 15: 20, 29; 21: 25.

Esto indica claramente que cualquiera que sea el proceso empleado para matar el animal que se va a comer, el mismo tiene que ser desangrado.

Epístola de Bernabé: En el *Codex Sinaiticus del siglo IV, al final del manuscrito aparece una carta atribuida por algunos padres de la Iglesia a Bernabé. En una de sus inauditas interpretaciones, esta epístola declara que la prohibición de comer carne de cerdo en el Antiguo Testamento, no debe interpretarse literalmente, que a Dios no le interesa que nos abstengamos de las carnes de animales impuros (inmundos), sino que renunciemos a los pecados simbolizados por ellos. Alegando que lo que quiere decir en realidad, es que no nos juntemos con hombres tales que son semejantes a esos animales en su comportamiento. Un detalle apologético emitido por un eminente expositor de las Sagradas Escrituras, declara que, a partir de entonces los gentiles convertidos al cristianismo, influenciados por esa descabellada enseñanza, comenzaron a comer carne de cerdo y demás animales inmundos. Esto constituye un importante aporte para creer que hasta entonces, los gentiles convertidos observaban la ley de salubridad bíblica. El expositor de referencia, dice que esta carta refleja un enorme sentimiento de odio y desprecio hacia el judaísmo. Por lo cual, en aquel oscuro período de la Iglesia, se tomaron radicales determinaciones para desvincularse de las prácticas religiosas de este pueblo. Este efecto se extendió hasta una época posterior a la reforma de Martín Lutero.

EL VÍNCULO MATRIMONIAL
¿UN PACTO PERMANENTE?

El objetivo principal de este estudio es concerniente a la salvedad del repudio dada por Cristo. No obstante, con el fin de obtener resultados de mayor enriquecimiento y de carácter más convincente, tomaremos en consideración como detalles complementarios la información que nos ofrecen algunos pasajes de las Escrituras afines con diferentes factores relativos al matrimonio.

Este tema ha sido controversial entre las enseñanzas que nos dejó nuesto Señor Jesucristo. Es por ello que no pretendo, de ninguna manera, exponer un concepto de carácter absoluto sino tomar en cuenta también el criterio o la postura teológica de diferentes tendencias. Con el fin de que el estudiante reciba una información más generalizada y pueda hacer su propia evaluación del caso. El mismo es, por lo tanto, un estudio de carácter imparcial, sin aferramientos ni imposiciones, sin pretensiones polémicas ni de carácter descalificativo contra la línea de pensamientos de ninguna Iglesia o individuo.

Según lo declara el relato bíblico, el matrimonio o la unión conyugal entre el hombre y la mujer tuvo su origen en la primera pareja creada por Dios en el huerto de Edén. Veamos lo que nos dicen al respecto, los siguientes pasajes de las Escrituras:

[51]*Gn. 2: 22-24:* [22]*"Y de la costilla que Jehová Dios tomó del hombre, hizo una mujer, y trájola al hombre. [23]Y dijo Adam: Esto es ahora hueso de mis huesos, y carne de mi carne... [24]Por tanto, dejará el hombre a su padre y a su madre, y allegarse ha a su mujer, y serán una sola carne."*

[51]*Gn. 1: 28:* *"Y los bendijo Dios; y díjoles Dios: Fructificad y multiplicad, y henchid la tierra, y sojuzgadla"...*

La expresión referida por el hombre, en esta ocasión, constituye una confirmación de la predeterminación del Divino Creador acerca del carácter permanente del matrimonio. Esta declaración se hace más enfática en las palabras de Jesús referidas en el siguiente pasaje de las Escrituras:

[51]*Mt. 19: 3-6:* [3]*"Entonces se llegaron a él los Fariseos, tentándole, y diciéndole: ¿Es lícito al hombre repudiar a su mujer por cualquier causa? [4]Y él respondiendo, les dijo: ¿No habéis leído que el que los hizo al principio, macho y hembra los hizo, [5]Y dijo:*

Por tanto, el hombre dejará padre y madre, y se unirá a su mujer,
y serán una sola carne? *⁶Así que, no son ya más dos, sino una*
carne: por tanto, lo que Dios juntó, no lo aparte el hombre.

El escritor prosigue su relato según los versículos 7-12, donde
los fariseos le indican: ¿Por qué, pues, Moisés mandó dar carta
de divorcio, y repudiarla? Díseles Jesús: Por la dureza de vuestro
corazón Moisés os permitió repudiar a vuestras mujeres: mas al
principio no fue así. Y yo os digo que cualquiera que repudiare a
su mujer, si no fuere por causa de fornicación, y se casare con otra,
adúltera: y el que se casare con la repudiada, adúltera. Dícenle sus
discípulos: Si así es la condición del hombre con su mujer, no conviene casarse. Entonces Él les dijo: No todos reciben esta palabra,
sino aquellos a quienes es dado. Porque hay eunucos que nacieron
así del vientre de su madre; y hay eunucos, que son hechos eunucos por los hombres; y hay eunucos que se hicieron a sí mismos
eunucos por causa del reino de los cielos; el que pueda ser capaz de
eso, séalo.
Consideremos ahora la declaración del mismo Señor en los
siguientes pasajes:

⁵¹*Mt. 5: 32:* *"Mas yo os digo, que el que repudiare a su mujer,*
fuera de causa de fornicación, hace que ella adúltere; y el que se
casare con la repudiada, comete adulterio."
⁵¹*Mr. 10: 11, 12:* *¹¹"Y les dice: Cualquiera que repudiare a su*
mujer, y se casare con otra, comete adulterio contra ella: ¹²Y si la
mujer repudiare a su marido y se casare con otro, comete adul-
terio."

Tomemos en cuenta además, los pasajes siguientes:

⁵¹*1Co. 7: 10, 11:* *¹⁰"Mas a los que están sujetos en matrimonio,*
denuncio, no yo, sino el Señor: Que la mujer no se aparte de su
marido; ¹¹Y si se apartare, que se quede sin casar, o reconcíliese
con su marido; y que el marido no despida a su mujer."

[51]*1Co. 7: 39:* *"La mujer casada está atada a la ley, mientras vive su marido; mas si su marido muriere, libre es: cásese con quien quisiere, con tal que sea en el Señor."*

En [51]Ro. 7: 2, 3 el mismo Apóstol declara que la mujer que está sujeta a marido, mientras el marido vive está obligada a la ley; mas muerto el marido, libre es de la ley del marido. [3]Así que, viviendo el marido, se llamará adúltera si fuere de otro varón; mas si su marido muriere, es libre de la ley; de tal manera que no será adúltera si fuere de otro marido.

Observemos en este caso la proclamación de Dios a través del profeta Malaquías, según el pasaje siguiente:

[51]*Mal. 2: 13-16:* [13]*"Y esta otra vez haréis cubrir el altar de Jehová de lágrimas, de llanto, y de clamor; así que no miraré más a presente, para aceptarlo con gusto de vuestra mano.* [14]*Mas diréis: ¿Por qué? Porque Jehová ha atestiguado entre ti y la mujer de tu mocedad, contra la cual tú has sido desleal, siendo ella tu compañera, y la mujer de tu pacto.* [15]*...Guardaos pues en vuestros espíritus, y contra la mujer de vuestra mocedad no seáis desleales.* [16]*Porque Jehová Dios de Israel ha dicho que él aborrece que sea repudiada; y cubra la iniquidad con su vestido, dijo Jehová de los ejércitos. Guardaos pues en vuestros espíritus, y no seáis desleales."*

El primer aspecto que se refleja en la lectura de estos pasajes con relación al repudio, es que la restricción dada por Cristo es aplicable tanto al hombre como a la mujer con respecto a su cónyuge.

Otros aspectos que se manifiestan con toda claridad son los resultados del repudio, sobre cuya base se fundamenta la prohibición del mismo. Este implica varias consecuencias:

1. Cuando el hombre repudia a su mujer, excepto por causa de fornicación, además del dolor y el sufrimiento que le causa, si él se casa con otra la primera consecuencia inmoral es que comete adulterio.

2. La segunda consecuencia es que hace que la repudiada cometa adulterio, lo cual sucedería si ella se casara nuevamente

3. La tercera consecuencia es que el que se case con la repudiada comete adulterio.

Por tales razones, para evitar todos estos desórdenes morales el Señor Jesús nos dejó una salvedad: la única razón por la que el hombre puede repudiar a su mujer, según lo declaran nuestras versiones de la Biblia al español, es por causa de fornicación. De no ser así, según lo que se puede deducir de las palabras de Jesús y del apóstol Pablo según los pasajes leídos, tanto el hombre como la mujer están atados a la ley del matrimonio mientras su cónyuge viva.

Según la información proporcionada en el [1]Diccionario Griego–Español del Nuevo Testamento, la palabra fornicación es traducida del griego πορνεία [porneía], al que se le atribuyen los siguientes significados: "prostitución", "fornicación", "inmoralidad sexual", "unión carnal ilegítima" e "incesto".

Evidentemente, que cada una de estas anomalías es altamente reprobada por la Palabra de Dios, según lo comprobaremos en el desarrollo del tema. Por lo que, algunos creyentes asumen que, cuando cualquiera de ellas se pone de manifiesto en un matrimonio, pudiera ser aplicable la salvedad del repudio.

Algunas Iglesias, sin embargo, **no** se acogen a este concepto en su totalidad. Nuestra Iglesia, por ejemplo, ha valorado solamente la "fornicación", la "unión carnal ilegítima" y el "incesto", entre los demás elementos comprendidos en el mismo. Para ello, la misma se apoya en las declaraciones de las Sagradas Escrituras, en cuyos casos la unión conyugal es reprobada por Dios. Veamos la aplicación de cada uno de estos elementos:

Fornicación: Al hacer uso de este término encontramos una clara referencia a los casos de fornicación bajo la existencia de un contrato de esponsales, según [51]Dt. 22: 13-21. En este caso, según la declaración de las Escrituras, la fornicaria era condenada por la ley mosaica con la pena capital. Pero en tiempos de Cristo existía la posibilidad de que ella fuera exonerada por las leyes romanas, las cuales según [51]Jn. 18: 30-31, no les permitían a los judíos ejecutar la pena de muerte por sí mismos. Pero de todas suertes, el hombre estaba en todo su derecho de repudiar a la fornicaria, y por el hecho de hacerlo él **no** cometía adulterio ni hacía que ella adulterara. Se entiende, por lo tanto, que los casos de esta índole están incluidos en el concepto de la salvedad del repudio dada por Cristo.

Unión carnal ilegítima: Este concepto hace alusión a una especie de convivencia de pareja o unión conyugal, no reconocida ante las leyes ni la sociedad. Este tipo de relación es conocida como concubinato y calificada también como fornicación. Es altamente reprobada por Dios en muchos pasajes de las Escrituras, entre los cuales se encuentra, por ejemplo [51]1Co. 6: 18. De manera que, en este caso el hombre puede repudiar a la mujer, y **no** por ello comete adulterio aunque se case con otra, por cuanto no es legítimamente casado con su cónyuge. Por lo tanto, tampoco hace que ella adultere aunque se case con otro hombre, debido a que ella tampoco era legítimamente casada con él. El que se case con la repudiada tampoco comete adulterio, porque ella es una mujer libre para casarse con quien quiera, dentro de los términos legales.

Incesto: Este concepto se refiere a uniones conyugales entre parientes muy cercanos, en alto grado prohibidas por Dios, según las definiciones reflejadas en las Sagradas Escrituras. Véase [51]Lv. 20: 17, 19-23. En este caso, el hombre puede repudiar a su mujer aun siendo legítimamente casados ante la ley y la sociedad, y ninguno de ellos dos, ni sus nuevos contrayentes, cometen adulterio. Pues su matrimonio se había llevado a efecto violando un principio de la ley de Dios, que lo hacía reprobado y nulo para los efectos divinos. Por lo cual, ambos quedan libres para casarse de nuevo.

La postura teológica de esta y otras Iglesias, es que el hombre puede repudiar a su mujer únicamente en los casos referidos, por cuanto la unión conyugal en cada uno de ellos es desaprobada por Dios, y por lo tanto, el repudio no viola el principio expresado por Cristo: "Lo que Dios Juntó no lo aparte el hombre." Por ello, en los demás casos no admiten el segundo matrimonio mientras el primer cónyuge viva. Todo basado en el sagrado temor de tomar decisiones que pudieran **no** tener la aprobación de Dios, debido a la violación del concepto expresado. En este caso, es fundamental tener en cuenta que nadie va a lograr que estas Iglesias cambien su concepción teológica, <u>bajo ninguna circunstancia</u>.

DELIBERACIONES

Según el criterio de la mayoría de los estudiosos, estas Iglesias pasan por alto los elementos "prostitución" e "inmoralidad sexual" incluidos en el concepto del término porneía. Asumen que, cuando cualquiera de los factores comprendidos en el mismo se pone de manifiesto en un matrimonio, puede ser aplicable la salvedad dada por el Hijo de Dios. Exponen que, de ninguna manera se debe pasar por alto el concepto de inmoralidad sexual, que incluye la "prostitución", la "fornicación", la "unión carnal ilegítima" y el "incesto". Por tal razón, la mayoría de los analistas bíblicos están de acuerdo en que, la traducción al español del término porneía, no debiera ser precisamente "fornicación", como se ha mantenido tradicionalmente, sino "inmoralidad sexual", tal como lo aplican algunas versiones. Porque a través de este elemento, se pueden expresar todos los relacionados en una sola aplicación.

Estos estudiosos exponen además, que tampoco se ha tomado en cuenta la <u>procedencia</u> de la sentencia emitida por nuestro Señor Jesucristo, debido a que sus discursos y enseñanzas están basados sobre los principios religiosos que tienen su origen en el hebreo bíblico. Alegan que Él debió haber fundamentado su declaración en la terminología [2]hebrea זְנוּנִים [zenunim]: fornicación, prostitución, infidelidad [2](Gn. 38: 24), o en el uso abreviado del mismo: זְנוּת [zenut], con igual significado. El escritor lo traduce al griego, por su término correspondiente: porneía.

Veamos por lo tanto, el análisis relacionado con los elementos prostitución e inmoralidad sexual:

Prostitución: Al hacer uso de este concepto aplicado al término porneía, teniendo en cuenta su trascendencia en el original hebreo, todo parece indicar que no existe otra opción más lógica, sino que el mismo se refiere a los casos de matrimonios legítimos en que la mujer se ha prostituido.

Tomemos en cuenta la declaración de las Escrituras en la que esta tendencia se apoya, con referencia a esta práctica inmoral.

[51]*1Co. 6: 15-19: "¿Quitaré pues los miembros de Cristo, y los haré miembros de una ramera? Lejos sea. [16]¿O no sabéis que el que se junta con una ramera, es hecho con ella un cuerpo? porque serán, dice, los dos en una carne. [17]Empero el que se junta con el Señor, un espíritu es. [18]Huid de la fornicación. Cualquier otro pecado que el hombre hiciere, fuera del cuerpo es; mas el que fornica, contra su propio cuerpo peca. [19]¿O ignoráis que vuestro cuerpo es templo del Espíritu Santo, el cual está en vosotros, el cual tenéis de Dios, y que no sois vuestros?"*

Este pasaje indica con perfecta claridad que el cristiano **no** debe mantener ningún vínculo que lo comprometa o lo contamine con el pecado de la prostitución. Admiten que cuando este fenómeno se hace presente en un matrimonio, el hombre debe separarse y mantenerse libre de tan abominable contaminación.

Ahora bien, debido a que este es uno de los elementos comprendidos en el concepto del término porneía, fundamentado en el hebreo zenunim, ellos asumen que la salvedad dada por Cristo, justifica el repudio en los casos de prostitución en el matrimonio.

Lo cual, le permite al hombre despedir a su mujer, y **no** por ello comete adulterio, ni hace que la repudiada adultere, pues ella es adúltera por sí misma.

Inmoralidad sexual: Este concepto aplicado al término porneía, con referencia a <u>un matrimonio legítimo</u> pudiera incluir varios factores de carácter inmoral que lo identifiquen. No obstante, la manifestación de cualquiera de ellos debe constituir, lógicamente, un acto de infidelidad conyugal, expresado en el término [2]hebreo zenunim, aplicable igualmente al concepto de porneía. En este caso, ellos asumen también que cuando este fenómeno inmoral se hace presente en un matrimonio, si el hombre repudia a su mujer, no por ello hace que ella cometa adulterio, porque como en el caso anterior ella se convirtió en adúltera por sí misma. Según [51]Dt. 24: 1-4, Dios prohíbe al hombre tomar de nuevo a su mujer después de haber sido mancillada por otro. Y según [51]Nm. 5: 12-31, la mujer adúltera era sancionada con una fuerte maldición que la hacía inepta para que el hombre la volviera a tomar por mujer. Mientras que su marido era declarado libre de iniquidad. Aunque bajo la dispensación de la gracia, la mujer es absuelta por Jesucristo.

No obstante, de acuerdo a la salvedad concedida por el mismo Señor, pareciera indicar que el hombre está en plena libertad de despedirla, como en el caso de la fornicación y los demás elementos considerados.

Sin embargo, un detalle de vital importancia que esta tendencia **no** parece haber tomado en consideración, consiste en el hecho de que, si el matrimonio es legítimo en cualquiera de estos dos casos, debe ser considerado bajo el concepto de "lo que Dios juntó", por lo cual la aplicación de la salvedad del repudio **no** califica. Por cuanto se viola la sentencia emitida por nuestro Señor Jesucristo: "Lo que Dios Juntó no lo aparte el hombre".

Este estudio enfatiza dos concepciones principales: la expuesta por las Iglesias más conservadoras y la relacionada con las deliberaciones teológicas. Obviamente, acogerse a la primera opción

pudiera resultar más sacrificado, pero la misma ofrece la confía-
bilidad de **no** tomar una decisión que pudiera ser definitivamente
reprobada por Dios. La segunda, sin embargo, ofrece una solución
en posibles crisis matrimoniales, pero pese a su profunda reflexión
y al sentido lógico de la misma, su aplicación viola el principio
expresado por el Divino Maestro. Se asume que, de no tratarse de
uniones conyugales divinamente reprobadas, esta sentencia **anula**
cualquier reflexión, por muy lógica y profunda que pueda parecer.
Por lo cual, la mejor opción que pudiera tomar la persona en un
caso semejante debe ser acorde con las palabras del apóstol Pablo,
según [51]Ro. 14: 22 donde dice: ..."Bienaventurado el que no se
condena a sí mismo en lo que aprueba."

Mi más encarecido consejo es, por consiguiente, que de ser
posible, se haga todo esfuerzo honesto por mantener la integridad
de la familia, a través del uso práctico y efectivo del perdón y la reconciliación conyugal, siempre que se logren resultados efectivos.
De lo contrario, la persona puede tomar la opción de hacerse eunuco por el reino de los cielos, como dijera el Señor, si estuviera en
la capacidad de someterse a ello. Vea testimonios de confirmación
por *revelaciónes divinas, acerca de este tema.

Así doy por concluido este estudio acerca del pacto matrimonial, con las siguientes palabras del apóstol Pablo:

*"Honroso es en todos el matrimonio, y el lecho sin mancilla;
mas a los fornicarios y a los adúlteros juzgará Dios."* [51]*(He. 13: 4).*

APÉNDICE

FORNICACIÓN πορνεία (PORNEÍA)

[1]Diccionario Griego–Español del Nuevo Testamento:

πορνεία: prostitución, fornicación, inmoralidad sexual, unión carnal ilegítima, incesto Mt. 5: 32; 15: 19; 19: 9; Mc. 7: 21; Jn. 8: 41;
Hch. 15: 20, 29; 21: 25; 1Co. 5: 1 (x2); 6: 13, 18; 7: 2; 2Co. 12: 21...

πορνεύω: practicar la fornicación, practicar la prostitución 1Co. 6: 18; 10: 8 (x2) Ap. 2: 14, 20; 17: 2; 18: 3, 9.

πόρνη: prostituta Mt. 21: 31, 32; Lc. 15: 30; 1Co. 6: 15, 16; Hb. 11: 31; St. 2: 25; Ap. 17: 1, 5, 15, 16; 19: 2.

πόρνος que comete actos inmorales, que practica la prostitución 1Co. 5: 9, 10, 11; 6: 9; Ef. 5: 5; 1Ti. 1: 10; Hb. 12: 16; 13: 4;...

De esta manera finalizo este tratado acerca de los principios y fundamentos de la ética y la fe cristiana, esperando que el estudiante o el simple lector, haya logrado comprender el gran vínculo existente entre la fe cristiana y los principios de la ética y la moralidad, los cuales tienen su origen en Dios, quien es no solo nuestro Creador, sino también nuestro Salvador. Aquellos que hayan asimilado esta serie de estudios pueden encontrar un gran apoyo mediante la lectura consecutiva de las Sagradas Escrituras, en las cuales se encuentra una maravillosa abundancia de declaraciones que corroboran y enriquecen cada uno de los temas tratados en este curso. Mi esperanza y mi gran anhelo es que tales conocimientos los puedan ayudar a sentir la necesidad de buscar el camino de la salvación, que solo se encuentra a través de Jesucristo, el Hijo de Dios.

Si el estudiante no hiciera su decisión de inmediato, estas instrucciones le serán de utilidad para que pueda hacerla en el futuro. Pero no sabemos qué será del mañana. Hoy es el día aceptable, hoy es el día de salvación mañana pudiera ser demasiado tarde. Por favor, no permita que el juicio eterno lo sorprenda sin haber aceptado a Jesucristo como su Salvador, de otra manera, usted no tendría excusa ante el Tribunal Divino el día del Juicio Final.

PARÁBOLA DEL SEMBRADOR

Nuestro Señor Jesucristo refirió una parábola, según [51]Lc. 8: 5-15, acerca de aquellos que se les enseña del evangelio, diciendo:

[5]*"Uno que sembraba, salió a sembrar su simiente; y sembrando, una parte cayó junto al camino, y fue hollada; y las aves del cielo la comieron.* [6]*Y otra parte cayó sobre la piedra; y nacida, se secó, porque no tenía humedad.* [7]*Y otra parte cayó entre las espinas; y naciendo las espinas juntamente, la ahogaron.* [8]*Y otra parte cayó en buena tierra, y cuando fue nacida, llevó fruto a ciento por uno. Diciendo estas cosas clamaba: El que tiene oídos para oír, oiga.* [9]*Y sus discípulos le preguntaron, diciendo, qué era esta parábola.* [10]*Y él dijo: A vosotros es dado conocer los misterios del reino de Dios...* [11]*Es pues ésta la parábola: La simiente es la palabra de Dios.* [12]*Y los de junto al camino, éstos son los que oyen; y luego viene el diablo, y quita la palabra de su corazón, porque no crean y se salven.* [13]*Y los de sobre la piedra, son los que habiendo oído, reciben la palabra con gozo; mas éstos no tienen raíces; que a tiempo creen, y en el tiempo de la tentación se apartan.* [14]*Y la que cayó entre espinas, éstos son los que oyeron; mas yéndose, son ahogados de los cuidados y de las riquezas y de los pasatiempos de la vida, y no llevan fruto.* [15]*Mas los que en buena tierra, éstos son los que con corazón bueno y recto retienen la palabra oída, y llevan fruto en paciencia."* [51]*(Lc. 8: 5-15).*

Estimado estudiante, ¿a cuál de estos grupos pertenece usted? Quiera Dios que sea al de la buena tierra, y que logre llevar frutos a ciento por uno. De no ser así ore a Dios, que Él puede hacer de su corazón un terreno fértil, en el que su santo evangelio pueda nacer, crecer y llevar frutos para vida eterna.

¡Que Dios lo Bendiga!

SUGERENCIA DEL AUTOR

Mi sugerencia a todos los estudiantes que hayan logrado asimilar el contenido de este tratado y que quieran salvar su alma, es que acudan a la Iglesia de Jesucristo y lo acepten como su Salvador.

Yo quiero extenderles una cordial invitación para que conozcan la Iglesia de mi preferencia, a la cual estoy integrado. Una Iglesia conservadora que observa la doctrina de Jesucristo tal como ha sido presentada en este tratado. Por lo que he puesto todo mi empeño en ofrecer su enseñanza de la forma más genuina posible, según lo que Dios nos ha permitido entender. Pero después de haberla conocido, usted está en plena libertad de seguir sus propios criterios uniéndose a cualquier otra Iglesia. Yo solo le sugiero que cualquiera que sea su decisión tenga en cuenta las palabras del apóstol Pablo según [51]Ro. 14: 22 donde dice: …"Bienaventurado el que no se condena a sí mismo en lo que aprueba." No porque la Iglesia salve directamente a nadie porque la salvación pertenece solamente a Dios, pero la Iglesia o el grupo al que usted se una puede ayudarlo a conducirse de acuerdo a los verdaderos principios de la Santa Doctrina, o bien puede desviarlo de ellos.

Con respecto a la Iglesia a la cual estoy integrado, solo quiero decir que la experiencia de mis años de militancia en ella, me ha permitido advertir de manera muy clara y evidente las grandes manifestaciones de Dios hacia ella. No existen palabras con qué poder describir la grandeza, el poder y la gloria conque Dios se manifiesta a esta Iglesia. Solo acudiendo a ella y participando de sus prácticas de adoración sería posible experimentarlo, mediante un encuentro legítimo y maravilloso con el Señor. Si usted desea conocer esta Iglesia en su localidad, escríbame al siguiente correo electrónico: escuelabiblicaelemental @gmail.com.

Mi mayor deseo es que Dios lo bendiga de manera muy especial.

NOMBRES DEL PADRE Y DEL HIJO

El propósito de este estudio acerca de los nombres de Dios, el Padre y de Jesucristo, el Hijo, no implica de ninguna manera la idea de sugerir cambios en los nombres conocidos tradicionalmente en nuestras versiones de la Santa Biblia, sino más bien conocer el origen de los conceptos que han salido a la luz por parte de los eruditos bíblicos acerca del Nombre de Dios el Padre, y comprobar con evidencias históricas de los idiomas originales y las transliteraciones, que el uso de los nombres del Hijo en nuestras versiones es totalmente justificado.

NOMBRES DEL PADRE

El nombre propio de Dios, reconocido bíblicamente según [51]Éx. 6: 2, 3 en el [4]texto del idioma original hebreo, es יהוה [YHWH], el cual ha sido transliterado al español como Jehová [Jehovah] o Yahvé [Yahweh]. [2]Etimología tradicional: del verbo הָיָה primitivamente הָוָה (ser).

Según los eruditos, la pronunciación correcta no es Jehová, sino Yavé. Sin embargo, el concepto de la mayoría de las Iglesias cristianas es que la forma Jehová ha estado en uso por muchos siglos y es más extensamente conocida entre la mayoría de los cristianos de la actualidad. Las sociedades bíblicas encargadas de las revisiones y autorización de nuestras versiones de las Sagradas Escrituras mantienen en la mayor parte de ellas la transliteración del nombre como tal, "Jehová".

No obstante, aunque resueltamente sigamos usando el nombre tal como lo hemos conocido tradicionalmente, es de significativa importancia conocer lo que dicen los eruditos al respecto. Veamos algunos datos relativos como parte de la información tomada de [22]auténticas y reconocidas fuentes literarias:

...En primer lugar, es importante saber que la palabra "Jehová" no existió hasta el año 1000 de nuestra era. La razón de esto es que el Antiguo Testamento estaba escrito solamente con las puras letras consonantes, las vocales no se escribían pero se sabían y usaban, gracias a la tradición.

Según lo exponen los eruditos, el nombre de Dios formado por las cuatro consonantes conocido como tetragrámaton era pronunciado por los antiguos hebreos con el sonido de sus vocales correspondientes, las cuales no se reflejaban en el texto escrito por lo cual son realmente desconocidas para nosotros. Los judíos dejaron de pronunciar el nombre de Dios a partir del cautiverio o destierro en Babilonia en el 587 antes de Cristo, para evitar que fuera profanado por los paganos. No obstante, la continuidad de los datos citados dice lo siguiente:

...Pero del año 700 al 1000 varias familias de judíos llamados masoretas= tradición, empezaron a poner las vocales a todo el Antiguo Testamento y lo lograron excepto con el nombre de Dios, del cual sólo quedaron las cuatro letras YHWH. ...al margen de las letras YHWH pusieron "adonai" (Señor) como un recordatorio.

Esto trajo como consecuencia, según la mayoría de los que han escrito acerca de este interesante tema, que posteriormente se combinaran las vocales del nombre Adonay con las consonantes del tetragrámaton: donde la primera "a" del nombre es débil, seguido de la cual se tomó la "o" y la segunda "a" sobre las consonantes de YHWH, resultando una palabra híbrida, un nuevo escrito: "YeHoWaH". En este caso hay que tomar en cuenta, según el escritor, que la "a" débil de "Adonay" no es soportable bajo la "yod" ['] hebrea (Y) inicial de "YHWH", convirtiéndose en "e" débil. Por tanto, según esta hipótesis respaldada por ciertos biblistas, la palabra "Yehovah" ha venido a ser la pronunciación del tetragrama "YHWH" con la combinación de las vocales de "Adonay". En este caso es muy importante tener en cuenta que la terminología hebrea para Yehovah es יְהֹוָה cuya pronunciación es: Yejováh, por cuanto la (h) en hebreo, se pronuncia como (j) igual que en inglés. El detalle relacionado con la terminología hebrea y su pronunciación se evidencia en un manuscrito de la epístola de Santiago y otro del Apocalipsis disponibles en la Biblioteca Británica obsequiado al Rey Enrique VIII (1500 d. C). Lo que indica lógicamente, que el manuscrito fue traducido después que los masoretas le puesieron las vocales escritas al hebreo del Antiguo Testamento, fecha en que ya se pronunciaba el tetragrámaton como Yehová. Lo que quiere decir, que esto no anula de ninguna manera, el concepto de la pronunciación Yahweh expuesto en este estudio.

Los detalles acerca de la pronunciación del tetragrámaton concluyen con la siguiente información: ...Los samaritanos, que **no** fueron al destierro de Babilonia, y que se habían separado del Reino del Sur, usaron Yahvé basándose en tradiciones antiguas...

A estos datos hay que agregar que según la información ofrecida por otras fuentes literarias de reconocida autenticidad, la "J" con su fonética actual, no formó parte del alfabeto de la Lengua Española, sino hasta el siglo XVII de nuestra era. Los nombres que en la actualidad se inician con "J" lo hacían antiguamente con "I" la cual tenía el mismo sonido de la "Y". Debido a que la "J" es un símbolo derivado de la "I", hasta la fecha señalada ambas se usaban en forma alternada como letra inicial, pero igualmente ambas tenían el sonido "Y". Evidentemente, en inglés y en algunos otros idiomas aun en la actualidad ese sigue siendo su sonido permanente. Por lo que se asume que aun la pronunciación del nombre Jehovah antes de esta fecha, debió haber sido Yehovah.

Según referencias de otras fuentes, en los textos más completos de la Septuaginta que se encuentran disponibles hoy, sustituyen el tetragrámaton por los términos *Kyrios* (Señor) o *Theós* (Dios). Pero también se han encontrado algunos fragmentos que mantienen el nombre en su forma original, en uno de los cuales el tetragrámaton aparece 49 veces en lugares identificados del libro de Deuteronomio.

NOMBRES DEL HIJO

Evidentemente entre los nombres principales del Hijo se conoce el de Emmanuel, según [51]Is. 7: 14, del [4]hebreo LAı WֵM[[Imanu ᵓel] Imanuel: con nosotros Dios.

Sin embargo, aunque el Nuevo Testamento fue escrito originalmente en griego, es obvio que cada expresión verbal relacionada con el relato de los cuatro Evangelios, principalmente, fue pronunciada en el hebreo de los judíos de esa época y luego traducida al griego. Cuando el traductor cita esta profecía, según [51]Mateo 1: 23, el término [4]hebreo LAı WֵM[, es transliterado al [16]griego como ᴷemmanouhl [emmanouhl], Mt. 1: 23. Asimismo cuando se hizo la traducción al español, el término griego ᴷemmanouhl, fue [51]transliterado como Emmanuel.

Otra de las mensiones referentes al Hijo es el Mesías, contenida en la oración profética de Anna, según [51]1Sm. 2: 10. Además, [51]Dn. 9: 25 y 26; Jn. 1: 41; 4: 25, del [2]hebreo JʸᵛM [mašíah]: untado, ungido, consagrado. Este término fue traducido al [16]griego del Nuevo Testamento como Cristo" [Cristós]: Ungido. Luego, del griego fue transliterado al español como "Cristo". Cuando la expresión hace referencia a "el ungido", el término [2]hebreo es JʸᵛMH [hamašhía]: El Ungido, el Cristo.

Así también, al Hijo le es conferido el nombre que en la actualidad conocemos como "Jesús", como su nombre personal en su encarnación en el niño que había de nacer de María, por obra y gracia del Espíritu Santo en su milagroso embarazo, según [51]Lc. 1: 30, 31. Es lógicamente aceptable, que el ángel que visitó a María le haya hablado en hebreo, tal como lo hizo el mismo Cristo con Saulo de Tarso en el camino a Damasco, por cuanto seguramente era el idioma que ella hablaba y por lo tanto, al referirle el nombre que debía ponerle al Niño cuando naciera, debió haberle dicho que lo llamara Yehoshúa del [2]hebreo [VᴵHᵞ [Yehošhúa], actualmente Josué. No obstante, si el idioma de los judíos en esa época hubiese sido el arameo, como afirman algunos eruditos, el nombre dado por el ángel hubiese sido el mismo, por la gran similitud entre ambos idiomas. Pero, Yehoshúa fue utilizado más tarde en su forma abreviada Yeshúa, y después de esto se conoce una forma más abreviada aun: Yeshu (vea los detalles históricos al final del tema). Por lo cual, cuando Lucas redactó el aconecimiento referido, hizo la transliteración del término hebreo יְהוֹשֻׁעַ al [16]griego concerniente: Ἰησοῦς [Iēsous].

De igual manera, cuando se hicieron las primeras traducciones al [23]español, el término griego Ἰησοῦς fue transliterado como Iesus, en vez de Iesous, el cual es equivalente a Josué, según se puede verificar, en [51]Hch. 7: 45 y He. 4: 8 en el [16]texto del idioma original griego, y de acuerdo con las información de auténticas fuentes idiomáticas; solo con la diferencia de que en las primeras traducciones el nombre no aparece como Josué según se refleja actualmente, sino como "Iosue". Pues igual que en el caso de "Iesus", el uso de la "J" como letra inicial, como dijera anteriormente, no había aparecido todavía en nuestro idioma. Y no fue, sino hasta la revisión del Nuevo Testamento en 1858 y de la Biblia completa en 1862, cuando se sustituyó la letra inicial "I" por la "J".

No obstante, aunque es asumible que el traductor debió haber escogido Iosue, es evidente que su inspiración fue elegir Iesus, tal vez atraído por el uso de ese término dado al Hijo de Dios en la Versión Vulgata Latina, o quizás por el hecho de que hiciera una transliteración directa de la pronunciación abreviada del hebreo Yeshu, como debió haberlo hecho Gerónimo en su traducción de la Vulgata. Lo cierto es que, luego pasó a ser Jesús, y así lo hemos aceptado por lo menos desde que se reflejó en la revisión referida. Y así lo seguiremos aceptando hasta que ascendamos con Él en las nubes de gloria.

Concluimos haciendo referencia a la similitud existente de la pronunciación del nombre del Salvador, entre los idiomas primarios de las Sagradas Escrituras y las traducciones que más nos conciernen: [4]hebreo: Yehoshúa; abreviatura Yeshu; [16]griego: Iesous; latín: Iesus; español: Iesus.

Como dijera anteriormente, auténticas fuentes literarias afirman que el uso de la "I" como letra inicial se pronunciaba como la "Y", por lo que en este caso también se asume que la pronunciación del nombre del Salvador reflejado en las primeras traducciones al español debió haber sido "Yesus", lo que lo hace más cercano a la pronunciación del original hebreo, especialmente a la forma abreviada Yeshu.

Sin embargo, sabemos que a partir de este estudio, nuestros lectores estarán plenamente conscientes que durante toda su vida, el Hijo de Dios nunca fue llamado ni mencionado por nadie como Jesús, sino por su nombre original ya conocido. Así tampoco fue conocido como el Cristo, sino como Hamasíah: [El Mesías].

NOMBRES COMBINADOS

[1]Ἰησοῦς Χριστός (Jesucristo): Mesías Mt. 1: 1, 18; Mc. 1: 1; Jn. 1: 17; 17: 3; Hch. 2: 38; 3: 6; 4: 10...

[2]Χριστὸς Ἰησοῦς (Cristo Jesús) Hch. 3: 20; 5: 42; 18: 5, 28...

DETALLES HISTÓRICOS

[38]Una antigua obra judía, el libro titulado Toldot Yeshu, dice del Nazareno que "su nombre era Yehoshúa pero después se le cambió a Yeshúa". Y esa misma tendencia de cambio se ve en la edición de Shem Tov, del Evangelio de Mateo, pues él sustituye la forma antigua Yehoshúa por la forma abreviada Yeshu, excepto en [51]Mat. 1: 21 y 25, donde pone Yeshúa, y en [51]Mat. 6: 5 donde se dejó la forma original Yehoshúa.

Nota: El hecho de que un escritor judío como Shem Tov, hiciera uso de la forma abreviada Yeshu, para referirse al nombre del Salvador, indica una gran posibilidad de que el uso de dicha forma fuera de carácter común en el habla hebrea. Una prueba que nos ayuda a confirmar esta idea consiste en la evidencia de la abreviatura יָהּ [YAH], para referirse a Jehová, en lugar de utilizar el nombre completo, según el tetragrámaton יהוה [YHWH].

Esta evidencia se encuentra, según la versión ⁴Hebraica Stuttgartensia, conforme al orden siguiente: ⁴Sal. 94: 7, 12; 102: 19; 115: 17, 18; 118: 5; 118: 14, 17, 18, 19; 122: 4; 130: 3; Is. 12: 2; 38: 11.

Tal confirmación nos inclina a creer que posiblemente, debido al uso de tal costumbre en la literatura hebrea, cuando Gerónimo tradujo la Vulgata Latina hizo también transliteración del nombre del Salvador, basado en la forma abreviada "Iesus". Teniendo en cuenta que en esa época, tal como lo he señalado anteriormente, la "I" sonaba como "Y", cuando se usaba como letra inicial mayúscula. Por lo que, de igual manera el sonido era "Yesus", como en hebreo, con la diferencia de la "s" al final, por conceptos de reglas gramaticales del idioma. Por lo cual, es asumible también que Casiodoro de Reina hiciera uso del mismo método.

De esta manera concluyo este estudio acerca de los nombres dados al Hijo de Dios el Mesías.

MINISTERIO EVANGELÍSTICO INDIVIDUAL

Un importante mensaje para usted: Nuestro Señor Jesucristo refirió una parábola acerca de aquellos que hemos recibido y aceptado las enseñanzas de su santo evangelio diciendo:

⁵¹*Mt. 25: 14-30:* ¹⁴*"Porque el reino de los cielos es como un hombre que partiéndose lejos llamó a sus siervos, y les entregó sus bienes.* ¹⁵*Y a éste dió cinco talentos, y al otro dos, y al otro uno: a cada uno conforme a su facultad; y luego se partió lejos.* ¹⁶*Y el que había recibido cinco talentos se fué, y granjeó con ellos, e hizo otros cinco talentos.* ¹⁷*Asimismo el que había recibido dos, ganó también él otros dos.* ¹⁸*Mas el que había recibido uno, fué y cavó en la tierra, y escondió el dinero de su señor.* ¹⁹*Y después de mucho tiempo, vino el señor de aquellos siervos, e hizo cuentas con ellos.*

*²⁰Y llegando el que había recibido cinco talentos, trajo otros cinco talentos, diciendo: Señor, cinco talentos me entregaste; he aquí otros cinco talentos **he ganado** sobre ellos. ²¹Y su señor le dijo: Bien, buen siervo y fiel; sobre poco has sido fiel, sobre mucho te pondré: entra en el gozo de tu señor. ²²Y llegando también el que había recibido dos talentos, dijo: Señor, dos talentos me entregaste; he aquí otros dos talentos **he ganado** sobre ellos. ²³Su señor le dijo: Bien, buen siervo y fiel; sobre poco has sido fiel, sobre mucho te pondré: entra en el gozo de tu señor. ²⁴Y llegando también el que había recibido un talento, dijo: Señor, te conocía que eres hombre duro, que siegas donde no sembraste, y recoges donde no esparciste; ²⁵Y tuve miedo, y fuí, y **escondí** tu talento en la tierra: he aquí tienes lo que es tuyo. ²⁶Y respondiendo su señor, le dijo: Malo y negligente siervo, sabías que siego donde no sembré y que recojo donde no esparcí; ²⁷Por tanto te convenía dar mi dinero a los banqueros, y viniendo yo, hubiera recibido lo que es mío con usura. ²⁸Quitadle pues el talento, y dadlo al que tiene diez talentos. ²⁹Porque a cualquiera que tuviere, le será dado, y tendrá más; y al que no tuviere, aun lo que tiene le será quitado. ³⁰Y al siervo inútil echadle en las tinieblas de afuera: allí será **el lloro y el crujir de dientes.**"*

Apreciado estudiante, esta parábola del Señor Jesús nos deja una clara enseñanza. Consiste en que una vez que nosotros recibamos el mensaje de las buenas nuevas de salvación y lo hayamos aceptado en nuestro corazón, estamos en el deber de comunicárselo a otros, o al menos contribuir de alguna manera efectiva con la proclamación del mismo. El mismo Señor nos pedirá cuentas en aquel **gran día**, y si hemos cumplido con nuestro deber recibiremos la más hermosa recompensa; pero si por el contrario, hemos escondido el talento que Él nos entregó, entonces será lamentable nuestra situación.

Quiero decirle con toda honestidad, que desde que fui instruido en este glorioso evangelio y tuve conocimiento de esta parábola de nuestro Señor Jesús, he sentido un constante llamamiento en mi corazón, y una gran responsabilidad por granjear, con toda eficiencia, con el talento que Él me ha entregado. Por tal razón, he trabajado incansable y vehementemente durante varios años en la elaboración de este tratado, que aunque me ha costado mucho sacrificio, por cuanto lo he tenido que hacer bajo difíciles circunstancias y generalmente con muy pocos recursos, me siento seguro, sin embargo, que con la permisión y la ayuda de Dios estará al alcance de muchas almas y a través de los años, muchos inspirados en las instrucciones de su contenido, podrán tomar el camino de la salvación y de la vida eterna, que es solo por gracia mediante Jesucristo.

Conclusión: Teniendo en cuenta la gran importancia del asunto tratado, quiero invitarlo en el nombre de nuestro Señor Jesucristo, a que una vez concluido el estudio de este libro si lo ha asimilado y si el Espíritu Santo ha operado un cambio en su corazón y usted está decidiendo aceptar a Jesucristo como su Salvador, que no entierre su talento, sino que contribuya con la obra de la evangelización en la medida que usted lo entienda y lo sienta en su corazón. Existen muchas maneras de granjear con el talento que el Señor ponga en sus manos. Si usted siente que tiene vocación para llevar personalmente el mensaje a las almas, pudiera hacerlo usando este libro como manual para sus de estudios bíblicos. De otra manera, usted puede suministrarles el libro a las personas interesadas en estudiarlo por sí mismas.

El mayor de mis deseos es que Dios lo bendiga de manera muy especial y que **no** entierre su talento.

Recuerde, que en su gran revelación apocalíptica el Señor nos dejó también el siguiente mensaje:

[51]*Ap. 22: 12: "Y he aquí, **yo vengo presto**, y mi galardón conmigo, para recompensar a cada uno según fuere su obra."*

Si desea comunicarse con nosotros, por favor, tenga la amabilidad de contactarnos a través de nuestro correo electrónico: provisto en el párrafo final de "SUGERENCIAS DEL AUTOR".

REFLEJOS DE LA POESÍA BÍBLICA

Basado en mis modestos conocimientos adquiridos en el estudio de este tema debo exponer, en primer lugar, que la Biblia no es un simple libro de poesía como lo quieren hacer ver algunos enemigos de la fe cristina. Por tratarse de una obra literaria en que la mayoría de sus autores fueron hebreos, además de contener algunos libros poéticos como los Salmos y otros, la Biblia está enriquecida de esta característica de su cultura, principalmente el Antiguo Testamento. En el Nuevo Testamento sólo aparece poesía en unos pocos casos aislados, principalmente en citas del Antiguo Testamento, o en los casos en que el pensamiento hebreo era predominante en el escritor, aunque lo haya expresado en griego.

[50]A diferencia de la mayor parte de la poesía moderna occidental, la poesía hebrea no depende de un esquema de versos con acento y rima que se repiten en forma regular. O sea, no tiene nada que ver con el género de la poesía que la mayoría de nosotros conocemos. Su acento es irregular y su rima, no existe, a no ser accidental. La base métrica más significativa del verso hebreo se refleja en forma de simetría equilibrada de forma y sentido, conocida como paralelismo. Es digno de destacarse que este rasgo poético se ha traducido casi intacto al castellano. Aunque se desconoce el origen del paralelismo, debe observarse que el elemento del mismo, como rasgo característico de la poesía hebrea, es compartido por otras literaturas antiguas como la egipcia, la asiriobabilónica y la cananea.

Se reconocen en general tres formas primarias de paralelismo: 1. Paralelismo sinónimo, en el cual el pensamiento fundamental se repite con palabras e imágenes diferentes en la segunda línea del dístico. Veamos un par ejemplos de cada una de estas formas:

"Juntaos y oíd, hijos de Jacob, Y escuchad a vuestro padre Israel" [51]*(Gén. 49: 2).*

"Los mandamientos de Jehová son rectos, que alegran el Corazón; El precepto de Jehová es puro, que alumbra los ojos" [51]*(Sal. 19: 8).*

502

Nótese que los sinónimos del paralelismo en el primer versículo, son Jacob en la primera línea, con su sinónimo Israel, en la segunda línea. Mientras que en el segundo versículo el paralelismo lo forman: los mandamientos de Jehová en la primera línea y el precepto de Jehová en la segunda.

Debo aclarar al lector que las letras remarcadas o en negrita que inician una frase en estos pasajes bíblicos, indican que esa frase corresponde, segun el orden poético del verso, a la línea siguiente. Aunque en la mayoría de las versiones modernas de la Biblia en español, aparecen como una frase seguida de la otra aunque se reconocen por su letra inicial mayúscula, pese a que, gramaticalmente la palabra no la requiera.

2. Paralelismo antitético o contrastado, en el cual el pensamiento de la primera línea de un dístico es explicado más ampliamente por su contraste o inversión en la segunda línea. Por ejemplo:

"Así perezcan todos tus enemigos, oh Jehová; Mas los que te aman, sean como el sol cuando sale con su fuerza" [51]*(Juec. 5: 31).*
"Porque Jehová conoce el camino de los justos; Mas la senda de los malos perecerá" [51]*(Sal. 1: 6).*

Esta forma de paralelismo en el primero de estos versículos, se refleja en: tus enemigos, con los efectos que le preceden: Así perezcan todos. Esto, en contraste con la segunda línea: los que aman a Jehová con sus correspondientes efectos: sean como el sol cuando sale con su fuerza.

En el segundo de estos versículos, el paralelismo de la primera línea se refleja en: el camino de los justos el cual Jehová conoce. En contraste con la segunda línea: la senda de los malos, la cual perecerá.

3. Paralelismo sintético o tácito, en el cual la segunda línea del dístico añade un pensamiento a la primera como para completarla, aumentarla o intensificarla. Los dos versos pueden tener una

relación de causa y efecto, premisa y conclusión, proposición y suplemento, etc. Por ejemplo:

"Pero yo he puesto mi rey Sobre Sión, mi santo monte" [51] *(Sal. 2: 6).*
"Jehová miró desde los cielos sobre los hijos de los hombres, Para ver si había algún entendido, Que buscara a Dios" [51] *(Sal. 14: 2).*
"Mejor es la comida de legumbres donde hay amor, Que de buey engordado donde hay odio" [51] *(Prov. 15: 17).*

Esta es una forma de paralelismo más compleja, que requiere de un poco de entendimiento de la poesía hebrea para poderlo asimilar y dar una explicación correcta. Por no ser mi especialidad, he preferido omitir ese detalle.

Formas secundarias de paralelismo.

Además de las formas primarias de paralelismo se han reconocido tres modalidades secundarias:

1. Paralelismo emblemático: un tipo embellecido de paralelismo sinónimo, en el cual se usa una figura literaria o imagen de alguna especie para desarrollar el pensamiento. Veamos un ejemplo de cada caso:

"No te impacientes a causa de los malignos, Ni tengas envidia de los que hacen iniquidad. Porque como hierba serán pronto cortados, Y como la hierba verde se secarán" [51] *(Sal. 3: 1, 2).*

2. Paralelismo de clímax o en forma de escalera: vigoroso tipo de paralelismo sintético en el cual se repiten y se vuelven a usar una palabra o frase claves, o varias palabras o frases, hasta que se completa el pensamiento al final del prolongado paralelismo. Por ejemplo:

Alzaré mis ojos a los montes; ¿De dónde vendrá mi socorro? Mi socorro viene de Jehová, Que hizo los cielos y la tierra. No dará tu pie al resbaladero, Ni se dormirá el que te guarda. He aquí, no se adormecerá ni dormirá El que guarda a Israel" [51] *(Sal. 121: 1-4).*

3. Paralelismo introvertido, una clase de paralelismo en el cual la primera y la última línea de una serie son semejantes y abarcan una cantidad de líneas que desarrollan la idea básica. Por ejemplo:

"A ti, oh Jehová, clamaré, Y al Señor suplicaré. ¿Qué provecho hay en mi muerte cuando descienda a la sepultura? ¿Te alabará el polvo? ¿Anunciará tu verdad? oye, oh Jehová, y ten misericordia de mí; Jehová, sé tú mi ayudador" [51] *(Sal. 30: 8-10).*

Existen algunas variantes más del paralelismo hebreo, que no podremos tratar en esta ocasión. Pero además de los factores de paralelismo y acento irregular de la poesía hebrea, son dignos de mención otros elementos del verso, tales como la estrofa, el estribillo, la estructura en forma de acróstico, la asonancia y la dicción vívida.

Aunque nada tenga que ver con nuestra poesía occidental, basada principalmente en el concepto de la rima. Ciertamente, en la poesía de los hebreos la belleza del pensamiento y de la forma se combinan en una unión perfecta. La luz de la vida refulge desde una hermosa lámpara. La joya de la verdad reluce en un cofre resplandeciente. Adoremos al Señor en la hermosura de su santidad.

Si usted desea obtener un conocimiento más detallado acerca de este tema, tenga en cuenta la reseña indicada de la [50]bibliografía correspondiente.

CÁLCULOS DE FECHAS PARA ACONTECIMIENTOS BÍBLICOS

Según parece, la fecha más significativa reconocida por la historia secular, de la cual podamos tomar una mejor referencia, en relación con los acontecimientos bíblicos de la antigüedad, está relacionada con la destrucción de Jerusalem por el rey Nabucodonosor en 587-586 a. C. Por lo cual, nuestros cálculos de fechas, en este caso, deben ser establecidos teniendo en cuenta este dato histórico, en coordinación con la información que nos ofrecen las Sagradas Escrituras.

Primer detalle: 621 años desde el pacto de Dios con Abraham, hasta la promulgación de la ley en el Sinaí. Es decir, un año (1) desde el pacto con Dios, hasta el nacimiento de Isaac [51](Gn. 17: 1-5; 21: 5); sesenta años (60) desde el nacimiento de Isaac hasta el nacimiento de Jacob [51](Gn. 25: 26); ciento treinta años (130) desde el nacimiento de Jacob hasta que descendió a Egipto con su familia [51] (Gn. 47: 9); cuatrocientos treinta años (430) de permanencia del pueblo de Israel en Egipto hasta su liberación [51](Éx. 12: 40). Esto es 1+60+130+430 = 621.

Segundo detalle: 480 años desde la salida de Egipto o la promulgación de la Ley pocos meses después, hasta el inicio de la construcción del templo de Salomón. [51](Primera de Reyes 6: 1).

Tercer detalle: 427 años de reinado de los reyes de Judá desde el cuarto año de Salomón, en que se inició la construcción del templo, hasta la destrucción de Jerusalem y la transmigración a Babilonia en 587 a. C. (Segunda de Crónicas capítulos 1 al 36).

Detalles de los diferentes períodos de reinado: Salomón 36 años (más 4 años antes iniciar la construcción del templo); Roboam 17 años, Abías 03 años, Asa 39 años, Josaphat 25 años, Joram 08 años, Ochôzías 01 año, Athalía 06 años, Joas 40 años, Amasías 29 años, Uzzías 52 años, Joatham 16 años, Achâz 16 años, Ezechîas

29 años, Manasés 55 años, Amón 2 Años, Josías 31 años, Joachâz (3 meses), Eliacim-Joacim 11 años, Joachîn (tres meses y diez días) y Sedecías 11 años.

Total de los diferentes períodos: 427 años hasta la destrucción de Jerusalem y deportación a Babilonia en 587 a. C.

Cálculo de la fecha del nacimiento de Abraham: La operación matemática presentada de la manera más sencilla, es como sigue: 621 + 480 + 427 = 1, 528 + 99 años que tenía Abraham cuando Dios hizo pacto con él (Gn. 17: 1), es igual a 1, 627 años desde su nacimiento hasta 587 a. C. A esto hay que restarle 49 años por concepto de la diferencia entre los años hebreos bíblicos y los años del calendario gregoriano.

Este concepto se toma en cuenta para fechas anteriores al siglo VI a. C. cuando todavía no se había instituido el año bisiesto hebreo. [36]La diferencia consiste en que el año lunar bíblico, constaba solamente de 354 días, para una diferencia de once (11) días con relación al año gregoriano que es de 365 días. Para ello se toman en consideración solo los años comprendidos desde el acontecimiento bíblico, como el nacimiento de Abraham, por ejemplo, hasta 587 a. C. por cuanto a partir de esta fecha, los años tenemos que contarlos de 365 días, ya que la misma consiste en una fecha histórica marcada por el calendario gregoriano. En este caso el período bíblico de referencia, como vimos anteriormente, es de 1, 627 años, los cuales, multiplicados por 11 es igual a 49 años, por lo que tenemos entonces, 1, 627- 49= 1, 578 + 587= 2, 165. Por lo tanto, la fecha más exacta calculable para el nacimiento de Abraham, basados en los detalles descritos, es 2165 a. C.

Cálculo de la fecha de la promulgación de la ley bíblica: Si sumamos los 480 años existentes desde la salida de Egipto o la promulgación de la ley en Sinaí pocos meses después, hasta el inicio de la construcción del templo de Salomón, más 427 años desde el inicio de la construcción del templo hasta la transmigración de Babilonia en 587 a. C. los resultados obtenidos serán 907 años, los cuales multiplicados por 11 días, por concepto de diferencia de calendarios, aplicando el mismo concepto matemático usado anteriormente, es igual a 27 años. Esto es 907-27= 880 años + 587 años desde la transmigración de Babilonia hasta Cristo, son 1, 467 años. Por lo que, la salida del pueblo de Israel de Egipto, así como la promulgación de la ley, pueden ser fechadas alrededor de 1460 a. C.

Evidentemente, varios escritores cristianos de reconocido rango, basados en otros conceptos, han expuesto diferentes fechas para cada uno de estos acontecimientos, aunque casi ninguno concuerda con los demás. No obstante, con el mayor respeto de los que prefieran guiarse por ellos, para mí no existe otro método más genuino y exacto que el que nos proporcionan los datos de las Sagradas Escrituras con el apoyo del calendario hebreo, tal como lo he presentado en este estudio. De otra manera estaría negando la autenticidad del relato bíblico.

BIBLIOGRAFÍAS

[1]Ortiz, Pedro, V., S.J., *Concordancia Manual y Diccionario Griego-Español del Nuevo Testamento*, (Madrid: Sociedad Bíblica) 2000, c1997.

[2] Ortiz V., Pedro, *Léxico Hebreo-Español y Arameo-Español*, (Santa Engracia, Madrid: Sociedad Bíblica) 2000.

[3]Diccionario Expositivo de Palabras del Antiguo y Nuevo Testamento Exhaustivo de –Vine –.

[4]*Biblia Hebraica Stuttgartensia*, (Deutsche Bibelgesellschaft Stuttgart) 1990.

[5]http://ec.aciprensa.com/wiki/Santísima_Trinidad#1

[6]Nuevo Testamento Interlineal Griego-Español por Francisco Lacueva. Editorial CLIE 1984 (Barcelona).

[7]Antiguo Testamento Interlineal Hebreo–Español por Francisco Lacueva.

[8]"Todavía Remueve Piedras" De Max Lucado.

[9]Enciclopedia Judaica Castellana. *Citado en el comentario del Segundo Mandamiento* por Vicente Amor, con la intervención del obispo Ventura Luis.

[10]Nuevo Diccionario Bíblico Certeza.

[11]http://bluis.org/

[12]Enciclopedia Ilustrada de Historia de la Iglesia, por Samuel Vila y Darío A. Santamaría.

[13]Council of Laodicea, c. 337 D.C., canon 29, *citado en C. J. Hrfele , A History of the Councilc of the Church, vol. 2, p. 316.* Tomado de La Gran Controversia, por E. G. White…

[14]Bishop Eusebius, *citado en J. P. Migne, "Patrolegie," p 23, 1169-1172.* Tomado de La Gran Controversia, por E. G. White…

[15]James T. Ringgold, The Law of Sunday, p. 267. Tomado de La Gran Controversia, por E. G. White…

[16]Aland, Kurt, Black, Matthew, Martini, Carlo M., Metzger, Bruce M., and Wikgren, Allen, *The Greek New Testament*, (Deutsche Bibelgesellschaft Stuttgart) 1983.

[17]https://es.wikipedia.org/wiki/Wikipedia:Portada

[18]Página Web:
http://www.caraitas.org/Karaite-Korner/preguntas_abib.htm.

[19]Página Web www.valera1909.com.

[20]Pequeño Larousse Ilustrado. Edición 1986.
Por Ramón García – Pelayo y Gross.

[21]Diccionario de la Real Academia Española -Vigésima segunda edición. http://rae.es/

[22]Página Web: www.defiendetufe.org.

[23]Online Etymology Dictionary. www.etymonline.com/index.php?

[24]Versión Vulgata Latina.

[25]Diccionario de Ciencias Eclesiásticas, por Perujo y Angulo (Barcelona, 1883-1890)

[26]Codex Justinianus, lib. 3, tit. 12, párr. 2 (3).

[27]http://linajeescogido.tripod.com/Temas%20de%20Estudio/
capitulosyversiculos.htm//

[28]http://www.quecomoquien.es/e/dioses-asirios/

[29]El Conflicto de Los Siglos, por E. H. White.

[30]Auxiliar Bíblico Portavoz: Descripción correspondiente a los libros de Éxodo y Levítico.

[31]http://www.avanzapormas.com/testimonios/luis-pasteur-y-la-biblia.html

[32]Tomado de una importante obra literaria no registrada.

[33]Tomado de una valiosa obra literaria no registrada.

[34]Reflexión tomada de la expresión verbal de Vicente Amor, no de alguna de sus obras literarias.

[35]Vicent J. Kelly, Farbidden Sunday and Fast-Day Ocupations, 1943, p. 29. Tomado de La Gran Controversia, por E. G. White...

[36]https://es.wikipedia.org/wiki/Calendario_hebreo#El_a.C3.B1o_ju d.C3.ADo

[37]El Origen de la Biblia. Dr.Philip Wefley Comfort.

[38]http://betzalel.jimdo.com/estudios-biblicos/mateo-hebreo-de-shem-tob/

[39]Hombre de fe. Por Lim Kou.

[40]Antiguo Testamento Interlineal Hebreo–Español por Ricardo Cerni.

[41]https://archive.org/details/ReinaValera-1602

[42]Libro de la Escuela Sabática 2016 de I E S C C.

[43]Tratado acerca del milenio y detalles históricos acerca de la caída del Imperio medo-persa. Por Joaquín Abreu.

[44]Aporte de redacción a este tratado, incluido por el finado obispo de Nuestra Iglesia, José Ramón Salas (1989).

[45]Esta referencia bibliográfica corresponde a una obra literaria teológica que estudié en mis inicios como alumno del Seminario de Teología, y aunque copié textualmente la exposición de cada uno

de los teólogos de referencia, no tomé en cuenta los datos de su bibliografía, por cuanto todavía no tenía en mis planes escribir esta obra. Y jamás he podido volver a localizar el libro.

[46]http://www.editoriallapaz.org/rapto_origen.htm

[47]https://ec.aciprensa.com/wiki/Sant%C3%ADsima_Trinidad#1.

[48]https://es.m.wikipedia.org/wiki/S%C3%ADmbolo_niceno-constantinopolitano

[49]https://es.m.wikipedia.org/wiki/Macedonianismo

[50]http://www.contestandotupregunta.org/Poesia_Biblia.html

[51]https://churchages.net/es/bible/

[52]https://es.m.wikipedia.org/wiki/Anexo:Cronolog%C3%ADa_de_las_pandemias

[53]https://www.unaids.org/es/resources/fact-sheet.

[54]Esta reseña bibliográfica alude a un diseño impreso de las tablas de los Diez Mandamientos con un ligero comentario al pie de cada uno de ellos, procedente de la Iglesia Adventista, obsequiado en la década de los años 70 al Súper Intendente Ventura Luis por el hermano Israel Askenazi y exhibido en el mural de Nuestra Iglesia. De estas observaciones tomé la iniciativa para la elaboración de mis propios comentarios. He puesto la reseña correspondiente al inicio de cada uno de ellos en reconocimiento al autor y comentarista de tan valiosa obra, aun habiendo usado mis propios criterios en mis reflexiones.

[55]https://es.m.wikipedia.org/wiki/Zohar

Lightning Source UK Ltd.
Milton Keynes UK
UKHW041827030820
367650UK00006B/126